中国敦煌石窟保护研究基金会资助

敦煌研究院学术文库

敦煌研究院 / 编

彭金章 / 主编

敦煌莫高窟
北区石窟研究

下册

读者出版传媒股份有限公司
甘肃教育出版社

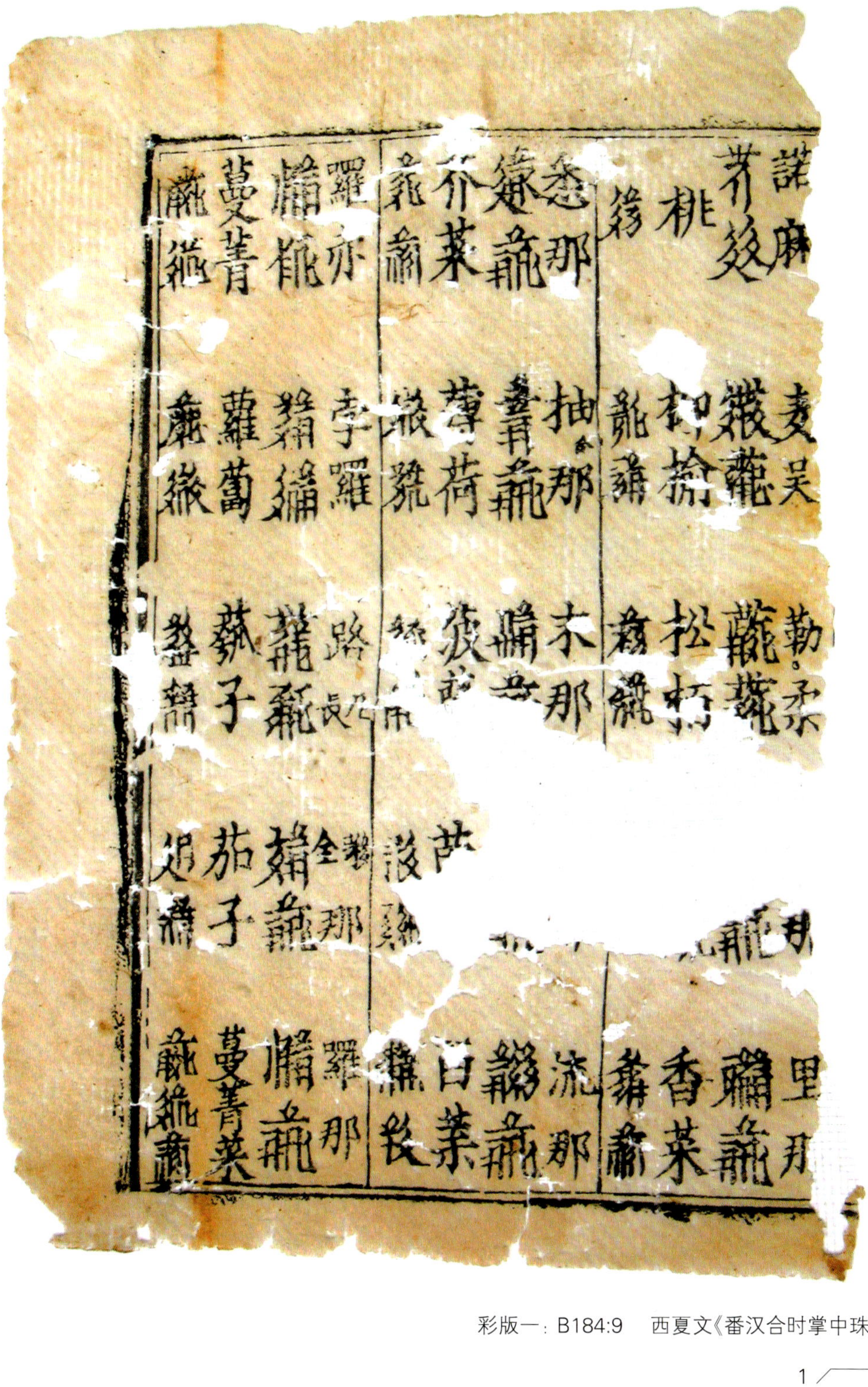

彩版一：B184:9　西夏文《番汉合时掌中珠》

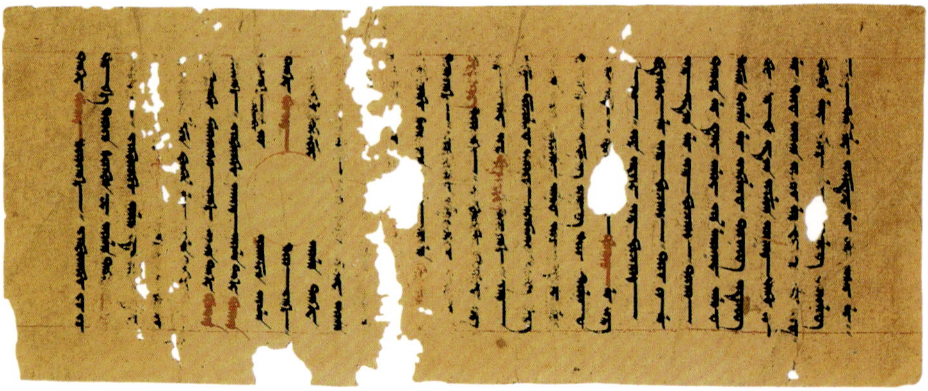

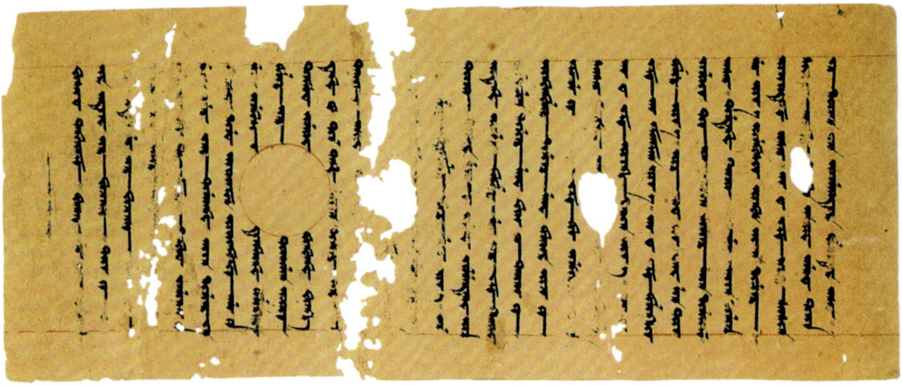

彩版五:
B159:28(正)
回鹘文写经残片

彩版六:
B159:28(背)
回鹘文写经残片

← 左页图

彩版二:
B128:12(正)
回鹘文《慈悲道场忏法》残页

彩版三:
B128:12(背)
回鹘文《慈悲道场忏法》残页

彩版四:
B159:29 回鹘文残文书

彩版二十二：第 464:125-2　梵字陀罗尼

彩版五：
B159：28(正)
回鹘文写经残片

彩版六：
B159：28(背)
回鹘文写经残片

← 左页图

彩版二：
B128：12(正)
回鹘文《慈悲道场忏法》残页

彩版三：
B128：12(背)
回鹘文《慈悲道场忏法》残页

彩版四：
B159：29 回鹘文残文书

彩版七：B52(乙)：4(正)　藏文写经《般若八千颂》

彩版八：B52(乙)：4(背)　藏文写经《般若八千颂》

彩版九：B131：1(正) 藏文写经

彩版十：B131：1(背) 藏文写经

彩版十一：
B138：3(正)　藏文写经残片

彩版十二：
B138：3(背)　藏文写经残片

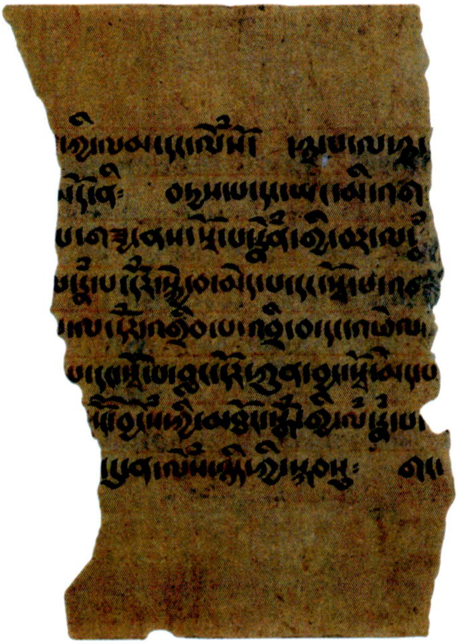

彩版十三:
B138:13(正) 藏文写经残片

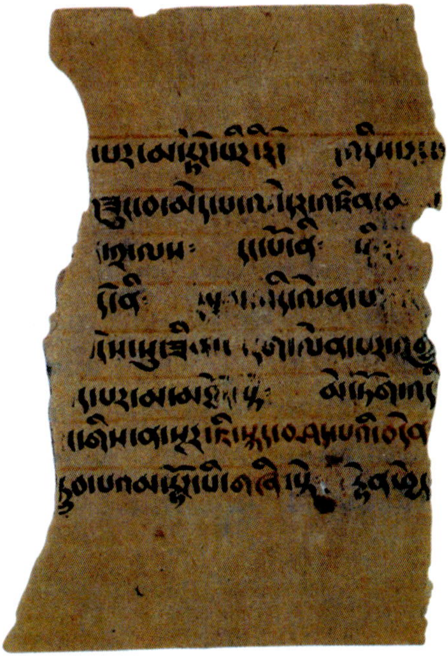

彩版十四:
B138:13(背) 藏文写经残片

彩版十五：B138：16（正） 藏文写经残片

彩版十六：B138：16（背） 藏文写经残片

彩版十七：B139：1（正） 藏文写经残片

彩版十八：B163:42　蒙古文残文书

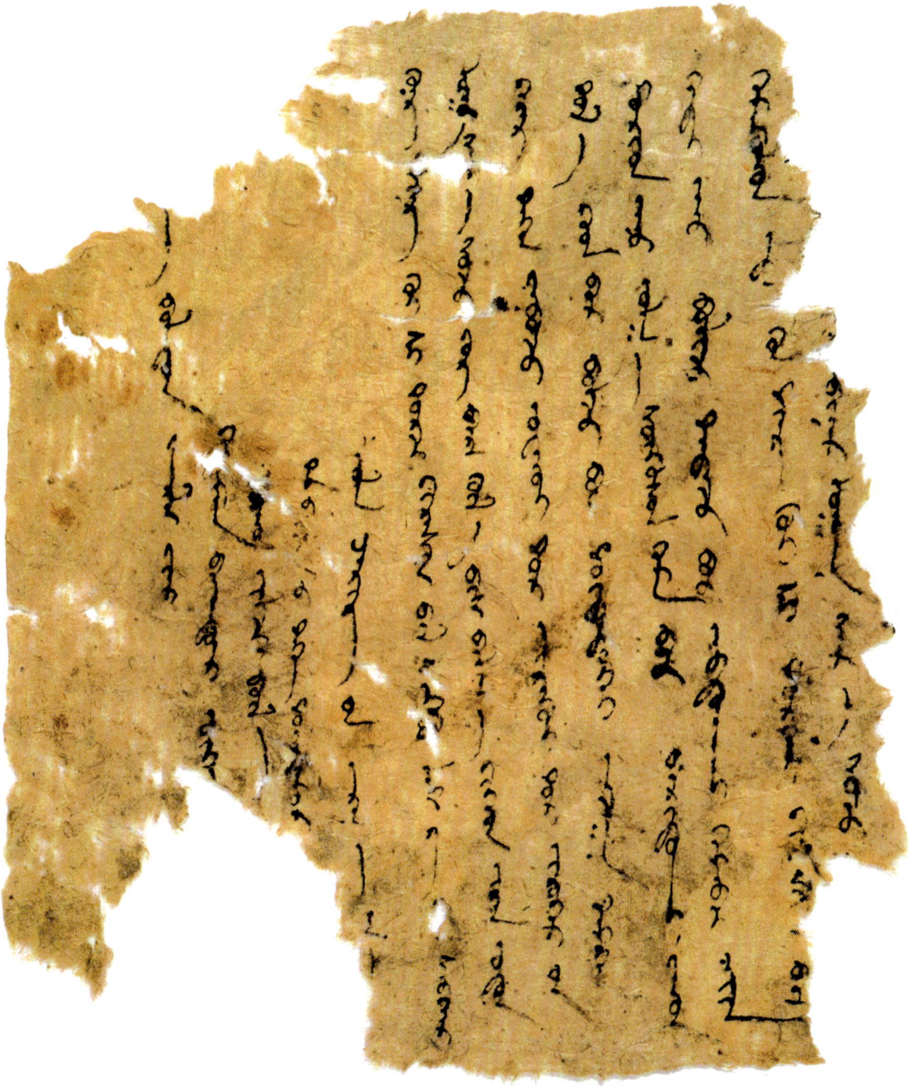

彩版十九：B53：14（正） 叙利亚文《圣经·诗篇》

彩版二十：B53：14（背） 叙利亚文《圣经·诗篇》

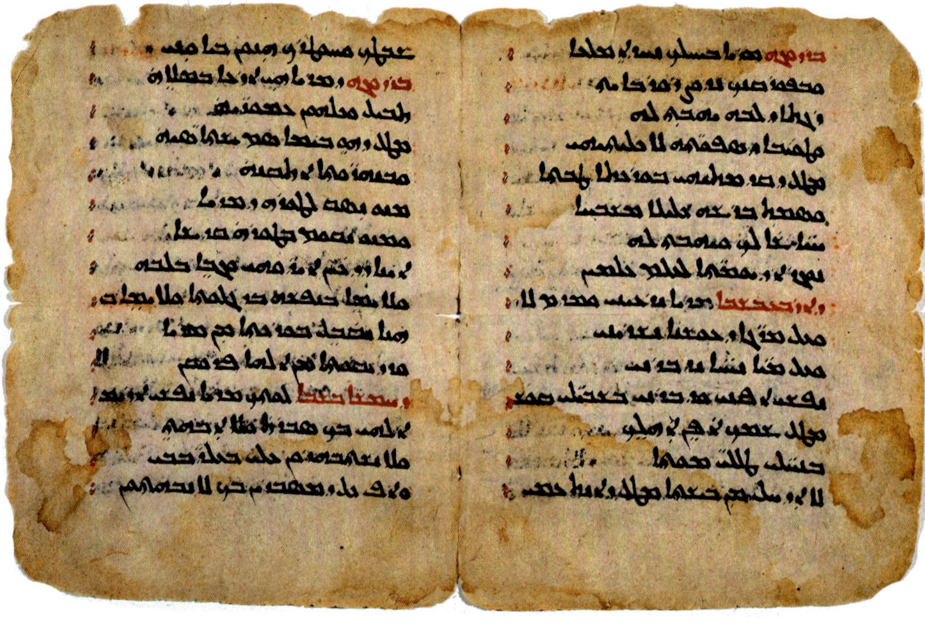

彩版二十一：第462:1 梵文咒语

彩版二十二：第 464：125-2　梵字陀罗尼

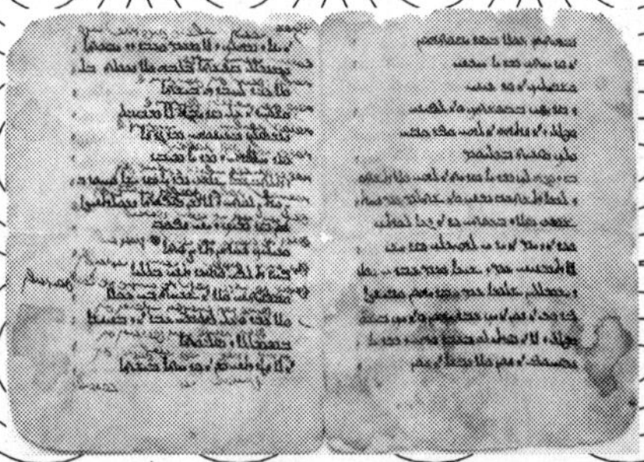

民族语言文字文献研究

敦煌莫高窟北区出土西夏文文献初探

史金波　著

敦煌是一座享誉世界的艺术殿堂，也是中国多民族文化的宝库。在中国历史上河西走廊是汉族和少数民族往来频繁、交往活跃的地区，有很多少数民族先后居住在敦煌一带。在长达千年的洞窟形成历史中，这里既有以汉族为主体的王朝统治时期，也有少数民族为主体的政权统治时期，而且后者时间更长。在敦煌，汉族和少数民族、少数民族之间交织影响，共同发展，形成了多民族文化的特点，这里深深地渗透和积淀着多层次、多民族文化的内涵。因此在敦煌学中充分重视少数民族文化内容的发掘、整理和研究是十分必要的。近年来，在莫高窟南区的敦煌壁画和彩塑的研究中，在敦煌石室中发现的文书研究中，较多地注意到少数民族的历史文化成就及其影响，这是敦煌学研究的很大进展。

敦煌莫高窟北区虽然也有很多洞窟，但比起壁画琳琅满目、塑像栩栩如生的敦煌莫高窟南区来，它除少数洞窟外，基本上没有壁画和彩塑，洞窟也显得凋零破败，长期以来受人冷落。然而敦煌莫高窟北区也是敦煌石窟的重要组成部分，其中蕴涵的宝藏逐渐受到专家们的重视。近些年来，敦煌研究院在敦煌莫高窟北区进行了系统的发掘，发现了很多重要文物、文献。从出土的文物和文献看，敦煌莫高窟北区主要是敦煌僧人居住、坐禅的场所。在这些文献中，有很多少数民族文献，如藏文、西夏文、回鹘文文献。这些僧人生活区的少数民族文化遗存，从另一个侧面表现出敦煌的多民族文化色彩。其中西夏文文献很有价值，很有特点。

西夏是中国中古时期的一个重要的多民族王朝，它以党项族为主体民族，境内还有众多的汉族以及回鹘、吐蕃等民族。西夏是一个有影响的王朝，它历十代帝王，享国190年；它武功赫赫，文教兴盛，在宋、辽、金、吐蕃、回鹘之间，纵横捭阖，有着举足轻重的作用。西夏长期统治着河西走廊,敦煌也是西夏的重镇,不仅是西夏沙州的州府,也是西夏沙州监军司的所在地。西夏又似乎是一个被遗忘的王朝,元朝修正史时,只修宋、辽、金三史,西夏史仅于各史列传中略加叙述而已。西夏的文物典籍流失朽毁,长期湮没无闻。这种情况在19世纪后半期开始有所改变,特别是20世纪初在中国的黑水城遗址发掘出大批西夏文献,其中主要是400多种西夏文文献,使西夏文文献大为丰富。1958年在敦煌莫高窟附近的古塔中发现了三种珍贵的西夏文佛经,使敦煌成了世界上收藏西夏文文献为数不多的几个单位之一。1964年敦煌文物研究所和中国科学院民族研究所合作,对敦煌洞窟中的西夏洞窟进行考察,发现了100余处西夏题记,改变了过去对洞窟时代布局的划分,使西夏洞窟由原来的几个增加到几十个,同时也使敦煌成为西夏研究的重要基地①。

近期莫高窟北区发现的西夏文文献中,尽管多为残片,但包含了不少重要的世俗和佛教典籍,其中有不少是国内仅存,有的是海内孤本,具有重要学术价值和文物价值。以下对这些文献做初步译释研究,还望专家不吝指正。

一、世俗书籍

目前所能见到的西夏文文献中,佛经占绝大部分,世俗文献只占很少部分。在敦煌莫高窟北区洞窟中出土了几种世俗书籍,为国内珍贵的西夏文文献增添了新的品类,使莫高窟北区出土文献的含金量大大增加。

1.《碎金》。

B56窟出土的若干残片是重要的西夏文文献《碎金》的一部分。这些残片多经人为剪裁,大部分呈尖刀状,或当时有人将此书页作为裁剪鞋样用纸。由于剪得支离破碎,内容已很不完整,加之有的残片背面墨写文书,字迹渗透叠压,更难识别。经逐字译释后,再参考已有文献,反复拼接、核对、印证,恢复了原来顺序,使之成为可以了解其内容,可以进一步研究利用的文献。

《碎金》全名《新集碎金置掌文》,西夏宣徽正息齐文智编,约成书于12世纪初期,是类似中原地区汉文《千字文》文体的字书。全文一千字,每句五言。编者巧妙地将1000个不重复的西夏字编成了长达200句、100

①见史苇湘著《关于敦煌莫高窟内容总录》,载于《敦煌莫高窟内容总录》第177~184页,文物出版社,1982年;刘玉权著《敦煌莫高窟、安西榆林窟西夏洞窟分期》,载于《敦煌研究文集》,甘肃人民出版社,1982年;史金波、白滨著《莫高窟、榆林窟西夏文题记研究》,载于《考古学报》,1982年第3期。

联的五言诗，全书没有明显的章节，自然也无类目。《碎金》的编排方法和叙事列名的顺序与汉字《千字文》相仿，只不过本书每句五言，《千字文》每句四言。该书序言简叙编书目的是“明文采，解律令，懂礼俗，教成功”，实际上是一本速成识读西夏文的蒙书。书中正文开始是自然现象、时节变化等，后为人事，包括帝族官爵、番姓和汉姓、婚姻家庭、财务百工、禽兽家畜、社会杂项等。不难想见，成书于 800 年前的西夏文《碎金》对研究西夏的社会、民族、习俗、文学有重要价值。如在第 14 联皇姓嵬名之后，罗列西夏王朝职官、职司，对研究西夏职官制度颇具参考价值。又如在记录了众多西夏番姓（党项族姓氏）后，又描绘了西夏主要民族的特点：“弥药（党项族）勇健行，契丹步履缓，羌（藏族）多敬佛僧，汉皆爱俗文。回鹘饮乳浆，山讹（党项族一支）嗜荞饼。”西夏人对各民族的看法跃然纸上。再如在第 39 联后有 12 联 120 个汉姓，不仅有姓氏本身的意义，还有隐含的双关意义。如“金严陶萧甄，胡白邵封崔”，隐含着“金银大小珍，流浪少翡翠”；“曹陆倪苏姚，浑酒和殷陈”，隐含着“秋露宜酥油，浑酒和茵陈”的意思。作者于此匠心独运，形成本书一大特点。在第 54 联后集中介绍了西夏的风俗习惯、诸物百工，更是了解西夏社会的极有价值的资料①。1909 年此书的两种写本曾与其他大批文献出土于中国黑水城遗址（今属内蒙古自治区额济纳旗），可惜被俄国探险队劫往圣彼得堡，现仍藏于俄罗斯科学院圣彼得堡东方学研究所。此二书编号分别为 ИНВ. No.741 和 ИНВ. No.742。它们皆为蝴蝶装，各 20 页。ИНВ. No.741 号字体工整清晰，画有墨线边栏，ИНВ. No.742 缺最后 19 联半，因写在一佛经抄本背面，纸张透墨而难以辨认，但卷首序言保存了一行编辑者的姓名，为 741 号所无。然而遗憾的是，这样一部重要典籍竟流失海外，在中国境内见不到此书的真身。此次敦煌发现此书，可以说填补了国内这一空白。

此次敦煌莫高窟发现的《碎金》残片，字体行楷，包括了部分序言和正文，在正文 100 联、200 句中涉及 56 联、80 句。现依《碎金》文字先后顺序列残片编号和所在联序号如下：

B56：14-1（正）序言（图 1）

B56：14-2（正）1、2、3 联

B56：14-3（正、左）4、5、6 联（图 2）

B56：14-4（正）13、14、15 联（图 3）

①见聂鸿音、史金波著《西夏文本〈碎金〉研究》，载于《宁夏大学学报》，1995 年第 2 期。

图1 B56:14-1 西夏文《碎金》序言

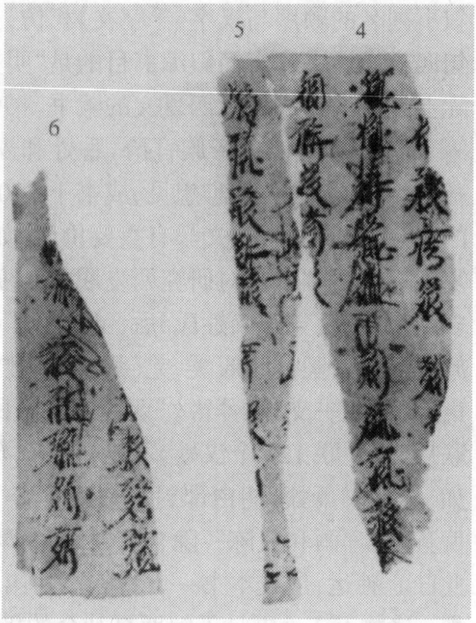

图2 B56:14(正)-6、5、4 西夏文《碎金》

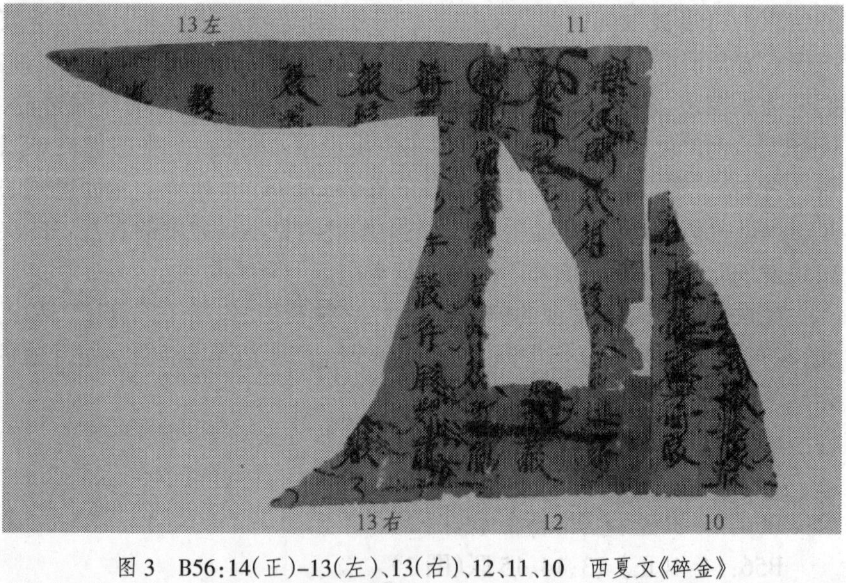

图3 B56:14(正)-13(左)、13(右)、12、11、10 西夏文《碎金》

B56:14-5(正) 16 联
B56:14-6(正) 21、22 联

图 4　B56:14(正)-31、30、29、28　西夏文《碎金》

B56:14-7(正) 23、24、25、26、27 联
B56:14-8(正、右) 27、28 联(图 4)
B56:14-9(正) 27、28 联
B56:14-10(正) 33、34 联
B56:14-11(正) 35、36 联
B56:14-12(正) 35、36 联
B56:14-13(正、右) 37、38、39、40 联
B56:14-14(正、左) 41、42、43、44 联
B56:14-15(正) 45、46 联
B56:14-16(正) 45、46 联
B56:14-17(正) 47、48 联
B56:14-18(正、右) 51 联
B56:14-19(正) 54 联
B56:14-20(正) 55、56 联

B56:14-21(正)55、56联
B56:14-22(正)57联
B56:14-13(正、左)60、61联
B56:14-23(正)67、68、69联
B56:14-18(正、左)72、73、74、75联
B56:14-24(正)74、75联
B56:14-25(正)75、76联
B56:14-26(正)77、78联
B56:14-14(正、右)80、81联
B56:14-27(正)85、86联
B56:14-28(正)87、88联
B56:14-29(正)87、88联
B56:14-30(正)89、90、91联
B56:14-31(正)89、90联
B56:14-8(正、左)92、93、94、95联
B56:14-3(正、右)100联、结尾

因为残片支离破碎,多数不能缀连成文,为了使读者全面了解文献原意,下面录出《碎金》全文(文中"□"处表示原文缺字或字迹不清,敦煌残片中有字者为黑体字):

碎金序

宣徽正息齐文智作

夫人**者,未明文采,则才**艺不备;不解律则,故罪乱者多。今欲遵循先祖礼俗,以教后人成功,故而节略汇集眼前急用要义一本。不过千字,说释**总摄万义。方便结合,斟酌系数;类**非**头隐,非持**明义。虽然如此,抑或求少求多,无不备述;寻易寻难,焉用旁搜?五字合句,四二成章。睿智弥月可得,而愚钝不过经年。号为《碎金置掌文》。愚不惭妄论,见疵勿哂!**天地**世界出,日月尔时现。**明暗**左右转,热冷上下合。**诸物能**成苗,季节依次列。**春开**寅卯辰,夏茂巳午未。**秋实**申酉戌,冬藏亥子丑。**今**朝拂晓东,卓午影正南。晚夕暮昏西,睡卧夜晚北。明日先未过,后日后到来。年

日一律有，岁者两相同。变化时十二，月没再满赢。夜昼为年日，腊正旧新途。幼老寿增减，以此定限量。**其后智者出，为帝**行律则。**嵬名姓类多，人众父子稠。四海已统**领，八山谁与争？**治国习学业，王臣**大小分。头戴云冠美，身服腰带缠。内官赞圣光，殿堂坐御位。皇后后宫居，太子楼阁戏。谋臣先闻奏，官人敕谕旨。中边设拘司，诸城**抽商税**。爵位**文中书，军马**武枢密。**宰相**裁公堂，御史断常务。**取舍**磨堪事，牧农二司管。**赏罚**行正平，万民无不服。**贞卧**乃学布，药包墨令介。**只移**贺兰势，居地**河水乐。六□恧梁千辣，息齐野余多**。樱玉浪勿即，骨脾双麻尚。乃令卧卫慕，连奴摄勒啰。□□然罗迹，芭里□命西壁。铺药乃没年，味奴□□齐。□□什兀庵，野隆**床移青**。拽税坡**叔苍，良遇来卧利。鲁赞药格契，移**合讹永勿泥。铺主阏女斗，特吴五柳来。**操移小狗白，冷宁笑讹黑。桑罗游阿香，播杯乃儿童。弥药**勇健行，契丹步履**缓。羌多**敬佛僧，汉皆爱俗文。**回鹘**饮乳浆，山讹嗜荞饼。**张王**任钟季，李赵刘黎夏。**田狄**褚唐秦，温武邢袁枝。**金严**陶萧甄，胡白邵封崔。**息传茫廉罗**，司段**薄徐娄。江南蔡子高，羊鞠钱伯万。蓝隋贾迺卓，韩石方穆回。解周燕**尚龚，何傅儿奚德。耿郭君邱铁，史申裕孙合。曹陆倪苏姚，浑酒和殷陈。牛杨孟杜家。吕马纪**不华**。寇婴宗许虞，韦翟权薛安。吴九邹聂丁，侯窦左麋潘。为婚是旧仪，亲戚从今非。**媒人**奉承美，集体**问姿容。贫富**福高低，**吃**穿**处处至**。民庶男女混，衣食已方谋。爹爹子孙颂，娘娘女妹惜。迎媳婆母安，得婿岳公喜。**门下**妇人知，外情夫君管。家内狗守护，家外盗**贼离**。贷支手勿入，禁亦不可偏。增者足加倍，获利独满贯。搅海寻珊瑚，选择串樱洛。铀珠玉耳环，钗算簪腕钏。金银珍宝多，价高库进出。绫罗**锦褐裹，召工裁画缝**。袄自短小合，**裙裤长宽宜**。兜肚围胸肋，鞋袜套**脚胫**。寒裘皮□□，雨披毯褐衫。棉麻线袋细，毛毡褐囊粗。断树斧斤头，艾割壮**工镰**。烧瓦要沙著，洗麻**须杖敲。档鼎器皿盔，碗匙筷子勺。姻友茶酒先，近食米面堪**。盐巴**椒芫荑，酥油菜乳酪**。耕牛谴童喂，**碓硙使仆槌**。和尚诵经契，斋毕待布施。道士褥星神，唱名示边隅。筵上乐人呼，丧葬巫客侍。**坷贝**鞍桥买，帐幕马毡寻。弓箭刀剑执，伴导运输往。来牟豆长大,粟黍秣熟迟,解豆衡斗升,输铁称斤两。褐绢量尺寸,大数**估算得**。分别号独**一,结合千百亿。熊黑食血肉,狐狸寻芳草。鹿璋树**深逃,山羊**见而出。泉源兽奔绕,渠井牲畜饮。牦牛**射杀难,窒**沥屠宰易。运货**骆驼强,驮重毛驴弱。鹰雕羽翼窄,顽羊角抵宽。鼠狼唇尖细,口巧齿牙灵。索借贷归还,给予实接受。诉状陈告故,情愿令卜筮。准备对答时,指示催促□,点集速予贿,注册重分别。成色虽迷惑,价钱参差明。官吏亦搜求,官册本当置。倘若有住滞,敬相守护之。

碎金序一卷终。

当译释敦煌莫高窟出土《碎金》完成后,又出现了一个新的问题,即其中B56:14-3(正、左)为4、5、6联,而其右边B56:14-3(正、右)却为100联;B56:14-17(右)为51联,而其左边B56:14-17(左)却为72、73、74、75联等。原来西夏文书籍的装帧形式多种多样,远非有关古籍印刷书中介绍的若干种类所能包罗,尤以写本最为繁复,随意性较强。笔者对这些《碎金》残片反复琢磨排比后,有了一个初步推想:大概抄写《碎金》的纸张用左右对折形式,共用11页纸,折叠后为22面,其中4页折叠后上下叠压,另7页分为3组,第1组2页上下叠压,第2组3页上下叠压,第3组1页,7页折叠后按顺序排在前4页中间。如果每面前后都按顺序编排序号,第1面为序言,第2、3面空白,第4面接序言和1~3联,以下凡4的倍数的页数如8、16、20……面都有文字,每面一般写5~7联,最后两面为空白。另有的残页字体与其他残页迥异,可能属另一写本。这样似乎可解释同一残片中左右文字不相衔接的问题。

2.《三才杂字》。

《杂字》是中原古代"字书"的一类,最初大多用为乡塾的识字课本。这种书肇兴于公元3世纪张揖的《杂字》和周成的《杂字解诂》,其后便逐渐风行民间。《杂字》成书从体例到内容都是对汉代以来"经学"传统的背叛,它很少讲到古代"圣贤"的言论,而专门搜集日常口语,把一大批零散的词语堆在一起,因构不成完整的文章,所以始终不列学言,也和科举无缘。到了元代,政府明令限制使用《杂字》来教授乡塾,更导致其地位的跌落。此后除了后来明清官方组织编纂的"译语"类字书(如《女直译语》《西番译语》等)以外,各种各样的《杂字》到了清代均已亡佚殆尽。前人著书偶有引用,已被任大椿、马国翰分别辑入《小学钩沉》和《玉函山房辑佚书》,但最多的一种亦仅零星二十余条。敦煌石室所出汉文本《杂字》有 10 种,都是残缺的散页,作者不一,年代不详,篇幅短小,字数各异,编纂体例各不相同,有的按词排列,有的似以偏旁归类,有的附带注音,多数则是“白文”。显然,仅凭以上资料尚难窥见《杂字》类书籍的全貌。

俄罗斯所藏我国黑水城遗址出土文献中有一种西夏时代的汉文本《杂字》,保存相对完好,至此学界对“杂字”类识字课本的体例和内容才有了比较清楚的了解①。西夏除汉文《杂字》外,还有西夏文本《杂字》,全称《三才杂字》。西夏文《杂字》以俄国科学院东方学研究所圣彼得堡分所保存最多,其号为 ИНВ.No.210、2535、4151、4428、6340、8081 和 710,可归纳为 4 种版本,有西夏初刻本,有乾祐十八年(1187 年),乾定二年(1224 年)写本等。此外,英国也藏有此书 7 纸残页。1972 年在甘肃武威张义公社下西沟岘也发现了两张西夏文《杂字》刻本残页②。

西夏文《三才杂字》是在西夏流行较广的一部字书。其内容包括了西夏语的常用词语,以天、地、人分为三品,每品分为若干部,每部又包括若干词。为了便于读者了解西夏文《三才杂字》的内容,将其内容目录分列如下:

三才杂字序
上天第一
天、日、月、星宿、闪、雷、云、雪、雹、霜、露、风、天河
下地第二
地、山、河海、宝、绢、男服、女服、树、菜、草、谷、马、骆驼、牛羊、飞禽、野兽、爬虫昆虫
中人第三
番族姓、人名、汉族姓、节亲与余杂义合、身体、舍屋、饮食器皿、日略类、诸司与余用字合、军坷贝
跋

敦煌莫高窟北区出土的西夏文《三才杂字》共有 3 种,其中一种为序

①史金波著《西夏汉文本杂字初探》,载于《中国民族史研究(二)》第 167~185 页,中央民族学院出版社,1988 年。

②见聂鸿音、史金波著《西夏文〈三才杂字〉考》,载于《中央民族大学学报》,1995 年第 6期。

图 5　B56:60(正)　西夏文残《三才杂字》序言

言,两种为正文;两种写本,一种刻本。

(1)写本《三才杂字》序言残页。

此书存留版本虽多,但有序言的只有俄藏 ИНВ. No. 2535。此次敦煌 B56 窟出土了国内仅有的本书序言残页,共两纸,编号为 B56:60(图 5)。下面录出《三才杂字》序全文汉译文,以使读者全面了解文献原意,敦煌残片中有字者为黑体字。

《三才杂字》序。序曰:今文字者,番之祖代,依天四而? 毕字三天。此 者,以金石木铁为首,分别取天地风水,摘诸种事物以为偏。虽与苍分字形 不似,然如夫子诗赋,辩才皆可。后而大臣怜之,乃刻《音同》。新旧既集,**平上**既正。国**人归心,劝学用也。呜**

呼！彼村邑乡人，春时种田，夏时力 锄，秋时收割，冬时行驿，四季皆不闲，又岂暇学多文深义？愚怜悯此等，略为要方，乃作《杂字》三章。此者准三才而设，识文君子见此文时，文缘志使莫效，有不足则后人增删。

(2)写本《三才杂字》正文残页。

B184 窟中发现的残片一纸 B184:11，写本，墨书，存 4 行，行 3 词，每词 2 字。根据已经发现的《三才杂字》的刻本和写本知道，其内容为“地品”的开始①。此残片下残，每行还应有两词或三词。译文如下：

大地， 陆地 平地……

土地 已地……

永依？ 本 一浊……

宽广 沟恤

(3)刻本西夏文《三才杂字》。

莫高窟第 465 窟出土西夏文刻本一面，编号第 465:5，为蝴蝶装的左半页，上、下、左双栏，面 8 行，行间有竖隔线(图 6)。此面内容是《三才杂字》“人品”“蕃族姓”部分的末尾和“人名”部分的开始，俄藏黑水城文献中有《三才杂字》的 ИНВ.No.210 的 13 页即为此页，两相比较其内容和版面行款完全一致，但仔细对照，就会发现它们是不同的刻本，如俄藏本边框双栏差不多一样粗细，而此本双栏是外粗内细：又如俄藏本题目“人名”上有荷叶、下有莲花为装饰，而此本有上下栏线。此面译文如下(译文中方括号内为音译，其余为意译)②：

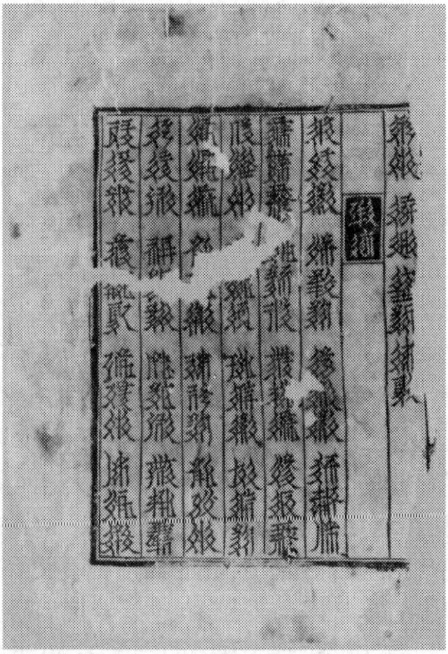

图 6 第 465:5 西夏文刻本《三才杂字》残页

[地宁 骨匹 妹勒 兀鲁底]

人名

①见李范文、中岛幹起编著《电脑处理西夏文杂字研究》，日本国立亚非语言研究所，1991 年。因其中只收残刻本，这部分存 7 字。此残片尚可补充数字。

②同①。本文译文与李译多有不同。

[弥药]乐　宝塔势[大花]乐　吉祥山

[贺兰]金　[刻鬼]长　[释迦]众　[天都]金

[和食宁][门口讹]如阳乐[萨]旧势

[嵬嵬]众[灵]城乐　斜[酉]势[灵州宁]

[匝罗经]斜兽说　角掌[经]现有忘

[阿养](友)立[弃牟巴]小狗[宁]小块妇

在敦煌莫高窟B56窟、B184窟和莫高窟465窟3个洞窟发现的西夏文《杂字》残片,它们是不同的版本,可见西夏文《三才杂字》是在敦煌流行较广的一部通俗读物。

3.《番汉合时掌中珠》。

《番汉合时掌中珠》是西夏乾祐二十一年(1190年)党项人骨勒茂才编撰,书中将常用词语以天、地、人分部,每部又分上、中、下三篇,各篇收录词语不等,以“人事下”为最多。每一词语皆有西夏文、相应的汉文、西夏文的汉字注音、汉文的西夏字注音四项,是当时西夏人(党项人)和汉人互相学习对方语言的工具书。编者在该书序言中说:“不学番言,则岂和番人之众:不会汉语,则岂入汉人之数。番有智者,汉人不敬;汉有贤士,番人不崇,若此者,由语言不通故也。”可见作者希望此书能促进西夏境内番汉交流,达到互相学习的目的。《番汉合时掌中珠》中有西夏和汉两种语言、文字对照的特殊功能,因此,它不仅是西夏时期学习语言、文字的重要工具书,在西夏文献湮没数百年、西夏文字成为无人可识的死文字后,又成了现代西夏学专家们识读、破解西夏语言、文字的门径,又由于其中收录了很多西夏常用词语,此书也是专家们研究西夏社会的重要资料。

《番汉合时掌中珠》的完本于20世纪初发现于黑水城遗址,今藏俄罗斯圣彼得堡东方学研究所。该书为刻本,蝴蝶装,共37页。早年曾有罗福成的抄本流传,近些年才得影印本问世。

在莫高窟B184窟发现的《番汉合时掌中珠》,为该书第14页的第2面,编号B184:9,刻本,上、下、左双栏,右残,应为此页的版心和右面,内容属“地用下”(地部的第三篇),中下部有残缺,一面竖分3栏,间有隔线(彩版一)。《西夏文物》上曾刊载一幅《番汉合时掌中珠》的影印件,正好也是第14页的第2面,两相对照,应是同一种版本①。这是目前国内仅存的一面比较完整的《番汉合时掌中珠》。内容为树木、蔬菜类,现录汉文内容

①见黄振华、聂鸿音、史金波整理拼配本《番汉合时掌中珠》,宁夏人民出版社,1989年;史金波、白滨、吴峰云编《西夏文物》第322页图328,文物出版社,1988年。

如下(文中圆括号内为残缺部分):

第一栏:桃 柳树 松柏 (菜蔬) 香菜
第二栏:芥菜 薄荷 菠棱 茵(陈) 百菜
第三栏:蔓菁 萝卜 瓠子 茄子 蔓菁菜

敦煌莫高窟北区出土的《碎金》《三才杂字》《番汉合时掌中珠》三种蒙书,它们都发现在敦煌僧人居住的生活区。可以推想,西夏时期居住在洞窟中的党项族和汉族僧人借这些通俗的启蒙著作学习西夏文和汉文,以便用来识读经文或作其他文字事务。在当时西夏文和汉文都是通用文字,西夏虽然接受并重视儒学,但传统的经学和科举的影响较中原地区为少,可以不拘一格使用蒙书,推行文字,发展教育,形成了蒙书比较繁荣的局面。这三种西夏文蒙书为国内仅存,不仅具有学术价值,也具有文物保存价值。

二、文书

籍账、契约等社会文书反映一个时期、一个地区的实际社会生活状况,是研究历史上社会状况极有价值的资料。敦煌石室发现的大量文献中很多是社会文书,对了解和研究唐代社会和敦煌地区的社会情况有巨大价值。唐代历史研究由于有了这些珍贵资料而大有进展。然而有宋代包括同时代的辽、金、西夏都缺乏社会文书,这对于宋、辽、金、西夏的研究实在是一种遗憾。然而近些年来,西夏的社会文书不断被发现。在宁夏、甘肃都有西夏文文书出土。特别值得一提的是我们在与俄罗斯合作整理出版《俄藏黑水城文献》过程中,1997 年第三次到俄罗斯整理文献时,发现了大量西夏文社会文书,使得西夏的社会文书由过去数量很少,变得十分丰富,改变了过去缺少12~13 世纪社会文书资料的状况。

敦煌地区发现西夏社会文书还是第一次,为敦煌所出文献增添了新的品类。可惜它们都是残片,多不能连缀成文。

1.B56 窟文书残片。

莫高窟 B56 窟西夏文文献中有文书残页,可分为 4 种:

(1)前述《碎金》的背面,皆为墨写,书法楷、行、草书皆有。同样由于被

剪裁得七零八落,多是断文残句。下面选字迹可识、尚存词语者试译如下(方括号内为音译):

B56:14-1 (背)……二百四十斤
……转[金大]□属
B56:14-3 (背、左)九日昼
B56:14-3 (背、右)……月二十
筵礼……
B56:14-4 (背)……(画押)
B56:14-7 (背)二十日……
[尼朔、罗](番姓)
(画押)香……
[白尼则](汉姓、番姓)
(画押)香……
五.四百十一块
B56:14-8 (背、左)(画押)一百钱　小珠二……
(画押)小珠……
B56:14-9 (背)……川中麦……
B56:14-11(背)四日(日)
B56:14-15(背)(画押)? [铁]九十
二(画押)　[甄]……
(画押)令饮[提皮]二……
B56:14-16 (背)……十卷
……三卷
B56:14-20 (背)[酩布](番姓)(画押)
B56:14-23 (背)清(人)
B56:14-27 (背)(画押)[甄]……
B56:14-28 (背)案头
已散……
B56:14-29 (背)……(画押)
……(画押)
……(画押)

B56:10 [酩布](番姓)……

B56:13 五日昼……

B56:23 十日昼

吕狗……(画押)玉一

B56:27 ……十[块]

十一日

B56:28 九月

(画押)

B56:47……毕氏局分……

……中军匠与宫……

B56:48……文(画押)

B56:54(画押)一块十五斤　　(画押)一块五斤

……(画押)六

B56:55 八日昼……

(画押)一……

(画押)三……

B56:77-3(　)米四五升已遗……

上酒中三升

以上,有的可以缀连,如 B56:14-15(背)、B56:14-16(背)等。

因文书残损过甚,难以作出系统的考证。但从上述译文中仍可看出,文书中有时间月(九月)、日(二十日等)、人名(包括番人名和汉人)、低级职官(案头)、物品(米、酒)、衡量单位(斤、升、卷)、货币数量单位(钱、小株)、画押等,推测可能是按日期记录的记账簿之类。

(2)一西夏文残片,编号 B56:8,存西夏文 3 行,字体为草书,一些字模糊不清。第一行上部数字译文为:"[麻尼则]氏师女……""麻尼则"是西夏姓氏。这也是一件社会文书。

(3)有数纸残片,分为 3 个编号,字体行、草不一,其中文字尚有可参考者,试译如下:

B56:21 ……布当为若?则重亦……

……何?帐谓唯沙州……

B56:30 (正)……铁……

……下有
……铁狗死续？同
……宝下
……结合属……
……[耶和](番姓)……
……与结合属……

B56:30-2(背)……属一行
……明　月十……
……开……
……沙州口……

文中有番姓氏,并两次提到沙州,应是涉及当地党项民族的文书。又有 B56:26、B56:41,皆为小残片,草书漫煺,难读成词语。

(4)有 3 枚残纸字体、纸质相同,应为同一种文献。编号为 B56:34、B56:40、B56:50。因上下残损词语常不连贯,还有多处错字,但观其书法有一定功力,不似初学者所写。

2.B184 窟文书残页。

(1)残片一纸,墨书,行草,上下皆残,试译如下。

B184:10-2　许赐予
……九缗七百八十……
……许赐予……
……小后引价……
……胡者土珠儿……
……四十九九……
……各赐

(2)17 枚被裁成长方形的残纸,草体西夏文,两面书写,字迹浸透,每纸所留文字两三行不等,每行仅存几字,难以释读成文,只能将可识部分词语译释如下。

B184:12-1(正)　……军溜边……
……四十五卷……
……蓝(军)司……

B184:12-2(背)　……八支……

……八支各？支……

B184:12-3(正) ……支　阿……

……三十六……

……分……

……支……

……铁钉……

……十卷兴

B184:12-4(背) ……铁钉二……

……四十支……

……用大小……

从残存文字看,有"监军司"字样。西夏为了军事和战争的需要,把全境分成十几个监军司,沙州监军司是其中之一。"军溜"是西夏军队的一种建制。文书中物品、数字和量词(箭支的支),可能是军队中所用物品的账目。

此外,B123窟、B194窟、B206窟也出土了西夏文文书残页。

三、刻本佛经

1.B53窟西夏文《金光明最胜王经》封面。

B53窟出土,编号B53:9-1。右、下残,封面上的题签完整,印本,四周双框,中有西夏文楷书11字:"金光明最胜王经契卷五第",应译为《金光明最胜王经·卷五》。

《金光明最胜王经》宣称凡护持、流布此经的国土都将得到四天王的护持,可使该国安稳丰乐,因此在中土流传甚广。敦煌石室发现有多种汉文版本。

西夏翻译《金光明最胜王经》在惠宗时期,后仁亲朝又复校疏。此经在西夏也广泛流传[①]。俄藏黑水城文献中有多种西夏文版本,皆为西夏时期。北京图书馆藏有西夏文刻本《金光明最胜王经》卷一、三、四、五、六、八、九、十,共8卷13册,系西夏灭亡后蒙古时期刻印。此封面的发现证明作为当时佛教中心之一的敦煌也流传、保存了此经的西夏文版本。据洞窟发掘专家介绍,该封面上揭出了盖有八思巴文印章的文书以及中统钞,此经被推定为元代版本。

①见史金波著《西夏文〈金光明最胜王经〉跋考》,载于《世界宗教研究》,1983年第3期。

2.B53 窟西夏文《大方广佛华严经》封面。

B53 窟出土,编号 B53:10。基本完整,左上部有题签,也是印本,上、左、右双框,双框中间有装饰花纹、图案,中有西夏文楷书 12 字:"大方广佛华严经契卷二第铁",其中"二"可能是用活字压捺上去的,应译为:《大方广佛华严经·卷二(铁)》。题签最后一字"铁",系该经卷所标函号。西夏文大藏经的函号与汉文大藏经的《千字文》标号意义相同,但所用字不同于汉文《千字文》。

《大方广佛华严经》是中国佛教华严宗立宗所依经典,流传甚广,在敦煌也有很多汉文版本。在西夏,此经也被译成西夏文本,是流传较广的一部重要经典。俄藏黑水城文献中有多种此经西夏文刻本和写本。北京图书馆所藏西夏文佛经中有 50 多册,日本藏有 11 册,宁夏、甘肃等地也有人藏,皆为活字印本。然而俄藏和日藏第一至第十卷的函号为"解","铁"是第三十一至第四十卷的函号,与此封面有异。西夏文此封面的发现也说明敦煌地区流行此经的西夏文本,又因其有函号,或许它是敦煌所藏西夏文大藏经的一部分。

3.B54 窟刻本佛经残片。

B54 窟出土西夏文刻本残片一纸,编号 B54:13。残片存文字六行,字体舒展,刻印俱佳,上有双栏。第一行文字译文为:"……最喜,此种咒王……"推测此经应是《种咒王阴大孔雀明王经》。此经为藏传佛教经典,也在西夏时期被译为西夏文,俄藏文献中有多种此经的刻本和写本。敦煌所出此残片,或为目前国内仅存版本。

4.B121 窟刻本《金刚经》残页。

B121 窟出土刻本残片 2 纸,编号 B121:35、B121:36。上下双栏,经折装,小本。为《金刚般若波罗蜜经》的开始恭请八金刚部分。

《金刚般若波罗蜜经》简称《金刚经》,谓世界上一切事物空幻不实,认为对现实世界不应执著留恋而达到体认般若实相的境地。此经流传广泛,影响很大,有多种汉文译本传世。敦煌也有 6~10 世纪的多种版本,后期若干写本分为三十二分。

西夏早将《金刚经》译为西夏文本,有多种版本传世。1958 年敦煌曾出土两种西夏文刻本《金刚经》,为三十二分本,今藏敦煌研究院。敦煌莫高窟北区出土的西夏文《金刚经》不仅增加了敦煌地区《金刚经》的文字种类，而且填补了敦煌地区10世纪以后的《金刚经》的空缺，为研究当地《金刚经》的流传和发展提供了新的资料。

5.B159窟刻本佛经《龙树菩萨为禅陀迦王说法要偈》残页。

B159窟出土西夏文佛经残页，编号B159:26(图7)。上下双栏，仅存经文3行，楷书，为一经之末尾，末行为“龙树菩萨禅陀迦王之说法要偈言”。“言”是该经卷所标函号。后尚有汉字“三”，或为后来所加。此经名称应为《龙树菩萨为禅陀迦王说法要偈》。汉文《大藏经》有唐义净译《龙树菩萨劝戒王颂》，异译本有刘宋求那跋摩的《龙树菩萨为禅陀迦王说法要偈》。此次敦煌发现的西夏文本与后者同名。最重要的是经末有一长方形压捺印记，有汉文两行。墨色浅淡，仔细辨认方可识得：

图7 B159:26 西夏文《龙树菩萨为禅陀迦王说法要偈》残页

僧录广福大师管主八施大藏经于
沙州文殊师利塔中永远流通供养

管主八是元代一位僧官，任松江府僧录，其名为藏文音译，意为经学大师。他曾主持印制西夏文大藏经，并施于敦煌佛塔中。可能在他所施经中都压捺了这样的印记。日本天理图书馆藏有一页西夏文佛经，也出自敦煌，上面也盖有同样形式和内容的印记。又日本善福寺所藏元代平江路绩沙延圣寺刊印的《大宗地玄文本论·卷三》记载：“于江南浙西道杭州路大万寿寺雕刊河西大藏经板三千六百二十余卷、华严诸经忏板，至大德六年(1302年)完备。管主八钦此胜缘，印造三十余藏，及《华严大经》《梁皇宝忏》《华严道场忏仪》各百余部，《焰口施食仪轨》千有余部。”①由此可见，当年敦煌曾藏有一藏3600余卷的西夏文刻本大藏经。是管主八大师印施

①见西田龙雄著《西夏语的研究(二)》，座右宝刊行会，1966年；史金波著《西夏佛教史略》第205~211页，宁夏人民出版社，1988年。

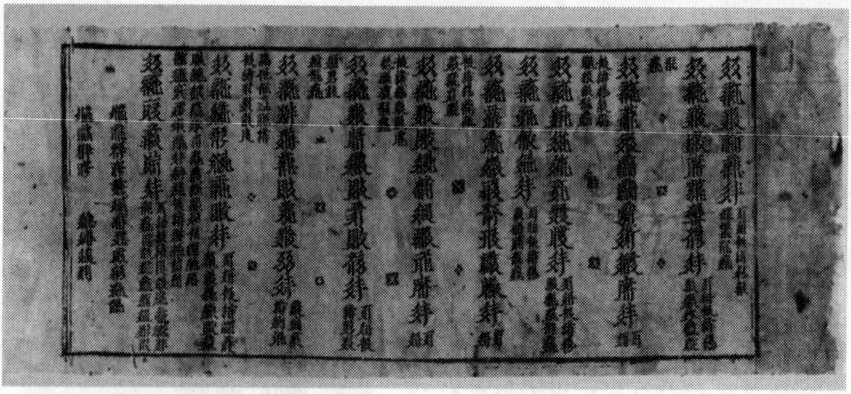

图 8　B125:22　西夏文残文书

30 余藏大藏经的一部。此残片当是施与敦煌的西夏文大藏经的一部分,为国内仅存,至为重要。

6.B125 窟刻本佛经残片。

刻本西夏文佛经一纸 B125:22(图 8),页面完整,呈卷子式,四周单栏,内以大字刻佛名 11 个,佛名下以双行小字注释诵读功效。最后有两行刻款,记载行愿施经人名。译文如下:

南无宝胜藏佛(一遍诵则一世乘马罪灭)

南无宝光王火焰明佛(一遍诵则一世常住物食罪灭)

南无一切香花自在力王佛(一遍诵则一世坏犯律罪灭)

南无百亿恒沙必定佛(一遍诵则一世生杀罪灭)

南无雷威德佛(一遍诵则一世斜淫罪灭)

南无金刚坚固降伏散坏佛(一遍诵则与诵一藏经契同)

南无宝光月殿妙尊音王佛(一遍诵则一世堕阿尽地狱罪灭)

南无宝聚[沙摩]身光明佛(一遍诵则说处无说处无罪灭)

南无心善藏摩尼宝聚佛(若闻名则四重根本罪灭复实诵则岂有可说)

南无药师琉璃光佛 (一遍诵则贪吝昔因恶趣有亦因先曾闻重诵念依立便解悟妇人此佛板依诵则女变成男)

南无阿弥陀佛(一遍诵则八十亿劫生死罪灭八十亿劫福德增盛)

行愿施者持金牌讹二三为首

行愿施者吴　令势

施经题款中“持金牌”为西夏的一种官职称谓，西夏有持金牌、持银牌者，持金牌者是地方上等级较高的官员。“讹二”是西夏的番姓①。

7.莫高窟第464窟刻本佛经残片。

西夏文残经一纸，编号第464A:53，上下双栏，存5行，足行12字。译文如下：

……盖白佛母……

晓者不有大逆拒母此受持则

寿及福德威力俱足子好……

高灭时最安世界中生……

……病及畜病及病患……

第一行有“盖白佛母……”，“盖白”在西夏文佛经中为“白伞盖”之意，此佛经名可能与“白伞盖佛母”有关。俄藏黑水城文献中就有几种，如：《大白伞盖佛母之随国宫护顺要语》《大白伞盖佛母之总持等诵顺要语》《大白伞盖佛母之三面八手供养顺记》等。

此外B59窟、B123窟、B124窟、B128窟、B138窟、B142窟、B160窟和第464窟都还有西夏文刻本佛经残页。

四、活字版佛经

1.活字版《地藏菩萨本愿经》残页。

《地藏菩萨本愿经》也是大乘佛教经典，宣扬一切众生凡信奉供养地藏菩萨，均可蒙拔济。敦煌石室出此经3种版本，皆为残本。此次敦煌莫高窟北区有3个洞窟出土了西夏文《地藏菩萨本愿经》，共8纸。

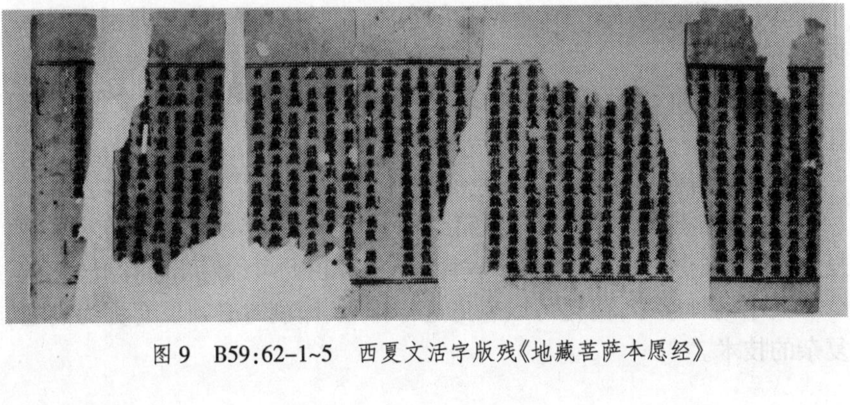

图9　B59:62-1~5　西夏文活字版残《地藏菩萨本愿经》

①见史金波著《西夏文化》第183~190页，吉林教育出版社，1986年。

(1)B59窟出土印本残页4纸,编号是B59:62(图9)。

综观这几纸,可大致见其形制:经折装,上下双栏,每面6行,足行16字。其中B59:62-1号仅存1行,但很重要,是经末经名,译文为:"地藏菩萨本愿经契中卷竟";B59:62-3号中经文内也有"地藏菩萨以百千方便……"之语,可知此经为《地藏菩萨本愿经》。此经在汉文《大藏经》中是两卷本,标为唐实叉难陀译,但后世认为是中国本土撰述。此西夏本有中卷,可知应是上、中、下三卷,与流行的汉文本不同。B59:62-3和B59:62-4号应是相连的两页,其中有一面多咒语,而汉文《地藏菩萨本愿经》并无咒语。这里是西夏文经增加了新的内容,还是属它经典残页仍需进一步研究。现将各页首末行的起止词语意译如下:

B59:62-1　地藏菩萨本愿经契中

　　　　　卷□竟

B59:62-2　诃吙没……

　　　　　讹诃□

B59:62-3　枝叶花果……　……呵室目菩(咒语)

B59:62-4　佛之弟子住家出家……　……增长一切众生威力

B59:62-5　未满报说……　……如此等报承后地狱

唯该经印刷具有明显活字版特点:

①文字墨色往往以字为单位显现深浅不一。这是活字印刷时版面制作不甚平之故,有的字突出一些墨色就浓,其他的就淡一些。

②文字宽窄不等、大小不匀。这也是制作、雕刻活字时有欠精到的缘故。

③每一纵行左右不齐,有明显的弯曲,有的字有歪斜。这是活字排版、固版不精所致。

④文字上下绝无相交、相插现象。活字印刷一字一印,各字当然不可能相交、相插。

⑤经文背面以字为单位墨色深浅不同。

B59:62号从第一面末行至第二面皆为咒语,因音译梵文,转译成西夏文时,为求得准确,采用附带小字的方法。由此可以看出排印此经时至少有大小两种字号,而且可以想见这样排版、印刷时必须要有更为高超、复杂的技术。

(2)B159 窟出土残页 3 纸,编号为 B159:24、B159:31、B159:42。

版式相同,上下双栏,每面 6 行,其中两面似为偈语,每行 2 句,每句 7 言;另一面似为经文,下残,似为两面 12 行。其文字有活字印刷特点。

①字形大小不一,特别是宽窄相差很大。

②有时一行中上下字左右不齐。

③文字无相交、相插现象。

经文中有“地藏”字样,又页面形制和文字特点与 B59 窟出土的西夏文活字版《地藏菩萨本愿经》相近,这 3 页残纸也应属《地藏菩萨本愿经》的一部分。

(3)莫高窟第 464 窟出土西夏文佛经 1 页,编号第 464 侧室:51。

上下双栏,6 行, 行 16 字。第 2 行空白处有图案装饰, 还有一汉字“直”。此页具有活字版印刷的显著特点。其形制和 B59 窟、B159 窟的西夏文活字版《地藏菩萨本愿经》相同,且此页第 5 行有“地藏菩萨”4 字,此经应是《地藏菩萨本愿经》。现将残经首末行的起止词语意译如下:

第 1 行　后多得解脱乃至梦及惊梦中永复不见

第 6 行　七日中菩萨之名诵一万通满则如是等

在其他地区发现的西夏文活字印刷品中还没有《地藏菩萨本愿经》,应该说敦煌本活字版《地藏菩萨本愿经》是海内孤本。

2.活字版《诸密咒要语》残页。

B121 窟出土有多枚西夏文佛经散页,有的为残片,有的页面完整或基本完整。编号为 B121:18-27、29、31、34(1)(2)、36(1)(2),它们都是同一种文献,综观其形制,为蝴蝶装,四周双栏,一页分两面,中间为版口,版口中有页码,有时用西夏文,如第 3 页,有时用汉文,如第 6、8 页。每面 7 行,每行 15 字,字体方正,类隶书。

B121:20 号第 3 行为一经之末尾,最后印一“竟”字;第 4 行为一经名, 译文是《近诵为顺总数要语》, 应是这总经的一个分部的经名。在 B121:36(1)号第 1 行残留一字“诸……”,它应是经名的第一字;第 2 行字全列,据残留空白看可能为经名后的作者或译者、序作者题款;第 3 行残留前 4 字“夫诸密咒……”这应是佛经序言或发愿文的开端。推测这一佛经包括了多种经咒要语,《近诵为顺总数要语》是其中一种,佛经总名为《诸密咒要语》。其经文内容亦多密教修行仪轨之类。西夏藏密传播约在中期以后，推测此经属于西夏中晚期。此经完整的、残破的页面共有16面，从页面看是很典型的活字印本。

(1)各页面边栏左右双栏抵住上下栏内栏，但不相接，形成上下栏开口、外栏不相交接的现象，有明显的边栏四面拼版痕迹。不似雕版印刷双栏时内栏和内栏相接、外栏和外栏相接。

(2)版口两竖线和上下栏也不相接，这也是活字印刷栏框、版口拼版的缘故。

(3)竖行有明显的弯曲，一行中的字左出右入，有的字歪斜。如B121:24、B121:25都很典型。

(4)字形大小、宽窄不一，字体也不尽相同。这也是制作、雕刻活字时有欠精到的缘故。

(5)上下字之间无相交、相插的现象。

(6)字与字之间墨色差别较大，形成以字为单位的墨色浓淡不一。

(7)经背面透墨以字为单位深浅不一。

综观此经，文字清晰端正，版面舒展大方，是早期活字印刷品的上乘之作。从已发现的西夏活字印刷文献看，西夏活字印刷的使用在西夏中晚期，此经排印技术已臻成熟，约为西夏晚期。现将各页残经首末行的起止词语意译如下：

B121:18　自修法上疑惑行相……梦则密语……

B121:19　……相是……不许夫此相者依先前梦修者自相

B121:20　次梦中要语取示为……依诵顺……

B121:21　所第二……成就得之近因是第三……

B121:22　一亿遍…………五十遍为三字咒五十……

B121:23　若语虚假增已至无益……则不缺心大为则下

B121:24　请不承微益者……此后它咒诵行增等不为

B121:25　所为则二遍出心疑虑……不定若诵咒……

B121:26　与苦灾遇…………若烧时无焰上方往牛

B121:27　相是若诸为…………骑不打击病人及

B121:29　中道背家中恶犬住处……所近颂成就不……此中数种梦…………常善法爱

B121:31　……出…………数者梦时

B121:34 (1)　及……见上妙饮食科……

B121:34 (2)　……河池泉源……

B121:36 (1)　诸……情诸圣者愿……

B121:36 (2)　[迦　宣]……[俺]

敦煌莫高窟北区出土西夏文活字版《诸密咒要语》也是海内孤本。

3.其他活字版佛经

(1)B159 窟出土残页一纸,编号 B159:25。

上、左残,右、下单栏。其文字有与上述印本相同的活字印刷特点。译文如下:

……为曾也欲则默多则前非为?

……二成用第一者十一地只本根

……校无以执法差异与?属之法

……解上说办也复十一地之后得

……解上?无及执法异解?校有

……之解顺令成二后?之解顺成

……十一地之本根者执法法界

……当绝之种子与?灭本根

(2)莫高窟第 464 窟出土西夏文残经一纸,编号第 464D 侧室:119。

似为经折装的一面多一行,下残,上双栏,共 7 行,具有活字版印刷的特点,特别是文字以字为单位浓淡不一,有的字形歪斜,字距差别较大,更为突出。译文如下:

□□有此佛名闻则……

遇法广说为必定菩提……

月佛山顶佛智胜佛净名……

上佛妙音佛月满佛月面佛……

无佛世尊有现在未来众……

人若男若女唯一佛之……

□□□多名诵者……

中国宋代毕升发明的活字印刷术,是中国乃至世界印刷史上之首创,意义重大。此项发明很快传播到与宋朝比邻的西夏王朝。近几年来,在西夏故地黑水城、武威、银川的西夏文文献中先后发现了活字印刷品[①]。现

①见史金波著《现存世界上最早的活字印刷品——西夏活字印本考》,载于《北京图书馆馆刊》,1997 年第 1 期。

在在西夏的另一个重要地区敦煌又发现了多种西夏文活字印刷品，更加说明了西夏使用活字印刷之广泛。包括敦煌莫高窟北区发现的各种西夏时期的活字印刷品，都是世界上最早的活字印刷实物，十分珍贵。西夏的活字印刷为早期活字印刷术的传播和完善作出了重要贡献。联系到在敦煌先后发现了大量回鹘文木活字，推测西夏和元代时的敦煌是中国活字印刷的一个中心，敦煌在活字印刷史上具有重要地位[①]。

五、其他写本文献

1.莫高窟第464窟泥金写经残页。

莫高窟第464窟出土西夏文残片一纸，编号第464A侧室:50，绀纸金书，仅有两行，完整的字只有4个，可译为“……诵持则命(绝)……”，后面应是否定词。此经可能是《高王观世音经》序言。

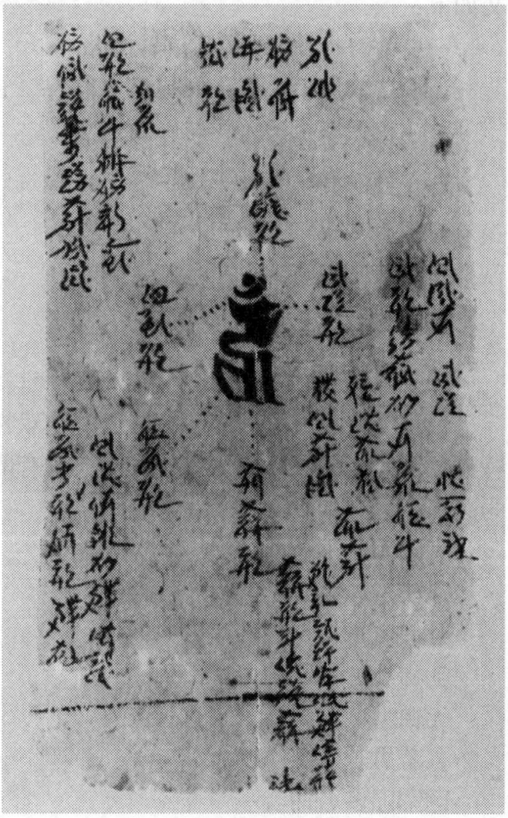

图10 第464:49 西夏文残文书

用泥金字书写的西夏文佛经，并不多见。过去知有流失海外的《妙法莲华经》，1976年发现于西安市的西夏文《金光明最胜王经》，后甘肃又见《大方广佛华严经》[②]，这种写经多为皇室、贵族发愿出资，请书法高手缮写，材料昂贵，书写费时，所以十分少见。敦煌地区首见西夏文

①见史金波、雅森·吾守尔著《西夏和回鹘对活字印刷的重要贡献》，载于《光明日报》，1997年8月5日。

②见罗福苌著《妙法莲华经宏传序》，载于《国立北平图书馆馆刊·卷四》三号(西夏文专号)，1932年；史金波、白滨著《西安市文管处藏西夏文物考》，载于《文物》，1982年第4期；陈炳应著《金书西夏文〈大方广佛华严经〉》，载于《文物》，1989年第5期。

泥金写经,丰富了敦煌西夏文文献的品类。

2.《十相自在图》。

莫高窟第 464 窟出土一页一纸,编号第 464A 侧室:49(图 10),中间墨书大字梵文,四周草书西夏文多处,里卷有 5 处用虚线与中间梵文连接。上为"全镜智",右为"明清智",左为"妙界智"、"法界智",下为"获得智"。外围文字上部有 4 行 8 字,为"全镜明见则性六智";右为 4 行,第 1 行"字□一　明清　定□谓",第二行"明智地获待一爱□为",第三行"阿□摄残",第四行"哈字安性",三四行下有两字"摄安";左上 3 行,第 1 行若有,第 2 行妙智法为显明垢口,第三行明月爽寒壁安令上。左下 2 行,第一行字者四分待体□□,第 2 行法界亦智四智体□;下部 2 行,第 1 行独心问□□□体释为,第 2 行获智为□□得。

此图带有形象地诊释经文性质,其深刻含义有待进一步研究。

3.B172 窟僧人职事名单。

B172 窟出土残页一纸,编号 B172 (74):3-1,正面为回鹘文佛经,经折装,似为 3 面,背面墨书西夏文,译文如下:

晓日卧　三师
晓晚匀　张修者
光戊日　严师
月轮转　三师
(上)大节分白张修者
岁号算……师三
晚诵文三师
观妙……修者
四面遮蔽严师
河海味三师
……诸界至张师
……明……严师
(下)现生众起?师　蓄养?严师
种增因三师　约心救三师
异?修兄弟意张师
类……

生……

熟……

力……

凤……

根据以上不完整的内容推测，是否为敦煌寺庙中僧人职事名单有待考证。

4.B132 窟西夏文六角形图。

B132 窟出土带图形的西夏文一纸，编号 B132:3。两个上下方向相反的三角形叠压成一个六角形，六角间有六个卍形符号，中间有两个西夏文字，皆为译音字:[半庵]，似为佛教咒语用字。上部左右角内有字，右似为汉字“张”，左不清。卍形符号为佛教密宗使用符号。此图形和文字当与佛教密宗有关。

5.B121 窟诗词残片。

此窟出土西夏文残页一纸，编号 B121:28-2。墨书行楷，字迹深浅不一，加之背面有文字，相互浸透，不少字漫漶模糊。正面有文字约 11 行，文字时有间隔，似断句处，又有小圆卷，或为段落标志。试译如下：

……知得法广　佛法不二自僧宝

此……

者大师是　永常法轮转 竟

行留？音〇　劝　君远处莫行走

山谷岭多夥？　千里？？起？

无……〇昨夜宿处桥边……

……实　梅树……

军鸣　后何时得归〇……己

神异　所取？一也无　？宫七

宝已藏也　数出稀？问

从不完整的译文看，内容关系到佛教和世俗，形式上似有五言、六言、七言，推测为劝世的诗词或散曲之类。目前见到的西夏文文献中类似这种形式的作品还十分稀见。

6.西夏文佛经封面。

(1)B159 窟出土，编号 B159:27。

封面，右下残，左上墨书两个西夏文字，可译为“十地”或“十陆”。又编号B159（A侧室）:37，似为封面，残，左上也墨书西夏文字，第1字残，第2字为“坎”“水”意。

（2）B160窟出土，编号B160:5-1、B160:5-2。

有4残片，其中一纸较大，有3个西夏文字，译为：“上、九、千。”另一纸有刻印西夏文，仅一“净”字清楚，其余两纸有墨书西夏文字，皆残。

（3）莫高窟第464窟D侧室出土，编号第464D侧室:118。

多张封面。左上角均有墨书西夏文，完整者有3字，第1字是数字，如一、三、六、七等；第2字是“第”，两字组成序数：第3字是标号，可能是佛经的函号，如智、高、万、俗等。

7.B160窟泥塔婆咒语。

（1）B160窟出土泥质小塔婆（又称擦擦），内夹西夏文字条。编号B160:11-2。内有3个西夏文字，为“唵阿吽”，这是西夏文咒语。类似咒语字条，在黑水城、武威多有发现。

（2）莫高窟第462出土泥质小塔婆中所夹字条，编号462:2I。上墨写17个西夏文文字，译音为：

庵没▫隆讹要哈庵阿迷答阿由▫粟怛宁娑哈

这应是佛经咒语，与前述B160窟泥质小塔婆所出咒语性质相类。

8.莫高窟第464窟有关道教文献。

莫高窟第464窟出土残页一纸，编号第464A侧室:52，墨写行书西夏文，存4行，译文如下：

法护法解……

法者说处何……

……无年幼……

……不敬……

在西夏文中，“法护”译为“护法”，而护法则是道教或道士的意思。如西夏法典中“护法功德司”就是“道教功德司”，它和佛教的出家功德司等相对应，在西夏法典中提到“护法”的经典，都是道教经典，如《太上北斗阴生经》《太上老君说上东斗经》等①。西夏崇尚佛教，也发展道教，在西夏法典中道教有着与佛教类似的地位，但其势力和影响要小得多。已经发现的西夏佛教经典，有数百种、数千卷之多，但道教文献在此之前尚未见到。此

①见史金波著《西夏佛教史略》重版序，（台湾）商务印书馆，1993年。

件虽残损过甚,但却是一件与道教有关的文献。

此外,B56窟、B119窟、B121窟、B184窟、第464窟等也出土了西夏文写本残页。

六、题记

B243窟内墙壁上朱书西夏文数处,多不完整,有行书,有草书,有的字清晰可辨,有的年久失色,有的因泥皮剥落而字画残缺,有的书写时笔画粘连。试译如下:

B243:1　天者……
　　人……
B243:2　则修真一切……
B243:3　没有救拨缘也
　　圣高已殊贫富面等谓
　　上心起盛……晓谓
B243:4　此之
B243:5　肃瓜统军是…… 二州事当之信助……
B243:6　此修当前死丘定为
B243:7　(西夏文中无此字,与其相类的字有“步”等)
B243:8　沙(沙州之沙)

洞壁多处朱书题记,反映了此窟有特殊的内涵,可惜题字残缺,难以成文。“肃瓜统军”中的“肃”当指肃州(今甘肃酒泉),“瓜”当指瓜州(今甘肃安西),“统军”是西夏监军司的最高长官。敦煌洞窟中一再出现沙州、瓜州、肃州的“监军司”“统军”名称,是否西夏时期或西夏某一时期,敦煌地区由监军司直接管理?监军司是西夏特有的军事机构,可以断定题记书写时间是西夏时期。从文字书法看,非出自一人之手;从内容看有的似为行愿,有的似为求修。此外,B199窟、B206窟、B208窟也有少量题字。

七、其他

1.B40窟葫芦片刻西夏文字。

B40窟出土一葫芦片,编号B40:4(E50)。上刻西夏一个字,阴文,楷体,字画清晰、朴实。该字为“步”“行”意,音[聂]。

2.B85 窟西夏文木印。

B85 窟出土西夏文木印一方，编号 B85B 室。长方形，高 16.20 厘米、宽9.70 厘米，仅有一字，楷书，阴文，反字，字体浑厚朴质，字义为“茂”“盛”，音[嵬]。可能是寺庙用此印印成一种象征吉祥的纸送给前来行愿的施主。已出土的西夏印章数量较多，已达 100 余方，为铜质官印，篆书铸字，也有小型私人印章。而此方大型楷书木质印，为首次发现。

3.木版写西夏文。

B201 窟出土木版，编号 B201:1。上有西夏文，正面四字，皆为“文”字，反面可识字为“字”“文”二字。

以上对敦煌莫高窟北区出土的西夏文文献的译释研究仅属初步，不少问题还有待深入。根据上述探讨，似可得出以下几点意见：

第一，敦煌莫高窟北区出土的西夏文文献涉及北区 27 个洞窟。西夏王朝除通行西夏文外，也广泛使用汉文，北区其他洞窟出土的汉文残片中也可能有西夏时期的文献，因此在北区涉及西夏文化的洞窟可能不止上述 27 个。西夏统治敦煌及其稍后的元代期间，在莫高窟南区开凿、重修洞窟的同时，西夏的僧人们在北区的众多洞窟中也留下了历史的生活足迹，并为我们留下了丰富的文化遗存。敦煌莫高窟南北区的文化是相互联系、彼此呼应的。

第二，敦煌莫高窟北区的西夏文文献虽多为残片，但品类很多。其内容有多种蒙书类书籍，有社会文书，有佛教、道教文献等，其中有不少文献价值很高，有的为国内仅有，如《碎金》《番汉合时掌中珠》；有的为世界仅存，如泥金写经、大型西夏文木印等。

第三，敦煌莫高窟北区的西夏文文献版本也多种多样，有写本，有印本，印本中又分刻本和活字本。敦煌所出西夏文活字版《地藏菩萨本愿经》《诸密咒要语》不仅是世界上最早的活字印本，也是海内孤本。

第四，敦煌莫高窟北区的西夏文文献中的《龙树菩萨为禅陀迦王说法要偈》的经末压捺印记，证明元代敦煌曾藏有一藏 3600 余卷的西夏文刻本大藏经。是管主八大师印施 30 余藏大藏经的一部。此残片当是施与敦煌的西夏文大藏经的一部分，为国内仅存，至为重要。

（原载《敦煌研究》2000 年第 3 期）

莫高窟北区B128窟出土回鹘文《八十华严》残页研究

张铁山　著

敦煌研究院自1988年6月至1995年11月先后六次对莫高窟北区石窟进行考古发掘,出土了一批各民族古文字文献材料,其中回鹘文文献占有相当大的比例。现今存世的回鹘文文献多为断简残篇,且流失国外者居多。此次敦煌莫高窟北区回鹘文文献的出土,无疑将促进我国回鹘语文及佛教研究的发展,因为每一件回鹘文文献的解读和刊布,都会为学术界提供一些新材料。

这里研究的该回鹘文残页的照片,是在1998年秋由中国社会科学院考古研究所巫新华博士交给笔者的。他当时交给笔者的照片,除了这一件残页的照片外,还有莫高窟北区出土的其他回鹘文残卷、残片照片百余张。虽然笔者早已确定该回鹘文文献是佛经,并对原文进行了转写,但一直没有找到相应的原文。后经过长时间的努力,终于在浩如烟海的汉文佛经中找到了这一件回鹘文文献的汉文原文。2001年7月间,笔者利用博士实习的机会去莫高窟,在敦煌研究院彭金章、王建军两位先生的帮助下,查看了该残页的原件。

《大方广佛华严经》(梵文 Buddhāvataṃsaka-mah āvaipulva-sūtra)略称《华严经》(梵文 Buddhāvataṃsaka),意为"用诸花装饰之经",是华严宗的经典之作。该经梵文原文已不全,只有汉文本和藏文本存世。汉文本《华严经》有三译:一种是六十卷,东晋佛陀跋陀罗译,故又名《六十华严》《晋经》《旧经》;一种是八十卷,唐实叉难陀译,故又名《八十华严》《唐经》《新经》;还有一种是四十卷,唐般若译,故又名《四十华严》[①]。

本文研究刊布的回鹘文《华严经》残页,系根据汉文本直译而成,内容属于唐实叉难陀所译《八十华严》第四十五卷中的一段。回鹘文原件编号B128:2(图11~12),折叠册子式,一面为汉文,另一面为回鹘文草体,软笔

①见丁福保主编《佛学大辞典》第1053页,文物出版社,1984年。

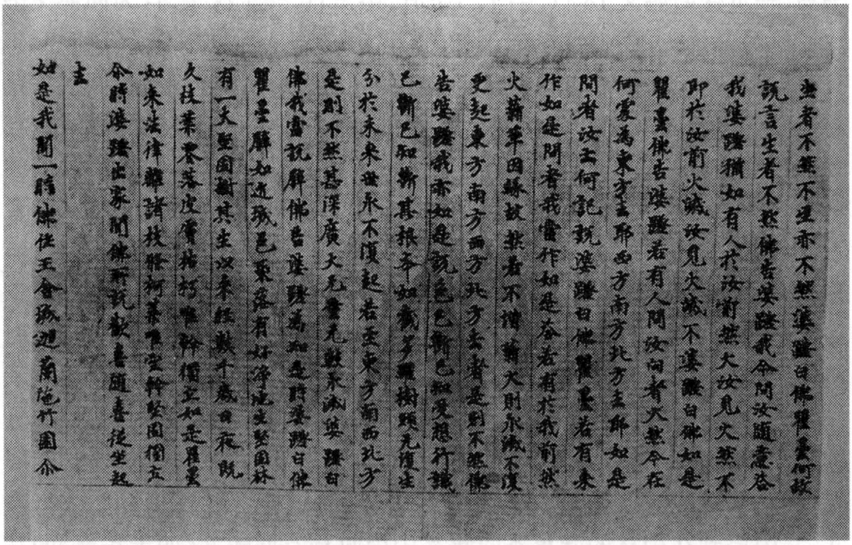

图 11　B128:2(正)　汉文《八十华严》

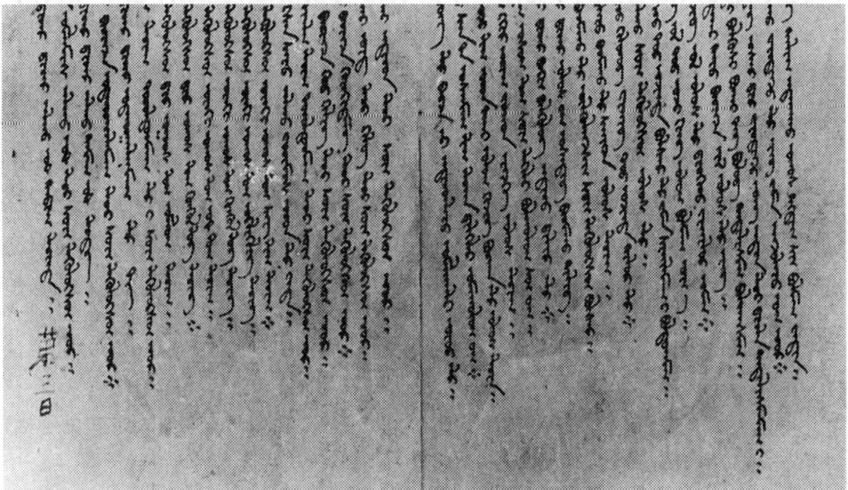

图 12　B128:2(背)　回鹘文《八十华严》

书写,一页存回鹘文 18 行,第 1 行下有"第三日"三个汉字,且为回鹘文书写者所写;另一页存 19 行。

据目前所知,除本文研究刊布的该残页外,属于《华严经》的回鹘文残卷在国内外已有发现并为各国学者所刊布。1911 年,俄国的拉德洛夫在其《〈回鹘文妙法莲花经·第二十五品〉研究》一书的附录中发表了沙俄驻乌鲁木齐领事狄亚阔夫所得"不知名"回鹘文佛经 84 行①,后经日本学者石滨纯太郎研究,才知道为《四十华严》中的《普贤行愿品》残页②。1953 年日本学者羽田亨刊布了日本第三次大谷西域考古队吉川小一郎于 1911—1914 年在吐鲁番所得《四十华严·卷三十三》中的五页半(11 面)回鹘文残文,题为《突厥语华严经断简》。1965 年,土耳其学者阿拉特出版了《古代突厥诗歌》一书,其中第九、十三、十六篇等为押头韵的佛教诗歌,分别相当于《四十华严》第三十九、四十、四十四卷的内容③。1982 年,德国人彼得·茨默发表了属于《四十华严》末尾部分《普贤行愿赞》的 12 行跋文,文中提到在柏林的吐鲁番收集品中尚收藏有回鹘文《四十华严》的其他残文④。1983 年,日本人百济康义和小田寿典刊布了内容属于《八十华严》第三十六、三十八、四十卷的 9 页回鹘文残文⑤。不幸的是,这 9 页回鹘文残文只留有照片,现存日本的羽田明教授处,但原件已不知去向。1986 年,我国著名回鹘文专家耿世民先生刊布了收藏于甘肃省博物馆和敦煌研究院的三件回鹘文《八十华严》第十四、二十二卷的折子式木刻本残篇⑥。

下面对敦煌莫高窟 B128 窟出土回鹘文《八十华严》残页进行拉丁字母转写、汉译、注释,并就残页的年代、版本及回鹘文的翻译方式进行探讨,另附汉文原文。在转写中,我们遵守转写与原文一致、见转写如见原文的原则,对 t-d、s-š 混用之类,直接按原文转写。本文所依据的汉文本是

①W.W.Radloff. Kuan-si-im Pusar,eine türkischeübersetzung des XXV.*Kapitels der chinesischen Ausgabe des Saddharmapundarīka*,St-Peterburg,1911,p. 103-109.

②见石滨纯太郎著《回鹘文普贤行愿品残卷》,载于《羽田博士颂寿纪念东洋史论丛》第 63~73 页,1950 年。

③Reshid Rahmet Arat.*Eski Türk siiri*,Ankara,1965,p. 68-79,126-130,162-170.

④Peter Zieme.*Zun uighurischen Samantabhadracaryapranidhana,Studia Turcologica Memoriae Alexii Bombaci Dicta*,1982,p. 601,603-604.

⑤见百济康义、小田寿典著《回鹘文译本〈八十华严〉残简》,载于《佛教文化研究所纪要》第 176~205 页,1983 年。

⑥见耿世民著《回鹘文〈八十华严〉残经研究(一)(二)(三)》,分别载于《民族语文》,1986 年第 3 期;《世界宗教研究》1986 年第 3 期;《中央民族学院学报》1986 年第 2 期。

日本《大正藏》。承蒙巫新华博士提供照片，敦煌研究院彭金章、王建军先生帮助查看原件，在此谨致深切的谢意。

一、回鹘文原文拉丁字母转写

第1页：

第1行 ol birär birär alqu nom qapïɤ –larïnta：第三日

第2行 yana nomlamïš alqu nom–larï söz–ligülüksüz ärür：

第3行 l birär birär alqu qamaɤ nom–larta：

第4行 qayu barïnča odɤuraqlamaq–larï söz–ligülüksüz arür：

第5行 ol birär birär odɤuraqlanmaq–lar–ta①：

第6行 tïnlɤ–larïɤ turulturmaq–larï söz–ligülüksüzärür：

第7行 söz–ligülüksüz bir oɤuš–luq② nomluq–lärïɤ：

第8行 söz–ligülüksüz bir oɤuš–luq köngül–lüǧ–lärig∷

第9行 söz–ligülüksüz öngi oɤuš–luq nom–luq–larïɤ：

第10行 söz–ligülüksüz öngi oɤuš–luq köngül–lüg–lärig：

第11行 söz–ligülüksüz öngi oɤuš–luq ärkliglig–lärig：

第12行 söz–ligülüksüz öngi oɤuš–luq saw–lïq–larïɤ∷

第13行 kšan kšan sayu alqu yorïmïš orun–lar–ïnta：

第14行 ol tïnlɤ–larïɤ turulturmaq–larï söz–ligülüksüz ärür：

第15行 qayu barïnča küü kälig–läri söz–ligülüksüz ärür：

第16行 qayu barïnča körkitmäk–läri söz–ligülüksüz ärür∷

第17行 aradaqï öd–läri kalp–larï söz–ligülüksüz ärür：

第18行 aradaqï adïrt–larï söz–ligülüksüz ärür：

第2页：

第1行 bodistw–lar barča–nï adïrtlayu nomlaɤalï ärür–lär：

第2行 alqu san–ta uzanmaq–lïɤ–larïɤ bilgäli umaɤuluq oq∷

第3行 tüüuč–lïɤ orun–taqï uluɤ kičig burqan–lar uluš–larïn：

第4行 kkir③ arïɤ yoɤun inčgä uluš–larïɤ：

第5行 muntaïɤ osuïɤ–luq söz–ligäli bolɤuluq–suz oq：

第6行 birär birär bäkiz bälgülük adïru bilir–lär∷

---

①在书写 odɤuraq (..) lan (.) maq–lar–ta 时，第一个 q 字母上有两点；n 上有一点。

②在书写 oɤ (..) uš–luq 时，ɤ 字母上有两点。

③此处原写有一词，后涂黑改若此。

第7行　birär birär uluš-uɤ ušatïp parmanu qïlïp:

第8行　ol parmanu-lar ülgülänčsiz söz-ligülüksüz bol-sar:

第9行　munčulayu parmanu-lar sansïz uluš-larïɤ:

第10行　birgärü kälürüp yïɤïp tüü učïnta qïlur-lar∷

第11行　bu alqu söz-ligülüksüz uluš-lar:

第12行　birgärü tüü učïnta bolsar-lar ymä sïqïlmaq-ï bolduqmaz:

第13行　näng ol tüü učï käng uluɤ bolmaz üz-ä:

第14行　inčip ol uluš-lar birgärü yïɤïlur ärmiš∷

第15行　aradaqï qayu barïnča il uluš-lar-nïng:

第16行　bodï bälgüsi bunï-täg bolup qatïlïšmaz bulɤašmaz:

第17行　nätäg ärsär bir yirtinčü-nüng adïn-larï birlä qatïlïšmamïš-ï:

第18行　alqu yirtinčü-lär-ning ymä ančulayu oqärür∷

第19行　kök qalïɤ adqanɤu oɤuš qïdïɤ-sïz bolmaq-ïntïn:

二、汉译文

此依回鹘文翻译,与汉文原文不完全相同。

第1页:

第1行　在那一个一个诸法门中

第2行　又说诸法不可以说

第3行　在那一个一个诸法中

第4行　所有决定不可以说

第5行　在那一个一个决定中

第6行　安抚众生不可以说

第7行　同一类法不可以说

第8行　同一类心不可以说

第9行　不同类的法不可以说

第10行　不同类的心不可以说

第11行　不同类的根不可以说

第12行　不同类的话不可以说
第13行　每一刹那在所有行处
第14行　安抚那些众生不可以说
第15行　所有神通不可以说
第16行　所有显示不可以说
第17行　中间的时和劫不可以说
第18行　中间的差别不可以说

第2页:

第1行　菩萨可以将所有的都区别说法
第2行　精通所有数者也不能明白
第3行　毛端处的大小佛土
第4行　不净清净粗细刹土
第5行　诸如此类都不可以说
第6行　一个一个区分明了
第7行　将一个一个国土碎为尘埃
第8行　那些尘埃无数若不可以说
第9行　如此尘埃无数国土
第10行　(将其)一起来聚于毛端
第11行　这些所有国土都不可以说
第12行　若都在毛端也不拥挤
第13行　不使毛端变成宽大
第14行　如此那些国土都聚在一起
第15行　中间的所有国土
第16行　其形象如根本无杂乱
第17行　犹如一国土不与其他杂乱
第18行　一切国土都如此
第19行　天空境界无边际,

三、汉文原文

见《大正藏》第10卷,第239页,上栏20行起至中栏9行。

于彼一一法门中　　又说诸法不可说
于彼一一诸法中　　所有决定不可说
于彼一一决定中　　调伏众生不可说
不可言说同类法　　不可言说同类心
不可言说异类法　　不可言说异类心
不可言说异类根　　不可言说异类语
念念于诸所行处　　调伏众生不可说
所有神变不可说　　所有示现不可说
于中时劫不可说　　于中差别不可说
菩萨悉能分别说　　诸明算者莫能辨
一毛端处大小刹　　杂染清净粗细刹
如是一切不可说　　一一明了可分别
以一国土碎为尘　　其尘无量不可说
如是尘数无边刹　　俱来共集一毛端
此诸国土不可说　　共集毛端无迫隘
不使毛端有增大　　而彼国土俱来集
于中所有诸国土　　形相如本无杂乱
如一国土不乱余　　一切国土皆如是
虚空境界无边际

四、回鹘文原文注释

第1页:

第1行　nom qapïɣ:为汉文“法门”的回鹘语译文。佛教术语,指佛法为众圣人入道之门。

第4行　odɣuraqlamaq:为汉文“决定”的回鹘语译文。佛教术语,指事情确定而无动。

第13行　kšan kšan:为汉文“念念”的回鹘语译文。汉文又译“刹那”,来自梵文 kṣaṇa。

第15行　küü kälig:为汉文“神变”的回鹘语译文。神变有三种:一说法神变,二教诫神变,三神通神变。回鹘语译文取第三义,指如来为调伏骄慢众生,现种种神通。

第 17 行　kalp：来自梵文 kalpa“劫”。佛教术语，又译为“分别时节”。

第 2 页：

第 2 行　uzanmaq：意为“精通、巧妙”，与前面的词 santa 组合，为汉文“明算”的回鹘语译文。

第 3 行　burqan-lar uluš：直译“佛国土”。汉文佛经中多译为“刹土”，即“国土”之意。此处回鹘译者增加了一个“佛”(burqanlar)字，与此相同的第 4 行中只译为 uluš“国土”。

第 6 行　bäkiz bälgülük：为汉文“分明”的回鹘语译文。回鹘文《俱舍论实义疏》中有 azu ymä iki köz birgärü bilmiš ödtä körür üčün öŋläri bäkiz bälgülük(汉文：或二眼俱时见色分明故)[①]。

第 7 行　parmanu：来自梵文 paramāṇu“微小”。此处与汉文“尘”对应，取其微小之意。

第 16 行　bunï：由来自粟特语的 βwn“基础、根本”+第三人称领属附加成分构成。qatïlïš-bulɣaš-：复合词，意为“杂乱、混乱”。

第 19 行　adqanɣu oɣuš：汉文“境界”的回鹘语译文。

五、对相关问题的探讨

1.关于回鹘文译本的译者和翻译年代。

该回鹘文残页中并没有明确的纪年记载，我们只能从一些间接材料来做出判断。从回鹘文的书写特点上来看，第一页第 5 行 odɣuraqlanmaq、第 7 行 oɣuš-luq 各词的字母上有加点表示的地方。有元代时期回鹘文文献中通常见到的 s 与 z、t 与 d 替换使用的现象。另外，从回鹘文本《四十华严》的译者为安藏来看，《八十华严》的译者也可能是他。安藏是元代著名维吾尔学者，北疆别失八里人[②]。因此，该残页回鹘文译本可能是安藏在元代时翻译的。

2.关于回鹘文《八十华严》的版本。

据目前所知，属于《八十华严》的回鹘文译本存有三种不同的版本：日本羽田明教授处所存九页残文的照片为贝叶式写本；甘肃省博物馆和敦煌研究院所藏三件残篇为折子式木刻本；这里刊布的两页残页为册子式

①见庄垣内正弘著《古代ウイグル文阿毗达磨俱舍论の研究(Ⅱ)》第 240 页，中西印刷株式会社出版部，1993 年。

②见耿世民著《新疆文史论集》第 450 页，中央民族大学出版社，2001 年。北疆别失八里在今新疆吉木萨尔县附近。

写本。由此可见,回鹘文《八十华严》曾有不同的版本。

3.关于回鹘文译本的翻译方式。

该残页的回鹘文译文,采用的是直译方式。从回鹘文本身看,译文十分流畅。残页所存回鹘文译文,正好是汉文本“颂”中的一段内容。回鹘文译者以每一句为一行,四句为一段,行后用两点表示,段后用梅花四点表示,书写极为规则。此外,回鹘文译文明显带有诗歌的形式,如第1页第1~6行的尾韵分别为-ta/ärür; 第7~12行的尾韵均用宾格形式-ïɣ/-ig;第13~18行中除第13行外,其余均以arür收尾。译文读起来朗朗上口。

4.关于残页中夹写汉字问题。

该残页第1页第1行回鹘文下夹写有“第三日”三个汉字。回鹘文文献中夹写汉字有多种情况①,而这三个汉字与汉文本《八十华严》无关,是回鹘译者自己加上去的。可能是抄经或读经时写下的日期。

(原载《中央民族大学学报》(哲社版)2003年第4期)

①见张铁山著《回鹘文佛教文献中夹写汉字的分类和读法》,载于《西域研究》,1997年第1期。

莫高窟北区B125窟出土回鹘文《增壹阿含经》残卷研究

张铁山　著

本文研究刊布的回鹘文残卷，出自莫高窟 B125 窟，编号为 B125:1(图 13~14)。原件为卷子式，残宽 6700 厘米，高 25.70 厘米，麻纸，泛黄，纤维交织较匀，纸较厚，质硬，表面经研光。正面为汉文佛经，背面软笔书写草体回鹘文 96 行，文中多处有修改的痕迹，并夹写有大量汉字。

1998 年秋，中国社会科学院考古研究所巫新华博士交给笔者几十幅莫高窟北区出土回鹘文文献残卷照片，并吩咐写出题识报告。根据照片，笔者虽早已确定该回鹘文残卷是译自汉文的佛经，但苦于汉文佛经浩如烟海，在其中寻找区区一页回鹘文残卷的汉文原文，真如大海捞针。后经过长时间的努力，终于找到了汉文原文，方知该回鹘文残卷属于《增壹阿含经》中第三十三、三十四卷的内容。2001 年 7 月 22 日至 28 日，笔者又

图 13　B125:1(正)　汉文写经

图 14　B125:1(背)　回鹘文《增壹阿含经》

前往敦煌莫高窟,在敦煌研究院彭金章、王建军两位先生的大力帮助下,考察了北区石窟,并查阅了北区出土的所有回鹘文文献,其中重点核对了B125:1 残卷的回鹘文。

下面对敦煌莫高窟 B125 窟出土的这件回鹘文《增壹阿含经》残卷进行拉丁字母转写、汉译、注释,并就残卷的年代、版本及回鹘文翻译方式进行探讨,另附汉文原文。在转写中,我们遵守转写与原文一致、见转写如见原文的原则,对 t、d 混用之类,直接按原文转写。括号内的文字系作者根据文意补加的。"////"表示原文残缺。本文所依据的汉文本是日本《大正藏》。承蒙巫新华博士提供照片,彭金章、王建军两位先生来信告知原件大小尺寸及保存情况,并对本人在敦煌莫高窟考察期间给予的无私帮助,在此谨致以深切的谢意。

一、回鹘文原文拉丁字母转写

第 1 行　/////////////////////-ïnta yaruq-ï yal-////////////////

第 2 行　////////////////ymä[①] tir.亦在中住 ymä/////-lar turur-lar.粟(散)王 kičig -ilig-lär/////

第 3 行　///////(äm) ti bu i1 uluš-taqï 普(绥)化人民 tüzü Käzip ič

①ymä 一词并排写在 tir 的左边。

kärip ymä[1] tir，又[2]inčkügin（ymä）[3]tir.

第4行　////////////// tüü-si täri-si artuγraq yušul /// 尾朱光[4] qïzïl yal qudruq-luq at qoš put-luq

第5行　///今当役之 ämti inčip išlätäyin///ät'öz-i qïlïq-ï käväl ädgü ävmäksiz qomïmaq-sïz turur.而有

第6行　///-tin yïngaq-ïnda oot yaruq-luγ.日今已出(kü)n(ä) ngri ämti toγa tügätti yarašï simäklälimäw barq iš-in

第7行　//önglüg 和 säwiglig öngin yašuq qïrtïš-ïn 高才智达 ädiz ädräm -lig bilgä biligig ötgürmäk üzä bolmâz

第8行　//(正)尔便[5]辨。oγrayu oq ötrü anutγïl[6]tip 自(然来)应 käntün ök kälip tägmäki. tätig bilgä yirtinču-ig

第9行　//öngräčä bildäči kiši-lär-ning köngül-in. ät'öz//ädgü önglüg. 又körklüg mängiz—lig ymä[7]tir.进止之宜

第10行　//särgürgü ärsär yaraγ-ïača ïdqurmadïn ödin qolu-sïn tip///运集 oγrayu oq yïγz-un tärz- ün tip.住便住 turγu-

第11行　luq oq ötrü turyurur atγuluq oq ötrü atur 智（慧之丰）(bil) gä biligi-ning öküs-i tälim-i üzä bolmaz ärtdäči bu 无

第12行　便利之患 bolmaz asïγaqïtmaq-lïγämgäki. 甚（可）///-ïγ azγuluq säwgülük ärür oγrayu soz-lisar ärür yalïnguq

第13行　tip.yana yalïnguq ärmäz. inčip ol činkirtü////ätinü yorïp t(ä)ngri-lär-ning iš-indä täginip alqu yig

第14行　soqančïγ mängi-lärig. tüšmäz ärmiš /////// ymä ök uz bolmayay mu tip.遭值八难 tušmïš

第15行　soqušmïš alqu säkiz türlüg ////////.生正国中 ortun il-tä uluš-to tormïš

①ymä 一词并排写在 tir 的左边。

②此处的"又"字是回鹘文译者补加的，表示对前面一句的重译。

③ymä 一词并排写在 tir 的左边。

④汉文原文此处为"尾毛朱光"，而回鹘文中夹写的汉字中少了"毛"字。

⑤此处夹写的汉字原为"使"，后加圈又重新写为"便"。

⑥原写作 anutzun，后在该词右边画一圆圈，在该词左边重新改为anutγïl。

⑦ymä 一词并排写在 tir 的左边。

第 16 行　甚不可遭 ärtingü///////////////ančulayuoq tidir，解脱四谛 ozmaq qutrul-

第 17 行　maq tört kirtü////(tür) iüg ülügsüz-lär///(不)得究竟 bulmaz-lar töpüntürgäli 至无边

第 18 行　究竟 täg（ir）///(uč)-suz qïdïrsïz birdämlig-kä///童真迎叶 kumarakašapï 昼閣园

第 19 行　中///此舍 bu äw-tä. 夜便有///////kündüz-ki kündä oot yalïnayur. braman

第 20 行　////-gä inčä tip. 持刀凿山 tu（tup）////当见有负 otγuraq körgäy-s(ä)n tamsu(？)

第 21 行　////又 y（ük)lüg tawar ymä①tir. inčip tartïp umuγ ïnaγ bolyïl② 蝦(蟆)//-ïγ又 burru(？) ymä③ tir.二道 iki ärdini yol 龙

第 22 行　nagah 慕令得所 isig özüng-tin（？)///(此）事甚佳 bu saw ärtingü uz bolγay tip.何

第 23 行　所趣向 qayu-qa yälürdäči öläntürdäči ärür///(qï)lïč////ymä ök uqquluγ-suz ärür 四大色所造

第 24 行　tört maxabut-luγ öngtin bolmïš ög(q)ang qan tomur-ïn tägin //心之所念是 köngül-intäki qayu saqïnmïš-ï

第 25 行　ärür 满原子 purnamaytrï yanïputrï 本(生)处čatabumïk-ta汝等所生处④siz-lär-tä qayu-sïčatabumïk-taqï toyïn-

第 26 行　lar-nïng arasïnta udunguz-lar käntü öz-lär-i yorïp arïnyatïn-ta. yana ögtäči külädäč ibolγalï arïnyatïkï - lar-ïn käntü öz-

第 27 行　lär-i yorïp paind qolmaq-ta 已身戒具 öz ät'öz-lär-i čaxšabut-qa tükäl-lig bolup arïγ-ïn süzügin 使修其 kim bïšrun-

第 28 行　turdačï oi č axšabut-ta 身能教化 öz ät'öz-i up ätlägäli

①ymä 一词并排写在 tir 的左边。

②此处回鹘文原写作 ozγurγï,后在该词右边画一圆圈,在该词左边改为 tartïp umuγïnaγ bolγïl。

③ymä 一词并排写在 tir 的左边。

④此处回鹘文中夹写的汉字与汉文原文不同。汉文原文为"汝等所生之处"。

äriglägäli todumsuz qanïmsïz -ïn. nom nomlatačïärägürmäk-

第29行 siz-in tip. 欢舆其德ögmäk-lär-i külämäk-lär-i üzä ädgü-sin. inčip yana atï kötralmiš taplap tapïndurïp olar-nïng saw-

第30行 ïn ymä ök tïda y(a)rlïqamïdï. 尊常 siz-ingä uzatï ögkülüg bolmïš purnamaytrï yanïputrï ärs är 为由世尊 azu atï kötrülmiš-

第31行 tä bolγu oγrïnta mu bïšrunγalï arïγ yorïqïγ titsi mu[①]boldung tip. 复因世尊 yana atï kötrül-miš-tä bolγü tïldayïnta mu bïšrunγalï[②]arïγ

第32行 süzüg čaxšabut-ïγ tip.为由心清净 azu köngül-üg arïγ süzüg qïlγu oγrïnta mu ančulayu kälmištä inčip bïšrunur-s(ä)n arïγ行[③]

第33行 ïγ tip.为无犹豫 azu ikirčgüsäzik-siz bolγu üčün mu 于道之中智修清净 qutrulmaq-ïγ bildä či bilgä bilig-

第34行 ig. arïγ-ïn süzüg-in bïšrunγalï bolγu üð ün mu 戒清净羲者。čaxšabut-ïγ, arïγ süzüg qï1miš-ning yörügi ärsär uyur kim

第35行 köngül-ig anïγ süzüg qïlγalï 是谓如来[④] bu titir ančulayu kälmiš-tä bolmïš bïšrunγalï arïγ yorïq-ïγ至波祇[⑤]国 barïp

第36行 il virči. tizdürsär yati qanglïγ qangïγ 先乘一车 ašnu-ča kölünüp bir qangliγ. tägsär ikinti qanglï-qa. inčip kölüntük-

第37行 /// ikinti qanglïγ tïdsar baštïnqï qanglïγ. 皆由先车[⑥] barča üstünki qanglï-nïng oyur-ïnta tägip ikinti qanglï-qa. ötläm-in

第38行 (bi)r ikinti-gä tïltaγ bolušmaq üzä bolmïš üčün tägkäli ol i1-gä 欲[⑦]oγrayu aytïp kiginč bärgü ärür,是受人之貌

①mu 一词插写在此行的右边。
②该词插写在此行的左边。
③此处的汉文"行"字没有翻译,而是直接按照回鹘语发生语法变化。
④汉文原文此处为"是谓于如来",回鹘文夹写的汉字中少了"于"字。
⑤回鹘文夹写的汉字中原写作"祇波",后在两字之间画有 ω 符号,表示两字换位。
⑥回鹘文此处夹写的汉字与汉文原文不同。汉文原文为"皆由前车"。
⑦回鹘文此处夹写的汉字与汉文原文不同。汉文原文为"设当有人问者,应当作是报之"。

第39行 //////(t)utyaq kirig anïng ašatïγ-ï.inčip ančulayu kälmišy(a) rlïqamïš o1. tütyaq kirigigtarγarmaq-ïγ乃至涅槃 ulatï nïr-

第40行 (wan) ///üčün. anč ulayu kälmiš-tä arïγyorïq-ïγ. bïšrunyalï bolmaqïγ ymä. birök inčip čaxšabut-ïγ arïγ süzüg qïlγu

第41行 ////(an)čulayu kälmiš-tä bolγu ärsär bïšrunγalï arïγyorïq-ïy. midik partakčan äränlär ymä ök inčip nïrwan-ïγ alγaylar ärür.

第42行 ///////bu čaxšabut törü-si.世尊所说 atï kötrülmiš-ning qayuy (a) rlïqamïš-ï. iyin käzig čä buldurmaq-ï qutrulmaq-ïr

第43行 ///nïrwan-lïq orun-qa. näng yalnguz čaxšabut-ïγ,arïr süzüg qïlmaz üzä ök bolur ärmiš täggäli nirwan-qa

第44行 ////küsäsär-lär arturγalï yäti qat qalïγ üzä-sindä. azlanïp inčip iyin käzigčä bolmïš üzä

第45行 ////tägir iz oruq-uγ arïtmaq-qa.弥多那尼 maytrï-nï tip,怀抱甘露 köngülintä sïrur-

第46行 ////rur-s(ä) n alqïnčsïz tügätinčsiz.以首戴行 baš-lar-ï üzä kädürüp yorïp///

第47行 //舍利šari tip.亦舞此辩 ymä ök bolmaz ärür bu tiläntürmäz-imbi(rlä) ///

第48行 //报 anïlayu oq umaγay-lar utlï yanqï bu kšan taqï ädgü-singä 又[1]muntaγ inčä ///

第49行 ///昼度 köni nom-lar ulatï parandïnka(?) upam sudur. .udaku-pamulatï nagaru upam

第50行 /////upam sudur parisravan ulatï sapta rata upam sudur-tar* 善哉了也[2].

第51行 ////////ülügi 高广極峻 idiz käng ärtingü tikim ärip. munïmunčulayu käčmäz ara inčip

第52行 ////所施行 qayu-ta yorïtqu yorïtïngïz-lar tip.皆自如法 barča käntü nomča ärür.

①此处的"又"字是回鹘文译者补加的,表示对前面一句的重译。

②"善哉了也"系回鹘文译者补加。

第 53 行 ////-lüg saw-lar üzä üzlünčü-dä bulγay-sïz-lar inčgüg äsängüg. yitürtmätin öd.

第 54 行 ////qayu nomča yörügüg tip. 心得 köngül-lärtä bulzunlar ozγalï oŋarγalï tip.

第 55 行 /////(köngülü)ngüz-lärtä kögüzüngüz-lär-tä tip，又有四角 yana bar tört yäzäk-lär-i 金城银郭

第 56 行 ///// - larï ol.又①qay tam ymä② tir.又③süngüšgülük känt-lär-i ymä tir④.细脚天 karotapan ï - l ïγ 天.

第 57 行 ////////t（ä）ngrilär 欢悦天 satamatï-lïγ 力盛天 narayanï - lïy 将诸罗叉 uduzup

第 58 行 /////vïrupakša maxarač uduzup alqu luu-larïy 毗留勒叉天 vïru-dakï maxarač提头赖吒天王.

第 59 行 ////照明 tünlä kündüz yaruq yašuq bolur yaruq-ï üzä yaruq-ï üzä käntü öz-lär-i bir ikinti-gä

第 60 行 ////bolur 日月流行 kün ay t（ä）ngri - lär tägzinü yorïyur - lar. 大铁围山 maxačakravar taγ尼尔陀山.

第 61 行 ////taγ.伊沙山ïsadar taγ.马头山 asvakarnag taγ 毗那山 vï-natak taγ，铁围山čakravar.

第 62 行 ////(ta) mu-lar 臭虚 yïdïγsasïγorun-luq bolγay-lar ärür 香积山 gandamadana tay.磨陀池.

第 63 行 ////拙根而食 yïltïz-ïn qazïp inčip yiyür-lär.优阇伽罗 yugan-tar tip.虫螺 quit-lar labay-tar.

第 64 行 而往彼（间）///rïrlar arada 般茶婆山 pandak taγ. 耆阁屈山 grdrakut taγ.所依之处 tayanγuluq orun-lar-ï 生原⑤

第 65 行 yuullar kösüng-lär（?）四大驶河 tört uluγ tawraγ ögüz-lär. 恒伽 gang 私头 sïndu 死陀 sit 婆叉 vaksu 正谓此是⑥

①此处的“又”字是回鹘文译者补加的，表示对前面一句的重译。

②ymä 一词并排写在 tir 的左边。

③此处的“又”字是回鹘文译者补加的，表示对前面一句的重译。

④ymä 一词并排写在 tir 的左边。

⑤此处回鹘文中夹写的汉字与汉文原文不同。汉文原文为“小河泉源”。

⑥此处回鹘文中夹写的汉字与汉文原文不同。汉文原文为“正谓此耳”。

第 66 行 oγrayu oq bu ärür. 百由旬内 yüz yočan ičintä 融壞 säšilür artayur.犹如陶家 inčä qaltï sasïčï–nïng qum–luq–

第 67 行 ïn ta örtämiš–i täg sasï idišig 崩落, aürülüp ämilip 亦不见[1] toz–ï – nïng tütün–i–ning ülüš–i. qayu–ta taqï körülgäy kkül

第 68 行 mmu 由来不见 ilki–tä bärü körmädük–lär. kalp örtänmiš–in 旧生 önki toγmïš 慰劳ötläyür–lär äriglä yür–lär.七 yätinč kün.

第 69 行 t(ä)ngri toγmïš ödün. 刹土 yirtinčü–lär alqu barča kkül topraq bolup.亦无形质之兆 ymä ök bolmaz bodï–nïng

第 70 行 (kör) ki–ning közünmäki.日月以灭 kün ay t (ä)ngri – lär yitlinmäk üzä bolmaz yana kün tün. 由缘报 tïltaγtüš oγrïnta anïn

第 71 行 //–lar bu buzulmaq artamaq–ïγ.还成就时 yanturu ätilip pütgü ödün随岚 yawram tip,胜于甘露 azuq–ta yigräk

第 72 行 ///婴桃[2] inčä qaltï süčüg üzüm suw–ï täg. 又[3] nayandaru (?) ymä[4]tir. 彼地天形 ol kök–lär yaγïz–lar–nïng körki yanturu yana baqïnmïš–ïn

第 73 行 ///(转)无威神 ärü ärü bolmadïčoγluγ yalïn–lïγ ärti–si 极为穷 artuγraq ärinč bolup qïsïldïmïz 是谓比丘 bu

第 74 行 ///angba(šla) yu yirtinčü ätilmiš ödün bolmïš bu yääl amranmaq törü–nüng aqïlmaγ–ï yadïlmaγ–ï yirtinčü–tä. ärür ärtmiš

第 75 行 ///bolmïš törü tiši–lär–gä otγuraq önmäki yirtinčü–tä 非适今也 näng yarašï ämti bolmaz ärmïs 有此因缘

第 76 行 ///awant tïltay ämti bolyuluq äw barq. 亦无皮 ymä ök ï–sïz tarïγ–siz 二日一收 iki küngä birär[5]yïγayγn tip.

第 77 行 ///yïγayïn tört künki aš azuq tip.当雇其 inčip sängä tägimlig

---

①此处回鹘文中夹写的汉字与汉文原文不同。汉文原文为“亦复不见”。

②此处回鹘文中夹写的汉字与汉文原文不同。汉文原文为“蒲桃”。

③此处的“又”字是回鹘文译者补加的,表示对前面一句的重译。

④ymä 一词并排写在 tir 的左边。

⑤回鹘文原写作 iki küntä bir,后改若此。

inčä 即惩其罪 inčip qïna-

第 78 行 tï anïng yasuq-ïn tip 非为非法 törü-siz qïlmïš ärmäz tip.始有刹利种 yangïrtï boltï kšatraya -lar oγuš-lar-ï. oγuš-luq töz-

第 79 行 lüg-lär-ning arasïnta yig üstünki tätig bilgä idiz ädräm-lig kiši-lär. t(ä)ngri-lär-gä yalïnguq-lar-qa nä syaγuluq aγir-laγuluq bolur tip.

第 80 行 取惩罚之 tutup qïnadï qïzγut-ladï.不改其咎 tägšürmätin ol mün-in qadar-ïn. anlayu oq yana yazdï.而枭其首 inčip

第 81 行 tüšurdi anïng bašïn.又[①]kästürti ymä[②]tir.草庐 ot alaču 儿妇 kälin-in 毗舍 vïsa uz-lar oγuš -ï-nïng 皆由业之所致也

第 82 行 barča qïlïnč oγrïnta bolmïš ärür*bu sudur-ta

第 83 行 来往周旋 bar käl qïlïp tüzü-tin tägïrmiläyü. anï üzä käntü özümüz tirig özümüz-ni igidilim tip.初有刹利种 ang-

第 84 行 bašlayu boldï kšatrya-lar oγuš-ï. basa boldï braman-lar. üčünč isi-ning[③]atï boldï viša uztip. basa yana boldï sudïra tarïγčï-lar oγuš-ï

第 85 行 boldï bu tört türlüg töz-lüg oγuš-luq-lar-nïng. ančan ančan inčip bir ikinti-gä toγurušmïš-ï. barča ärür üčün t(ä)ngridäm at'öz üzä kälmiš

第 86 行 inčip birgärü bir önglüg boldï-lar tip.有此杀盗心 bar qïlmïš bu ölürmäk oγrïlamïš-lar köngül-üg. 谷子 ï tarïγ uruγ-ï 如是比丘 munï

第 87 行 munč ulayu alqu toyïn-lar a yirtinčü-tä bolmïš üzä bu irä bälgü-lär. ötrü botdï tormaq qarïmaq iglimäk ölmäk anïn bükünki kün. bolup biš qatïγ yabïz

第 88 行 ät'öz. bolmaz-lar alqïnγalï ämgäk-ning uč-ïn. munïng atï

①此处的"又"字是回鹘文译者补加的,表示对前面一句的重译。

②ymä 一词并排写在 tir 的左边。

③回鹘文原写作učünči-ning,后在左边加写了-si。

bolur kalp ätilmiš buzulmïš ödünki tägšilmäk qaiïlmaq tip 拔祇国 virči il 多üküs

第 89 行 tälim ärsär-lär 攻伐 süü-läp ičkärgäyin ol ilig uluš-uγ tip. 波利迦 vasakarï 为可尔不 azubolγay mu antaγ qïlsar m(ä)n tip 以衣

第 90 行 覆头 tonïn üzä baš-ïn bürünüp. adaγ-ïnda kädip yanga azïγ-ï① ü z äki qayïγ b älind ä asïnmïš ärti yiti qilï č-iγ. tägimlig ärmäz ärti

第 91 行 nom nomlaγalï 修 bïšrunmaq-lar-ï üzä yäti türlüg nom-lar-ta. 终 arïtï bolmaz -lar tašdïnsïngarqï yaγï - lar -ta artatγuluq.而 inčip yadïlmaz-lar-ï

第 92 行 üzä. 上下和顺 yoqar uluγ-lar-ï qodï kičig-lär-i tüz baz bolsar. 又②tüz baz iyin ärti bolmïš-lar-ï üzä ymä③ tir. 著他 alïnmïš-lar adïn-lar-nïng tiši kiši

第 93 行 ///t(ä) ngri-lik-lär-gä. bir učluq-ïn qatïγlasar ol köngül-in. 又专④inč ip bir učluq qïlmaq üzä kirtü köngül-lär

第 94 行 //////(kö) dügi-tä 不修 yaratïnmasar-lar yirtinčü-lüg ätig-tä säwig-tä.策役qatïγlanu tawranu

第 95 行 //////////////////////////除去於事业 taryarsar kitärsär išig ködügüg.

第 96 行 ///////////////////////////////nomïγ.bölüp adïrtlap ol nom-nïng

二、汉译文

此依回鹘文翻译,与汉文原文不完全相同。

第 1 行　……闪光……

第 2 行　又译为……也住。小王们……

第 3 行　现在此国里的……(又译为)均绥化。

第 4 行　其毛皮极青。赤鬃尾马,双脚的……

第 5 行　我现在使用。其身体行为良善,无有着急。

①回鹘文原写作别的,后将其涂黑改若此。

②此处的"又"字是回鹘文译者补加的,表示对前面一句的重译。

③ymä 一词并排写在 tir 的左边。

④此处的"又"字是回鹘文译者补加的,表示对前面一句的重译。

第6行　(四)面有火光。日(神)现在已经出生,可以料理家事。
第7行　……色,和颜悦色,高才智达。无……
第8行　正是你要办的。自然来应。聪明盖世。
第9行　预知人心。身体有好颜色。又译为:(身体)美丽。
第10行　(进)止者,适宜地不失时节。让他们集合。住
第11行　便住,进便进。以智慧之丰,无过此。
第12行　无便利之患。……贪爱。欲言是人。
第13行　复非是人。然其实……行天事,受诸极美
第14行　妙快乐。不坠落……不是好的吗? 遇到
第15行　所有八种……生于中间国中。
第16行　很……如是。解脱
第17行　四谛……(四)种非常……不得究竟。
第18行　至无边究竟。……童真迎叶。昼阁园。
第19行　……在此屋中。白天火燃。婆罗门
第20行　对……说:你持……一定看见负物。
第21行　又译为:负物。如此拔而帮助。虾蟆。二圣道。
第22行　龙。身体。……此事很好。
第23行　依靠什么? ……言刀……又不可理解。
第24行　四大色所造,受父母血脉。是心里所念。
第25行　满愿子。在本生处。你们所生处中比丘
第26行　们当中,能自己行阿练若。复可以称赞阿练若。自己
第27行　行乞食。己身具有戒,清净。使修
第28行　其戒。己身能够教化而不满足。说法不懈
第29行　倦。赞誉其德。然复世尊称许其语,
第30行　亦不为敌。常对你赞誉的满愿子。或者你可以从世尊那里
第31行　得到机会修习梵行成为弟子吗? 又因世尊修清
第32行　净戒吗? 或者使心清净是由于如来而修梵行吗?
第33行　或者是因为没有犹豫吗? 因为知解脱
第34行　得修清净吗? 使戒清净的意义,能使
第35行　心清净。这是说在如来得修梵行。到
第36行　婆祇国。若排列七乘车,先乘一车,到第二车。如此乘

第37行　第二车,舍弃前车。皆由于前车至第二车。辗转
第38行　互为因果,才可以达到彼国。若问,可回答。
第39行　……受人之貌。如此如来说的那样,除去受人。乃至
第40行　涅槃。于如来得修梵行。若如此使戒清净,
第41行　……于如来得修梵行者,凡夫之人亦如此取灭度。
第42行　……此戒法。按照世尊所说,顺序得解脱,
第43行　……涅槃界。不只使戒清净可以达到灭度。
第44行　……希望登上七层楼。应当以次而至。
第45行　……达到使行迹清净。弥多那尼。怀抱
第46行　……无穷。以首戴行。……
第47行　……名舍利。亦无此辩。共……
第48行　犹如不能回报此短暂之恩。又译为:如此……。
第49行　……等法及昼度。水喻及城喻。
第50行　……喻经波蜜及七车喻经。
第51行　高广极峻。如此不久
第52行　……所施行。都自己如法。
第53行　……你们关于此事,终得安稳,不失时宜。
第54行　……何等如法之义。心得解脱。
第55行　……在心怀。又有四角。
第56行　……又译为:街墙。又译为:相聚城。细脚天。
第57行　……天。欢悦天。力盛天。率领
第58行　……毗留博叉天王率领诸龙神。毗留勒叉天王。
第59行　昼夜照明,光自相
第60行　……日月神转行。大铁围山。
第61行　……山。伊沙山、马头山、毗那山、铁围山
第62行　……地狱。是臭处。香积山。
第63行　……挖根而食。优阇伽罗。虫螺。
第64行　……去彼间。般茶婆山。耆阇屈山。所依之处。
第65行　泉源。四大奔驰的河。恒河。私头河、死陀河、婆叉河。
第66行　正是这个。在百由旬中。变臭坏掉。犹如陶匠在沙中
第67行　烧制瓦器。崩落。亦不见尘烟之分。更何况怎能看见灰

第 68 行　呢？从来不见劫烧。旧生。赞颂。七日

第 69 行　神出生时。世界都变成了灰土。也没有身

第 70 行　形之兆。因日月神已灭，不再有昼夜。由于缘报的缘故，

第 71 行　……这变坏。还成就时。随风。胜于

第 72 行　……犹如甜葡萄水。彼天地形回看。

第 73 行　……渐渐没有了威武形。极为穷。此

第 74 行　……最初世界造成时，有此淫法流布于世界。这是过去的

第 75 行　……法。女人必出于世。并不是适合现在。

第 76 行　……因缘。现在有屋舍。亦无粮食。二日一收。

第 77 行　……收，四日的粮食。如此对你是值得的。如此

第 78 行　惩罚他的罪过。所做不是非法。从新有刹利种。种姓

第 79 行　中优上者，是聪明高才的人。对天人尊敬。

第 80 行　取而惩罚。不改其错。故又犯错。如此

第 81 行　使他的头落地。又译为：砍头。草庐。儿妇。毗舍种姓的。

第 82 行　都由于所做故此。此经中。

第 83 行　来往周旋。故此自己养育身体。

第 84 行　初有刹利种，次有婆罗门，第三名为毗舍，次复有首陀农人种。

第 85 行　有此四种种姓，渐渐而相互生。都是由于天身来。

第 86 行　如此共同成为一色。有此杀盗心。作物种子。如

第 87 行　此所有比丘啊，世上有此征兆，便有生、老、病、死。故此今日有五种严重的坏

第 88 行　身，不能结束痛苦。此名为劫成坏时的变化。拔祇国。若很

第 89 行　多。进攻征服彼国。婆利伽。或者我成为如此吗？

第 90 行　用衣服盖头，脚穿象牙鞋，腰上佩利剑，不应该

第 91 行　说法。修七种法。终不能被外面的敌人破坏。如此不散。

第 92 行　上面的大人物、下面的小人物平等。又译为：按照平等（相处）。染他人的女人

第 93 行　……向神寺，专心钻研其意。又译为：如此专心真实心意。

第 94 行　事情。不修世上的名誉。钻研努力

第 95 行　……若除去事情

第96行:……法。分别其法的……

三、汉文原文

见《大正藏》第2卷"阿含部下"第731页下栏26行起至738页下栏19行止。

是时轮宝千辐具足。从东方来而在殿前。**光曜煌煌**[1]。非人所造。去地七刃。渐渐至王前住。……[2]若轮宝住时。是时转轮圣王所将之众。**亦在中住**。是时东方**粟散王**及人民之类。遥见王来皆悉起迎。又以金钵盛碎银。银钵盛碎金。奉上转轮圣王。而白王言。善来圣王。**今此方域**人民炽盛。快乐不可称计。唯愿大王。当于中治化。是时转轮圣王告彼民曰。汝等当以法治化莫以非法。亦莫杀生窃盗淫泆。慎莫非法治化。是时轮宝复移至南方西方北方。**普绥化人民**。还来至王治处。去地七刃而住。……是时比丘白世尊言。转轮圣王云何成就马宝。世尊告白。转轮圣王出现世时。是时马宝从西方来。**毛衣极青尾毛朱光**行不移动能飞在虚空无所挂碍。见已极怀喜悦。此马宝实为殊妙**今当役之**。又**体性良善无有暴疾**;吾今当试此马宝。……是时珠宝从东方来。而有八角**四面有火光**长一尺六寸。转轮圣王见已便作是念。此珠宝极为殊妙。吾今当试之。……尔时城中人民之类。见此光已。各各自相谓言。**日今已出可理家事**。是时转轮圣王在殿上普见人民已还入宫中。……常**以和颜悦色**视王颜貌。如是比丘。转轮圣王成就此玉女之宝。是时比丘白佛言。转轮王云何成就居士宝。世尊告曰。于是比丘。转轮圣王出现世时。便有此居士宝出现世间。不长不短身体红色。**智才达智达**无事不开。又得天眼通。……是时转轮圣王。欲试彼居士时。便将此居士。度水未至彼岸便语居士言。我今欲须金银珍宝。正尔便办。长者报曰。前至岸上当供给。……世尊告曰。于是比丘。转轮圣王出现世时。便有此宝**自然来应**。**聪明盖世豫知人情身体好色**。来至转轮圣王所白圣王言。唯愿圣王。快自娱乐。若圣王欲须兵众。正尔给办。**进止之宜不失时节**。是时典兵宝随王所念。运集兵众在王左右。是时转

①黑体字为回鹘文原文中夹写的汉字;黑体字下又加线者,为回鹘文原来夹写的汉字,且又对此进行翻译;不是黑体字,只在下面画线者,为回鹘文译者选择的部分。下同。

②因受篇幅限制,回鹘文译文中没有翻译的汉文原文,尽量删除。下同。

轮圣王。欲试典兵宝。是时便作是念。使我兵众**正尔云集**。寻时兵众在王门外。若转轮圣王。意欲使兵众**住便住进便进**。……尔时**智慧之丰无过此**转轮圣王。是谓成就此第二神足。复次比丘转轮圣王无复疾病身体康强所可饮食自然消化**无便利之患**。是谓比丘转轮圣王成就此第三之神足。……比丘当知。转轮圣王缘此功德。命终之后生三十三天。尔时彼比丘便作是念。转轮圣王**甚可贪慕。欲言是人。复非是人。然其实非天。又施行天事受诸妙乐。不堕三恶趣**。若我今日持戒勇猛所有之福。使将来之世得作转轮圣王者。**不亦快哉**。……由此因缘复堕三恶趣。人身甚为难得。遭值八难。求出甚难。**生正国中**亦复不易。求善良友亦复不易。欲与善知识相遇亦复不易。欲从如来法中学道者亦复难遇。如来出现**甚不可遭。所演法教亦复如是。解脱四谛及四非常实**不可得闻。转轮圣王。于此四法亦**不得究竟**。若比丘。如来出现世时。便有此七宝出现世间。如来七觉意宝。**至边究竟**天人所誉。比丘今日善修梵行。

闻如是。一时尊者**童真迦叶**在舍卫国昼闇园中。是时迦叶夜半而经行。尔时有天来至迦叶所。在虚空中语迦叶言。比丘当知。**此舍夜便有烟昼日火然。婆罗门语智者曰汝今持刀凿山**，当凿山时。**必当见有负物**。当拔济之。汝当凿山。当凿山时必当见山。汝今当舍山。汝今当凿山。当凿山时，必见**虾蟆**。今当舍虾蟆。汝今当凿山。当凿山时当见肉聚。已见肉聚当舍离之。汝今当凿山。当凿山时当见枷。已见枷便舍离之。汝今当凿山。已凿山当见二道。已见二道当舍离之。汝今当凿山。已凿山当见树枝。已见树枝当舍离之。汝今当凿山。已凿山见龙。已见龙勿共语。当自归命**慕令得所**。比丘。当善思念此义。设不解者。便往至舍卫城。到世尊所而问此义。若如来有所说善念行之。所以然者。我今亦不见有人沙门婆罗门魔若魔天能解此义者。除如来及如来弟子。若从我闻是时迦叶报天曰。**此事甚佳**。尔时迦叶清旦至世尊所。到已头面礼足在一面坐。以此因缘具白世尊。尔时迦叶问世尊曰。今当问如来义。天之所说何所趣向。何以故。舍夜有烟昼便火然。何以故。名为婆罗门。何以故名为智者。又言凿山者。其义**何所趣向**。**言刀者亦所不解**。何以故名为负物。又言山者其义云何。何以故复言虾蟆。何以故复言肉聚。何以故复言枷。何以故。复言二道。树枝义其义云何。何以故名龙。世尊告曰。舍者即是形体也。**四大色所造**。受父母血脉渐渐长大。恒当养食不令有乏。有分散法。夜有烟者。众生之类**心之所念是**。昼日火然者。身口意所造行是也。……

闻如是。一时佛在罗阅城迦兰陀竹园所。与大比丘众五百人俱。**满愿**子亦将五百比丘游**本生处**。尔时世尊于罗阅城九十日夏坐已。……

尔时世尊问诸比丘。汝等。为在何处夏坐。诸比丘对曰。在本所生处而受夏坐。世尊告曰。**汝等。所生之处比丘之中。能自行阿练若。复能称誉阿练若。自行乞食**。复教他人使行乞食。不失时宜自着补纳衣。复教他人使着补纳衣。自修知足亦复叹誉知足之行。自行少欲亦复叹说少欲之行。自乐闲静之处秒教他人在闲静之处。自守其行复教他人使守其行。**己身戒具清净**。复教他人使修其戒。己身三昧成就。复教他人使行三昧。己身智慧成就。复教他人使行智慧。己身解脱成就。复教他人使行解脱。己身解脱见慧成就。复教他人使行此法。**身能教化不有餍足。说法无懈倦**。……

……尔时舍利弗便作是念。今满愿子快得善利。所以然者。诸梵行比丘**叹誉其德。然复世尊称可其语。亦不逆之**。我当何日与彼人得共相见与其谈论。……尔时有一比丘。遥见满愿子以尼师檀着右肩上至彼园中。见已即往至舍利弗所白舍利弗言。世**尊常所叹满愿子**方至如来所从佛闻法。……尔时舍利弗问满愿子曰。云何满愿子。**为由世尊得修梵行为弟子乎**。满愿子报曰。如是如是。时舍利弗复问曰。**复因世尊得修清净戒乎**。满愿子言。非也。舍利弗言。**为由心清净于如来所而修梵行乎**。满愿子报曰。非也。舍利弗言。为见清净于如来所得修梵行乎。满愿子报曰。非也。舍利弗言。云何为无犹豫得修梵行乎。满愿子报曰。非也。舍利弗曰。为由行迹清净。得修梵行乎。满愿子报曰。非也。舍利弗言。云何**于道之中智修清净**。得修梵行乎。……满愿子报曰。

戒清净义者能使心清净。心清净义者能使见清净。见清净义者能使无犹豫清净。无犹豫清净义者能使行迹清净。行迹清净义者能使道清净。道清净义者能使知见清净。知见清净义者能使入涅槃义。**是谓于如来所得修梵行**。舍利弗言。汝今所说义何所趣向。满愿子言。我今当引譬喻解此义。智者以譬喻解此义。智者自寤犹如今日波斯匿王。从舍卫城至婆只国。两国中间**布七乘车**。是时波斯匿王出城**先乘一车至第二车。即乘第二车复舍第一车**。小复前行乘第三车而舍第二车。小复前行乘第四车而舍第三车。小复前行乘第五车而舍第四车。又复前行乘第六车而舍第五车。又复前行乘第七车而舍第六车。人婆抵国。……**皆由前车至第二车。辗转相因得至彼国。设有人问者。应当作是报之**。……戒清净义者是**受入之貌**。**然如来说使除受人**。心清净义亦是受人之貌。然如来说除受人。乃至知见之义亦是受人。如来说除受人**乃至涅槃如来所得修梵行。若当戒清净。于如来所得修梵行者。凡夫之人亦当取灭度**。所以然者。凡夫之人亦有此**戒法。世尊所说者。以次成道得至涅槃界。非独戒清净得至灭度。犹如有欲上七重楼上。要当以次**而至。戒清净义亦复如是。渐渐至心。由心至见。由见至无犹豫。由无犹豫**净至于行迹**。由净行迹得至于道。由于净道得至知见。由净知见得至涅槃。是时舍利弗即称。善哉善哉快说此义。汝今为名何等。诸比丘梵行之人。称汝何等号。满愿子言。我今名为满愿子。母姓**弥多那尼**。舍利弗言。善哉善哉满愿子。贤圣法中实无等伦。**怀抱甘露演布无穷**。我今所问甚深之义。汝尽演说。设当诸梵行人。**以首戴行**世间。犹不能得报其恩。其有来亲近问讯者彼人快得善利。我今亦得其善利承受其教。满愿子报曰。善哉善哉如汝所言。汝今为名何等。诸比丘为何等号。舍利弗报曰。我名忧波提舍。母名**舍利**。诸比丘号吾为舍利弗。满愿子言。我今与大人共论。先亦不知法之大主来至此间。设当知尊者舍利弗来至此者。**亦无此辩共相**酬答。然尊问此甚深之义。寻时发遣。善哉舍利弗。佛弟子中最为上首。恒以甘露法味而自娱乐。设当诸梵行人。以首戴尊者舍利弗。行世间从岁至岁。**犹不能报斯须之恩**。其有众生来问讯尊者亲近者。彼人快得善利。我等亦快得善利。尔时二贤在彼园共如是论议。是时二人各闻所说。欢喜奉行。

等法及昼度　　水及城郭喻

识均头二轮　　波蜜及七车

增壹阿含经卷第三十三

增壹阿含经卷第三十四

东晋罽宾三藏瞿昙僧伽提婆译　七日品第四十之一

闻如是。一时佛在舍卫国祇树给孤独园。尔时众多比丘。食后皆集普会讲堂作如是论议。此须弥山极为广大。非众山之所及。甚奇甚特**高广极峻**。如是不久当复坏败无有遗余。依须弥山更有大山亦复坏败。尔时世尊以天耳闻众多比丘而作是论。即从座起往至彼讲堂所即就座。尔时世尊告诸比丘。汝等。在此为何等论。欲何**所施丘**。诸比丘对曰。诸人集此论其法事。向所论说皆**自如法**。世尊告曰。善哉比丘。汝等出家正应法论。亦复不舍贤圣默然。所以然者。若比丘集聚一处。当施行二事。云何为二。一者当共法论。二者当贤圣默然。**汝等论此二事终获安隐不失时宜**。汝等向者。**作何等如法之义**。

……诸比丘白佛言。今正是时。唯愿世尊以时演说。使众生之类**心得解脱**。世尊告诸比丘曰。汝等。善思念之藏在**心坏**。诸比丘对曰。如是世尊。尔时诸比丘从佛受教。世尊告曰。须弥山者极为广大。非众山所及。若比丘欲知须弥山。出水上高八万四千由旬。人水亦深八万四千由旬。然须弥山四种宝所造金银水精琉璃。**又有四角**。亦四种所造金银水精琉璃。**金城银郭**。银城金郭。水精城琉璃郭。琉璃城水精郭。然须弥山上有五种天在彼居止。皆由宿缘而住彼间。云何为五。所谓彼银城中。有**细脚天**在彼居止。彼金城中。有尸利沙天在彼居止。水精城中。有**欢悦天**在彼居止。琉璃城中。**有力盛天**在彼居止。金银城中间。毗沙门天王在彼居住。**将诸阅叉**不可称计。金城水精城中间。有毗留博叉天王。将诸龙神在彼居止。水精城琉璃城中间。有**毗留勒叉**天王在彼居止。琉璃城银城中间。有**提头赖吒天王**在彼居止。……比丘当知。须弥山顶三十三天在彼居止。**昼夜照明光自相照故致**

此耳。依须弥山日月流行。日天子城郭纵广五十一由旬月天子城郭纵广三十九由旬。最大星纵广一由旬。最小星纵广二百步。须弥山顶东西南北。纵广八万四千由旬。近须弥山南有大**铁围山**。长八万四千里高八万里。又此山表有**尼弥陀山**围彼山。去尼弥陀山复有山名佉罗山。去此山复更有山名**俾沙山**。去此山复更有山名**马头山**。复更有山名**毗那耶山**。次毗那耶有山名铁围**大铁围山**。铁围中间有八大地狱。一一地狱有十六隔子。然彼铁围山。于阎浮里地多所饶益。阎浮里地设无铁围山者。此间恒**当臭**处。铁围山表有**香积山**。……香积山侧有**摩陀池水**。皆生优钵莲华拘牟头华。然彼诸**象掘根而食。**摩陀池水侧复有山**名优阇伽罗**。然彼山皆生若干种草木。鸟**狩虫蠡**悉在彼间依彼山。皆有神通得道之人**而往彼间**。次复有山名**般荼婆**。次复有山名**耆阇崛山**。此是阎浮里地**所依之处**。比丘当知。或有是时若此世间欲坏败时。然天不降雨。所种生苗不复长大。诸有小河**泉源**皆悉枯竭。一切诸行皆归无常不得久住。比丘当知。或有是时。此**四大驶河**。所谓**恒伽私头死陀婆叉**。亦复枯竭而无遗余。如是比丘。无常百变**正谓此耳**。比丘。或有是时。若此世间有二日出时。是时百草树木皆悉凋落。如是比丘。无常变易不得久停。是时诸泉源小水皆悉枯竭。比丘当知。若二日出时。尔时四大海水百由旬内皆悉枯竭。渐渐至七百由旬水自然竭。……若六日出时。此三千大千国土皆悉**融坏**。犹**如陶家烧瓦器也**。是时三千大千刹土。亦复如是。……是时此地虽厚六万八千由旬及三千大千刹土皆悉火起。若复七日出时。此须弥山渐渐融坏。百千由旬自然**崩落**永无有余。**亦复不见尘烟之分。况见灰乎**。是时三十三天乃至他化自在天宫殿皆悉火然。此间火炎乃至梵天上。新生天子在彼天宫者。**由来不见劫烧**。见此炎光普怀恐惧畏。为火所烧。然彼**旧生**天子等曾见劫烧。便来**慰劳**后生天子。汝等勿怀恐惧。此火终不来至此间。比丘当知。**七日出时**。从此间至六天乃至三千大千**刹土。悉为灰土亦无形质之兆**。如是比丘。一切行无常不可久保皆归于尽。尔时人民命终尽生他方刹土。若生天上。设复地狱中众生宿罪已毕生天上若他方刹土。设彼地狱众生罪未毕者。复移至他方刹土。

比丘当知。若七日出时。无复日月光明星宿之兆。**是时日月已灭无复昼夜**。是谓比丘**由缘报故致此坏败**。比丘复当知。劫**还成就时**。或有是时火还自灭。虚空之中有大云起渐渐降雨。是时此三千大千刹土水遍满其中。水乃至梵天上。比丘当知。是时此水渐渐停住而自消灭。复有风起名曰**随岚**。吹此水聚着一处。……是时地上自然有地肥。极为香美**胜于甘露**。欲知彼地肥气味。犹如甜蒲桃酒。比丘当知。或有此时。光音天自相谓言。我等欲至阎浮提**观看彼地形还复**之时。光音天子来下世间。见地上有此地肥。便以指尝着口中而取食之。是时天子食地肥多者。**转无威神**又无光明。身体遂重而生骨肉。即失神足不复能飞。又彼天子食地肥少。身体不重亦复不失神足。亦能在虚空中飞行。是时天子失神足者。皆共呼哭自相谓言。我等今日**极为穷厄**。复失神足即住世间。不能复还天上。遂食此地肥各各相视颜色。彼时天子。欲意多者便成女人。遂行情欲共相娱乐。**是谓比丘初世成时有此淫法流布世间。是旧常之法女人必出于世**。亦复旧法**非适今也**。是时余光音天见此天子以堕落。皆来呵骂而告之曰。汝等何为行此不净之行。是时众生复作是念。我等当作方便宜共止宿使人不见。转转作屋舍自覆形体。是谓比丘**有此因缘今有屋舍**。比丘当知。或有是时。地肥自然人地。后转生粳米极为鲜净亦**无皮**表。极为香好令人肥白。朝收暮生暮收朝生。是谓比丘尔时始有此粳米之名生。比丘。或有是时人民懈怠不勤生活。彼人便作是念。我今何为日日收此粳米。应当**二日一收**。是时彼人二日一收粳米。……复有众生语彼众生。可共相将外收粳米。此人报曰。**吾以收四日食粮**。彼人闻已。便生此念。吾当办八日食粮。即办八日食储。尔时彼粳米更不复生。……是时即选择田主而语之曰。汝等当知世间有此非法窃盗。汝今守田**当雇其直**。诸人民来取他粳米者**即惩其罪**。尔时即安田主。比丘当知。尔时其守田者号为刹利种。皆是旧法**非为非法**。尔时世尊便说此偈。

始有刹利种　　姓中之上者
聪明高才人　　天人所敬待

尔时其有人民侵他物者。是时刹利**取惩罚之**。然复彼人**不改**

其惠。**故复**犯之。是时刹利之主敕作刀杖。取彼人**而梟其首**。尔时世间初有此杀生。是时众多人民闻此教令。其有窃盗粳米者。刹利主即取杀之。皆怀恐惧衣毛皆竖。各作**草卢**于中坐禅。修其梵行而一其心。舍离家业妻子**儿妇**。独静其志修于梵行。因此已来而有婆罗门之名姓。……又告之曰。其有人民窃盗者。使惩其罪。尔时便有此**毗舍种姓**出现于世。尔时多有众生便生此念。今日众生之类各共杀生**皆由业之所致也**。今可**来往周旋以自生活**。尔时便有首陀罗种姓出现世间。尔时世尊便说此偈。

初有刹利种　　次有婆罗门
第三名毗舍　　次复首陀姓
有此四种姓　　渐渐而相生
皆是天身来　　而同为一色

比丘当知。尔时有**此杀盗心**。无复有此自然粳米。尔时便有五种**谷子**。一者根子。二者茎子。三者枝子。四者华子。五者果子。及余所生之种子。是谓五种之子。皆是他方刹土风吹使来。取用作种以此自济。**如是比丘。世间有此瑞应。便有生老病死致使今日有五盛阴身。不得尽于苦际。此名为劫成败时之变易也**。吾与汝说。诸佛世尊常所应行。今尽与汝说之。当乐闲居静处。当念坐禅勿起懈怠。今不精诚后悔无益。此是我之教诲也。尔时诸比丘闻佛所说。欢喜奉行。

闻如是。一时佛在罗阅城迦兰陀竹园所。与大比丘众五百人俱。是时摩竭国王阿阇世。在群臣中而作是说。此**拔只**国极为炽盛人民众**多。吾当攻伐摄彼邦土**。是时阿阇世王告**婆利迦婆**罗门曰。汝今往至世尊所。持吾姓名往问讯世尊。礼敬承事云。王阿阇世白世尊言。意欲攻伐拔只国。**为可尔不**。设如来有所说者。汝善思惟来向吾说。所以然者。如来语终不有二。……又复重白。意欲往攻伐拔只大国。先来问佛为可尔不。尔时彼婆罗门**以衣覆头脚着象牙屐腰带利剑。不应说法**。是时世尊告阿难曰。若拔只人民**修七法者**。**终不为外寇所坏**。云何为七。若当拔只国人民。尽集一处而不散者。便不为他国所坏。是谓初法不为外寇所败。复次阿难。拔只国人**上下和顺**。拔只人民不为外人所擒。是谓阿难。第二之法不为外寇所坏。复次阿难。若拔只国人亦不淫他**着他女人色**。是谓第三之法不为外寇所坏。……复次阿难。若拔只国人民皆同**一心不向神寺专精其意**。便不为外寇所坏也。是谓第七之法不为外寇所坏。是谓阿难彼拔只人修此七法者。终不为外人所坏。……是谓第二之法不退转也。复次比丘。不**着事务不修世**荣。转进于上。不为魔天所得其便。是谓第三不退转之法也。复次比丘。不讽诵杂书。终日策役其情意转进于上。不为魔王得其便。是谓第四不退转之法也。……若有比丘成就此七法共和顺者。便不为魔得其便也。尔时世尊说此偈言。

除去于事业 又非思惟乱
设不行此者 亦不得三昧
能乐于法者 **分别其法义**
比丘乐此行 便致三昧定

四、回鹘文原文注释

第2行 kičig ilig-lär:为"粟散王"的回鹘文译文。佛教术语,指小王很多,就像散开的粟。此处回鹘文去除比喻义,直译为"小王们"。

第3行 又 inčkülügin (ymä) tir:此句为回鹘文译者补加上去的,是对上句的重译,并以汉字"又"标示。这种现象也常见于其他回鹘文佛教文献。

第4行 yal:意为"鬃"。

第5行 ävmäksiz:意为"不急"。qonïmaq-sïz:意为"不急"。

第8行 täng bilgä:复合词,意为"聪明"。

第10行 särgürgü:由动词 särgür- +gü构成,意为"止"。

第14行 tušmïš,动词词干 tuš- 意为"遇到"。

第15行 soqušmïš:动词词干 soquš-意为"碰到"。

第17行 tört kirtü:佛教术语"四谛"的回鹘文译文。

第18行 kumarakašapï:来自梵文 kumāra kā yapa"童真伽叶"。

第22行 nagah:来自梵文 Nāgaḥ"龙"。

第24行 tört maxabut-luγ öng:为汉文"四大色"的回鹘文译文。其中 max-abut 来自梵文 mahā-bhūta"大种"。

第 25 行　pumamaytrï yanïputrï：来自梵文 Pūrnamaitra yaṇi -*putra*“满愿子”。čatabumïk：来自梵文 Jātabhūmikā“生地、生处”。

第 26 行　arïnya：来自梵文 Āriṇya“阿练若”，为寺院之总名。

第 27 行　paind：来自梵文 Pai ṇ ɗ“食”。

第 36 行　virči：来自梵文 Vṛji“婆祇国”，为十六国之一。yäti qanglïγ qanglïγ：为汉文“七乘车”的回鹘文译文，其中前一个 qanglïγ 为形容词，后一个 qanglïγ 是名词 qanglï“车”+γ（宾格附加成分）。

第 41 行　midik partakčan：复合词。前者来自粟特语 myd'kk“凡夫”；后者来自梵文 p ṛ *thagjana*“凡夫、异生”。

第 45 行　maytrï“-nï：来自梵文 Maitrāyaṇi“弥多那尼”。

第 47 行　šäri：来自梵文 āri“舍利”，舍利弗比丘之母名。

第 49 行　upam：来自梵文 upamā “喻”。udakupam：分别来自梵文 udaka“水”和upamā“喻”。nagara：来自梵文 Nagara“城”。

第 50 行　parisravan：来自梵文 Parisrāvaṇa“波蜜”。sapta：来自梵文 Sapta“七”。rata：来自梵文 Ratha“车”。

第 56 行　karotapanï- l-lïγ：为汉文“细脚天”的回鹘文译文，由来自梵文的 Karo ṭ *apani*（音译“俱卢多波泥”，天为）+ lïγ，构成。

第 57 行　satamatï-lïγ：为汉文“欢悦天”的回鹘文译文。narayanï -lïγ：为汉文“力盛天”的回鹘文译文，由来自梵文的 Nārāyaṇa“力士”十 lïγ，构成。

第 58 行　vïrupakša maxarč：来自梵文 Virūpak ṣ a mahārāja“毗留博叉天王”，四大天王之一。vïrupakï maxarač：来自梵文 Virūdhaka mahārāja“毗留勒叉天王”，四大天王之一。

第 60 行　maxačakravar：来自梵文 Mahācakravāla“大铁围山”。

第 61 行　ïsdar：来自梵文Iṣ ādhara“伊沙山”。svakannag：来自梵文 A vakarṇaḥ“马头山 ”。vïnatak：来自梵文Vinataka“毗那山”。čakravar：来自梵文 Cakravāla“铁围山”。

第 62 行　gandamadana：来自梵文 Gandhamādara“香积山”。

第 63 行　yugantar:来自梵文Yugandhara“优阇伽罗山”。

第 64 行　padak:来自梵文 Pandaka“般荼婆山”。grdr-akut:来自梵文 Gradhrakū ṭa“看阇崛山”。

第 65 行　gang:来自梵文 Gaṇgā“恒伽河”。sïndu:来自梵文 Sindhū“私头河”。sit:来自梵文 Sita“死陀河”。vaksu:来自梵文 Vak ṣu“婆叉河”。

第 66 行　yočan:来自梵文 Yojana“由旬”,为计里程之数目。

第 67 行　ämilip:由动词 ämil + ip(副动词形式)构成。该词不见于其他回鹘文文献。与汉文原文对照,此处相当于汉文“落”一词。查马赫穆德·喀什噶里《突厥语大词典》中记有 ämit-“倒塌”一词,与该词相近。亦不见 toz-ï-nïngtütün-i-ning ü1üš-i:回鹘文译者对这一句的“亦不见”没有翻译,而是直接与其他译文连在一起。这种情况也见于其他回鹘文佛教文献。

第 78 行　kšatraya-lar:由 kšatraya + lar(复数附加成分)构成,其中前者来自梵文 K ṣatriya“刹利姓”,为四大姓之一。

第 81 行　vïša:来自梵文 Ve a.“毗舍姓”,为天竺四大姓之一。

第 84 行　sudïra:来自梵文 udra“首陀姓”,为天竺四大姓之一。

第 89 行　vasakarï:来自梵文 Vassakāra“婆利伽”。

第 90 行　qayïγ:由 qay + ïγ(宾格附加成分)构成,其中 qay 来自汉语“鞋”。

五、对相关问题的探讨。

1.关于回鹘文《增壹阿含经》的版本。

除本文刊布的该残卷外,属于《增壹阿含经》的回鹘文写本在国内外收藏者手中尚有:瑞典首都斯德哥尔摩民族学博物馆,1 页,梵夹式[①];日本京都大学文学部藏复制品,卷子式[②];日本奈良天理图书馆,1 页,册子式[③];北京国家图书馆,1 页,梵夹式[④]。从上述发现和刊布的回鹘文《增壹阿含经》的情况来看,该回鹘文佛经至少有卷子式、梵夹式和册子式三种版本。

①A.von Gabain.*Turkische Turfan-texte Ⅷ*,ADAW,1954,p. 7-21.

②见庄垣内正弘著《回鹘语·回鹘语文献研究Ⅰ、Ⅱ》,载于《神户市外国语大学研究丛书》第 15 册,1984 年。

③见百济康义编《天理图书馆藏回鹘语文献》,载于《ビブワリア》第 86 号,文献 A,第 172~177 页,1986 年。

④见张铁山著《回鹘文〈增壹阿含经〉残卷研究》,载于《民族语文》,1997 年第 2 期。

另外，上述各种写本中都有许多修改痕迹，说明这些写本只是手稿本。

2.关于回鹘文译本的翻译年代。

该残卷中没有明确的纪年记载，我们只能从一些间接材料来作出推断。该残卷的回鹘文书写带有明显的晚期回鹘文的特点，据此可将其定为宋元时期。从10世纪末到13世纪，敦煌及河西走廊一直是回鹘佛教文化的一个中心。敦煌及其周围地区出土的大量回鹘文文献充分证明了这一点。

3.回鹘文译本的翻译方式。

该回鹘文残卷的译文，采用的是摘取汉文原文中的部分词句直译而成。从回鹘文本身来看，译文显得非常死板，且有些句子根本无法连接成句，有些只是选取个别名词进行翻译。之所以有这样的翻译，存在着两种可能性：一是该回鹘文残卷是当时的回鹘僧人在阅读汉文佛经时写下的“读书笔记”之类，故只记录了个别重要的或难以理解的词句，并进行了翻译;一是为回鹘僧人讲演汉文佛经所做的回鹘文“提纲”，姑挑选汉文佛经中的个别词句，写出它们的回鹘文译文，并标写出汉字以作提示。至于哪种可能性最大，因没有确切的史料记载，这里不好作出判断，只有待以后研究的不断深入，再做定论。

（原载《敦煌学辑刊》2005年第3期）

莫高窟北区B128窟出土回鹘文《慈悲道场忏法》残页研究

张铁山　著

自1988年6月至1995年11月,敦煌研究院考古工作者在彭金章先生带领下,先后六次对莫高窟北区石窟进行彻底调查、编号和考古发掘,出土了一批各民族古文字文献材料,其中回鹘文文献占相当大的比例。

这里研究的回鹘文残页,是1998年秋,由中国社会科学院考古研究所巫新华博士交给笔者的。除这一件残卷的照片外,还有北区出土的其他回鹘文文献残卷、残片照片百余张,另有几张题记、写有文字的文物照片。

《慈悲道场忏法》又名《梁皇忏法》,相传为南朝梁代诸僧所著,十卷。据《释氏稽古略》记载:"梁帝(指梁武帝)初为雍州刺史时,夫人郗氏性酷妒,既亡,至是化为巨蟒入后宫,通梦于帝求拯拔,帝阅佛经为制《慈悲道场忏法》十卷,请僧忏礼。夫人化为天人,空中谢帝而去。其《忏法》行于世,曰《梁皇忏》。"但一般认为:南朝齐竟陵王肖子良曾撰《净住子》二十卷,梁时诸名僧删编为十卷,内分四十品,后因传误很多,元代妙觉智等重新校订审核,即现在的流通本①。

本文刊布的回鹘文《慈悲道场忏法》残页,系据汉文本翻译而成,内容属于该经第六卷中的一段。回鹘文原件出土于莫高窟B128窟,现藏敦煌研究院,编号B128:12,存一页两面,梵夹式,两面各存回鹘文30行,上下有单线框,左起第8~10行中间画有一圆孔,为穿绳所用(彩版二、三)。回鹘文为写经体,硬笔书写。行间凡"菩萨""佛"等回鹘文均用红笔书写。背面最左边写有一行标明页码的小字"////ülüš iki y(i)g(i)rmi"(……部分十二页)。由于残损严重,中间有断裂,多处文字已模糊不清。

下面对敦煌莫高窟B128窟出土回鹘文《慈悲道场忏法》残页进行拉丁字母转写、汉译、注释,并就残页的年代、版本、经名和译者及回鹘文的翻译方式进行探讨,另附汉文原文。在转写中,我们遵守转写与原文一致,

①见任继愈主编《宗教词典》第972页,上海辞书出版社,1981年。

见转写如见原文的原则,对t-d、s-š混用之类,直接按原文转写。括号内的文字系作者根据文意补加的。"////"表示原文残缺。本文所依据的汉文本是日本《大正藏》。

一、回鹘文原文拉丁字母转写

正面:

第1行 t(ä)ngriɣ *burqan*① qutïnga:yökünürbiz vzir-

第2行 täg bäk qatïɣ süngüš-či atl(ï)ɣ t(ä)ngri (*burqan*)

第3行 (qutïnga):yökünürbiz uluɣ ädräm////

第4行 ////////////////

第5行 ////(amrï)lmïš köngül-lüg atl(ï)ɣ t(ä)ngri (*burqan* qutïnga:)

第6行 (yö)künürbiz gandaxast yanga atl(ï)ɣ t(ä)ngri *burqan*

第7行 qutïnga:yökünürbiz narayan② atl(ï)ɣ t(ä)ngri *burqan*

第8行 qutïnga:yökünürbiz③ uz ornanmïš atl(ï)ɣ

第9行 t(ä)ngri *burqan* qutïnga:

第10行 (yö)künürbiz//// atl(i)y t(a)ngri

第11行 (*burqan* quffnga:)///////////////atl(ï)ɣ

第12行 ///////////////

第13行 /////////////////

第14行 (yökü)nürbiz soqančïɣ (ünlüg) atl(ï)ɣ (*bodisataw*)

第15行 qutïnga:yökünürbiz alqïnčsïz ät´öz (atlɣ)

第16行 *bodis*(*a*)*t*(*a*)*w* qutïnga:yökünürbiz körgäli ärk-

第17行 lig (quan)ši 加 *bodis*(*a*)*t*(*a*)*w* qutïnga:yana

第18行 ymä munčulayu ontïn sïngarqï(tol)p kök

第19行 (qalï)ɣ oɣušïntaqï alqu üč ärdini-lär

第20行 qutïnga:umunup ïnanïp qut qolunu

第21行 täginürbiz//// *burqan*-lar-nïng

第22行 küčintä:nom ärdini-ning küčintä:

①斜体字表示原文用红笔书写,下同。

②原文在 narayan 的第一个 n 上有一点。

③该词以小字补写在这一行的左边。

第 23 行　bodis(a)t(a)w-lar-nïng küčintä:tüz-fün-lär-

第 24 行　ning ïduq-lar-nïng küčintä:tört

第 25 行　toyum-lar-daqï altï yol-lartaqï① alqu

第 26 行　qamaɣ tïnl(ï)ɣ-lar ikiläyü tuyunup② odunup

第 27 行　bir(gärü) bu ïduq nomluq orunqa③ tägz-ün-

第 28 行　lär:qayu antaɣ ät´öz-lär körk-1är ///

第 26 行　köngül-1äri //// (tï)dïlïp ïdalïnïp④

第 30 行　////täggäli umadačï-lar ärsär-lär:

背面:

//// ülüš iki y(i)g(i)rmi

第 1 行　küsäyii täginürm (ä)n:burqan-lar-nïng (küč intä:)

第 2 行　nom ärdini-ning küčintä:tüz-ün-lär-

第 3 行　(nïng) ïduq-lar-nïng küčintä:///

第 4 行　/////////////////////////////

第 5 行　////////////////////////// y(a)rlïqamaq

第 6 行　/// r-lar yana tildäki ayïɣ qïlïnc-ïɣ

第 7 行　kšantï qilu ötünmiš ötügümin alz-un-

第 8 行　lar:ilkisiz-　　tin bärüki biligsiz

第 9 行　bilig-ning　　turɣuluq oruntïn

第 10 行　täginü ulatï　　bügünki küngä

第 11 行　tägi bu til-täki ayïɣ qïlïnč-lar ////

第 12 行　taqï/// awant(?)///////////////

第 13 行　/////////////////////////////

第 14 行　/////////////////////////////

第 15 行　////////////// küč-lär üz-ä:kim

第 16 行　tört toɣum-lar-daqï altï yollardaqï üč

①原文在该词的 q 上有两点。

②原文在该词的 n 上有一点。

③原文在该词的 n 上有一点，在q上有两点。

④原文在该词的 n 上有一点。

第 17 行 ödki öčlüg käklig-lär-ning ymä kšantï
第 18 行 (qïlɣu)luq qïlïnč-larï kätz-ün tarïqz-un
第 19 行 öküngülük qïlïnč-larï birtäm öčz-ün
第 20 行 amrïlz-un/// ymä biz ilki(siz uzun) ////
第 21 行 sansar(dïn bärü) /////////////////
第 22 行 az-u ymä öpkä qaqïɣ üz-ä:az-u
第 23 行 ymä az amranmaq üz-ä:az-u ymä
第 24 行 biligsiz bilig üz-ä:üč aqušalamulanï-lïɣ①töz
第 25 行 yiltiz-tin on ayïɣ qïlïnč-larïɣ qïltïrnïz
第 26 行 ärsär:tiltäki tört (tür)lüg ayïɣ qïlïnč-
第 27 行 lar üz-ä:ülgüsüz öküš tälim qïlïnč
第 28 行 öritdimiz ärsär:az-u ymä ärig sarsïɣ
第 29 行 saw(lar üz-ä ög qang-ta) ulatï alqu tirin-
第 30 行 ig quwraɣ-ïɣ örlätdim bulɣatdim ärsär:

二、汉文译文②

正面：

第 1 行 （我们膜拜勇德）天佛。我们膜拜名为金刚
第 2 行 般坚硬战士的天佛。
第 3 行 我们膜拜（名为）大德的（天佛）。
第 4 行 ……（我们膜拜）
第 5 行 名为寂灭意的天佛。
第 6 行 我们膜拜名为香象的天佛。
第 7 行 我们膜拜名为那罗延的天佛。
第 8 行 我们膜拜名为善住的
第 9 行 天佛。
第 10 行 我们膜拜名为不休息的天
第 11 行 佛。……名为
第 12 行 ……

①原文在该词的q上有两点。
②汉文译文依据回鹘文原文翻译，与汉文原文不完全相同。

第13行 ……
第14行 我们膜拜名为妙音的菩萨。
第15行 我们膜拜名为无边身的
第16行 菩萨。我们膜拜名为可看见的有力
第17行 的观世音菩萨。我们还
第18行 膜拜如此十方尽虚
第19行 空界的一切三宝。
第20行 我们希望乞求
第21行 以诸佛之
第22行 力、法宝之力、
第23行 诸菩萨之力,贤人
第24行 圣人之力,使四
第25行 生中的六道中的一切
第26行 众生再次觉悟,
第27行 一起到这神圣的道场。
第28行 若身体形貌……
第29行 心……阻碍
第30行 ……不能到者,

背面:

……部分十二(页)

第1行 我愿以诸佛之力、
第2行 法宝之力、贤人
第3行 圣人之力……
第4行 ……
第5行 ……
第6~7行 忏悔口业罪。
第8行 从无始的无
第9行 智的住地
第10行 来到今日,
第11行 此口业罪……
第12行 因缘……

第13行　……
第14行　……
第15行　……以……力,使
第16行　四生中的六道中的三
第17行　世怨对,忏
第18行　悔的作为远去消除,
第19行　所忏悔的行为永远消失
第20行　灭尽。我们从无始……
第21行　轮回(?)……
第22行　我们或以瞋恚,或以
第23行　贪爱,或以
第24行　无知,从三毒根
第25行　做十恶行,
第26行　以口中四种恶行,
第27行　起无量罪,
第28行　或以恶
第29~30行　言烦恼父母及所有眷属。

三、汉文原文①

……南无勇德佛。南无金刚军佛。南无大德佛。南无寂灭意佛。南无香象佛。南无那罗延佛。南无善住佛。南无不休息菩萨。南无妙音菩萨。南无无边身菩萨。南无观世音菩萨。又复归命如是十方尽虚空界一切三宝。愿以佛力法力菩萨力贤圣力。令四生六道一切众生。重使觉悟同到道场。若有身形拘碍有心。不得到者。愿以佛力法力贤圣力。摄其精神一切同到。受(某甲)等忏口业罪。从无始无明住地已来至于今日。以口恶业因缘。于六道中备起怨结。愿以三宝神力。令四生六道三世怨对。所忏除断所悔永灭。(某甲)等从无始已来至于今日。或以瞋恚。或以贪爱。或以愚痴。从三毒根造十恶行。以口四恶起无量罪。或以恶口。恼乱父母及切眷属。……

①汉文原文见高楠顺次郎等编《大正新修大藏经》第45册,第947页下栏第15行起至第948页上栏第1行止,日本大正一切经刊行会,1924年。

四、回鹘文原文注释

正面:

第1行 vzir 来自梵文 vajra“金刚”。

第3行 uluɣ ädräm 为汉文“大德”的回鹘文译文。

第6行 gandaxast 来自梵文 Gandhahsti“香象”,又称“香惠、赤色、不可息”,贤劫十六尊之一,密号“大力金刚”或“护戒金刚”①。

第7行 narayan 来自梵文 Nqrqyaza,汉语音译为“那罗延”,天名,意译“金刚、坚固”②。

第8行 uz ornanmïš 为汉文“善住”的回鹘文译文。

第14行 soqančïɣ ünlüg 为汉文“妙音”的回鹘文译文。

第15行 alqïnčsïz ät′öz 为汉文“无边身”的回鹘文译文。

第16~17行 körgäli ärkling quanšï im 为汉文“观世音”的回鹘文译文,其中 quanšï im 借自汉语“观世音”。

第19行 üč ärdini 为汉文“三宝”的回鹘文译文。

第24~25行 tört toɣumlar 为汉文“四生”的回鹘文译文,指胎生(Jarāyuja)、卵生(Aṇḍaja)、湿生(Samsvedaja)、化生(Upapāduka)。

第25行 altï yollar 为汉文“六道”的回鹘文译文,指“地狱”、“饿鬼”、“畜生”、“阿修罗”、“人间”、“天上”。此六者,为众生轮回之道,故名。

第27行 ïduq nomluq orun 为汉文“道场”的回鹘文译文。

背面:

第7行 kšantï 来自梵文 kṣāntï“忏悔”。

第47行 öčlüg käklig 为复合词,意为“仇恨、怨恨”③。

第24行 üč aqušalamulanï-lïɣ 为汉文“三毒”的回鹘文译文,其中 aqušalamulanï 来自梵文 akūšalamulanï“毒”④。

第28行 ärig sarsïɣ 意为“恶、不好的”。

①见丁福保主编《佛教大辞典》第810页,文物出版社,1984。

②同①,第611~612页。

③ДреВНеТюркский СлоВарь.ЛеНиНграл,1969,сТр.376.

④同③,сТр.177.

五、对相关问题的探讨

1.关于回鹘文译本的版本。

据目前所知，除本文刊布的该梵夹式残页外，柏林吐鲁番文献中心(der Turfan -sammlung der Deutschen Akademie der Wissenschaften zu Berlin)、普鲁士文物国立图书馆（der Stiftung Preuβischer Kulturbesitz, Staatsbibliothek)尚藏有回鹘文《慈悲道场忏法》的其他版本。1971 年 K. Röhrborn 研究刊布了藏于柏林吐鲁番文献中心的 37 页梵夹式写本和藏于普鲁士文物国立图书馆的 30 页梵夹式写本。1983 年 I.Warnke 又刊布了藏于柏林吐鲁番文献中心的 10 页梵夹式写本。上述虽然都是梵夹式写本，但属于不同的版本：K.Röhrborn 刊布的梵夹式没有穿绳用的圆孔，且按一般回鹘文佛教文献的格式(横长竖短)书写；I.Warnke 刊布的梵夹式有穿绳用的圆孔，且纸张为横短竖长。由此可见，回鹘文《慈悲道场忏法》曾有不同的版本流行于回鹘人中间。

2.关于回鹘文《慈悲道场忏法》的经名、译者和施主。

本文刊布的该残页中虽没有出现经名和译者名，但柏林吐鲁番文献中心藏同经残页的第 150 行出现有经名：kšantï qïlɣuluq nom bitig（《忏法》)[①]；在第 1020~1021 行出现有译者名：biš balïqlïɣ küntsün“别失八里人昆春[②]”；此外，在第 1020~1021 行还出现有施主的名字：qalïmdu ïnal(卡利木奴·伊那勒)和 il kälmiš t(ä)ngrim(伊勒·凯勒米西·腾格里木)[③]。在柏林吐鲁番文献中心收藏的另一写本(I.Warnke 刊布)的第 10 行和第 74 行分别出现有 qumaru(库玛鲁)、qïrɣïz t(ä)ngrim(黠嘎斯·腾格里木)施主名。通过与其他版本的回鹘文同经比较，可得出如下推断：第一，本文刊布的该回鹘文残页的经名可能与其他版本相同，仍可拟名为 kšantï qïlɣuluq nom bitig；第二，该经的译者也可能为同一人，即 biš balïqlïɣ küntsün“别失八里人昆春”；第三，回鹘文《慈悲道场忏法》有不同版本，其施主可能为不同的人。

3.关于回鹘文译本的翻译年代。

该回鹘文《慈悲道场忏法》残页中并没有明确的纪年记载，我们只能

①Klaus Rohrborn.Eine uigurische Totenmesse,*Berliner Turfantexte II*,Berlin,1971,p. 22.

②同①,p. 21.

③同①,p. 45.

从一些间接材料来作出判断。从回鹘文的书写特点上看,该残页中的回鹘文字母在许多地方都用加点来表示,如正面第 7 行 narayan 的第一个 n 上有一点;第 25 行 yollartaqï 的 q 上有两点;第 27 行 orunqa 的 n 上有一点、q 上有两点等等。加点表示法是晚期回鹘文的特点之一[①]。另外,残页中回鹘文的书写带有元代回鹘文文献中通常见到的 s 与 z、t 与 d 替换使用的现象,即它们之间没有区别。因此,该回鹘文《慈悲道场忏法》残页的翻译年代可暂拟定于元代。

4.关于回鹘文译本的翻译方式。

该回鹘文残页的译文,采用的是直译方法,直接从汉文直译而成。从回鹘文本身来看,译文非常流畅,充分显示了译者不仅精通汉语文,而且还深知梵文

(原载《民族语文》2008 年第 1 期)

①见耿世民著《维吾尔族古代文化和文献概论》第 114 页,新疆人民出版社,1983 年。

敦煌莫高窟北区石窟出土回鹘文《梁朝傅大士颂金刚经》残页研究

阿依达尔·米尔卡马力　著

一、导论

敦煌研究院自1988—1995年对敦煌莫高窟北区石窟先后进行了六次考古发掘,发现了大量的珍贵文物,其中除青铜器、陶器、棉麻制品等各种文物以外,还出土了大量的文献,其中包括汉文、蒙文、梵文、叙利亚文、西夏文、藏文和回鹘文文献等。可以说这是我国考古学上的一次具有重要意义的发现。据统计,此次出土文物中,回鹘文文献将近130件,有信件、文书、木活字等,绝大多数为佛教文献。这些回鹘文文献的图板分别刊登在由彭金章、王建军所著的三卷本《敦煌莫高窟北区石窟》一书中。我国学者雅森·吾守尔对《敦煌莫高窟北区石窟·第一卷》中的回鹘文文献,张铁山对该书第二和第三卷中的回鹘文文献部分进行了初步释文和研究,对这些文献的进一步深入研究作出了贡献。

三卷本《敦煌莫高窟北区石窟》的正式出版,积极地促进了相关研究工作。作为最先接触这部分回鹘文文献的学者张铁山进行了卓有成效的研究工作[①]。日本庄垣内正弘教授研究了刊登在第一卷和第二卷的两片《阿毗达磨俱舍论实义疏》残页[②]。阿布都热西提·亚库布研究了有关景教

① 见张铁山著《敦煌出土回鹘文〈大乘无量寿经〉残页研究》,载于《民族语文》,2005年第5期;张铁山著《莫高窟北区出土三件珍贵的回鹘文佛经残片研究》,载于《敦煌研究》,2004年第1期。张铁山的其他相关研究成果见《敦煌莫高窟北区石窟·第三卷》第383页脚注,文物出版社,2004年。

② 见庄垣内正弘著《ロシア所蔵ウイグル語断片の研究2》,载于《京都大学言语学研究》,2000年第19号;庄垣内正弘著《ウイグル語訳〈阿毗达磨俱舍论实义疏〉断片1叶》,*Contribution to the Studies of Eurasian Languages* (*CSEL*)*series*,*Vol7*,Kobe City College of Nursing,2004.

内容的残页，并对第一卷中的回鹘文文献进行了新的论述①。彼得·茨默(Peter Zieme)教授研究了标本B124:13②。最近听说J. 威尔斯斯(J. Wilkens)也释读了B128:12,其成果将发表在他即将出版的最新著作中。笔者也对第三卷所载《阿毗达磨俱舍论实义疏》残页进行了译释研究。相信今后对这些文献的研究工作将继续展开。

张铁山在《敦煌莫高窟北区出土回鹘文文献译释研究(二)》中对敦煌莫高窟北区石窟发现的部分文献作了简要的论述,其中对标本第464:121论述引起了我们的兴趣。他首先交代了现存于柏林吐鲁番文献中心所藏8件《金刚经》、吐鲁番博物馆藏编号80.T.B.I:598的一页8行文献和美国普林斯顿盖斯特图书馆(The Gest Library, Princeton)藏1页13行文献,并得出结论,认为标本第464:121不同于以上论述各种版本。我们把标本第464:121与柏林藏本进行了比较,结果发现两个文献不仅有关系,而且在内容上有很多相似之处。下面我们在比较柏林藏《梁朝傅大士颂金刚经》的基础上,对标本第464:121进行新的转写和翻译,并探讨其翻译特点等问题。

二、标本第464:121

标本第464:121(图15)为金粉书写,且文字精美,但破损严重,只剩下5行回鹘文文字能够释读。《敦煌莫高窟北区石窟·第三卷》中对该文献有如下描述:

> 《梁朝傅大士颂金刚经》残片。磁青纸,制作精良,文字为泥金书写,上下单线边框,已残,存文字五行。为写经体。硬笔书写。

图15 第464:121 回鹘文文书

从文献中出现的人名 lovudi "梁武

① Abdurishid Yakup. *On the Interlinear Uyghur Poetry in the Newly unearthed Nestorian text, Splitter aus der Gegend von TURFAN*, Istanbul -Berlin, 2002; *On the Newly Unearthed Uyghur Buddhist Texts from the Northern Grottoes of Dunhuang, Indien und Zentralasien Sprach- und Kulturkontakt*, Wiesbaden, 2003.

② Peter Zieme. Ein alttürkischer "knigge", 内陸アジア言語の研究XX, 2005, p. 65-77.

帝"、vuu taišï"傅大士"可以断定该文献系《梁朝傅大士颂金刚经》。乔治·哈蔡(Georg Hazai)和彼得·茨默(Peter Zieme)刊布了柏林藏属于《金刚经》的8件残卷,其中TⅡ S53-501(U2973)和TM43(U4796)属于《梁朝傅大士颂金刚经序》。与BTTⅠ①比较后我们发现,该文献与BTTⅠ/TM43的42~47行相对应。

下面是该残片的拉丁文转写、翻译和注释。转写中遵循与原文一致的原则,方括号表示内容已残,括号里面的内容是笔者根据BTTⅠ进行的补正。

1.转写和翻译。

第1行 namo budaya na[mo] da[rmaya namo sanggay-a]

第2行 ämti munta lovudi atl(ï)γ [tavγač χanqa]

第3行 vuu tayšï atl(ï)γ bälgürtmä ät'öz-lüg kiši körk-

第4行 lüg maytri bodistv-nïng yangïrtï taqšurmïš

第5行 [nomlayu yarlïqamïš ki]mqoke nom-nung bašlaγ-ïn

第1行 南无佛,南无法,南无僧

第2行 现在在此向名叫梁武帝的中国皇帝

第3行 名叫傅大士的化身人形

第4行 的弥勒菩萨重新诵读

第5行 说法的金刚经的开头……

2.注释。

第1行 lovudi:对应于汉语的"梁武帝"。张铁山在《敦煌莫高窟北区出土回鹘文文献译释研究(二)》中把该词读作loyudi,在《莫高窟北区出土三件珍贵的回鹘文佛经残片研究》中读作lovudi。"武"字属微母。微母在回鹘文献时期已实现脱鼻音化,虽在个别词上有不同表现,但多对应于音位v。该词出现在BTTⅠ和BTTⅡ,均转写为lovudi。

第3行 bälgürtmä ät'öz:对应于汉语的"化身",词根为bälgür-"显现"。佛有三身,即自性身、受用身和变化身。化身即为教化、救济众生而变容的变化身。该词出现在Pelliot Ouigour 4521中:

arïγ süz-ük täŋridäm köz-läri üz-ä 千 öŋi burχan-lar uluš-

ïn 见 up. ulaḍï onunč 千 öŋi bälgürḍmä ät'öz-lär tägräsindä

①Georg Hazai, Peter Zieme. *Fragmete der uighurischen Version des"Jin'gangjing mit den Gāthās des Meister Fu"nebst einem Anhang von T.Inokuchi* (*BTTI*).Berlin:Akademie-verlag,1971.

miŋär 菩萨-lar quvraγ-ïn tägirmiläyü 坐-ïn körgidgäli uyur-lar::

用清净的天眼,能见各千佛国,乃至显现第十个各千化身的周围各千菩萨集团的围坐。

看来 bälgürtmä ät'öz 指的就是佛的化身。本残页中"傅大士"即为"弥勒菩萨"的人形化身。BTT Ⅰ 中的以下对话可以证明这一观点:

(vuu tayšï)nä sözläyü tükädip ök ünüp yorïp bard:ötrü čïqoŋ šïnšï ačari ol tavγač χanqa uluγ ilig bägä bo kišig biltiŋiz mü tip ayïtdï:tavγač χan nämän kim ärti bilmädim tip tidi: čïqoŋ šïnšï ačari-i ötrü inčä tip tidi:bo ärsär biš ažun tïnl (ï)γ-lar-nïŋ umuγï maytri bodisvt-nïŋ körkdäš ät'özi ärür(U2973 verso 9~16)。

傅大士说完法即走出去了,于是志公就问中国皇帝:"伟大的国王,这个人您认出了吗?"中国皇帝说:"他是谁?我不认识。"志公于是就这样说:"他就是五界众生之救济弥勒菩萨的化身。"

第 3~4 行　kiši körklüg:对应于汉语的"人形"。张铁山在《敦煌莫高窟北区出土回鹘文文献译释研究(二)》中将 körklüg 翻译为"美丽的";后又在其《莫高窟北区出土三件珍贵的回鹘文佛经残片研究》一文中对其进行了更正。该词由名词 körk"景色、形象、长相"缀接构形附加成分 lüg 构成,与 kiši"人"一词结合后表示"具有人的长相、人的形象的"的意义。

第 4 行　taqšur-:对应于汉语的"说、唱、诵读"。克劳森认为该词词根为 taq-"构成、组织(诗歌)",由该词根构成的 taqpaq"韵律歌"在哈萨克语中仍在使用。该词出现在《十业道物语》、BTT XⅢ[①]、BTT Ⅰ 中。

第 5 行　kimqoke:"金刚经"的回鹘汉字音形式。

三、标本第464:121与BTT Ⅰ 的比较

我们发现 BTT Ⅰ 编号 TM43(U4796)中第 42~46 行的内容与本文讨论的标本第 464:121 的内容非常接近,下面是对以上两段进行的比较[②]。

TM43(U4796):

①Peter Zieme. *Buddhistische Stabreimdichtungen der Uiguren, Berliner Turfantexte XIII.* Berlin: Akademie-verlag,1985.

② 标本第 464:121 的转写请参见本文第二部分。

第42行 namo buday-a:namo d(a)rmay-a:nama sanggay-a

第43行 vuu tayšï atl(ï)γ b(ä)lgürtmä ät'öz-lüg kiši körklüg

第44行 ayaγ tägimlig tözün maytri bodistv-nïng lovudi

第45行 atl(ï)γ tavγač χan-qa yangïrtï taqšurup nomlayu yarlï-

第46行 -qamïš kimqoki sudur-nuη toquz älig šlok yörügi::

从比较中可以看出TM43(U4796)中的修饰语ayaγqa tägimlig tözün和sudur-nunη toquz älig šlok yörügi在第464:121中没有出现。标本第464:121中lovudi atlïγ tavγač χanqa出现在vuu tayši的前面。虽然有修饰语的增加、前后顺序的变化等,但从整体上看两个残片内容基本保持一致。考虑到《金刚经》的翻译多为自由翻译,且普遍杂有翻译者自己的发挥,所以以上情况不影响我们得出两个残片有关联的结论。

1.回鹘文《金刚经》的翻译。

《金刚经》有八种汉译本,从最近发现和刊布的回鹘文本的情况看,该文献在西域民族当中也非常流行。《梁朝傅大士颂金刚经》将《金刚经》分成32个部分,在每品正文后,以"弥勒颂曰"的方式以韵文的形式解释经文。而回鹘文《梁朝傅大士颂金刚经》中只包括了弥勒颂的韵文部分。井ノ口泰淳依据一些残片中的线索辨认出回鹘文译本是根据汉文本《梁朝傅大士颂金刚经》翻译的,刊登在BTT Ⅰ中。彼得·茨默于1992年探讨了回鹘文《般若经典》(U4820),并提出回鹘文《金刚经》翻译自梵文原典的可能性。最近,庄垣内正弘先生从俄罗斯科学院东方研究所圣彼得堡分所发现了一页《金刚般若经》。他在参考汉文、梵文以及根据梵文翻译的藏文和蒙文《金刚经》的基础上,比较柏林藏两件回鹘文《金刚经》(U4820、U2724)[①]和圣彼得堡新本(SI Kr.Ⅱ37/1),得出结论,认为回鹘文《金刚经》均译自汉文。其中,U4820有译自笈多译《金刚能般若波罗蜜经》、U2724和SI Kr.Ⅱ37/1有译自鸠摩罗什译《金刚般若波罗蜜经》的可能性。

2.回鹘文《梁朝傅大士颂金刚经序》的翻译。

井ノ口泰淳虽详细研究了回鹘文《梁朝傅大士颂金刚经序》的翻译问题,但他没有对该文献的汉文部分和回鹘文部分进行逐字分析,只是以行为单位列出了对应情况,这使得我们无法准确把握回鹘文的翻译特点。为

① 瓦林科(Warnke,I)误将U2724判定为属于《慈悲道场忏法》。Eine buddhistische Lehrschrift über das Bekennen der Sunden,Fragmente der uigurischen Version des Cibei-daochang-chanfa,Dissertation Akademie der Wissenschaften der DDR(unpublished),1978.

使我们更深入地了解汉文和回鹘文部分的对应情况和翻译特点,下面列出回鹘文《梁朝傅大士颂金刚经序》TM43(第1~42行)与汉文本的对应部分。

武帝忽闻情大惊讶。深加珍仰因题此颂。于荊州寺四层阁上至今现在。

第1行　–ïn ol tavγač χan ki–čio atl(ï)γ balïq–taqï uluγ v(a)rχar

第2行　nïng törtünč qat sïngdaqï qalïγ ičintä bo toquz

第3行　älig šlok–luγ: kimqoki nomuγ bitiḍip urdï: amtï–qa–

第4行　tägi taqï bar ärür:

夫金刚经者。圣教玄关深奥难测。

第4行　ymä bo kimqoki atl(ï)γ nom ärdini

第5行　ärsär tükäl bilgä t(ä)ngri t(ä)ngrisi burχan–nïng titrüm

第6行　täring yörüglüg ïduq nom y(a)rlïγ–nïng täringi inčkäsi

第7行　ärür: täringdä täring yörügin ärtingü alp tängägülük

诸佛莫不皆由此生。虽文疏精研浩汗难究。岂若慈颂显然目前。

第8行　ärür: kim alqu burχan–lar arïγ–ïn lälmiš–lär: inčä

第9行　ärmäz–lär qamaγ–un barča bo nom ärdini uγur–ïnta

第10行　törümäsär b(ä)lgürmäsär–lär inčip užik itig king

第11行　yörüg üzä bošγunmaq–tïn bilgäli uqγali bolsar

第12行　ymä: näng inčip kingin täringin tüpkärgäli ariḍï

第13行　ymä bolmaz: birök bo toquz älig šlok ärmädi ärsär:

第14行　bo kimqoki nom–nung yörügi ymä uqulmaγay köṣünmägäy

第15行　ärti:

遂使修行者不动足而登金刚宝山。

第15行　anïng kim–lär birök muntaqi yörüg–čabišrunsar

第16行　yörisär–lär adaq–lqr–in irklämätin ärdini–lig v(a)žïr–lïγ

第17行　taγ–qa aqdïnγalï uyur:

谛信者寂灭识而超于涅槃彼岸

第17行　titrü köni uqup kirtgunsär

第18行　–lär tutsar–lar: köngil–lär–in amurtγurup nïrvan–lïγ

第 19 行　intin qïdïγ-qä ärtgäli uyur:

故书。其文广博无穷。凡四十九篇烈之。

第 19 行　bu muntaγ asïγ tusu

第 20 行　qïldačï üčün bu nom ärdini:anïn ol šlok-larïγ tükäl

第 21 行　bitiḍti:king alqïγ tüpsüz täring yörüglüküg ol šlok-larïγ

第 21 行　ymä qamaγ toquz älig bölük ol käzigčä:

于后所谓惠日流空照如来之淨土禅刀入手破生死之魔军。

第 27 行　altï bilgä biliglig kün t(ä)ngri yoq quruγ

第 28 行　töz-lig kök qaliγ-ta tuγsar b(ä)lgürsär ančulayu

第 29 行　kälmiš-ning arïγ yiri anta timin yaruyur közünür

第 30 行　dyan saqïnč-lïγ yitï qïlïč köngül-lüg ilig-tä

第 31 行　kirsär tutulsar:tuγmaq ölmäk sansar-lïγšmnu šoo

第 32 行　-si ötrü timin buṣulur yoqadur

既人法双袪俱遣快哉。斯义何以加焉。

第 32 行　qačan kiši-li nom

第 33 行　-lï ikigü-ni tarγarsar barlï yoqlï birlä

第 34 行　kitärsär baštïnqï ärür bu yörüg artuq taqï nägülüg ol

有一智者不显姓名。资杨五首以申助也。

第 23 行　yang bir adïn aḍï baγ-i(bä)lgüsüz bilgä kälip:

第 24 行　munga yiväḍi biš šlok sözlädi:ašnu-qï toquz älig

第 25 行　šlok birlä qamaγu tört altmïš bölük böltï:bola

第 26 行　-niüzä timin bilgä bilig uquldi köni yörüg

第 27 行　kö ṣündi:

其层阁既被焚烧。恐文隋堕。聊请人贤于此阁见本请垂楷定

第 35 行　birök törtünč qat sïngdaqï qalïγ qačan bu ṣulsar:

第 36 行　örtänsär:anta bitimiš užik-lär šlok-lar ägsüsär

第 37 行　tüš-sär:ötünür biz kin ödtäki yalanguq-lar-nïng

第 38 行　töz-in bo bitig-tä körüp ötügumüz-ni sïqu-rup:iki

第 39 行　-läyü anï ornadzun-lar:tükädi kimqoki atl(ï)γ nom

第 40 行　ärdini ičingtäki tört altmïš bölük taqšut-luγ šlok

第41行　-lar-nïng törümiš tïltaγ-ïsuu yörügi:: ::

可以看出,汉文和回鹘文内容相互对应,但并不是逐字翻译,和其他版本《金刚经》一样,《梁朝傅大士颂金刚经序》翻译得比较宽松,时常有翻译者自己的发挥。此外,值得注意的是有几个大的段落没有汉文对应部分,并且回鹘文23行至27行和27行至34行并不以汉文本的前后顺序。这是翻译者有意这样安排的,还是另有汉文原典不得而知。我们发现回鹘文部分所提供的信息远比汉文部分详细,志公-čiqong šinši ačari、鱼行-baliq satγulug košoo atliγ qay等,这一点也暗示另有一个通俗原典的可能性。

3.TM43与标本第464:121的关系。

TM43与标本第464:121所对应的部分都没有汉文对应部分留存。我们认为两个残片的关系可能有二:一是两个残片译自同一个汉文原典;一是两个残片同出自一个人或一类人之手。标本第464:121为金粉书写,文字精美、语言流畅,而TM43自显得粗糙难懂。张铁山估计标本第464:121可能是该窟为某一有地位的施主写成的,那么TM43可能是贵人施主的黑纸金字本(标本第464:121)的前期准备本。但也不能否定两种假设同时存在的可能性。

(原载《新疆大学学报》(哲社版)2006年第3期)

莫高窟北区出土回鹘文《佛祖历代通载》残页再研究

阿依达尔·米尔卡马力 著

一、导论

敦煌研究院于1988—1995年对敦煌莫高窟北区石窟进行的考古发掘中，发现了大量的汉文、西夏文、梵文、藏文、蒙古文、回鹘文等多种文字文献。据学者研究，其中回鹘文文献的具体数字为128件[①]。这些残片的图板分别刊登在由彭金章、王建军等学者所编三卷本的《敦煌莫高窟北区石窟》一书中。其中标本B59:69的内容涉及中土高僧传。

回鹘人不仅翻译了汉文佛教经典，同时也翻译了中土高僧传。如回鹘著名僧人翻译家胜光法师(šingqu säli)翻译了玄奘弟子慧立等所撰《玄奘传》，现存394页，788面，其中北京图书馆藏248页，法国吉梅图书馆藏123页，俄罗斯东方研究所圣彼得堡分所藏23页[②]。东晋高僧慧远和其弟子singsi(僧济？)的传记也被译成回鹘文，发现于今鄯善县七克台镇，存1页，两面书写，页高21厘米、宽53厘米，双层麻纸黏成，纸色发黄，以朱笔划栏，每面26行[③]。此外，此次考古发掘工作中也发现有部分《玄奘传》残片[④]。而标本B59:69中没有可靠的僧人姓氏方面的线索，但从其讲道"天

①见敖特根著《莫高窟北区出土B119:13号文书系回鹘文书》，载于《敦煌学辑刊》，2005年第1期。

②见耿世民著《回鹘文〈玄奘传〉及其译者胜光法师》，载于《中央民族大学学报》，1990年第6期。

③见卡哈尔·巴拉提著《回鹘文写本〈慧远传〉残页》，载于《文物》，1987年第5期。也有学者认为该残片实属《阿弥陀经》，见伊斯拉菲尔·玉素甫著《〈药师琉璃光七佛本愿功德经〉木刻本残卷研究》，载于《新疆少数民族古籍论文选编》第205~219页，新疆人民出版社，2005年。

④Abdurishid Yakup.On the Newly Unearthed Uyghur Buddhist Texts from the Northern Grottoes of Dunhuang. *Indien und Zentralasien Sprach-und Kulturkontakt*. Wiesbaden. 2003, p.259-276.

竺国”“翻译众经”“返回……国”等内容可断定该残片内容系中土高僧传。

张铁山曾对该文献进行过研究,包括对文献的转写、翻译、汉文原典的对照等。他正确地指出该残片内容系《佛祖历代通载》,但他认为该回鹘文残片只对应于汉文《佛祖历代通载》中的一段的观点值得商榷。

中土高僧传的翻译反映了汉地佛教对回鹘的深远影响，对研究甘州回鹘之佛教以及与中原的关系等方面具有重要意义，所以正确阅读和翻译非常必要。出于这种考虑,本文将对该文献重新进行释读研究。

二、文献的描述

残片 B59:69 出自敦煌莫高窟北区的 B59 窟,白麻纸,泛黄,纤维交织不匀,纸厚。正背面均有回鹘文字,但残损严重,正面 13 行,背面 11 行,残宽 13.80 厘米,残高 14.60 厘米,为手写写经体(图 16~17)。

该残片出现了 darm-a kalata“昙摩迦罗”、änätgäk“天竺”、kang sing k(a)y“康僧凯”、üküš tälim sudur-larïγ nom-larïγ ävirdi-lär“翻译众经”、vinay čao“律钞”等词。其中的康僧凯、昙摩迦罗是三国时代来到中原宣传佛教教义的僧人。看来,该文献涉及三国时代的僧人事迹。

阿不都热西提·亚库甫在一篇对敦煌莫高窟北区石窟出土的回鹘文

图 16 B59:69(正) 回鹘文手写体残佛经

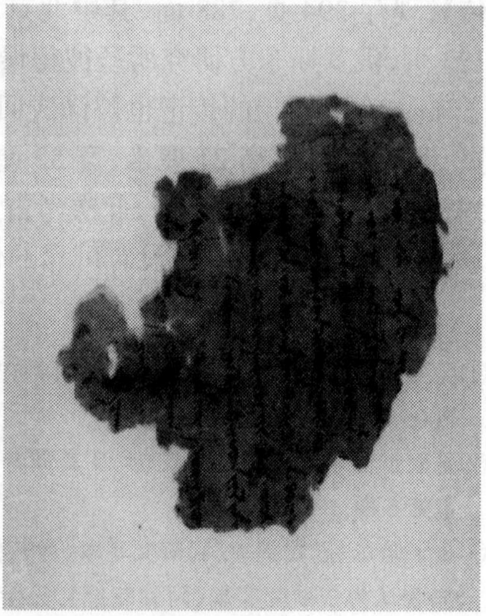

图 17 B59:69(背) 回鹘文手写体残佛经

文献进行的概述中确认该残片系中土某高僧的传记①,张铁山考证后认为该残片译自《佛祖历代通载·卷五》的一段,并与汉文原典进行了比较②。通过再研究,我们发现该残片在体裁、形式等方面的确与《佛祖历代通载》非常接近,但并不一一对应,而更像是在原文基础上的再发挥。从内容看,是《佛祖历代通载》第五卷和第六卷的选译,并赋予了翻译者自己的发挥。我们知道此前发现的《慧远传》残页,在汉文典籍中也没有完全对应的内容,而且两个文献在书写特点和音译汉语词汇上皆带有元代特征,这看来并不偶然。该残片应为汉文典籍的改编或属另一翻译风格,所以其转写和翻译不能过分依赖汉文原典,否则必将出现错误。

该残片出土的B59窟位于莫高窟第464窟的下面,窟内有较厚的堆积物,窟顶中央有一近似圆形的通道通向第464窟。据推测,通道的开凿时间晚于B59窟和第464窟的开凿时间,大概属于元代后期。故可以推断这些堆积物可能是从第464窟掉下来的或拿下来的。第464窟,即为伯希和编号的P181号洞窟,曾藏有大量的各种文字文书,伯希和曾经从该窟劫走回鹘文木活字968枚,回鹘文文献363件。可以看出,第464窟是当时抄写和储藏佛经的重要洞窟,因此,残片B59:69来源于第464窟的可能性较大。

三、拉丁转写

下面是该残片的新的拉丁文转写、汉语翻译和简单注释,方括号表示原文残缺,其括号内的部分是作者补正的。圆括号内的部分是作者根据上下文补加的。

正面:

第1行 [q]u vang χan ol baχšï-qa [ ]

第2行 tayzi baχšï tört y(i)g(i)rmi yïl χan bwlw[ ]

第3行 sav-ïndaqï-ča yoq boltï. ol oq χan öd[intä]

第4行 yïl-ïn visvabu tägin gülük törü yangïrdï bi[ti]l[ ]

第5行 [änä]tgäk il-indäki darm-a kalata ulatï änät[gäk]

①Abdurishid Yakup. On the Newly Unearthed Uyghur Buddhist Texts from the Northern Grottoes of Dunhuang. *Indien und Zentralasien Sprach- und Kulturkontakt*. Wiesbaden. 2003, p.267.

②张铁山对该残片的转写和翻译见《莫高窟北区出土两件回鹘文佛经残片研究》,载于《敦煌学辑刊》,2003年第2期。

第 6 行　[　　]g uluš-qa kälip kang sing k　(a)y-ta ulatï ta-[
änätkäk tilin]
第 7 行　-tin üküš tälim sudur-larïγ nom-larïγ ävirdi-lär[　　]
第 8 行　[q]oyn yïlïnga yänä vinay čao atlïγ bitig-intä[　　]
第 9 行　körün(i)p qan m[　　]qan-ta bärü bursang[　　]
第 10 行　[
第 11 行　[　　]
第 12 行　[　　]
第 13 行　[

背面:

第 1 行　[　　]lip čaχ[šapït　　]
第 2 行　[　　]
第 3 行　[　　]in[　　]
第 4 行　[　　]tängri burχan-nïng toquz tür-[　　]
第 5 行　ol qu qan ödintä sin šipqan-lïγ qoyn yïlïn[　　]
第 6 行　yoq bolγalï bir mïng eki yüz yïl boltï ärt[di　　]
第 7 行　qan ödintä qap šïpqan-lïγ bičin yïl-ïn tör[　　]
第 8 行　[　　]-sïnïp ayaγ-qa tägimlig bïšamn ät['öz　　]
第 9 行　-l(ä)r sunlin qan ödintä ting šïpqan(-lïγ)[laγzïn yïlï　　]
第 10 行　[tavγ]ač il-ingä y(a)ntï[　　]
第 11 行　[　　]ö[　　qan　]ödintä ki sip[qanlïγ ud yïl-ïn　　]

四、翻译

正面:

吴王对那个法师说……太子之法师……14 年,王……按其……中所云而死去。

彼王时……于……年,受昆舍浮佛恩德之律,能够重新抄(?)。……昙摩迦罗等天竺僧人,与康僧凯等翻译众多经书。……羊年……叫做(四分)律抄的书中……

……见……自汉以来佛僧……

背面：

戒……佛之九个……吴太元十干辛羊年，佛祖亡灭已有一千二百年，吴王时十干甲申猴年，(?)……世尊昆沙门身……孙綝王时十干丁(猪)年返回(东流)中国。……照(王)时，十干己(丑牛年)……

五、注释

正面：

第1行　[q]u vang χan 该字 vang 字前面隐约可见 w 字，其前面模糊，无法阅读。该段关系到三国时期的学者阚泽。阚泽，字德润，会稽山阴人，三国时期的学者，孙权称尊号后为尚书，嘉禾时为中书令、侍中，赤乌时为太子太傅。此处王名可能系当时吴国皇帝孙权，故补为[q]u。公元222年孙权称吴王，229年称帝，正式建立吴国。如此假设成立，该名应为"吴王"之对音。"吴"广韵五乎切，可构拟为[ŋu]。[ŋ]在回鹘汉字音中对音于[q]。vang 对音"王"，在有关《金光明最胜王经》回鹘文跋文中，"王"即对应 wang 即可证明这一点。

第2~3行　tayzi baχšï tört yigirmi yïl χan bwlw [　　　　]savïndaqïca ǰoq boltï.

永平十四年。五岳道士褚善信等乞与西僧角法。于是善信负妄而死。

tayzi baχšï 可能对应于原文中的"太子太傅"。阚泽赤乌时为太子太傅，去世后孙权曾因痛惜感悼而食不进者数日。"太子太傅"即为太子的师傅，所以"太傅"翻译为 baχšï 极为合理。

第4行　visvabu tägingülük törü：visvabu：<skt.viśvabhū，昆舍浮佛，释尊之前出现的六佛之一。visvabu tägingülük törü 表示某一佛法或经律，我们推测在此可能指昙摩迦罗所译《僧祇戒心》。天竺律学沙门昙摩迦罗(此云法时)到达洛阳，主张一切行为应遵佛祖，于是洛阳僧众共请译出戒律。昙摩迦罗恐律文繁广，不能为大众所接受，因而译出《僧祇戒心》，即摩诃僧祇部的戒本一卷。张铁山将 visvabu 读作čaχspat"戒"。

第5行　änätgäk 对应于汉语的"天竺"，指古代印度。darm-a kalata：人名，张铁山指出该人名即指天竺律学沙门昙摩迦罗，又名法时。

第6行　该行中 uluš"国"前面的词残缺，只能见一个 g，该段对应于汉文原文中的"至洛阳"，所以该 g 字应是 yang("阳")字的尾部。根据对应

"洛阳"这一点张铁山得出结论认为,回鹘语在当时也将城市读作"uluš",我们认为该观点值得商榷。因为我们也不能完全否定该残片的翻译者——回鹘僧人由于不了解原典中的词句误将"洛阳"当做国家名的可能性。kang sing k(a)y:应对应于魏代的译师,康居沙门康僧凯,于嘉平末年来到洛阳,译出《郁伽长者所问经》一卷、《无量寿经》两卷等四部。张铁山将该词读作 kang sing yi。"凯"字在《广韵》苦亥切,可构拟为[ka'i],回鹘汉字音中应对应于 kai。

[änä]tgäk il-indäki darm-a kalata ulatï änät[gäk]

[ ]g uluš-qa kälip kang sing k(a)y-ta ulatï ta-[änätkäktilin]

-tin üküš tälim sudur-larïγ nom-larïγ ävirdi-lär[ ]

西竺昙摩迦罗及婆芬陀至洛阳。与康僧凯等翻译众经。

公元 220—265 年,魏吴蜀三国鼎立,天竺、安息、康居等国诸僧来到中原宣传佛教。如昙柯迦罗、昙谛、康僧凯等,来到洛阳,从事经典的翻译,译出《僧祇戒心》、《郁伽长者所问经》一卷、《无量寿经》两卷等四部。此外,还有龟兹沙门帛延、安息沙门安法贤、昙谛(又云法实)、支谦、康僧会等也曾来到中原宣教。此时,中土沙门朱士行西行求法。

第 8 行 vinay čao:vinay < skr. vinaya, čao < 钞,在此 vinay čao 指"四分律钞"。

与康僧凯等翻译众经。四分律钞云……

第 9 行 qan-ta bärü bursang [ ]"自汉以来佛僧……"

自汉以来法流滥觞。比丘特剪发而已。未有律仪。

背面:

第 4 行 tängri burχan-nïng toquz 前后严重残缺,可能对应于"乃阿瑜阇第九世弟子也"。

第 5 行 qu qan:对应于"吴王"。吴,五乎切,可构拟为[ŋu],而[ŋ](ng)在回鹘汉字音中多对应于 γ/g 或 q/k。如:五〈ŋo2〉/γu/γuu/uγu/qw;语〈ŋo2〉/gu/kw。

ol qu qan ödintä sin šipqan-lïγ qoyn yïlïn[ ]

yoq bolγalï bir mïng eki yüz yïl boltï ärt[di]

(辛未)吴改太元,世尊示灭一千二百年矣。

第 7 行 qap šïpqan-lïγ bičin yïl:十干甲申猴年。即魏咸熙元。张铁

山以为该段对应于“世尊示灭一千二百年矣”之后的“(壬申)吴王亮”,有误。该句事实上对应于较后面的“(甲申)魏咸熙元”一段。吴太元十干甲申猴年以后到魏咸熙元十干甲申猴年正好 13 年可以证明这一点。

第 8 行　ayaq-qa tägimlig bïšamn ät[öz]:昆沙门身,也叫做多闻天,是四天王、十二天王的一个。世界北方的保护神,佛教道场的保护神。

第 9 行　ting šïpqan(-lïγ):汉语“十干丁”的回鹘语表示法,其后面的十二生肖名残缺。可构拟为 laγzïn yïlï“猪年”。该段对应于《佛祖历代通载》“(丁亥)大教东流二百年矣” 部分。从“甲申猴年”过 4 年即为“丁亥(猪年)”。张铁山读作 qap sipqan-(lïγ it yil-in)“十干甲(狗年)”,有误。ki sip[qanlïγ ud yïl-ïn]:十干己(丑牛年)。该段应对应于第六卷中的“(己丑)吴改建衡”一段。从“十干丁猪年”再过两年即为“十干己丑”年,其十二生肖可构拟为“牛年”,因为按照十二生肖纪年法,猪年再过 2 年,即为牛年。

(原载《新疆大学学报》(哲社版)2008 年第 1 期)

敦煌莫高窟北区B157窟出土回鹘文《阿毗达磨俱舍论实义疏》残页研究

阿依达尔·米尔卡马力　著

一、导论

安慧(Sthiramati)所作《阿毗达磨俱舍论实义疏》是对世亲(Vasubandhu)所著《阿毗达磨俱舍论》一书的注释书。其梵语原文已丢失,但根据梵文原典翻译的藏文本依然在世。汉文译本绝大部分已不存,仅有两个残件,分藏于法国国立图书馆和北京国家图书馆。《阿毗达磨俱舍论实义疏》的回鹘文译本由无念(Asimarda)根据汉文本翻译,由两个册子组成,1907年,被斯坦因发现于敦煌莫高窟第181窟,现藏于伦敦大英图书馆,编号为Or.8212-75A/75B。

日本学者羽田亨最早对其进行了初步研究。斯奈西·铁肯(S.Tekin)于1970年发表了它的部分图板,并附有简单解释。耿世民先生最近撰文报告了甘肃省博物馆也藏有回鹘文《阿毗达磨俱舍论实义疏》片段,并把该版本(兰州本)与斯坦因本进行了比较。全面深入研究《阿毗达磨俱舍论实义疏》的是庄垣内正弘教授。他的研究工作包括对全部两册回鹘文本的转写、译释、对照汉文原文、全部词汇索引和回鹘文图版, 应该说对《阿毗达磨俱舍论实义疏》的研究做出了很大贡献。

敦煌研究院自1988—1995年对敦煌莫高窟北区石窟先后进行了6次考古发掘, 发现了大量的回鹘文文献。在这些文献当中也发现有几片《阿毗达磨俱舍论实义疏》残页。庄垣内正弘教授考证出标本B52乙:17和标本B128:13属于《阿毗达磨俱舍论实义疏》。其中,B52乙:17与大英图书馆所藏斯坦因本部分内容一致, 而B128:13的内容与斯坦因本不重复。张铁山教授也对标本B52乙:17《阿毗达磨俱舍论实义疏》残页进行了考证译释[①]。最近, 笔者发现《敦煌莫高窟北区石窟·第三卷》所载标本

① 见张铁山著《敦煌莫高窟北区B52窟出土的回鹘文〈阿毗达磨俱舍论实义疏〉残页研究》,载于《敦煌学辑刊》,2002年第1期。

B157:15 的文献同样属于《阿毗达磨俱舍论实义疏》(以下简称《实义疏》),其内容与斯坦因本第一卷部分内容重复。下面将对该残片的特点进行简短描写,并进行拉丁文转写、汉文翻译和注释。转写和注释时,将根据斯坦因本的前后顺序。在与斯坦因本进行比较时,我们参考了庄垣内正弘教授的《古代ウイグル文阿毗达磨俱舍论实义疏の研究 I》一书。转写中方括号表示原文残缺,其括号内的文字是作者根据斯坦因本《实义疏》补加的。圆括号内的部分是作者根据上下文补充的,t 和 d 下面加一点相当于 d 和 t。

二、残片的特征及尺寸的描述

《敦煌莫高窟北区石窟·第三卷》一书对标本 B157:15(图 18~19)有如下描述:

> 残存 3 片,为同一件文书,但不可拼接。两面书写文字。麻纸,纤维交织较匀,纸较厚,纸质较硬,文字间夹写汉字,上下有

图 18　B157:15-1、3、2(正)　回鹘文残文书

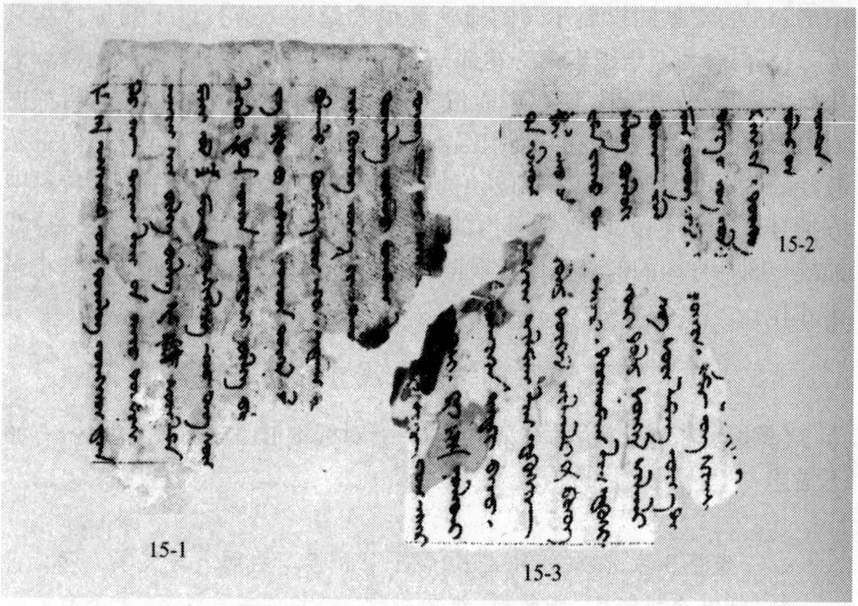

图 19 B157:15-1、3、2(背) 回鹘文残文书

单线边框,为软笔书写。这些汉字中,有的汉字随后即是回鹘文译文,如"不讲"之后为 sözlimämiš,"此"之后为 munta,"乃至"之后为 ulatï 等,而有的汉字则是回鹘译者自己补加上去的,没有回鹘文译文,如"答"和"又"。据此推断,该文献应译自汉文[①]。

从文献中夹写汉字的情况可以看出该文献译自汉文。从目前发现的《实义疏》均译自汉文的事实也可以补正这个结论。像以上所述,该文献文字间夹写汉字,有的汉字后紧接着就是其回鹘文译文,而有的汉字则没有回鹘文译文。这一点与其他版本的《实义疏》一致。

夹写汉字的目的估计是为了在使用回鹘文本时,便于参考汉文部分。但和其他版本的《实义疏》片段比较,夹写的汉字均非常简略,多为一字。而且所选汉字与斯坦因本中的对应部分所选汉字相同。

该文献和标本 B52 乙:17 一样有时采取抽出汉文原文中的部分词句摘译。

如:

①见彭金章、王建军著《敦煌莫高窟北区石窟·第三卷》第 20 页,文物出版社,2004 年。

此 munda tägimlig ärür täk söz–

lägäli 何 nä üčün uqïdtï bilgä bi[lig]–ig (15–1 背,4~6 行)

在此只适于说……为何使(众生)知道了智慧

munda tägimlik ärti täk söz–lägäli köngül χan–ï(–nïng) ulatï (anïng) tirin–i–ning quvraγ–ï–nïng adï bolur abdarïm tip. nä üčün uqïtdï. bilgä biligig ulatï anïng tirin –i –ning quvraγ –ï –nïng adï bolur abïdarïm tip.(Or.8212–75A,1634~1636)

“ここにおいて、応に、心王の、及びそれの眷属の名が「阿毗达磨」となるととくべし。何故、慧と、及びそれの眷属の名が阿毗达磨となると顕した、と。”

这种摘译现象对残缺较严重的标本B157:15–2(正)和标本 B157:15–2(背)的补正工作带来了较大困难。

此外,两个文献对佛教术语的使用基本相同,看来同属一个学派。

该文献中,t 和 d 经常不加区分, 从这一点上考虑当属元代或元代以后。此前考证的两片残页上分别注有“实义疏 第一卷 四十一页”(B52 乙:17)和“疏卷第二 七十五页”(B128:13),而该残页没有任何标题。根据对其内容的考证, 结果发现该文献对应于斯坦因本《实义疏》Or.8212–75A 的部分内容。从内容的比较可以看出《敦煌莫高窟北区石窟》一书对标本 B157:15–2 和标本 B157:15–3 的正背面的判断有误,即将正面说成背面,将背面说成正面,但该书对三个残片“不可拼接”的结论是正确的。

标本 B157:15 与回鹘文《阿毗达磨俱舍论实义疏》对应如下:

标本 B157:15–1(正)	75A/1550~1553、1560~1561、1564、1568
标本 B157:15–1(背)	75A/1625、1634、1637
标本 B157:15–2(正)	75A/2200~2203
标本 B157:15–2(背)	75A/2141~2142、2151~2157、2485~2486
标本 B157:15–3(正)	75A/827、830~837
标本 B157:15–3(背)	75A/813~816

下面是对标本 B157:15 尺寸的描述:

标本 B157:15–1(正),已残,存 10 行,文书残宽 7.40 厘米,残高 9.00

厘米。

标本 B157:15-2(正),已残,存 10 行,文书残宽 7.30 厘米,残高 4.10 厘米。

标本 B157:15-3(正),已残,存 9 行,文书残宽 6.60 厘米,残高 7.00 厘米。

标本 B157:15-1(背),已残,存 10 行,文书尺寸同标本 B157:15-1。

标本 B157:15-2(背),已残,存 10 行,文书尺寸同标本 B157:15-2。

标本 B157:15-3(背),已残,存 10 行,文书尺寸同标本 B157:15-3。

三、转写

1.标本 B157:15-3(背)。

Recto

第 1 行 [ ]-ning yoqärsär

第 2 行 [ ]güsi 乃至 ulatï

第 3 行 [ ]bulγïnča- qaḍ(ä)gi bärü.

第 4 行 [ ]asïγ qïlmaq-lïγ ädgüsin

第 5 行 [ ]olu tükäl qïlγalï 又 birök

第 6 行 [ ].tarγarmaq-lïγ ädgüsi

第 7 行 [ ]tï tolu tükäl qïlγalï

第 8 行 [ ]äk söz-lämäk üzä t[ ]

第 9 行 [ ]üsin yämä ök [ ]

2.标本 B157:15-3(正)。

Verso

第 1 行 äd-lär-tä [ ]

第 2 行 toquz orun lar-ta b[ ]

第 3 行 bïšrunmaq-taqï nizvanï -lr-[ ]

第 4 行 bilmämäk-ning adqandačï-sïn yämä[ ]

第 5 行 iyin idä rišdürü tarγarur[ ]

第 6 行 bu iyin idärišü tarïqsar[ ]

第 7 行 qï nizvanï-lar-ta.qat[ ]

第 8 行 ögräḍigi-ning küč-i[ ]

第 9 行 [ ]anïn. yarlïq–sïz[ ]

第 10 行 [ ]ät'öz[ ]

3.标本 B157:15–1(正)。

Recto

第 1 行 lmïš täg bir iš–ing ärḍä tükäḍi 为

第 2 行 azu [ ]lγu–luq mu ol,qïlmaγu–luq mu ol.

第 3 行 tip. 今 amtï 作 qïlγuluq bolmïš iki tür–

第 4 行 [ ]üg iš–lär–i ärti. 一 ädgü bölüg–lär–kä

第 5 行 [ ]l–lig bolmaq–lïγ tïlḍaγ. 二 alqu ayïγ–

第 6 行 [ ]tarγarmaq–lïγ tïltaγ. 云 söz–lämiš

第 7 行 [ ]bölüg–lär–kä tükäl–lig bolmaq–lïγ

第 8 行 [ ]tarγarmaq–lïγ tïlḍaγ üčün:

第 9 行 [ ]–luγ ol. 问 siz–ig bolmïš

第 10 行 [ ]tip tisär

4.标本 B157:15–1(背)。

Verso

第 1 行 下三 asïraqï üč türlüg öngsüz dyan–

第 2 行 lar–qa tayaq–lïγ–ïn. qayu tu[ ]mïš

第 3 行 aqïγ–sïz bilgä bilig 不说 söz–lämä–

第 4 行 miš ol. 此 munda tägimlig ärür täk söz–

第 5 行 lägäli 何 näüčün uqïḍtï bilgä bi[ ]

第 6 行 –ig 答 bu umïš üčün tükäl–l[ ]

第 7 行 bolγalï. körmäk üz–äki. adqaγ [ ]

第 8 行 iš küṭük üz–ä–ki [ ]

第 9 行 türlüg yügärü uqmaq–l[ ]

第 10 行 öng yä[ ]z sïq[ ]

5.标本 B157:15–2(背)。

Recto

第 1 行 ta ulatï[ ]

第 2 行 或 azu–ča[ ]

第 3 行 yämä vinay–ta [ ]

第4行　šlok bölügi[　　　　　　　　]
第5行　burχan yrl[　　　　　　　　]
第6行　-maq yörüg ol[　　　　　　　　]
第7行　tip [　]ük ol [　　　　　　　　]
第8行　mïš-ïn. tügüp [　　　　　　　　]
第9行　olar-qa [　　　　　　　　]
第10行　öngrä [　　　　　　　　]

6.标本 B157:15-2(正)。

Verso

第1行　[　　　　　　　　]gä ärür-
第2行　[　　　　　　　　]m-ta söz-
第3行　[　　　　　　　　]šï tanuq-luγ
第4行　[　　　　　　　　]imlik sang'ga-
第5行　[　　　　　　　　] ïm odγuraq
第6行　[　　　　　　　　] mïš timäk tap-
第7行　[　　　　　　　　] ngi-taqï-lar-ning
第8行　[　　　　　　　　] öngi
第9行　[　　　　　　　　] a ök
第10行　[　　　　　　　　] bolmaz

四、翻译及注释

1.标本 B157:15-3(背)。

〈Recto〉 birök yoq ärsär [bilgä biliglig　　]
第1行　ädgüsi kimlär-ning yoq ärsär
第2行　tarγarmaqlïq äd] güsi 乃至 ulatï
第3行　[burχan qutïn]bulγïnča-qaḍ(ä)gi bärü
第4行　[özkä]asïγ qïlmaq-lïγ ädgüsin
第5行　[umaγay ärti t] olu tükäl qïlγalï 又 birök
第6行　[　　　　　　　　] tarγarmaq-lïγ ädgüsi
第7行　[　　　　　　　　] tï tolu tükäl qïlγalï
第8行　[　　　　näčä t]äk söz-lämäk üzä t[arγarmaqlïq]

第9行 ［ädg］üsin yämä ök［bilgä biliglig ädgüsi］

如果没有智德，（如果）谁没有断德，乃至得到佛果为止一直无法圆满自利德……又若……断德……为圆满……如何通过说法，使断德，再能使智德……

《实义疏》Or.8212-75A/812-816：

yörüg töz-inčä ärsär činkirdü mundaγ ol. munung（ymä ök bar ärür）uγurï birök yoq ärsär bilgä biliglig ädgü-si 〈kim-lär-ning〉 yoq （ärti）ärsär tarγarmaq-lïq ädgü-si ulatï burχan qudïn bulγïnča-qadägi bärü özkä asïγ qïlmaq-lïγ ädgüsin 〈umaγay ärti〉tolu tükäl qïlγalï. näčä täk šöz-lämäk üz-ä tarγarmaq-lïq ädgü-sin. ymä ök ymä bilgä biliglig ädgü-si 又 tudulsar ymä/tir. inčip（uγramïš）küsämiš üčün bäkiz bälgülüg （qïlïp tüzü）tükäl söz 〈-lämäk üz-ä bu iki〉 türlüg ädgü-lär-in. kim alqu yirdinčü-täki-lär-kä bildür〈-gäli〉 tngri burχan-nïng.〈tüzü tükäl-lig ärtükin〉 bilgä biliglig tarγarmaq -lïγ iki törlüg ädgü-lär-kä bu tïldaγ-ïn söz-lämiš ol 〈iki törlüg ädgü-lär-in〉 tip.

理としては、真実このごとくである。これにはまた条件がある。もし智徳がないなら、（あるいは）だれかに断徳がなかったなら、更に佛果を得るまでずっと、自利徳を円満にすることができなかったであろう。如何にただ断徳を説くことによってまた智徳が摂せられても、而して、この二种徳を明确に完全に说くことによって、一切世间のものらへ、仏が智断の二种徳において円満であったことを教えることを欲し望んだため、これに因って、二种徳を说いたのである、と。

注释：

bilgä biliglig ädgüsi：相当于汉语的“智德”。

tarγarmaqlïq ädgüsi：相当于汉语的“断德”，和“恩德”一起构成佛的“三德”。

özkä asïγ qïlmaq-lïγ ädgüsi：相当于汉语的“自利德”，在第5行后出

现了“又”字,其后面残缺严重,估计是对前面一句的订正。在《实义疏》Or.8212-75A 中,该处没有出现订正,故对哪个部分进行了怎样的订正无法得知。

2.标本 B157:15-3(正)。

〈Verso〉

第 1 行　äd-lär-tä[　　　　　　üč oγušlartaqï]

第 2 行　toquz orunlar-ta [bolmïš säkiz on bir]

第 3 行　bïšrunmaq-taqï nizvanï-lar-[ta　　bu kirsiz]

第 4 行　bilmämäk-ning adqandačï-sïn yämä [ök　]

第 5 行　iyin idärišdürü tarγarur[lar näčä]

第 6 行　bu iyin idärišü tarïqsar[yämä ašnu-]

第 7 行　qï nizvanï-lar-ta qat[　]

第 8 行　ögräḍigi-ning küč-i [kösüni oγur-]

第 9 行　[ïnta]anïn yarlïγ-sïz [bolmïš ödtä]ät'öz [tiltä ulatïlarï bu yänä yügärü turur]

在……的事上……在三界之九地所成八十一修惑……对这个不染无知之缘,还要相应断截。不管怎么断截,在最初的烦恼……根据修习的力量,才(成为)无记时,身口等又将现成。

《实义疏》Or.8212-75A/827, 830-837:

ol kirsiz bilmämäk(ärsär) yangïlur (üčün) adqanγu-luq äd-lär-tä...

alqu bošγud-suz-ta ulatï-lar üč oγuš-lar-taqï toquz orun-lar 〈-ta bolmïš〉säkiz on bir bïšrunmaq -taqï niz -vanï -lar -ta qamaγ-ta angkin adaq-taqï-ta adaq-taqï bölüklüg bïšrunmaq-taqï niz-vanï-lar-ïγ tarγarmïš ödtä 此不染无知 bu kirsiz bilmämäk〈-ning〉 adqandačï-sïn ymä ök 相従 (iyin)idärišdürü tarγarur(-lar) näčä 〈iyin idärišü tarïqsar〉 ymä ašnu-qï niz-vanï-lar-ta tüšüd ögrädig qïlmaq-lïγ küči (kösüni) uγur-ïnda anïn yrlïγ-sïz(bolmïš ödtä)ät'öz til-tä ulatï-lar(-ï) bu yänä yügärü turur.

その不染无知は所縁の事を误らせるため…一切の无学等

は、三界に有る九地において成じた八十一修惑において、最后の、下の下にある品の修惑を断ったときに、この不染无知の能縁をまた相従して断つ。如何に相従して断じても、先の烦恼において惯习となす力によって、それで无记となったときに、身口等これはまた现に起こる。

注释：

üčorun：对应于汉语的“三界”，即欲界、色界、无色界。

toquz orun：将欲、色、无色三界进一步分解成九地。

kirsiz bilmämäk：对应于汉语的“不染无知”。

iyin idäriš-：表示“相从”之意。

3.标本 B157：15-1（正）。

〈Recto〉［munda sizinü söz-］

第 1 行　lämiš täg bir iš-ing ärḍä tükäḍi 为

第 2 行　azu qïlɣu-luq mu ol，qïlmaɣu-luq mu ol

第 3 行　tip. 今 amtï 作 qïlɣuluq bolmïš iki tür-

第 4 行　［l］üg iš-lär-i ärti.

在此，询问着所说的一件事已完结……说，到底该做，还是不该做。现在，成为该作的两种事是……

《实义疏》Or.8212-75A/1550-1553：

<u>munda sizinü söz-lämiš täg bir išim ärtä tükätdi</u> anda basa-qï（bir）išim ärsär. <u>azu qïlɣuluq mu ol. qïlmaɣu-luq mu ol tip.</u> amtï vasubandu baχšï-nïng ymä andaɣ oq <u>qïlɣuluɣ（bolmïš）iki törlüg iš-lär-i ärti.</u>

ここにおいて、（我の）一つのはたらきは済んだ、そこで次の一つのはたらきは为すべきか、为さざるべきかと、疑って说いたごとくに、问う。今、世亲师の、またそのように所作となった二种のはたらきは。

注释：

sizinü sözlä：sizinü 对应于汉语的“疑”、“问”等词。本文献 15-1(正)/9)中“问”后出现 sizik bolmiš，表明“问”对应于 siz-。该词在中村不折氏旧藏《杂阿含经》中也出现：“巧便问深义”täring yörüg sez-ik ayïtmaq-ta uz-anmaq-lïγ。现代哈萨克语中由 sez-构成的词表示“感觉、发现”等意。sizinü sözlä 应对应于汉语的“疑问”。

第 1 行中的 iš-ing（领属性第二人称单数附加成分）在《实义疏》Or.8212-75A 写作 iš-im（领属性第一人称单数附加成分），该词也可读作 is-üg，但意义不通。

“为”对应于其后面的突厥语词 azu。azu 有时对应于汉语的“或”：“为能依行或多或少”tayandačï töz bolmaqï azu ymä üküš azu ymä az bolur；有时对应于汉语的“为”：“为有想不觉”azu saqïnč-lïγ tuymaz bilmäz，本文中应对应于后者。

第 3 行中“今”对应于其后面的突厥语词 amtï，“作”对应于其后的突厥语词 qïlγuluq。

第 4 行　一 ädgü bölüg-lär-kä

第 5 行　[tükä]l-lig bolmaq-lïγ tïlḍaγ，二 alqu ayïγ-

第 6 行　[larïγ]tarγarmaq-lïγ tïltaγ. 云 sözlämiš

第 7 行　[äd]gü bölüg-lär-kä tükäl-lig bolmaq-lïγ

第 8 行　[ayïγ nomlarïγ]tarγarmaq-lïγ tïlḍaγ üčün

第 9 行　[　　　　　　　]-luγ ol.

第一为善品圆满之因，第二为断一切恶之因……说善品圆满、断恶法的因缘之故……

《实义疏》Or.8212-75A/1560-1566：

ang'ilki ädgü bölüg-lär-kä tükäl-lig bolmaq-lïγ tïldaγ，二 alqu ayïγ-larïγ tarγarmaq-lïγ tïldaγ. 三 köni-sinčä ödlämäk äriglämäk-lig tïldaγ 四 tïnlγ-larïγ ämgäk-tin tardmaq-lïγ tïldaγ ärür. anïn bar šlok-ta söz-lämiš (-i) 成善断恶因 ädgü (bölüg-lär)-kä tükäl-lig bolmaq-(lïγ) ayïγ (nom-lar)-ïγ tarγarmaq-lïγ tïltaγ üčün činkirtü köni-sinčä ödlätäči ärikläḍäči üčün. umuγ ïnaγ bolup alqu ämgäk-lär-tin tardtačï üčün anïn munung adï bolur šasdr tip.

第一に善品が円満となることの因、第二に一切悪を断つことの因、第三に正しく教诫することの因、第四に众生を苦から抜くことの因である。それで颂に说いたものが有る、善品が円満となることと、悪法を断つことの因故、真実正しく教诫するものの故に、救済となって一切苦から抜くものの故に、それでこれの名は论となった、と。

注释：

ädgü bölüg：对应于汉语的"善品"，表示"善的种类"。ädgü 表示"好、善"之意，该词在现代哈萨克语有两种表现：iygi"好的、最棒的"，izgi"神圣的"。

第 4 行和第 5 行中的汉字"一"和"二"应为训读，即 ängilki 和 ikinti。

ayïγlarïγ tarγarmaq：对应于汉语的"断恶"、"断爱"az-ïγ tarγarγu üčün tep。

问 siz-ik bolmïš

第 10 行[qa]tip tisär

有疑问……如果说……

《实义疏》Or.8212-75A/1568：

问（sizig bolmïš-qa）šasdr bolur üküš tälim tapïng ol söz-lägülük qayu šasdr-ïγ tip

问、论は多くある、何の论を说くことを欲するやと。

4.标本 B157：15-1（背）。

〈Verso〉

第 1 行　下三 asïraqï üč türlüg öngsüz dyan-

第 2 行　lar-qa tayaq-lïγ-ïn. qayu tu[r]miš

第 3 行　aqïγ-sïz bilgä bilig 不说 söz-lämä-4）miš ol。

依下面的三种无色定所起无漏慧……不说。

《实义疏》Or.8212-75A/1625-1630：

asïr-a-qï üč (türlüg)öngsüz 〈dyan-lar-qa〉 tayaq-lïγ-ïn.
(qayu) turmïš aqïγ-sïz bilgä bilig abïdarïm ärmäz bolγu kärgäk.
ol öngsüz-tä yindäm tört yükmäk bolur üčün tip 答 yörüg töz-indäki-čä ärsär andaγ ärmäz munda täk söz-lämiš ol arïγ bilgä bilig iyin yorïdačï-lar birlä adï bolur abïdarïm tip sözlämä-miš ol biš yükmäk-in ärür ol abïdarïm tip.

下にある三种の无色定に依って、起こったところの无漏慧は阿毗达磨ではなくなるにちがいない。その无色において唯、四蕴となるため、と。答、理としては、そのとおりではない。ここにおいて单に「净慧は随行とともに、その名は阿毗达磨となる」と说いた。

注释:

üč türlüg öngsüz dyan:相当于汉语的“三种无色定”,无色界中的三个境地,即“识无边处、无所有处、非想非非想处”。再加上“空无边处”叫做“四无色定”。

tayaqlïγ 对应于汉语的“依、乘”,“……乘明相处”arun bälgü-kä tayaqlïγïn ünti。第2行中的 tayaq-lïγïn,也可读作 tayaq-lanz-un。

aqïγsïz bilgä bilig:相当于汉语的“无漏慧”,没有烦恼的真实的智慧。《敦煌莫高窟北区石窟》一书把第3行中“不说”读作“不讲”,有误。

第4行　此 munda tägimlig ärür täk söz-
第5行　lägäli 何 nä üčün uqïdṭï bilgä bi[lig]
第6行　-ig 答 bu umïš üčün tükäl-l[ig]
第7行　bolγalï körmäk üz-äki adqaγ [üzäki]
第8行　iš kütük üz-ä-ki [täng tüz üč]
第9行　türlüg yügärü uqmaq-l[arqa]
第10行　öng yä[　]z sïq[　]

在此,只适于说……为何使(其)知道了智慧。因为这可以圆满于见、缘、事之上的平等的三种现观。色……

《实义疏》Or.8212-75A/1634-1638:

munda tägimlig ärür täk söz-lägäli köngül χan-ï(-nïng) ulatï (anïng) tirin-i-ning qovraγ-ï-nïng adï bolur abïdarïm tip. nä üčün uqïdtï. bilgä biligig ulatï anïng tirin-i-ning qovraγ-ï-nïng adï bolur abïdarïm tip. 答 bu 〈umïš〉 üčün tükäl-lig bolγalï körmäk (üz-äki)adqaγ (üzäki)iš küdük 〈üz-ä-ki täng tüz〉üč törlüg yügärü uqmaq-lar-qa.

ここにおいて、応に、心王の、及びそれの眷属の名が「阿毗达磨」となると说くべし。何故、慧と、及びそれの眷属の名が阿毗达磨となると顕した、と。答、见における、缘における、事における平等の三种の现観が円满となりえたため。

注释：

uqïdtï："使知道"，由词根 uq- "指导、明白" 缀加使动态附加成分-ïd 构成。

yügärü uqmaq 相当于汉语的"现观"。körmäk üz-äki adqaγ [üzäki]iš küṭük üz-ä-ki [täng tüz üč]türlüg yügärü uqmaq "三种现观" 即见现观、缘现观、事现观。

5.标本 B157:15-2(背)。

〈Recto〉[mun-]

第 1 行　ta ulatï [šlok ärsär]

第 2 行　或 azu-ča [ymä sudurtaqï azuča]

第 3 行　yämä vinay-ta[qï　]

第 4 行　šlok bölügi[　]

第 5 行　burχan yar[lïqa-

这些颂言等，或是在经里面，或是在律里面……颂品……佛说……

《实义疏》Or.8212-75A/2141-2142：

munda udan älok ärsär azu-ča ymä sudur-taqï azu-ča ymä vinay-taqï orun orun sayu sačuq-luγ-ïn yrlïqamïš-ïγ. ayaq-qa tägimlig darmatïratï baχšï yïγïp qïlmïš ol bölük šlok.

ここで、鄔拕南颂は、或いは经にある、或いは律にある処処に散说されたものを、尊者法救师が集めて、品、颂に为した。

注释：

vinay < skt.vinaya，表示“律”之意。

darmatïratï < skt.dharma–trōta，表示“法救”之意。

第2行中的汉字“或”对应于其后的 azu–ča。

第5行 [　　　　一 ävdimäk yïγ]

第6行 –maq yörüg ol[二 ögirintäči sävintürdäči]

第7行 tip [yörüg]ol [　　　　qayu nomla]

第8行 mïš–ïn tügüp [šlok taqšut qïlïp]

第9行 olar–qa [qadnayu nomlamiš üčün adamïš ol ävdimäk yïγmaq tip]

第10行 öngrä [kašïp tngri burχan ödintä bar ärdi bir toyïn tidik]

第一为收集义，第二为欢喜义……结合所说，弄成颂言，为他们重复说之故，叫做收集义……昔，迦叶佛时，有一道人……

《实义疏》Or.8212–75A/2151–2157，2485–2486：

ang'ilki ävdimäk yïγ–maq tip yörüg' ol. ikinti ögirindürtäči sävintürdäči tip yörüg' ol. ävdimäk yïγ–maq tip yörüg' ol tip timiš–i ärsär qaltï tngri burχan sudur–uγ nomlayu tükätdüktä bar ärsär kin kältäči–lär adï ködrülmiš yïγïp alïp öngdünki qayu nomlamïš (–ïn)tügüp šlok (taqšut) qïlïp olar–qa qadnayu nomlamiš üčün adamïš ol ävdimäk yïγmaq tip.

kapïlï ärsär öngrä kašïp tngri burχan ödintä bar ärti bir toyïn tidik.

第一は収集することという义なり。第二は歓喜させるものという义なり。収集することという义なりといったのは、谓わく、仏が経を说き终えたときに、后来があるなら、世尊が以前に说いたものを集め取って、结合して颂になし、彼らへ再び说いたために、収集することという义なりと名づけた。

劫比罗について、昔、迦叶仏时に、一苾刍がいた

注释：

qayu nomlamïš：对应于汉语的“所说”。将汉语中以“所”起首的词用qayu 来翻译是回鹘佛典语言的固定格式，“若有所言”qayu antaγ saw ärsär。

第 6 行中考虑到残片的尺寸，推断所补正内容的 ikinti 应该是用汉字“二”表示的。

yörüg：在 BTTⅩⅢ[①]中翻作“Deutung”。在中村不折氏旧藏《杂阿含经》中对应于汉语的“义”：“巧便问深义” täring yörüg sez-ik ayïtma-ta uz-anmaq-lïγ。在回鹘文《大乘法苑义林章》中对应于汉字的“释”：“今此色者五中同名二释虽成持业为胜”amtï bu öng ärsär bešägü-nüng yumdaru-qï atï üčün iki törlüg yörüg-läri näčä bütsär ymä oq samaz üzäki-si yeg ol。Tezcan 认为 yörüg 为 Ausdeutung（yör- < yor- “deuten”）。哈萨克语 tüs jorï- “解梦、释梦”。在这里 jorï-解释的不是梦本身，而是梦所隐含的深层意义。从这一点上考虑，如果 Tezcan 的以上公式成立的话，yörüg 一词与表示“释、解”之意的该词根有关。

kašïp < skt. kāśyapa“迦叶佛”，过去七佛的第六佛。

6.标本 B157：15-2（正）。

〈Verso〉

第 1 行 [ ]gä ärür

第 2 行 [tip tisär bu abï-darï]m-ta söz-

第 3 行 [läyür qar]šï tanuq-luγ

第 4 行 [ayaqqa täg]imlik sang'ga-

第 5 行 [badrï baχšï sözlär abïda]rïm odγuraq

第 6 行 [ärür tängri burχan yarlïqa]mïš timäk tap-

第 7 行 [laγ ärür]ngi-taqï-lar-ning

第 8 行 [ ]öngi

第 9 行 [ ]a ök

第 10 行 [ ]bolmaz.

说是……的话，这个阿毗达磨中将说……伪证……尊者众贤师说，阿

①Peter Zieme. Buddhistische Stabreimdichtungen der Uiguren, *Berliner Turfantexte XIII*, Berlin.1985.

毗达磨是定将容许佛说之事……在……者……别的六将不……

《实义疏》Or.8212-75A/2194,2200-2201:

nädägin qaršï tanuq-luq ärür tip tisär bu abï-darïm-ta söz-läyür köngül-tä öngi nom-larïγ ulatï söz-läyür ärtmiš kälmädük ödüg taplayur bolur arχant qudïn-tïn taymaq tip;

ayaqqa tägimlik sang'gabadrï baχšï sözlär abïdarïm odγuraq ärür tngri burχan yarlïqamiš timäk taplaγ ärür.

如何にして、违证である、というなら、この阿毗达磨において、心不相応法を说く、そして过去、未来世を说く、阿罗汉果からの退転を许すこととなる、と。

大德众贤师说く、阿毗达磨は定んで仏が说かれたというのは许されるものである。

注释:

sang'gabadrï < skt.sa-ghabhadra,对应于"众贤"。该词同样出现在敦煌北区出土标本B128:13和斯坦因本中。

qaršï tanuq:对应于汉语的"伪证",哈萨克语 qarsï"违反、反对、相异",维吾尔语 qarši"相反"。

附记:本文得到了京都大学教授庄垣内正弘教授多方面的指导,在写作过程中,庄垣内先生纠正了文献解读中的诸多错误,并提出了很多修改意见,在此表示衷心感谢。此外,还要感谢京都大学博士榴垣和也在文字处理方面的帮助。

(原载 *Kyoto University Linguistie Research*.24,2005)

敦煌北区石窟出土回鹘文文献的综合研究

阿不都热西提·亚库甫　著

《敦煌莫高窟北区石窟》是敦煌研究院研究人员于在1988—1995年在莫高窟的北区石窟所进行的考古考发掘工作的主要成果。其第一卷介绍编号为B1~94的94个窟的考察结果；而第二卷主要报告编号为B95~156的64个洞窟的发掘工作，同时也涉及莫高窟第462窟和第465窟；该书的第三卷，也就是最后一卷反映的是编号为B157~243的90个洞窟的发掘、研究结果，此外，后者还涉及莫高窟第464窟和第461窟。每一卷除了报告发掘经过和提供出土文物较详细的描写外，还按专题研究的形式概述蒙文文献（含回鹘式蒙文和巴思巴文）、回鹘文文献（其中包括木活字）、梵文文献、叙利亚文文献、西夏文献、藏文文献等欧亚文字文献的初步研究结果。可能是由于占出土文献多数的汉文文献的描写、介绍构成各卷正文的主要内容，书后没有安排讨论汉文文献的专论。更重要的是，每一卷都附有大量文物和各类文字文献较清晰的图片，为国内外研究者进一步研究出土文物和出土文献提供了很大方便。实际上，由于该书介绍的是自从英国、法国、日本、俄罗斯等国探险队于20世纪初期在该地区进行的探险活动以后由中国学者自身进行的重大考古发现的成果，因此它很快就引起了海内外学术界的广泛关注。就回鹘文文献研究为例，除了《敦煌莫高窟北区石窟》刊载的3篇专论外，在很短的时间内国内外学者发表了许多研究论文。最早的可算是庄垣内正弘教授研究刊布《阿毗达磨俱舍论实义疏》（以下简称《实义疏》）的论文。后来，他又另写专文讨论了《实义疏》的其他残片。我国学者张铁山发表的论文最多。除了《敦煌莫高窟北区石窟》的第二、第三卷关于回鹘文文献的概述之外，他发表十多篇论文讨论北区石窟出土回鹘文文献。德国学者彼得·茨默（Peter Zieme）教授也发表了一些讨论北区石窟出土回鹘文文献的论文。笔者曾于2002年根据《敦煌莫高窟北区石窟·第一卷》所刊布的图版对叙利亚文文书行间的一首头韵诗做过重新研究。次年,笔者又发表专文讨论《敦煌莫高窟北区石窟·第一卷》所见回鹘文文献的分类和内容确定问题,对许多文献的内容进行了重新断定。后来,笔者分别于2004年和2005年发表两篇论文对一些北区石窟出土回鹘文文献残片进行过研究。

笔者看到《敦煌莫高窟北区石窟·第一卷》是2000年的夏天。当时笔者正在京都大学在庄垣内正弘教授的指导下完成博士毕业论文《俄罗斯所藏晚期回鹘文文献研究》。该书一到,庄垣内正弘教授就马上给笔者看,并富有兴趣地谈起他对有些回鹘文文献的看法。没过几个月,先生发表了关于回鹘文《实义疏》的论文,是研究刊布北区石窟出土回鹘文文献的第一篇力作。同年11月,笔者因得到德国亚历山大洪堡基金会的博士后研究基金离开京都。在京都期间,笔者多次有机会跟庄垣内先生讨论北区石窟出土回鹘文文献。先生说:"阿不都热西提君,这是你们国家出土的文献,你们应该自己研究。只有《实义疏》让我研究一下吧,其他的请尽快着手研究。"笔者说了句"那努力一下吧"就接受了先生的建议。对于了解先生研究经历的人也不难理解,为什么先生对《实义疏》有特殊的兴趣。2001年哥廷根大学突厥学和中亚学研究所跟哥廷根科学院佛教研究委员会合作举办"印度和中亚:语言和文化的接触"为题的国际学术讨论会,庄垣内先生也来参会。在这个学术讨论会上,笔者有幸报告对《敦煌莫高窟北区石窟·第一卷》所见回鹘文文献的初步研究成果。发言稿的修改本后来发表在会议的组织者编辑出版的论文集上。此后,于2005年,笔者应庄垣内先生邀请,对京都大学进行短期学术访问,又有机会在京都大学羽田纪念馆介绍研究《敦煌莫高窟北区石窟》的第二和第三卷所见回鹘文木刻文献的研究结果。本文的第一部分以研究《敦煌莫高窟北区石窟》所刊图片为主,综合讨论《敦煌莫高窟北区石窟》各卷所见回鹘文文献和回鹘文碑铭文字,试图对其外部特征和内容做简要介绍,而第二部分介绍笔者对一些未刊或未充分研究回鹘文残篇的初步研究结果。

一、北区石窟出土回鹘文文献和碑铭概观

在北区石窟发现的回鹘文文献和碑铭的数量不少,仅次于汉文和西夏文文献。据《敦煌莫高窟北区石窟》的有关报告,除了在《敦煌莫高窟北

区石窟》的各卷刊有图片的文献外，还有一千件以上破损较严重的回鹘文文献残片。据《敦煌莫高窟北区石窟》的报告，仅在B157窟和B159窟所发现的回鹘文文献残片的数量就达977件，在B468窟发现的回鹘文文献残片也有89件[①]。北区石窟发现回鹘文文献的大部分出土在B45窟、B49窟、B53窟、B59窟、B77窟、B128窟、B138窟、B157窟、B159窟、B165窟和B464窟。其中，B464窟实际上就是在法国东方学家伯希和的报告中经常看到的181号窟，即所谓P181窟。虽然其数量没有伯希和于1908年考察该窟时所发现的那么多，但与当时的情况相似，在此次考察中在莫高窟第464窟也发现一些回鹘文木活字和蒙文文献。

雅森·吾守尔研究员在《敦煌莫高窟北区石窟·第一卷》发表的专论《敦煌莫高窟北区石窟出土部分回鹘文文献概述(一)》简要介绍在编号为B31、B45、B47、B49、B52、B53、B54、B59、B77的9个洞窟所发现部分回鹘文文献及回鹘文木活字的初步研究情况。其他洞窟发现的回鹘文文献最初由张铁山教授介绍[②]。跟第一卷的报告不同，第二卷和第三卷关于回鹘文文献的报告能够对一些回鹘文文献的内容做正确确定，但很多回鹘文残片的内容还是没能得到确定或正确确定。在具体文献的转写和翻译上也存在一些问题。需要注意的是，在《敦煌莫高窟北区石窟》中有些回鹘文文献错误地被定为蒙文文献，回鹘文碑铭的内容却没有得到研究。下面以表格的形式，分类介绍《敦煌莫高窟北区石窟》中各卷所见回鹘文文献的外部特征和内容。第一栏为敦煌研究院为各个残片所给编号。第二至第三栏分别提供关于字形、残片规格、保存状态等的基本信息，其中，关于规格的信息取自《敦煌莫高窟北区石窟》中各卷；在抄本的字形描写中，笔者主要使用两个术语：楷体和草体，印本只注明"印本"字样；楷体和草体之内不再进行进一步区分。关于保存状态的描写有时候跟《敦煌莫高窟北区石窟》中的描写有较大的出入；笔者力求根据图片对每一残片的保存状态做进一步描写，并对行数重新进行统计；在关于规格的信息当中，出现在"×"之前的为残片高度，"×"之后的为残片宽度。高、宽一律以厘米为基本单位。第五栏包括文献名简称或文献内容的提示，此栏力求纠正一些《敦煌莫高窟北区石窟》中各卷和近期有关论文所见不恰当的文献定名。第六栏提供关于每一残片的刊布、研究的一些主要信息。"保存状态"一栏

①见彭金章、王建军著《敦煌莫高窟北区石窟·第一卷》第9页，文物出版社，2000年。

②《敦煌莫高窟北区石窟·第一卷》还包括叙利亚文文献的行间加写的一首回鹘文诗歌(B153窟出土)的拉丁字母转写和汉文译文。

的数字表示残片的保存文字行数。

1.佛教文献。

编号	字形	尺寸	保存状态	内容	刊布、研究情况①
B31:6	楷体	22.10×25.40	正背 28+1 页数	佛经②	未刊
B45:1	草体	9.00×5.20	3(个词)	佛教文献	Yakup 2003
B45:4	草体	16.60×9.20	6	佛教文献	Yakup 2003
B47:29	印本	10.20×10.30	4	佛教文献	未刊
B49:4–1	楷体	不祥	正背 8	《玄奘传》	Yakup 2003
B49:4–2	楷体	15.00×12.00	正背 8	《玄奘传》	Yakup 2003
B49:4–3	楷体	不祥	正背 4	《玄奘传》	Yakup 2003
B49:4–4	楷体	不祥	正背 10+1 页数	《玄奘传》	Yakup 2003
B49:4–5	楷体	不祥	正背 8	《玄奘传》	Yakup 2003
B49:4–6	楷体	不祥	正背 8	《玄奘传》	Yakup 2003
B49:4–7	楷体	不祥	正背 6	《玄奘传》	Yakup 2003
B49:4–8	楷体	不祥	正背 16	《玄奘传》	Yakup 2003
B49:4–9	楷体	9.00×12.30	正背 14	《玄奘传》	Yakup 2003
B49:25–1	楷体	7.20(?)×8.30	正背 8	《玄奘传》	Yakup 2003
B49:25–2	楷体	9.30×8.50	正背 12	《玄奘传》	Yakup 2003
B49:25–3	楷体	5.70×7.70	正背 10	《玄奘传》	Yakup 2003
B49:25–4	楷体	6.60×7.70	正背 10	《玄奘传》	Yakup 2003
B52A	草体	15.40×27.90	54+1 页数	《中阿含经》	Yakup 2003, 张 2001
B52B 17	草体	9.00×25.30	57	《实义疏》	庄垣内 2000

①详细情况对照本文后附表,下表同。

②笔者在首次研究该残片时曾建议把该残片页数中的经名读作(Ab)itaki(来自汉文《阿弥陀经》),今不取。该经名的释读应待有更清楚的图片或直接查阅原件的机会再进行。

续表

编号	字形	尺寸	保存状态	内容	刊布、研究情况
B53:11	楷体	?×11.80	16	《玄奘传》	Yakup 2003
B53:13	草体	左 11.00×13.10，右 11.30×7.70	正背 50+1 页数	《杂阿含经》	张 2001b
B53:14	草体	15.40×19.80	16	佛教内容头韵诗	Yakup 2002，张 2000
B53:18	楷体	15.50×10.00	12+1 页数	《阿弥陀经》	Yakup 2003
B54:1	草体	12.90×14.10	16	密宗文献	未刊
B54:15	草体	不祥	21	《中阿含经》	张 2003b
B59:69	草体	14.60×13.80	26	佛僧传①	张 2003，米尔卡马力 2008
B59:72	印本	19.00×12.20	10（共 2 页）	《白伞陀罗尼经》	未刊②
B59:73	印本	13.50×17.50	10	佛教文献	未刊
B77	草体	壁上铭文	7	光明真言	Yakup 2003
B77:23	楷体	13.80×14.90	20	佛教文献	未刊
B77:24-1	草体	19.50×23.00	正 67	密宗文献（Mah ā siddhas）	未刊
B77:24-2	草体	19.70×23.20	背面 76	密宗文献（Mah ā siddhas）	未刊
B97:7	草体	14.50×12.80	21+15	密宗文献（加有藏文）③	未刊

①张铁山和阿依达尔·米尔卡马力两位学者确定该残片为《佛祖历代通载》之回鹘文译文。该残片确实跟该文献有关，但不完全一致。两位学者对该残片的释读有一些待商榷之处，有进一步释读、研究的必要。

②茨默先生曾提供关于该印本残片内容确定的重要线索。

③该残片的 6~8 行可释读为 alkınmaksız agılık bulur ögrätingülük täring bo yangıg p// cw’ yıgıp ukguka ongay yaratmıš ärür. Känsidu bitiyü tägintim saḍu saḍu “会成为不尽的宝藏。应学的这一（内容）深刻的仪式（的介绍）由……收集（重新）创造，以便易于理解。我康 Kānsidu 有幸写（之）。善哉！善哉！”张铁山先生也曾释读最后一句，但有些出入。

续表

编号	字形	尺寸	保存状态	内容	刊布、研究情况
B119:13	草体	16.00×7.50①	4	佛教文献②	嘎日迪 2004
B121:37	印本	24.10×16.10	9	佛教文献③	未刊
B121:38	草体	24.60×16.70	10	密宗文献(加有藏文)	未刊
B123:3	草体	7.50×6.50	3	密宗文献④	见该文注释
B125:1	草体	25.70×67.20	背面 96	《增壹阿含经》	未刊
B126	草体	壁上铭文	5	光明真言⑤	未刊
B128:2	草体	25.30×37.40	37(共 2 页)	《八十华严》	张 2003
B128:12	楷体	24.10×60.40	正背 60+1 页数	《慈悲道场忏法》	Wilkens 2007, 张 2008
B128:13	草体	14.00×37.00	正背 56+1 页数	《实义疏》	庄垣内 2004
B128:18	草体	26.50×174.50⑥	正面 20	佛教内容韵文⑦	未刊
B128:18	草体	26.50×174.50	背面 164	韵文	未刊

①见彭金章、王建军著《敦煌莫高窟北区石窟·第一卷》第 131 页,文物出版社,2000 年。嘎日迪先生提供的尺寸为 6.30×11.40 厘米。

②该残片被嘎日迪先生确定为蒙文文献并按蒙文释读。但三个用语,即ažun tutguluk, kim ol 和čambudivip 明显地否定该残片为蒙文的说法。最近看到敖特根先生讨论该残片的论文,也指出这一点。

③该残片为贝叶式,其外部特征跟《金光明经》回鹘文印本残片很相似,但其内容却跟《大正藏》No. 1509: 631b12-16 的内容相近。下面只提供笔者的初步转写:第 1 行 türlüglär /[ ] ///-ka 第 2 行 tayaklıgın almak 第 3 行 täginmäk üzä 第 4 行 bululur : muntın 第 5 行 öngi diyana sanvar anasiraw 第 6 行 akıgsız [sa]nvar paramit čın 第 7 行 kertü adičit köngüllüg sanvar 第 8 行 b[o] üč türlüg-lär yang 第 9 行 ///-ka tayanıp almak [...

④该残片可读作:第 1 行[čo]g-lug yalın-lıg maha-ma[ni] ... 第 2 行[ ]/ uguš-ı ärür: mahaman[i... 第 3 行[ye]güstünki [...]

⑤该真言内容跟 B77 窟铭文的内容完全相同。

⑥这是整个卷子的尺寸。回鹘文书写在汉文《大般若经》的第 76~96 行行间。

⑦该韵文含一跋文。

续表

编号	字形	尺寸	保存状态	内容	刊布、研究情况
B131:2	草体	21.50×13.50	正 11, 背 8	正面韵文，背面跋文	未刊
B134	草体	壁上铭文	不清①	光明真言	未刊
B134	草体	壁上铭文	3	光明真言	未刊
B134	草体	壁上铭文(西壁)	5（红）	光明真言②	未刊
B137:2	印本	27.00×10.50	5+1 汉文页数	《大乘无量寿经》③	未刊
B138:10	印本	27.00×10.50	15（共 3 页）	《大乘无量寿经》④	未刊
B138:11	楷体	21.20×21.90	正背 28	佛教文献	未刊
B140:8v	草体	10.90×10.50	9	佛教文献(韵文?)	未刊
B140:9	草体	11.90×7.20	3(个词)	佛教内容(行间)	未刊
B142:9-1	印本	9.20×4.30	2	佛教文献	张 2004
B142:9-2	印本	10.50×8.40	5	佛教文献	张 2004
B147	草体	壁上铭文	1	光明真言	未刊
B151:3v	草体	27.00×7.20	4	佛教内容（加有汉字)⑤	未刊
B154:52	印本	5.50×5.50	正背 6(6 个词)	佛教内容	张 2004⑥
B156:3	印本	8.60×9.50	5	佛教内容	张 2004⑦
B157:12	印本	28.10×10.90	5	《大乘无量寿经》	张 2004, Yakup 2005

①《敦煌莫高窟北区石窟·第二卷》第 215 页提到“隐约可见朱红回鹘文题记”。但在图版上看不到这些文字。

②该真言为 4 行，此前写有 üz-ä yükünürm(ä)n “我膜拜 ……”笔者认为，该洞窟发现的三个铭文内容相同，均为光明真言。

③柏林残片 U 4389 和 U 4622 跟此残片内容一致。

④该残片相当于该经梵文本的 40a 和《大正藏》No. 936 83c 20- 84a3。

⑤该残片也可看做是跋文。

⑥张铁山先生认出其中 3 个词，其余 3 个词可读作 k(ä)rgäk “应该”（正面 1 行), ilinip “被钩住……”(正面 3 行) 和 tükäl “完整”（背面 1 行)。

⑦第 3 行的最后一词不是 yürisär，而是 yorısar“若行走”。

续表

编号	字形	尺寸	保存状态	内容	刊布、研究情况
B157:13	草体	18.60×14.00	8	佛教内容	张 2004
B157:14	印本	14.80×10.30	5	《八阳经》	张 2004, Yakup 2005
B157:15-1	草体	9.00×7.40	正背 20	《实义疏》	米尔卡马力 2005
B157:15-2	草体	7.00×6.60	正 11, 背 10	《实义疏》	米尔卡马力 2005
B157:15-3	草体	4.10×7.30	正背 20	《实义疏》	米尔卡马力 2005
B157:16	草体	6.00×14.80	15	《长阿含经》	张 2003b
B157:17	草体	13.00×2.70	正 7, 背 6	佛教文献(加写汉字)	未刊
B157:18	楷体	9.50×8.80	正背 12(红)	佛教文献	未刊
B157:19	楷体	9.70×7.10	正背 8	佛教文献	张 2004①
B157:20	印本	12.00×13.50	5+4(2 页)	韵文(脚韵)	未刊
B157:23	楷体	14.30×9.20	正背共 10(块)	佛教文献②	未刊
B157:24	草体	9.70×5.10	正背 6	密宗文献	未刊
B157:25	草体	4.60×4.70	正背 18	佛教文献(加写汉字)	未刊
B157:26	草体	5.70×6.20	正 10, V 背 9	佛教文献	未刊
B157:54-1v	草体	6.90×4.80	3	佛教文献(正面为 西夏文)	未刊
B157:54-2v	草体	4.10×2.70	2	佛教文献(正面为西夏文)	未刊
B159:2v	草体	12.50×12.90	16	佛教文献	未刊
B159:3-1	草体	25.90×97.30	116③	《杂阿含经》	张 2001a, 张 2003a

①第 2 行应为 [töz]ini tuymak atl(ı)g,而不是 tumaq atlγ。很显然 tuymak 不是《敦煌莫高窟北区石窟·第二卷》第 386 页所写的那样为人名,而是佛教汉语"觉"的对应语,似是一个经名的一部分。

②该残片带有汉文页数"四〇七"。

③正面为汉文文书,其行间加有一行回鹘文。

续表

编号	字形	尺寸	保存状态	内容	刊布、研究情况
B159:3-2	草体	11.20×3.60	5	《杂阿含经》	张 2001a, 张 2003a
B159:3-3	草体	3.20×3.80	5	《杂阿含经》	张 2001a, 张 2003a
B159:22	草体	4.00×3.80	4	佛教文献	未刊
B159:28	楷体	13.80×13.30	正背 14 +1 页数	《佛顶心大陀罗尼》	未刊
B159:29	楷体	11.00×19.00	13	《佛顶心大陀罗尼》	张 2004①
B159:39	楷体	13.70×13.80	8	《佛顶心大陀罗尼》	张 2004②
B159:40	楷体	8.60×13.10	7	佛教文献	张 2004
B160:6	印本	21.10×11.00	5	《大乘无量寿经》	未刊
B160:7	草体	10.40×9.10	10	《死亡书》	未刊③
B160:12	印本	21.20×11.00	5	《大乘无量寿经》	未刊
B161:9	草体	10.30×4.50	11	《死亡书》	未刊④
B161:10	印本	10.50×6.70	5	佛教文献	未刊
B164:22-1	楷体	7.60×2.30	1	佛教文献	未刊
B164:22-2	楷体	4.10×2.80	2	佛教文献	未刊
B164:22-3	楷体	4.60×2.50	2	佛教文献	未刊
B165:4	印本	10.00×6.50	4	佛教文献	未刊
B165:5	印本	4.90×9.30	5	佛教文献	未刊
B172:3	印本	27.60×10.80	15 (共 3 页)	《大乘无量寿经》	张 2004, Yakup 2005
B172:5-1	草体	8.80×4.00	6	《俱舍论颂疏》	张 2003b, 米尔卡马力 2009

①张铁山先生提供该残片的转写和汉文译文,但未能确定其内容。
②同①。
③该残片内容跟至今刊布的同类文献不同,需单独刊布。
④同③。

续表

编号	字形	尺寸	保存状态	内容	刊布、研究情况
B172:5-2	草体	10.20×9.20	14	《俱舍论颂疏》	张 2003b, 米尔卡马力 2009
B172:5-3	草体	9.70×7.50	11	《俱舍论颂疏》	张 2003b, 米尔卡马力 2009
B172:5-4	草体	18.20×18.50	29	《俱舍论颂疏》	张 2003b, 米尔卡马力 2009
B172:5-5	草体	13.00×6.50	10	《俱舍论颂疏》	张 2003b, 米尔卡马力 2009
B217	草体	铭文	5	光明真言	未刊
第 464	草体	铭文	5	光明真言	未刊
第 464:72,1	印本	4.40×3.90	3	佛教文献	嘎日迪 2004①
第 464:72,2	印本	5.70×2.20	3	佛教文献	嘎日迪 2004
第 464:38	草体	11.50×8.70	10	密宗文献(吉祥轮律曼陀罗)	未刊
第 464:61	草体	18.00×14.00	12	密宗文献(五大之描写)	未刊
第 464:63	草体	8.20×13.40	正 4+7, 背 4	正面:几个词, 背面:跋文②	未刊
第 464:64	草体	13.00×7.50	6	佛教文献	未刊
第 464:65r	草体	18.40×13.30	8(行间)	佛教文献(韵文?)	未刊
第 464:65v	草体	18.40×13.30	14	功德回向	未刊
第 464:66	草体	12.50×15.70	9(行间)	观世音菩萨	未刊
第 464:67	草体	27.70×10.90	正 2, 背 10	佛教文献	未刊
第 464:73	草体	10.00×7.10	15	《上师赞》	未刊

①该残片被嘎日迪先生断定为蒙文文献,但该残片有 yagay "他将散步",tüz-ün "善、正"(嘎日迪先生分别读作adqai (?) 和 doyi-d)等词,应为回鹘文文献。

②汉文的 4~5, 6~7, 15~16 和 17~18 行间写有 učuk täg "像只鸟", yulduz "星星", tat üski "波斯人前", č(a)kir "轮"等词。汉文历书下面的回鹘文为人名。嘎日迪先生把该残片断定为蒙文文献。

续表

编号	字形	尺寸	保存状态	内容	刊布、研究情况
第 464:121	楷体	29.80 × 11.50	5	《傅大士颂"金刚经"》	张 2004a, 米尔卡马力 2006, Yakup 2010
第 464:122	楷体	13.30 × 11.60	正背 12 +1 页数	佛教文献	未刊
第464:135-1	草体	10.30 × 9.70	正 6, 背 5	佛教文献	未刊
第464:135-2	草体	8.00 × 8.90	正 4, 背 5	佛教文献	未刊
第 464:137	草体	8.50 × 8.90	6	密宗文献	未刊
第 464:138	印本	11.90 × 6.00	4	佛教文献	未刊
第 464:139	草体	11.00 × 10.20	正 9, 背 8	正面:佛教文献, 背面:跋文①	未刊
第 464:140	草体	13.60 × 8.30	6	佛教文献 (加写汉字)②	张 2004
第 464:141	印本	22.90 × 11.10	7	佛教文献 (加写汉字)③	史等 2000, Zieme 2004
第 464:142	印本	28.00 × 11.30	5	《大乘无量寿经》	张 2004
第 464:145	印本	9.30 × 10.70	7	佛教文献	未刊
第 464:146	印本	12.50 × 13.00	8 (共 2 页)	《佛说随求即得大自在陀罗尼神咒经》	未刊

①背面有用大字书写的跋文。

②该残片比较特殊,像是以字和佛教术语为对象的一种密宗文献。张铁山先生曾刊布该残片的转写和汉文译文,但他的转写有些值得商榷的地方,如他把 sakınč tuyuntačı "想觉"读作 soqančï tuyuntačï "特殊感觉的",把 yörüg ünär "出……的解释,解释"读作 yörüg oγu "其意"(均为第 1 行);把 üž-ikning "字的"读作 igning (没有译出),altın-ınta"其下面"读作 altïn anta"之下"(均为第 2 行);把 z-a üž-[ik] "z-a 字"读作 a oq (第 4 行);把 yörsär "如果解释"读作 ursar "打"(第 5 行)等。此外,有些词他省略不读,如第 4 行的 nägü, 第 6 行的 ünär, burhan 等。

③这是著名回鹘翻译家安藏 (?—1293 年) 的一本诗集的封面。在这一封面首先出现安藏作品的回鹘文题目和卷号 A[n]tsang bahšı košmıš takšut-ı-nıng üiki tört "安藏师所写偈录四",然后下面出现汉文"安亭四"(第二个字的写法有些特别,也可能是别的字)。正文的最后一行下面注有该偈之总行数"凡一千二百八十颂"。

续表

编号	字形	尺寸	保存状态	内容	刊布、研究情况
第 464:148	印本	15.00 × 8.80	5	《七星经》	张 2004, Zieme 2005
第 464:171	印本	27.80 × 10.80①	2	《三品经》(只有封面)②	Yakup 2005
第464:134-1	楷体	9.10 × 9.60	正背 16	《圣救度佛母二十一种礼赞经》(带插画)	未刊
第464:134-2	楷体	8.80 × 9.60	正面 8, 背面不清	《圣救度佛母二十一种礼赞经》(带插画)	未刊
第465	草体	铭文(东壁)	2	光明真言	未刊

2.跋文。

编号	字形	尺寸	保存状态	内容	刊布、研究情况
B140:5	印本	22.40 × 26.70	12	韵文(带散文)	张 2004a, Yakup 2005
B114	草体	铭文	2	跋文③	未刊
第 464:139v	楷体	11.00 × 10.20	8	韵文④	未刊
第464:143	印本	23.20 × 8.80	5	韵文	未刊

①该残片尺寸为 13.10 (高) × 4.10 (宽)厘米。

②封面上的回鹘文可读作 üč ärdini-lärig // ömägli tirskantak nom ärür "(此)为不念三宝……的三品经"。需要注意的是否定形动词附加成分-mAglI,这一附加成分在回鹘文佛教文献当中非常少见。

③该铭文似乎可以读作 saču-lug äsän tämür čiz-dım "我,沙洲人艾山·铁木尔,写了"。

④B464: 139 的正面和背面的关系不太清楚。正面用草体书写,而背面却写有 3 行草体回鹘文 (7~8 行), 3 行楷体回鹘文和两行特大号回鹘字。跋文的主要部分用楷体回鹘字写成,是一首头韵诗的一部分。该诗可读作 alku kamag tınlg oglan-larınga / alku kamag tı[nlg] oglanlarınga / asıg [tu]su kılgu küsüšüm üčün "因为我愿为一切众生之子谋利"。很清楚,第 2 行重复第 1 行。该韵文后面有用大字写成的两行回鹘文: // ny bitiyü tägintim"我有幸书写……"。张铁山先生读作 bitiyü tügätim 并译为"我抄写完了"。

3.世俗文书。

虽然下列文献从内容方面来看属于世俗文书，但其书写者和使用者却应该还是回鹘佛教徒。

编号	字形	尺寸	保存状态	内容	刊布情况
B59:71	草体	12.70×10.00	8	文书	未刊
B59:68	草体	29.90×15.30	9	书信	Yakup 2004
B59:70	草体	18.10×9.20	6	文书	未刊
B77:21	草体	13.30×18.20	2	文书	未刊
B119:8	草体	11.30×18.80	12	文书	嘎日迪 2004①
B124:13(1~4)	草体	12.90×16.60	48	礼仪书(?)	Zieme 2005b
B142:10	草体	26.90×5.40	5	文书(?)	未刊
B165:3	草体	14.40×6.50	正 8+19，背 21	历书	张 2004②
B166:6	草体	10.10×25.90	19	文书	未刊
第 464:147	草体	9.20×17.40	11	书信	未刊
第 464:136	草体	6.70×16.10	11	书信(?)	未刊

4.未分类残片。

此部分描写的残片有以下三种：

第一种，只有几个词或几个字母保存下来，内容无法确定。

第二种，《敦煌莫高窟北区石窟》未刊布其图片。

第三种，破损严重，现阶段只根据图片无法确定其内容。

编号	字形	尺寸	保存状态	内容	刊布情况
B45:15	不祥	不祥	不清	不祥(无图片)	未刊
B45:11	不祥	不祥	一些字	不祥(无图片)	未刊
B49:17	印本	不祥	7 小块	不祥(无图片)	未刊
B49:19	草体	不祥	5	不祥	未刊

①嘎日迪先生把该残片当做蒙文刊布。

②张铁山先生提供环内回鹘文的转写和汉译，但他把 yangı“(月)初”(ED 943b)一律读作 iki“二”，译文也有一些需要改进的地方。该残片需重新释读。

续表

编号	字形	尺寸	保存状态	内容	刊布情况
B53:12	草体	11.00×5.50	16	不祥(无图片)	未刊
B53:17	楷体	不祥	7	不祥(无图片)	未刊
B125:29	草体	6.90×6.90	6	不祥(加有汉字)①	未刊
B140:4	草体	10.30×28.10	12	不祥	未刊
B140:6	印本	22.80×20.20	7	不祥②	未刊
B140:9	草体	11.90×7.20	2个词	不祥	未刊
B142:11	楷体	不祥	7小块	不祥(无图片)	张2004
B142:12	草体	不祥	1小块	不祥(无图片)	未刊
B147:10	不祥	不祥	6小块③	不祥	未刊
B147:12	草体	6块	一些词或字	不祥	未刊
B152:4	印本	不祥	4小块	不祥(无图片)④	未刊
第464:162-2	草体	4.00×2.50	1	不祥	嘎日迪2004⑤
第465:6	草体	12.30×15.10	1	不祥	未刊
第465:7,1	草体	11.80×9.00	2	不祥	未刊

二、北区石窟出土部分回鹘文文献释读

这一部分主要是笔者关于以下9个残片的初步研究成果。其中有些残片属首次刊布,有些残片虽已有人研究,但笔者重新释读,做了进一步探讨。笔者研究的依据完全是《敦煌莫高窟北区石窟》所刊布照片。

①似是一个官员的题记。最后一行可读作 bäg aṭantım "我被称为官"。该残片需进一步研究。

②该残片在《敦煌莫高窟北区石窟中》被归入回鹘文文献,但无证据证明该残片为回鹘文。

③该文盖有红章。

④所有信息取自彭金章、王建军著《敦煌莫高窟北区石窟·第二卷》第315页,文物出版社,2004年。

⑤该残片被定为蒙文文献,但笔者至少能认出 alku "一切"(嘎日迪先生读作alaǰu)。

1.《上师赞》残片。

土耳其学者 M. Ölmez 曾刊布一件柏林藏回鹘文密宗文献残片并把它定名为 bahši ögdisi，可译作“师赞”或“上师赞”(以下简称吐鲁番本《上师赞》)。敦煌北区石窟出土的编号为 B464:73 的回鹘文文献残片（图 20~21)是该文献的另一种,其内容和结构跟吐鲁番本《上师赞》的最后一部分大致相同。然而,敦煌残片在两个方面明显不同于吐鲁番残片:一是敦煌残片加写汉字,二是敦煌残片有不见于吐鲁番本的跋文。此外,敦煌残片的第 1、2 行左边补写右边的行没能写进的词语。敦煌残片的前 8 行相当于吐鲁番本 74~83 行的内容，但敦煌残片对应于吐鲁番 1~73 行的部分残缺。

晚期回鹘文文献当中加写汉字者并不少，这些汉字有的按回鹘汉音发音,而有的却读作回鹘语。庄垣内正弘先生曾多次对这个问题作过详细的论述。关于加写汉字的回鹘语读法的观点,学者们通常把以下两点作为支撑:

第一,汉字所代表的回鹘语词跟附件成分遵循元音和谐规律。也就是

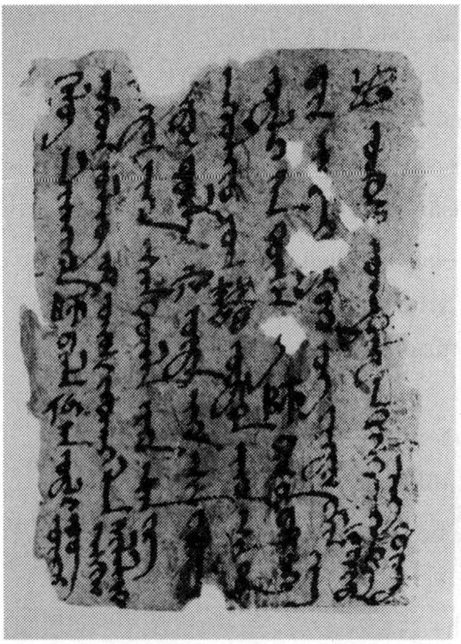

图 20　B464:73(正)　回鹘文残片

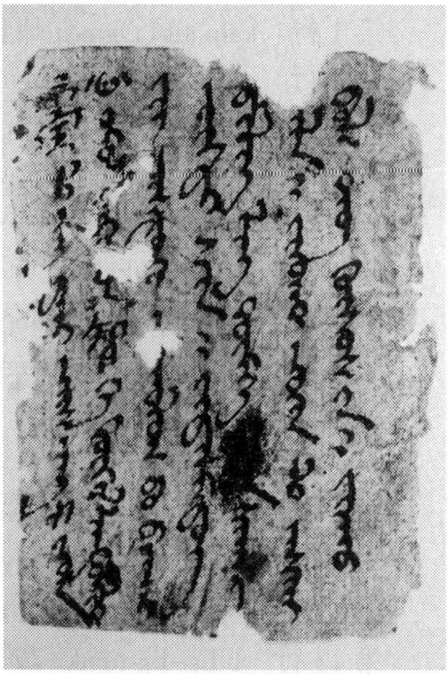

图 21　B464:73(背)　回鹘文残片

说汉字之后的附加成分往往跟其前面出现的汉字所代表的回鹘语词语在舌位前后方面相互和谐。而元音和谐是包括突厥语言在内的阿尔泰语系语言的重要语音规律之一。

第二,头韵诗最初出现的汉字的回鹘语读法跟下一行开头的回鹘语词押韵。若不按回鹘语读,押韵就无法成立。

很显然,无论是元音和谐或头韵都以加写汉字的回鹘语读法为基础,否则在加写汉字的回鹘语文献里这两个现象都无法成立。当然,加写汉字的回鹘语读法问题不仅存在于语词平面,而且还存在于短语和句子平面。敦煌残片《上师赞》为加写汉字的回鹘语读法说提供新的、有力的证据,而这类证据之前还没有过。就像我们在下面将看到的那样,敦煌残片的汉字在吐鲁番本里都有相应的回鹘语词。例如,敦煌残片的汉字“师”和“佛”在吐鲁番本里分别为 bahšı“师”和 burhan“佛”。此外,吐鲁番本的 altı“六”、alku“一切”等词也是敦煌残片出现的汉字“六”、“诸”等的对等词。这说明,敦煌残片加写的汉字的确是按回鹘语读的。下面是敦煌残片 B464: 73 的转写和汉译。黑体字为跟吐鲁番本有出入的成分。

正面:

第 1 行　kalp alk(ı)gınča 师 birlä 仏 -ka uṭlı öṭünüp
第 2 行　nomug ulap nom uguš-ıntakı-larka asıg kılalım
第 3 行　kündüz enč äsän tünlä enč äsän-ig
第 4 行　[kü]ndüz tünlä 六 üdtä enč äsän-**ig**
第 5 行　ančulayu ok 诸 üdtä enč äsän-**ig**
第 6 行　uṭlı-**ka** tükäl-lig 师 berz-ün biz-ingä
第 7 行　biz-ning k[ert]günč-lüg yıldız-ımız-nıng① küčindä
第 8 行　法 uguš-nung tıltag-tın turulm-a-nıng küčindä

背面:

第 9 行　三宝 -lär-ning darni arvıš-nıng 力 -intä
第 10 行　心-imiz-täki-čä 智-kä tükäl-lig bolalım
第 11 行　yeg üsṭünki a[ya]guluk bo bahšï
第 12 行　ögdi-sin : yeṭilmädük
第 13 行　bilig-lig tümkä ///② svah-a-
第 14 行　lıg : yintäm aḍın-l(a)r asıg

①yıldız “根”一词中的 l 缺一个钩。

②该部分在图片上看不清楚,也许原件此处有破损。不知此处有汉文或回鹘文,若是回鹘文似乎读作 “d”。

第 15 行　bulz(-un) tep küsüš-in : yırayu

译文:直到劫尽,让我们跟师一同为佛求本、传经,并为法界众生谋利! 让上师本尊给我们日安、夜安、昼夜六时恒吉祥、诸时恒吉祥! 以我们信根的力量,以法界缘起之力……

让我们以三宝〔真谛〕密咒之力随心所欲充满智慧! 这一应受尊敬的上师的赞美(诗)由〔我〕这不成熟的、愚蠢的……友好的……仅以“让别人得利吧!”(这么一个)愿望,分割成……

注释:

第 4 行　六 üd / altı üd　意为“六时”,作为整个句子的对等语在《瑜伽集要焰口施食仪》(见《大正藏》第二十一卷,No.1320)有“昼夜六时恒吉祥”。

第 7 行　k[ert]günč-lüg yıldız 此处直译为“信根”,但在《瑜伽集要焰口施食仪》中在同样的环境却有“善根”。很可能 k[ert]günč-lüg yıldız 是“善根”另一种对等语。

第 8 行　法 ugušnung tıltagtın turulma 通常用来翻译佛教术语“法界缘起”。在《瑜伽集要焰口施食仪》中,在同样的环境却有“缘起法性”。估计此文的法 ugušnung tıltagtın turulmanıng küčindä 译的是《瑜伽集要焰口施食仪》的“缘起法性力”。turulma “起”一词在吐鲁番本里以 turugma 的形式出现。在笔者来看,吐鲁番本的 turugma 只不过是由于 l 缺一个钩造成的书写差别,若不是,它应是“起”的另一对等语。

第 13~14 行　svahalıg “莎婆诃的”, 也出现在 Zieme 1985①,11: tört ygrmi suvax-a-lïγ tarń[i] “带十四莎婆诃的”。此处该词很可能有“友好”“好”等意义。

笔者认为,这一敦煌残片译自汉文,至少其后一部分是根据汉文《瑜伽集要焰口施食仪》的有关部分(确切相当于《大正藏》第二十一卷,No. 1320,482c22- 483a06 之间的内容)编译的。敦煌本加写的汉字也是从《瑜伽集要焰口施食仪》或类似汉文文献抽出来的。

下面为吐鲁番本《上师赞》跟敦煌残片的对应部分。黑体字为相当于敦煌残片加写汉字的回鹘语词语(取自Ölmez 1998②,行,引用时对 Ölmez

①Peter Zieme. Buddhistische Stabreimdichtungen der Uiguren. *Berliner Turfantexte XIII*, Berlin.Akademie Verlag,1985, p. 22.

②Mehmet Ölmez.Tibet Buddizimine ait Eski Uygurca Bahşı Ögdisi. In:Jens Peter Laut / Mehmet Ölmez(eds.) *Bahşı Ögdisi–Festschrift für Klaus Röhrborn anläßlich seines 60. Geburstags*. Freiburg–Istanbul: Simug, 1998, p. 261–293.

文的转写略作调整):

第74行 kalp alkıgınča **bahšı** birlä **burhan**ka uṭlı öṭünüp

第75行 nomug ulap nom ugušındakılarka asıg kılalım

第76行 küntüz enč äsän tünlä enč äsän

第77行 küntüz tünlä **altı** üdtä enč äsän

第78行 ančulayu ok **alku** üdtä enč äsän

第79行 uṭlı tükällig **bahšı** berzün bizingä

第80行 bizning kertgünčlüg yılṭıẓımıznıng küčintä

第81行 **nom** ugušnung tıltagtın turulmanıng küčintä

第82行 **üč ärdini**lärning darni arvišnıng küčintä

第83行 köngülimiztäkičä biligkä tükällig bolalım ::

吐鲁番本的以上部分跟敦煌残片的相关部分基本相同，连各行的安排也完全一致。但吐鲁番本结尾的 bahšı ögdisi tükädi sādhu saḍu “《上师赞》完，善哉！善哉”这一句不见于敦煌残片。此外，在第 6 行 uṭlı “本”一词之后，敦煌残片有向格附加成分-ka，第 3~5 行里出现 3 次的复合词 enč äsän “安康”在吐鲁番本不带宾格附加成分，而敦煌残片在三处都有宾格附加成分。这两个本子的关系如何？哪个本子出现时间早？这些很难确定。可能是吐鲁番本比较适合于不熟悉汉字的回鹘语读法的佛教徒，而敦煌本则只能由汉文掌握程度较高而且熟悉汉字的回鹘语读法的佛教徒。我们推测，最初回鹘佛僧把该文根据一个汉文本以敦煌残片的形式译成回鹘语。后来，又有人根据跟敦煌残片相同或相似的一个回鹘语抄本进一步编辑成吐鲁番本。假若是这样，那么我们并不清楚吐鲁番本为什么缺乏敦煌残片存在的一些附加成分，更何况缺了这些附加成分的句子显得并不通顺。因此，很有可能是吐鲁番本出现时间比敦煌本早，后来熟悉汉字回鹘语读法的佛僧又把该文通过用汉字替换一些回鹘语词的方法来编辑成敦煌残片的形式。在编辑过程中，敦煌本的制作者又对该文进行了文法上的修改。当然，我们也可以推测这两个抄本毫无关系，但这样我们很难说明这两个抄本为何采用同样的语汇、句法和排行方式。

2."五大"之描写。

"五大"(梵文 pañca mahābhūtāni)或"五行"是中国、印度等地的一种基本物质观,在中国人和印度人的传统哲学、医学和星占学中起过非常重要的作用。尽管所有佛教宗派承认构成"五大"的前四个元素,即地、水、火、风,但根据中国传统,五大指的是木、火、土、金、水,而根据印度的传统,五大是指土(prthivī, paṭhavī)、水(ap, āpo)、火(tejas, tejo)、气(vāyo)和空(ākāśa)。藏传佛教把中国和印度关于"五大"的传统观念结合在一起,形成自己的系统并广泛用于星占学和医学。可是不管是那一传统,它们都把"五大"的每一元素跟一定的颜色、方位、天干、气味、季节、气候和人体联系在一起。当然,各个传统对于"五大"的特定元素跟颜色、气味等的联系方式不完全相同。此外,在有些佛教文献还有"六大"之说,即地大、水大、火大、风大、空大和识大(见《大正藏》75 卷 2511《真言宗即身成佛义章》)。敦煌新出残片 B464:61 的内容牵涉"五大"的描写。有趣的是,"五大"在这个残片里指地大、水大、火大、风大和空大。总的来讲,该残片对"五大"的描写跟著名的回鹘语《死亡书》基本一致,但也有一些差别。如该残片描写空大为绿色,而《死亡书》则把空大描写成黑色。许多汉文文献包含跟这个北区石窟出土回鹘文残片部分相同的内容,如《真言名目》(见《大正藏》No. 2449)、《宗镜录》(见《大正藏》No. 2016, 790a 20–29)等。但目前为止笔者未能确定跟回鹘文残片内容完全相同的汉文文献。下面为敦煌北区石窟出土回鹘文残片 B464:61(图 22)的转写、汉文译文和一些简单的语文学注释:

第 1 行　amtı yer m(a)habut-nı]*ng* öngi ärsär sarıg ol : suv
第 2 行　m(a)habut yürüng ol: oot m(a)habut kızıl önglüg ol ::
第 3 行　yeel m(a)habut yašıl önglüg ol :: kök kalıg m(a)habut
第 4 行　kök tütün önglüg ol ::
第 5 行　amtı ädgü süčig tatıg-lıg aš-lar-[n]ı kim yesä[r]
第 6 行　[ät]öz (?) küčlänür suv m(a)habut-nıng küči ol ::
第 7 行　yana ätöz ädgü küčlänsär oot m(a)habbut-nıng küči ol ::
第 8 行　[yan]a ädgü ayıg yıd-larıg almak yeel m(a)habut-nıng küči ol :[:]
第 9 行　yana ätöz körklüg mängiz-lig bolmak yer m(a)habut-nıng kü

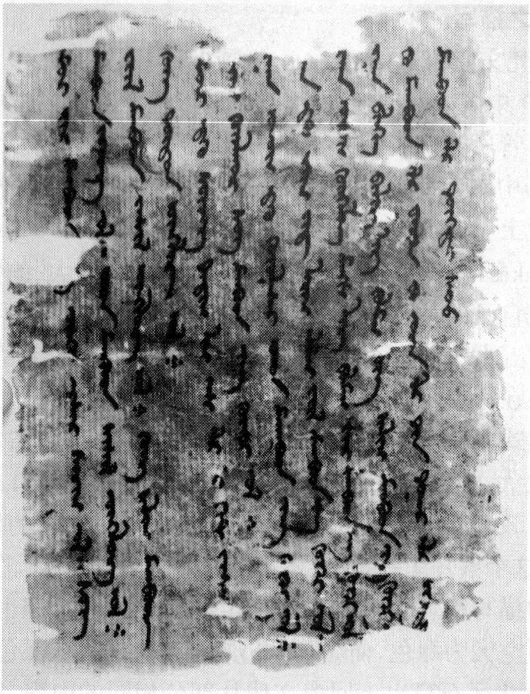

图 22　第 464:61　回鹘文残片

ci ọl [::]

第 10 行　yana bilgä bilig-lig bolmak [k]ök kalıg m(a)habut-nıng kü či [o]*l*[:]

第 11 行　bo m (a)habut-lar barča bo orun-lar-tın tugar-lar [ ] yerdä[ki]

第 12 行　m(a)habut-lar tükädi saḍu

译文:这个(直译为:现在),地大的颜色为黄,水大为白色,火大为赤色,风大为绿色,而空大为青烟色。这个(直译为:现在),若(有人)吃美食,身体会强壮,这是水大之力量。如果身体变得好强,那是火大之力量。又,驱香臭等味道为风大之力量。身体成为美丽是地大之力量。这些元素都从这些地方生。地上的各大完了。善哉。

注释:

第 4 行 kök tüṭün önglüg 意为“青烟色”,相当于汉文文献的“青色”,

如《真言名目》有“空大字青色”。根据印度的传统，空大的颜色为白，但在回鹘文《死亡书》描写空大为黑色(qara önglüg）。把 tüṭün “烟”跟 kök “青”以 kök tüṭün 的形式一起使用不见于其他回鹘文文献。也许作为该文献原典的汉文或藏文文献有类似“青烟”的词语。

第 7 行ädgü küčlän- 可直译为“好变强”，其中动词 küčlän- “变强”的写法有点特别，很像是 kürlän-“好响”“好鸣”。此处把ädgü küčlän-暂译作“变得好强”。该短语此处到底指的是什么暂无法确定。

3.《大乘无量寿宗要经》的两个残片。

《大乘无量寿宗要经》或《大乘无量寿经》是在晚期回鹘文文献当中流行最广泛的密宗文献之一。除了 200 百多件印本残片外，该文献也有一些抄本残片，藏在柏林吐鲁番收藏品中。《大乘无量寿经》的回鹘文印本残片见于柏林、伦敦、圣彼得堡、京都、吐鲁番等地收藏的回鹘文文献当中。关于 2000 年以前该经回鹘文残片的研究情况，笔者曾有较详细的介绍。笔者也曾以圣彼得堡所藏残片为主对该经残片做过整理研究，其成果收录在笔者的博士学位论文《俄罗斯所藏晚期回鹘文文献研究》中。《柏林所藏回鹘文印本》的第一卷和第三卷对柏林所藏该经100 多件印本残片进行了内容确定和详细描写。

在北区石窟发现文献当中有 7 件该经残片。其中带有咒文的 4 件(B137:2、B138:10、B160:6 和 B160:12)由张铁山先生确定其内容并研究刊布 。最近笔者确定编号为第 464:142 的印本残片也出自该经的回鹘文译本。需要指出的是，张铁山先生把第 464:142 定名为《圣无量寿经》，疑是沿用伯孜克里克出土同类残片的定名。跟伯孜克里克出土印本残片一样，北区石窟残片第 464:142 也出现回鹘语经名 tözün ülgülänčsiz öz yaš atl(ı)g kölüngü sudur。该名称被刊布伯孜克里克残片的学者们译作《圣无量寿经》，但没有指明具体指哪一经。现在我们知道，回鹘文经名译的是梵文经名 Ārya- aparamitāyur-jñāna-nāma-mahāyāna-sūtra，汉文经名《大乘无量寿宗要经》，但把Ārya“圣”省略未译。

编号为 B157:12 的北区石窟出土残片也出自该经的回鹘本译本，而且跟 B464:142 印自同一个印版，故可以缀合。这两个残片译的都是经名和范文本开头的 oṃ namaḥ sarva-buddha-bodisatvebhyaḥ // (o) evaṃ mayā śrutam ekasmin samaye bhagavān。此句在汉文本里简单地译作“如是我闻,一时薄伽梵”。下面为这两个残片(第 464:142、B157:12)的转写和汉文译文(黑体字部分取自 B157:12)。

第 1 行　uygur til-in-čä ävirsär töz-ün

第 2 行　ülgülänčsiz öz yaš atl(ı)g ulug kölüngü

第 3 行　sudur : alku burhan-lar bodis(a)t(a)v-lar kut-

第 4 行　**lar**-ınga yükünürm(ä)n : ančulayu ärür mäning

第 5 行　**äši**dmiš-im : **bir üdün aṭı kötrül**mi?

译文:译成回鹘语(为)叫作圣无量寿的大乘经。我膜拜一切佛(和)菩萨之福。我所听到的是这样的:一时世尊……

张铁山先生确定为《佛说大乘圣无量寿决定光明王如来陀罗尼经》的北区石窟出土印本残片 B172:3 也属于《大乘无量寿宗要经》。由于这一残片的第一、第二页保存一段在该经的其他回鹘文残片当中缺少的内容,在整理、研究该经方面有重要价值。相当于这一残片第三页的印本残片也保存在其他收藏品中,如柏林残片 U 4644 (T I D)是其中保存状态较完整的一件。北区石窟残片 B172:3 的内容相当于梵文校勘本的 31a 和 31b 的开头部分和该经《大正藏》版本的 No 936: 82a 6-11。

上面也曾提到,张铁山先生把这一残片定为《佛说大乘圣无量寿决定光明王如来陀罗尼经》。虽然《佛说大乘圣无量寿决定光明王如来陀罗尼经》(《大正藏》No. 937)跟《大乘无量寿经》(《大正藏》No. 936)一样,也译自梵文Ārya- aparamitāyur-jñāna-nāma-mahāyāna-sūtra,但前者是一种节译本,其翻译时间也比较晚,由宋代由法天(? —1001 年)翻译。它跟曾经活跃于唐代敦煌的藏人译经僧法成的汉译本《大乘无量寿经》在结构、内容、用词等方面大有不同。的确我们可以把回鹘语经名中的 ülgülänčsiz öz-lüg yaš-lıg bilgä biliglig artukrak otkurak y(a)ruk-lar eligi(见敦煌残片 2~4 行)看做是汉文“圣无量寿决定光明王”的对等语。可是回鹘文残片的内容跟带有“圣无量寿决定光明王”这一名称的汉译本《佛说大乘圣无量寿决定光明王如来陀罗尼经》却有很大出入。当然,汉译本《大乘无量寿宗要经》的内容跟回鹘文本十分相近,可是有很多证据表明该经的回鹘文本不是从汉文而是从梵文或藏文译成回鹘语的。支持这一观点最简单但最有力的一个证据之一是该残片第 14、15 行的 nomlug käzig, 它是梵文 dharma-paryāya 一对一的回鹘语翻译,跟汉文的对应词“经”有明显的区

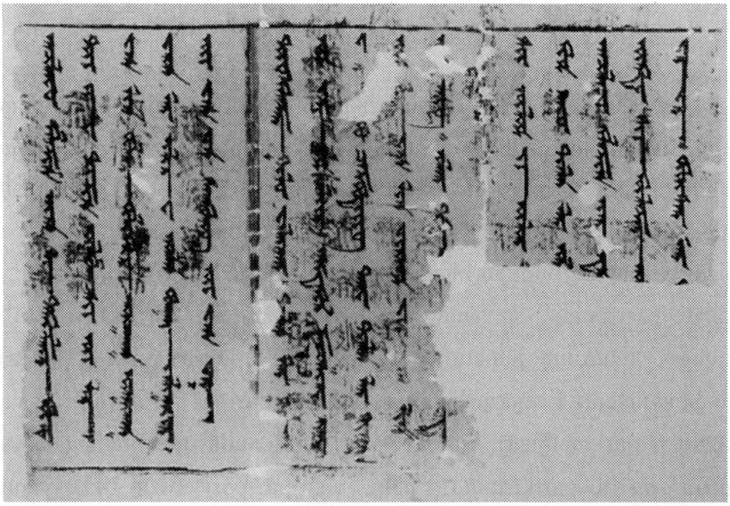

图 23　B172:3　回鹘文残片

别。该残片出现的经名也是梵文经名的回鹘语翻译。下面为B172: 3(图23)这一回鹘文残片的转写以及与其对应的梵文和汉文段落(黑体字部分取自柏林残片 U 4644)。

第 1 行　ančulayu kälmiš ayag-ka tägimlig köni

第 2 行　töz-üni tuymıš ülgüläñčsiz öz-lüg

第 3 行　yaš-lıg bilgä biliglig artukrak otgurak

第 4 行　y(a)ruklar eligi atl(ı)g burhan y(a)rlıkayur

第 5 行　öz yaš-ıg särgürüp öz yaš-ıg

第 6 行　tüpgärmäk kılu y(a)rlıkar : t[ı]nl(ı)g-lar-ka

第 7 行　nom ymä nom-layur : äšidgil mančušri urı

第 8 行　y-a bo čambodivip-takı tınl(ı)glar kuvrag

第 9 行　özlüg yaš-lıg yintäm yüz yašlıg①

第 10 行　/[ ] ärip : olar-ta[ ] üd-

第 11 行　süz ölüm-in ölür-*l*[**är mančušri-y-a**]

第 12 行　kim kayu tınl(ı)g-lar ol [**amita ayuše**]

第 13 行　ol ančulayu kälmiš-ning ädg[**ü-sin**② **adruk-ın**]

第 14 行　ögdi-sin③ külämäk at[**l(ı)g bo nom-lug käz-**]

第 15 行　-ig-ig : bitisär-lär **b**[**ititsärlär at**]

①张铁山先生读作 yaštın.

②张铁山先生把其中的 ädgü "好、善"读作 atkü 并译为"名声"。

③张铁山先生读作 ögdi-siz,同时把破损部分还原成''t[... ög(mäk),并用 bit-来补缺。

对应的梵文段落:

asti ma (31a) ñjuśrīr upariṣṭhād-diśy aparimita-guna-saṃcayā nāma loka-dhātus tatrāparimitāyur-jñāna-suniścita -tejo nāma tathāgato'rhan samyak-saṃbuddho[vidyā-caraṇa-saṃpannaḥ sugato lokavid anuttaraḥ puruṣa-damya-sārathiḥ śāstā devānāṃ ca manuṣyāṇāṃ ca buddho bhagavān]etarhi tiṣṭhati[dhriyate yāpayati](ājāti-paryantaṃ) satvānāṃ ca dharmaṃ deśayati śṛṇu mañjuśrīḥ kumāra-bhūta ime jambudvīpakā manuṣyā alpāyuṣo varṣa-śatāyuṣaś ca bhaviṣyanti | teṣāṃ bahūny akāla-maraṇāni nirdiṣṭāni ye ca khalu punar mañjuśrīḥ ṣatvā apari (31b)mitāyuṣas tathāgatasya guṇa-varṇa-parikīrttanaṃ nāma dharma-paryyāyaṃ likhiṣyanti likhāpayiṣyanti nāmadheya-mātram api śroṣyanti [dhārayiṛyanti vācayiṣyanti] yāvat pustaka-gatam api kṛtvā gṛhe dhārayiṛyanti | ...

对应的汉文段落(引自《大正藏》No. 936: 82a 6-11,笔者使用的是CBETA电子版,下同)。

彼土有佛。号无量智决定王如来。阿耨多罗三藐三菩提现为众生开示说法。曼殊谛听。南门浮提人皆短寿。大限百年。于中夭枉横死者众。曼殊如是无量寿如来功德名称法要。若有众生得闻名号。若自书。或使人书能为经卷受持读诵于舍宅所住之处。

笔者推测,北区石窟回鹘文印本残片B165:5很有可能也属于《大乘无量寿宗要经》,但由于该残片破损十分严重,很难证明这一推测。

4.《佛说天地八阳神咒经》残片。

只存5行的小残片B157:14(图24)出自疑伪经《佛说天地八阳神咒经》(《大正藏》No. 428)的回鹘文译本。其内容相当于《吐鲁番突厥语文献·第六卷》由班格(W.Bang)、冯佳班(A. von Gabain)、阿拉提(G.R. Rachmati)等学者所刊的该经刊布本的438a~441行。张铁山先生在《敦煌

图 24　B157:14　回鹘文残片

莫高窟北区石窟·第三卷》发表该残片的转写和汉文译文,但他当时没能确定该残片到底属于哪一佛经。下面是该残片(B157:14)经笔者改进的转写和汉文译文:

第 1 行　[　　　bo bit]igig bir küen[①] bitidsär

第 2 行　[üč agılık kamag nom bitig] tükäl bir bitidmiš bolur:

第 3 行　[ädgü kılınči ko]lusuz ärüš üküš

第 4 行　[tetir takı ymä] alkınčsız ätöz bodis(a)t(a)v

第 5 行　[kayu tınl(ı)g köni nom–]ka k[er]*tg*ünč–i yok ärip

译文:若使人书写该经之一卷,这等于是使人完整书写[《三藏一切经》](即《大藏经》)。其[善行]不可量,[是]众多。[又],无边身菩萨,若有众生不信正法……

该回鹘文残片的内容相当于汉文《八阳经》的以下部分:(引自《大正藏》No. 2987,1425a10–14)。

①张铁山先生把 bir küen"一卷"读作 bir kün 并译成"一天"。此外,他把 ärüš"许多"读作 arug"劳累",把 kertgünči yok ärip"无信""不信"读作 küč yoq ärip"没有力量"。

若书写一卷。如书写一切经一部。其功德不可称。不可量。等空无有边际。如斯人等。即成就圣道。复次无边身菩萨摩诃萨。若有众生。不信正法。

跟《吐鲁番突厥语文献·第六卷》所刊该经译文相比,北区石窟残片有一些不同的地方。如北区石窟有 bitidsär "叫人书写",而《吐鲁番突厥语文献·第六卷》与其对应的形式为 bitisär "若书写";北区石窟残片 t ü käl "完全""全部",而《吐鲁番突厥语文献·第六卷》的对应部分有 t ü käti "完全地";北区石窟残片有 alkınčsız ätöz bodis(a)t(a)v "无尽身菩萨",而《吐鲁番突厥语文献·第六卷》的对应部分则有 ü lg ü s ü z ätöz bodis (a)t(a)v "不可量身菩萨",但两者译的是汉文的"无边身菩萨"。

5.《佛顶心大陀罗尼》。

在敦煌北区石窟出土回鹘文残片当中有 3 件属于疑伪经《佛顶心大陀罗尼》的回鹘文抄本残片①。柏林收藏品中存有该经的回鹘文译本残片多件,其中有抄本,也有印本,均由卡拉(G. Kara)、茨默两位学者研究发表。北区石窟出土 3 件残片均为抄本,贝叶体,在形式和用词方面明显区别于柏林抄本,北区石窟抄本有跟柏林残片不同的词和形态词尾,其排行也明显区别于柏林抄本,该经的北区石窟残片应出自另外一个抄本。

在北区石窟出土 3 件残片当中, B159:29 相当于柏林本 203~208 行之间的内容, 但它保存了一些柏林本残缺的内容。B159:28 的正面和 B159:39 相当于柏林本 339~347 行之间的内容。B159:28 的最后一行和 B159:39 的第 1行在内容上完全一致。这说明,北区石窟出土 3 个残片其实并不属于同一抄本。柏林本缺乏相当于 B159:28 背面的部分。这一部分主要讲述书写、保管、携带该经的功德。

张铁山先生曾发表 B159:29 和 B159:39 的转写与汉文译文, 但他的转写和翻译是在没有确定其内容的情况下进行的。下面为北区石窟出土《佛顶心大陀罗尼》残片的转写和汉文译文。排在右边的是柏林本的相关部分。引文保留原有行数。北区石窟残片转写中所见黑体字为柏林本残缺部分或跟柏林本不同的内容。

(1)B159:29(彩版四):

①至少《佛顶心观世音菩萨大陀罗尼经》(P.3236) 和《佛顶心观世音菩萨就难神验经》(P.3916) 这两件敦煌文献的内容跟《佛顶心大陀罗尼》相同。《佛顶心观世音菩萨大陀罗尼经》有很多印本,但大多于 17 世纪制作。《佛顶心观世音菩萨就难神验经》实际上是《佛顶心观世音菩萨大陀罗尼经·卷三》的单行本。

第1行 [ ]/'

第2行 [bir iki k]**ün ärtmätin**

第3行 [ ] alkınur-lar[①] **ärti:** 第204行 alqïnur-l[ar] ötrü [o]l [ ]

第4行 [ötr]ü ol **üdün**

第5行 [töz-ün **körgä**]**li** **ärklig**

第6行 [kon-š]*i*-im bodis(a)t(a)v[②] bir **v(a)čr** 第205行 quanši im bodistv bir yürü[ng ton]

第7行 [yürü]*ng* ton-lug bayagut körkin 第206行 -luγ bayaγut blgürtüp [ulu]γ

第8行 [kör]*kin* bälgürtüp ulug

第9行 [y(a)rlıkan]čučı köngül öritip 第207行 yrlïqančučï köngül öritip

第10行 [kapıg sa]yu käz-ä **yorıp** 第208行 [qapïγ] sayu käz-ä yorïyu

第11行 [äs]*ri*-**ngü-ni**(?) [**ä**]*ml*[**ä**]**gü**

第12行 [**darn**]**i nom-ug** avant

第13行 [**kon-ši**]**-im** [bo]*di*[s(a)tav [ ]

第14行 [ ]/////[ ]

译文:……不过[一、二]日……死尽。此后那时,[圣者观]自在菩萨[观世]音化作一个金刚白衣长者之形③,起大[慈悲]心,逐门走访,……治疗……多种(疾病)的[陀罗尼]经……因……观世音菩萨……

(2)B159:28:

正面(彩版五):

页数:tört kırk[④]

第1行 [v(a)č]ir č(a)kir šakdi 第339行 qïlïnč včir šakdi

①张铁山先生把该词读作 alqïntï-lar 并译成“结束了”。此外,他把 v(a)čr “金刚”(< Skr. vajra, 第6行)读作 yar-(没有提供译文),把 tonlug “(穿)有……衣服的”(第7行)读作 tuz-luγ (?),把 käzä yorıp “走着”(第10行)读作 as kirä (?) yürip “行走”,把 avant “原因”(< Sogd. 'nβ'nt, 第12行)读作 art“增加”等。他把 kon ši-im “观世音”一词的最后一个音节读作 nom 并译为“佛经”。

②该词用红墨书写,故用下线标明,下同。

③回鹘语的 bayagut 通常意为“长者”,但此处相当于汉文本的“居士”。

④该页数意为“三十四”。

bintipal-　　　　　　　　　　　　　bintipal-lïγ bilik

第 2 行　[lıg] bilik-lär-in tuta　　第 440 行　-lärin tuta qayu ärmiš

　　　　　　　　　　　　　　　　　　　　　turmiš orun-lar

第 3 行　[kayu är]mi[š tur]mıš orun-lar-

第 4 行　ta yetärip küyü küz-ädü　第 441 行　-ta yitärip küyü küzädü

　　　　　　　　　　　　　　　　　　　　　tutar-lar: näng

第 5 行　tutar-lar : näng

第 6 行　ada tuda-lar adakṭur-　　第 442 行　ada tuda-lar adaqturmaz

　　　　　　　　　　　　　　　　　　　　　umuγsïratmaz:

第 7 行　[maz umu]gsıratmaz:　　第443行　trsikdürmäz

　　　　　　　　　　　　　　　　　　　　　tätrüldürmäz:

　　　　tärsikdürmäz　　　　　　　　　　　yänä ymä öngrä

背面(彩版六):

第 1 行　töz-ün-lär kız-ı : birök

第 2 行　bo üč küen nom-ug biti[sär-lär...

第 3 行　ödän ävintä är[sär] äsri

第 4 行　önglüg kab kılıp ičintä

第 5 行　birlä ursar　　az-u ä[t]öz-

第 6 行　intä kötürü yorıp

第 7 行　tapınsar [u]dı[nsar (?)...

译文:

正面:持金刚轮、矛槊①等武器随逐(他们)所在之处予以守护,不使他们受到任何危险、失去希望并感到迷惑②……

背面:若善女人书写这三卷(佛)经并存在中心屋(佛室)③,作彩色袋子④存在其中或带在身上供养……

(3)B159:39(图 25):

第 1 行　[　　]m'z : [　]

第 2 行　öngrä bir bäg ka[ču]　第 343 行　trsikdürmäz tätrüldürmäz:

　　　　　　　　　　　　　　　　　　　　　yänä ymä öngrä

①汉文本只有"剑轮"。

②汉文原文有"无难不除,无灾不救,无邪不断"。

③汉文原文有"佛室中"。

④汉文原文有"五色杂彩"。

图 25　B159:39　回鹘文残片

第 3 行	atl(ı)g balık-ta balık bäg-i	第 344 行	bir bäg qayçu çiu atlγ balïq-ta balïq
第 4 行	ärti : antag[①] ärip yana	第 345 行	bäg-i ärti : antaγ ärip yänä törü üz
第 5 行	törü **üz-güči** bäg-lär-	第 346 行	-ükčibäg-lärigaya γuluq tapï bolup yunglaq
第 6 行	ig ayaguluk tapı bolup		
第 7 行	yunglak-lıg bakır-ı ädi	第 347 行	-lıγ baqïr-ï ädi tavarï yitilmädin
第 8 行	t(a)var-ı yetilmädin:		

译文:以前有一官吏在怀州当县令。就这样,他又有敬上官之愿,但因他所需铜钱、财富不够……

跟柏林本相比，北区石窟残片 B159:39 在词汇方面的一个差别是北区石窟残片有 üzgüči“断者”一词,由动词 üz-“断、打断”缀接形动词词尾 -Xgči 构成。柏林本与此相对应的词为 üzükči,由动词üz-之后缀接形动词词尾 -(X)gčI 来构成。很显然,两者此处有同样的意义和功能。有趣的是，在汉文原文里跟包含这两个词的短语 törü üzgü i bäglär 或 törü

①笔者的转写跟张铁山先生的转写有较大的不同,这里不一一注明。

üzükçi bäglär 对应的词为“上官”,通常是“高官”的同义词,此处不指具体官衔。回鹘文译本的 törü üzgüči bäglär,可直译为“断法官”,却似乎指比较具体的官衔,即跟断案有关的官员。为何回鹘文译本此处采用这一短语来翻译“上官”并不清楚,但笔者推测,在回鹘文本的译者看来也许当时“上官”的主要任务为“断案”。

6.《梁朝傅大士颂“金刚经”》残片。

在莫高窟第 464 号窟出土回鹘文文献当中, 编号为第 464: 121 的残片为注释性偈颂《梁朝傅大士颂“金刚经”》(《大正藏》No. 2732)的回鹘文译本。该经的回鹘文残片众多,分别藏在柏林、巴黎、伦敦、京都、吐鲁番等地。一些柏林残片曾于 1971 年由哈再(G. Hazai)、茨默两位学者研究刊布。最近笔者对该经保存于各地的两个不同译本的一百多件残片进行重新整理,研究、刊布了这一文献的两个不同版本。

北区石窟出土该经残片从外表上看比较特殊,是用黑纸金字写成。据笔者所知,柏林所藏两个回鹘文残片 U3831(T III M 177) 和 U3832(T III 167. 415)在外形上跟这一残片相似。但这两个柏林残片属于《Āṭānāṭika 经》。北区石窟出土《梁朝傅大士颂“金刚经”》最先由张铁山先生描写、刊布在《敦煌莫高窟北区石窟·第三卷》,稍后他又把同类研究成果重新发表在《敦煌研究》上。后来,阿依达尔·米尔卡马力博士对该残片进行重新研究,发表了他的研究成果。

很显然,北区石窟出土《梁朝傅大士颂“金刚经”》残片跟这一经的其他残片不同,应出自至今未知的一个抄本。更重要的是,在该经其他抄本和印本当中没有与其相对应的部分,故十分珍贵。它应出自该经回鹘文译本的开头部分,即序的第一句。顺便需要提到的是,该残片不一定像张铁山先生所建议的那样是元代的产物,其抄写时间应比元代早。下面是北区石窟出土《梁朝傅大士颂“金刚经”》回鹘文残片(B 464: 121)的转写和汉译:

第 1 行 namo budaya [: na]m[o] da[rmaya : nama sanggaya :]
第 2 行 amtı munta lovudi atl(ı)g t[(a)vgač hanka]
第 3 行 fuu tayši atl(ı)g b(ä)lgürtmä ätözlüg kiši körk-
第 4 行 lüg maytre bodis(a)t(a)vnıng y[a]ngırtı takšurmıš
第 5 行 [nomlayu y(a)rlıkamıš] kimkoke nomnung bašlagın

译文：南无佛，[南]无法，[南无僧]！今在此(让我们来讲)①由名叫傅大士的人形弥勒菩萨化身重新做颂，为名叫梁武帝的［拓跋施皇帝所讲述］的"金刚经"之序。

7.《文殊师利所说不思议佛境界经》跋文。

印本残片 B140:5 为《文殊师利所说不思议佛境界经》②回鹘文译本的跋文。它首次告诉我们，《文殊师利所说不思议佛境界经》曾被译成回鹘文并以印本的形式得以流传。但该经的回鹘文译本还未发现。张铁山先生在《敦煌莫高窟北区石窟·第二卷》曾刊布这一跋文 2~4 行的内容，后来他又在一篇论文里发表了该残片全文的转写和汉文译文。由于张铁山先生把关键词之一的Čisön Tutung，即译者名读作čïsang tutung，该残片的重要性并未受到重视。下面为笔者重新研究该残片 B140: 5(图 26)的一些结果③。

图 26　B140:5　回鹘文残片

①括号内的部分是根据柏林残片 U 3348 背面第 1 行补充的。U 3348的背面的内容是北区石窟残片内容的连续。

②梵文名称为 Acintyabuddhaviśayanirdeśa，《善德天子会》(《大正藏》No. 340)是该经的另一汉文译文。

③本文的英文本发表后，笠井女士把这一残片的转写和译文收录在她的博士学位论文中并对其进行了进一步研究。

第 1 行 üd eniš-intä ü□lünçü nom-ta tugmıš törümiš[①] : ünüš-in
第 2 行 bilmädin už-ikin edärtäči : öṭmädük bošgut-lug örmädük[②]
第 3 行 biliglig üč lükčüng [ba]lık-lıg čisön tutung tavgač
第 4 行 til-intin türk til-inčä ikiläyü ävirmiš :: ary-a
第 5 行 mančušri bodis(a)t(a)v üz-ä [nom]la[tı]lmıš ačintay-a buda
第 6 行 višay-a tegmä sakıngalı[b]ö güngäli bolguluk-suz burhan-lar
第 7 行 -nıng adkangu uguš-ı atl(ı)g sudur nom bitig okıyu tükädi ::
第 8 行 namo bud: namo dram: namo sang :
第 9 行 sav-tın söz-tin öngi ketmiš bo nom-ug agdarmak-tın bululm [ıš]
第 10 行 [s] akıg-ka ohšatı buyan-larımın sakınmadın ävirür-m (ä)n [...]
第 11 行 [san]sar-takı barınča satva atl(ı)g bälgürtmä osug-lug-lar :
第 12 行 [sar]v-a-suv-ınta[③] köẓüngüči ay täg burhan bolz-un-lar ::

译文：由寂时和末法所生的、不知出口跟随文字的、学识不足、不显知识的 Üč Lükčüng 城人Čisön Tutung 从汉文译成突厥语的《文殊师利所说不思议佛境界经》读完了。南无佛，南无法，南无僧！我毫无保留地转让我因翻译此经所得之幻影般的、超越(所用)词语范围的功德。愿轮回中的所有被称为菩萨的化身就像反射在一切水中的月亮成为佛陀！

很明显，这是一首头韵体跋文，其前 4 行押 ü/ö 韵，第 5~8 行押 *a* 韵，而第 9~12 押 sa 韵。因此，该跋文可按诗歌形式重组。以下为笔者的初步重组结果：

üd enišintä üẓlünčü nomta tugmıš törümiš:
ünüšin bilmädin užikin edärtäči:

①张铁山先生把该词读作 törimiš。此外，张先生把 ünüš-in（第 1 行）“出口” 读作 oqušin，把 bilmädin “不知道”读作 bilmädik，把 edärtačı“跟随的”“跟随者”读作 ämdärdäči，把 öṭmädük（第 2 行）“不通的” 读作ötämädük，把ävirür-m(ä)n（第10 行）“我先给”“我转让”读作 arar(?) m////，把 [san]sar-takı “在轮回”读作//sar taqï 等。其余不一一列举。
②该词在张铁山先生的文中没有转写。
③张铁山先生读作 suw///。笠井女士虽根据茨默先生建议不用 saka“石”来补缺，但把该部分译成“(石清?)水”(Fels?-Wasser)。笔者认为，此处的内容跟佛教“水月”或“水中月”“一切水月”的概念有关，对应用语应是“一切水”，请参见《宗镜录》的“一月普贤一切水，一切水月一月摄，诸佛法身入我性，我性同共如来合”。

öṭmädük bošgutlug örmädük biliglig

üč lükčüng balıklıg čisön tutung tavgač tilintin türk tilinčä ikiläyü ävirmiš ::

aryamančušri bodis(a)t(a)v üzä [nom]la[tı]lmıš

ačintaya buda višaya tegmä sakıngalı [b]ögüngäli bolguluksuz burhanlarnıng

adkangu ugušı atl(ı)g sudur nom bitig okıyu tükädi ::

sav-tın söz-tin öngi ketmiš bo nom-ug agdarmak-tın bululm[ıš]

[s]akıg-ka ohšatı buyan-larımın sakınmadın ävirür-m(ä)n [...

[san]sar-takı barınča satva atl(ı)g bälgürtmä osug-lug-lar:

[sar]v-a-suv-ınta köẓüngüči ay täg burhan bolz-un-lar:

这一跋文传给我们的信息比较多。首先，跋文清楚地告诉我们 Üč Lükčüng Balık[①]人或 Üč Lükčüng 城人Čisön Tutung 曾把《文殊师利所说不思议佛境界经》从汉文译成回鹘文。笔者推测，译者Čisön Tutung 跟回鹘文禅宗文献《说心性经》的书写者为同一人。简单地说，Čisön Tutung 这一人名最初是作为回鹘文《说心性经》的书写者为学术界所知。根据下面要介绍的《说心性经》的跋文，他在大都(今北京)写《说心性经》，时间应为 14 世纪中期。

küskü yılın tokuzunč aynıng on yangıta

körtklä tangısuk taydu kedini gao lenhuata

köp yašamaklıg bodugın kök kalıgıg

küčäyü bädizägäli umunmıšın körgü üčün bitidim :: čisön tutung

译文：

鼠年九月初十

在大都西部的美丽、迷人的高莲花

用长生不老的颜色把虚空

极力装饰的愿望变成现实而写。Čisön Tutung。

可是阿拉提(R. Arat)和特肯(Ş. Tekin)把这一人名错误地读作Čisuya Tutung 。他名字的第二部分Tutung 无疑是在回鹘人人名当中常见的“都

①可译成“乌什柳城”或“三柳城”。

统”,是回鹘佛教高僧的官衔。从语音的角度来讲,他的名字的前一部分,即Čisön很有可能源于汉语的“智泉”、“智全”或“智宣”,但很难跟茨默先生建议的“智禅”联系在一起,因为在Čisön的第二个音节和“禅”的中古音之间建立一个语音对应是困难的。

耐人寻味的是,2009年9月笔者在艾尔米塔什博物馆于圣彼得堡郊外的一个仓库里看到一幅编号为BD 827 (IB)的壁画。壁画上画的主要是两个似回鹘出身的佛僧。壁画下面写有包括这些僧人的名字的简短题记。根据其中一个题记,这一壁画右边的僧人的名字叫Čisön Tutung,很可能是跟以上谈到的Čisön Tutung为同一人物。由于这幅画源于柏林收藏品,无疑是德国探险队从吐鲁番带走的①。

以前我们只知道Čisön Tutung曾活动在大都,却不知道他的出生地为Üč Lükčüng Balık。当然,Üč Lükčüng Balık这一地名也出现在其他回鹘文文献。有一个叫Sarıg Tutung的回鹘僧人于1350年抄写回鹘文《死亡书》中的第三本书《旃陀利六种禅定导入仪》(回鹘语名称为*čandalining altı dyannıng udızguluk yangı*)的地点也是Üč Lükčüng Balık。看来,Üč Lükčüng Balık曾是回鹘僧人的抄经活动比较频繁的地点之一。

8. 卜鲁罕时代所印印本跋文。

北区石窟出土的编号为第464:143的印本残片又是一件用头韵形式写成的回鹘语跋文。根据这一跋文,有人让别人把不知名佛经重新刻成印版并把它印成一千份分给众人,以此祝愿皇太后和元成宗铁穆耳的第二任皇后卜鲁罕(全名为伯岳吾·卜鲁罕,?—1307年)的应享富贵和功德加倍增长。此类内容在回鹘文跋文当中并不少见。有一个名叫Šaraki的回鹘人用头韵诗写成的《观音菩萨赞》的跋文部分以及《普贤行愿》《佛说北斗七星延名经》的跋文等也有同类内容。此外,在回鹘文跋文当中提到卜鲁罕的名字也不是头一次。据笔者所知,至少还有在阿拉提遗留回鹘文文献当中的一件残片和圣彼得堡所藏一件回鹘文文献残片也提到过卜鲁罕的名字。这些跋文的一个共同点是它们都是印本,而其中两件是运用头韵写成的。

北区石窟这一印本残片的刻印年代应为13世纪末期,不晚于14世纪的第一个十年。因为该残片暗示,它是在元成宗在位时期刻印。下面是

①这里谨向为在调查该仓库所藏壁画时,艾尔米塔什博物馆的Pavel Lurye博士和Nikolay Georgievič Pčelin博士所提供的热情帮助深表谢意。

北区石窟出土回鹘文残片第 464:143 的转写和汉文译文[①]。

第 1 行 yangırtı tamga-ka entürüp m[ing k]üen ya[ktu]rup

第 2 行 alku-ka ülätü y(a)rlıkamıš : bo buyan küč-intä

第 3 行 tüš-intä : adınčıg ıduk

第 4 行 kagan han-ım(ı)z-nıng ančula[y]u ok

第 5 行 tay-hiu-nıng buluhan h[atun-nı]ng:ašagu-luk

译文:让人把……重新刻成印版,印成一千份分赠给了所有的人。作为这一功德的力量和报应,愿特殊的、神圣的皇帝(Kagan Han)以及皇太后(和)卜鲁罕可[顿]的应享[之福]……

9. 一件发愿文残片。

北区石窟 B157 窟出土的编号为 B157:13 的回鹘文文献残片为发愿文,其开头部分残缺。从使用"圆顿""普觉妙道"等来看,该残片内容似乎反映敦煌回鹘佛教错综复杂的宗派背景。前者原是天台宗常用的术语,而后者则跟净土宗有关。跟一般回鹘语发愿文一样,该残片每一句的谓语动词均以第三人称愿望式形式出现,明显是相互押脚韵的。该文最初由张铁山先生研究、刊布。以下为笔者重新研究该残片(B157:13)(图 27)的初步结果。

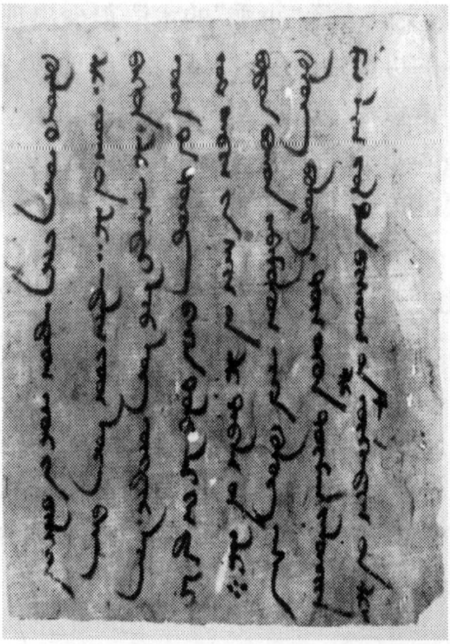

图 27 B157:13 回鹘文残片

①本文的英文本发表后不久,笠井女士也对该残片做过进一步研究。

第 1 行 kölüngü-nüng yeg adruk ärür-in bilẓün-

第 2 行 lär. ukz-un-lar : aṭlıg yüüz-lüg bäg

第 3 行 bägät-lär① u ẓa ṭı *leü-lüg* ögdir-lig

第 4 行 orun-ta turup barča tolu-lı käz-dä-li

第 5 行 nom kapıg-ın sävz-ün-lär taplaz-un-lar ::

第 6 行 bodun bokun abamulug enč-gülüg äsän-

第 7 行 gülüg bolup tüz-ügün tuymak yaltrıt-

第 8 行 mak-lıg yol-ta bıšrunz-un-lar ögräṭinz-ün-lär :

译文:愿他们知道、明白(大 / 一?)乘之出色!愿有名的官吏们待在有酬、有赏之地喜爱一切圆顿法门! 愿平民百姓得到永恒的安宁,在普觉妙道修炼、受教!

注释:

第 1 行 kölüngü 一词一般指“影子”,但在佛教文献意为“乘”,一般跟 ulug “大”、kičig “小”或 tayšing “大乘”、šavšing “小乘”等词一起使用,构成分别表示“大乘”“小乘”等概念的佛教术语。此处,因其前的修饰语残缺,无法断定是指哪一个。笔者推测,其前的修饰语可能是 ulug “大”,因为在晚期回鹘文佛教文献表示“小乘”的术语很少出现。但也很难否定“一乘”“二乘”“三乘”等的可能性。由于第 4 行还出现“圆顿”这一术语,是“一乘”的可能性不小。请参考“安顿一乘”这一术语。

第 3 行 leülüg ögdirlig 的第一个词的词根应来自汉语。从语音的角度来看,应源于效摄的萧韵,如“了”之类的字。从语义的角度来看,leülüg 的意义应跟后面的 ögdirlig“有赏的”“有回报的”相近,而“了”字没有这类意义,故不可取。此处暂时译作“有酬”“有赏的”。 张铁山先生把 leülüg ögdirlig orunta 译成“在赞扬之处”,疑是把 ögdir “赏”“回报”一词跟ögdi “赞扬”相混所致。

第 4 行 tolulı käzdäli 是佛教用语“圆顿”的回鹘语对应语,其中-lI 为连接由同义或反义成分构成的复合词的名词性附加成分。“圆顿”原是天台文献较常用的术语,故有把天台宗称作“圆顿宗”的场合。张铁山先生把 käzdäli 读作 až-unlï 并把 barča tolulï ažunlï 译成“一切世(过去、现在、未来)”。

第 7~8 行 tüz-ügün tuymak yaltrıtmaklıg yol 当中的 tüz-ügün tuy-

①张铁山先生读作 bägün-lär。

mak 是佛教术语“普觉”的回鹘语对应词，而 yaltrıtmaklıg 则意为“圆明”“说明”。虽然很难排除 tüz-ügün tuymak yaltrıtmaklıg 是“普觉圆明”之回鹘语对应词的可能性，但此处 tüz-ügün tuymak yaltrıtmaklıg yol 似对应于“普觉妙道”。此说曾于 12 世纪为复兴初祖慧远的净土宗而提出，至于“普觉圆明”请参见《六祖大师法宝坛经》《八十八祖道影传赞》等。此外，yaltrıtmaklıg 一词此处拼写成 y'ltrıy'n m'q lyq，应是拼写错误。张铁山先生从整个短语只读出附加成分 maklıg，也没提供译文。

第 8 行　bıšrun-ögräṭinz-是佛教用语“修习”的对应语，此处译作“修炼”“受教”。

三、词汇表

abamulug 永恒的
　I6
aḍın 其他
　a.-l(a)r A14
adınčıg 特殊的
　a. adruk H3
adkangu 竟
　a. uguši G7
adruk 特殊的，特别的
　adınčıg a. H3
　ädgü-sin a.-ın Cb13
　yeg a. I1
agdar- 翻译
　bo nom-ug a.-mak-tın G9
al- 拿
　a.-mak B8
alk(ı)- 尽，消失
　a.-gınča A1
alkınčsız 无尽
　D4
alku 一切，所有
　a. burhan-lar Ca3
　a. -ka H2
amita ayuše<Skr. amitāyus 无量寿
　Cb12
amtı 现在，现
　B1, B5, F2
ančulayu 那样
　a. ärür Ca4
　a. kälmiš Cb1
　a. käl-miš-ning Cb13
　a. ok A5, H4
arvıš 咒
　a.-nıng A9
artukrak 更
　a. otgurak Cb3
arya < Skr. ārya 圣

a.mançušri bodis(a)t(a)vG4–5
as- 增长
a.–guluk H5
asıg 利益
a. kılalım A2
a. bulz(–un) A14–15
aš 食品
a.–lar–[n]ı B5
aṭ 名字,名声
a.–ı kötrülmiš Ca5
a. tänginčäsin Cb15
atl(ı)g 叫做
Ca2, Cb4, Cb14, F2,3, G7,11
aṭlıg 有名的
a. yüüz–lüg I2
avant < Sogd. 'nβ'nt 原因
Ea12
ay 月亮
köẓüngüči a. täg G12
ayag 尊重
a.–ka tägimlig Cb1
a[ya]guluk 值得尊敬的
A11
ayıg 坏,不好的
B8
ädgü 好,好的
ä. ayıg B8
ä. kürlänür B7
ä.–sin adruk–ın Cb13
ä. süčig taṭıglıg B5
är- 是(系词)
ä.–ip Cb10, D5
ä.–sär B1
ä.–ti Ea3
ä.–ür Ca4
ä.–ürin I1
ärklig 自在,有势
[körgä]li ä. Ea5
ärt- 经过
ä.–mätin Ea1–2
ärüš 许多
ä. üküš D3
äsän 健康
enč ä. A3
enč ä.–ig A3, A4, A5
äsängülüg 健康的
enčgülüg ä. I6–7
äsri 彩色的
ä. önglüg Eb3–4
äšid- 听
ä.–gil Cb7
ä.–miš–im Ca5
ätöz 身体
B6,7,9 D4
ätözlüg 有 ……身的
bälgürtmä ä. F3
ävir- 翻译
ä.–miš G4
ä.–sär Ca1
ä.–ür–m(ä)n G10
bahšı 师
A11

balıklıg ……城的

üč lükčüng b. G3

barča 一切

I4

b. b(a)r (?) B11

bašlag 开头，序

b.-ın F5

bäg 官

b. bägät-lär I3

bägät 官吏

bäg b.-lär I3

bälgürtmä 化身

b. ätözlüg F3

b. osug-lug-lar G11

ber- 给予

b.-zün A6

bil- 知道

b.-mädin G2

b.-ẓünlär ukz-un-lar I2

bilgä 智慧

b. bilig-lig B10, Cb3

biliglig 有智慧的

A13

bilgä b. B10, Cb3

örmädük b. G2-3

bir 一

D2

b. küen D1

b. üdün Ca5

birlä 一起

A1 师 b.

bıšrun- 修炼

b.-zun-lar ögrätinz-ün-lär I8

biti- 写

b.-sär-lär Cb15

bitid- 让人写

b.-miš D2

b.-sär D1

[*bit*]*ig* 经，信

b.-ig D1

nom b. G7

bizingä 对我们，给我们

A6

bizning 我们的

A7

bo 这个

A11, B11, Cb8, Cb14, H2, G9

bodis(*a*)*t*(*a*)*v* <Skr. bodhisattva 菩萨

D4

arya mančušri b. G4-5

b.-lar Ca3

b.-nıng F4

bodun 平民

b. bokun I6

bokun 百姓

bodun b. I6

bol- 成为

b.-alım A10

b.-mak B9, 10

b.-up I7

b.–ur D2

b.–z–un–lar G12

bolguluksuz 不能……的

[*b*]*ögün gäli b*. G6

bošgutlug 有学识的

ö□mädük b. G2

[*b*]*ögün–* 想(自动词)

sakıngalı b.–gäli G6

bul– 找到

b.–z(–un) A15

bulul– 被找到

b.–miš G9

buluhan Bulukhan 人名,卜鲁罕

b. h[atun–nı]ng H5

burhan 佛,佛陀

Cb4, G12

b.–lar Ca3

b.–lar–nıng G6–7

buyan < Skr. puṇya 功德

H2

b.–larımın G10

č ambodivip < Skr. Jambudvīpa 南瞻部洲

č.–takı Cb8

čisön tutung 人名

G3

darni < Skr. dhāraṇī 陀罗尼

d. arviš–nıng A9

edär– 跟随

a.–tačı G2

elig 王

y(a)ruk–lar e.–i Cb4

enč 安全

e. äsän A3

e. äsän–ig A3, A4, A5

enčgülüg 安全的

e. äsängülüg I6–7

eniš 降落

üd e.–intä G1

entür– 让人刻印

tamga–ka e.–üp H1

han 汗,皇帝

kagan h. H4

ikiläyü 又一次,第二次

G4

kagan 帝王

k. han H4

kalıg 虚空

kök k. m(a)habut B3

kök k. m(a)habut–nıng B10

kalp < Skr. kalpa 劫

A1

kapıg 门

nom k.–ın I5

kayu 何;连接词

Cb12

käl– to come

ančulayu k.–miš Cb1

ančulayu k.–miš–ning Cb13

käzdä 顿,一时

tolu–lı k.–li I4

käzig 次序

k.-ig Cb14-15

k[er]tgünč 信誉

k.-i D5

k[ert]günčlüg 有信誉的

A7

ket- 走掉

öngi k.-miš G9

kıl- 做

k.-alım A2

k.-u Cb6

kim 谁

Cb12

[k]imkoke < Chin. 金刚经

F5

kiši 人

k. körklüg F3-4

kızıl 红

k. önglüg B2

[ko]lusuz 无数

D3

*kök*₁ 空

k. kalıg m(a)habut B3

k. kalıg m(a)habut-nıng B10

*kök*₂ 青

k. tüțün önglüg B4

kölüngü 影子;乘

k.-nüng I1

ulug k. Ca2

köni 正宗的

k. töz-üni tuymıš Cb1-2

körklüg 姿态优美的

kiši k. F3-4

k. mängiz-lig B9

kötrül- 被提升

ațı k.-miš Ca5

kö̦zün- 显现,反射

k.-güči ay täg G12

kut 福

k.-[la]r-ınga Ca3-4

kuvrag 众,群众

Cb8

küč 力,力量

k.-i B6, 7, 8, 9, 10

k.-indä A7, A8

k.-intä H2

küčlän- 变强

k.-ür B6

külä- 赞美

k.-mäk Cb14

küen < Chin. 卷

D1, H1

kündüz 白天

A3, A4

kürlän- 叫喊

k.-är B7

küsüš 愿望

k.-in A15

leülüg 有酬的(?)

l. ögdirlig I3

lovudi < Chin. 梁武帝

F2

m(a)habut < Skr.māhābhuta 大

kök kalıg m. B3
kök kalıg m.-nıng B10
m.-lar B11,12
oot m. B2
oot m.-nıng B7
suv m. B1-2
suv m.-nıng B6
yeel m. B3
yeel m.-nıng B8
yer m.-nıng B1, 9
mančušri < Skr. mañjuśrī 文殊利
arya m. bodis(a)t(a)v G4-5
m. urı y-a Cb7-8
m. -y-a Cb11
maytri < Skr. Maitreya 弥勒
m. bodis(a)t(a)v-nzng F4
mäning 我的
Ca4
mängizlig 美丽的
körklüg m. B9
m[ing] 千
m. küen H1
munta 这里
F2
nom 法,经
Cb7
n. bitig G7
n. kapıg-ın I5
n.-nung F5
n.-ta G1
n.-ug agdarmak-tın G9
n.-ug ulap A2
n. uguš-ıntakı-larka A2
nomla- 说教,讲经
n.-yur Cb7
[*nom*]*la*[*tı*]*l-* 由……说教
n.-mıš G5
nomlug 法的
Cb14
ohšatı 象……一样
G10
ok 加强助词
ančulayu o. A5, H4
okı- 读,叫
o.-yu G7
ol 那;第三人称系词
Cb12, Cb13
kızıl önglüg o. B2
kök tüṭün önglüg o. B4
küči o. B6, 7, 9, 10
sarıg o. B1
yašil önglüg o. B3
yürüng o. B2
olar 他们,它们
o.-ta Cb10
orun 地方
o.-lar-tın B11
o.-ta I4
osuglug ……类
bälgürtmä o.-lar G11
otgurak save

artukrak o. Cb3

oot 火

o. m(a)habut B2

o. m(a)habut-nıng B7

ögdi 赞,赞许

ö.-sin A12, Cb14

ögdirlig 有赏的,有回报的

leü-lüg ö. I3

ögräṭin- 习得,受教

bıšrunz-un-lar ö.-z-ün-lär I8

öl- 死

ö.-ür-l[är] Cb11

ölüm death

ö.-in Cb11

öng 颜色

ö.-i B1

öngi 别的

ö. ketmiš G9

önglüg ……颜色的

kıṭıl ö. B2

kök tüṭün ö. B4

yašıl ö. B3

ör- 升起

ö.-mädük biliglig G2-3

öṭ- 通过

ö.-mädük G2

öṭün- 请求

ö.-üp A1

öz 灵魂,生命

ö. yaš Ca2

ö. yaš-ıg Cb5

özlüg 有命

ö. yaš-lıg Cb2-3, Cb9

saḍu < Skr. sādhu 善哉

B12

sakın- 想

s.-galı [bö]güngäli G6

s.-madın G10

[*san*]*sar* < Skr. saṃsāra 轮回

s.-takı G11

sarıg 黄

s. ol B1

sav 词,事情

s.-tın söz-tin G9

särgür- 忍;住

s.-üp Cb5

säv- 喜欢

s.-zün-lär taplaz-un-lar I5

söz 词

sav-tın s.-tin G9

sudur < Skr. sūtra 经

Ca3, G7

suv 水

s. m(a)habut B1-2

s. m(a)habut-nzng B7

süčig 甜的

ädgü s. taṭıglıg B5

svahalıg 莎婆诃的,友好的

A13-14

takšur- 编诗歌

t.-mıš F4

tamga 印版

türk 突厥
  t. til-inčä G4
tüš 果报
  t.-intä H3
tüṭün 烟
  kök t. önglüg B4
tüzügü 普遍
  t.-n I7
uguš 界;部落
  adkangu u.-ı G7
  u.-ıntakı-larka A2
  法 u.-nung A8
uk- 知道
  bilẓün-lär u.-z-un-lar I1-2
ulug 大
  u. kölüngü Ca2
urı 儿子
  mančušri u. Cb7
uṭlı 回报
  A1
  u.-ka tükäl-lig A6
uygur 回鹘
  u. til-inčä Ca1
uẓazı 经常
  I3
užik 字,文
  ü.-in G2
üč lükčüng 地名
  ü. balık-lıg G3
üd 时间
  ü. eniš-intä G1
  六 ü.-tä A4
  诸 ü.-tä A5
üdsüz 不时地
  Cb10-11
üdün 时间
  bir ü. Ca5
  ol ü. Ea4
üküš 许多
  ärüš ü. D3
ülä- 分给
  ü.-tü H2
ülgülänčsiz 不可量的
  Ca2, Cb2
ünüš 出口
  ü.-in G1
üsṭünki 最上之
  A11
üz- 打断
  ü.-güči Ec5
üzä 通过,以
  G5
üẓlünčü 终结
  ü. nom-ta G1
v(a)čr < Skr. vajra 金刚
  Ea6
vuu < Chin. 傅 Fu
  v. tayši F3
ya 叹词
  mančušri urı y. Cb7-8
  mančušri y. Cb11
ya[ktu]r- 使印刷

y.–up H1
yaltrıt– 照明,说明
y.–mak–lıg I7–8
yana 又,另外
B7, 8, 9, 10
y[a]ngırtı 重新
F4, H1
y(a)rlıka– 下令;表敬助动词
y.–mıš H2
y.–r Cb6
y.–yur Cb4
y(a)ruk 明,光明的
y.–lar eligi Cb4
yaš 寿,生命
öz y. Ca2
öz y.–ıg Cb5
yašıl 绿
y. önglüg B3
yašlıg 年老的
özlüg y. Cb2–3, Cb9
yüz y. Cb9
ye– 吃
y.–sär B5
yeg 最好的,上等的
y. adruk I1
y. üsṭünki A11
yeel 风
y. m(a)habut B3
y. m(a)habut–nıng B8
yer 地
y.–däki B11
y. m(a)habut–nıng B1, 9
yeṭil– 不成熟的
y.–mädük A12
yıd 味
y.–larıg B8
yıldız 根
y.–ımız–nıng A7
yıra– 分割
y.–yu A15
yintäm 仅,仅仅
A14, Cb9
ymä 又
Cb7, Cb15, H4
yok 无,没有
y. ärip D5
yol 道路
y.–ta I8
yorı– 走
y.–p Ea10
yükün– 跪拜
y.–ürm(ä)n Ca4
yürüng 白
y. ol B2
yüz 百
y. yašlıg Cb9
yüüzlüg 有面子的
aṭlıg y. I2

附记：本文是笔者于2006年在 *A Festschrift in Honour of Professor Masahiro Shōgaito's Retirement: Studies on Eurasian Languages*（《庄垣内正弘先生退任纪念论集：欧亚语言研究》）发表的论文“Uigurica from the Northern Grottoes of Dunhuang”（京都：《欧亚语言研究》刊行会，1~41）的汉文译文。在汉译过程当中，笔者在保留原文内容和风格的基础上，对该文进行了适当的修改。

附表：

张 2000	张铁山著《叙利亚文文书中回鹘文部分的转写和翻译》，载于《敦煌莫高窟北区石窟·第一卷》第391~392页，文物出版社，2000年。
张 2001	张铁山著《敦煌莫高窟北区石窟出土的回鹘文〈中阿含经〉残页研究》，载于《中央民族大学学报》，2001年第4期。
张 2001a	张铁山著《敦煌莫高窟北区B159窟出土回鹘文〈别译杂阿含经〉残页研究》，载于《民族语文》，2001年第6期。
张 2001b	张铁山著《莫高窟北区B53窟出土的回鹘文〈杂阿含经〉残页研究》，载于《敦煌研究》，2001年第2期。
张 2003	张铁山著《莫高窟北区B128窟出土回鹘文〈八十华严〉残页研究》，载于《中央民族大学学报》，2003年第4期。
张 2003a	张铁山著《敦煌莫高窟北区B159窟出土回鹘文〈别译杂阿含经〉残卷研究》，载于《民族语文》，2003年第1期。
张 2003b	张铁山著《敦煌莫高窟北区出土三件回鹘文文佛经残片研究》，载于《民族语文》，2003年第6期。
张 2004	张铁山著《敦煌莫高窟北区石窟出土回鹘文译释研究》，载于《敦煌莫高窟北区石窟·第二卷》第361~368页；载于《敦煌莫高窟北区石窟·第三卷》第383~396页。
张 2004a	张铁山著《莫高窟北区出土三件珍贵的回鹘文佛经残片译释研究》，载于《敦煌研究》，2004年第1期。
张 2008	张铁山著《莫高窟北区B128窟出土回鹘文〈慈悲道场忏法〉残页研究》，载于《民族语文》，2008年，第1期。

续表

Yakup2002	Abdurishid Yakup. On the interlinear Uighur poetry in the newly unearthed Nestorian text. In: Simone -Chr. Raschmann and Mehmet Ölmez (eds.) *Splitter aus der Gegend von Turfan: Festschrift für Peter Zieme anlässlich seines* 60. Geburstags. Berlin-Istanbul, 2002, p. 409-417.
Yakup2003	Abdurishid Yakup. On the newly unearthed Uyghur Buddhist texts from the northern grottoes of Dunhuang. In: Sven Bretfeld and Jens Wilkens (eds.) *Indien und Zentralasien: Sprach und Kulturkontakt. Vorträge des Göttinger Symposions,Vol 7.* Mai bis 10. Mai 2001. (Veröffentlichungen der Societas Uralo -Altaica 61.)Wiesbaden: Harrassowitz, 2003,p. 259-276.
Yakup2004	Abdurishid Yakup. On a newly unearthed Uyghur letter from Dunhuang. In: Desmond Durkin -Meisterernst / Simone -Christiane Raschmann/Jens Wilkens/Marienne Yaldiz / Peter Zieme(eds.): *Turfan Revisited - The First Century of Research into the Arts and Cultures of the Silk Road*. Berlin: Reimer, 2004,p. 398-400.
Yakup2005	Abdurishid Yakup. On the Uyghur Blockprints: Corpus and the process of cataloguing. *Lecture given at the Centre for Eurasian Studies*.Kyoto University, January 29, 2005. (For a summary see Eurasia kogo bunken no bunkengaku teki kenkyū.)Newsletter No. 11 2005/9/16, p. 3-7.
Yakup2010	Abdurishid Yakup. *Prajñāpārmitā literature in Old Uyghur*. (Berliner Turfan Texte XXVIII.) Turnhout: Brepols, 2010.
庄垣内 2000	庄垣内正弘著《ロシア所蔵ウイグル語断片の研究 2》,载于《京都大学语言学研究》,2000 年第 19 期。
庄垣内 2004	庄垣内正弘著《ロシア所蔵ウイグル語断片の研究 4》,载于《京都大学语言学研究》,2004 年第 23 期。

续表

米卡尔马力 2005	阿依达尔·米尔卡马力著《敦煌莫高窟北区 B157 窟出土回鹘文〈阿毗达磨俱舍论实义疏〉残页研究》，载于《京都大学语言学研究》，2005 年第 24 期。
米卡尔马力 2008	阿依达尔·米尔卡马力著《莫高窟北区出土回鹘文〈佛祖历代通载〉残页研究》，载于《新疆大学学报》，2008 年第 1 期。
米卡尔马力 2009	阿依达尔·米尔卡马力著《莫高窟北区出土回鹘文〈俱舍论颂疏论本〉残卷研究》，载于《突厥语文学研究：耿世民教授八十华诞纪念文集》，第 37~53 页，中央民族大学出版社，2009 年。
Zieme2004	Peter Zieme. Von der TurfanExpeditiionzurTurfanedition.D.Durkin – Meisterernst / S.–Chr. Raschmann / J. Wilkens / M. Yaldiz / P. Zieme : *Turfan Revisited – The First Century of Research into the Arts and Cultures of the Silk Road.* Berlin: Reimer, 2004, p. 13–18.
Zieme2005	Peter Zieme. *Magische Texte des uigurischen Buddhismus*. (Berliner Turfantexte XXIII.) Turnhout：Brepols, 2005.
史等 2000	史金波、雅森·吾守尔著《中国活字印刷术的发明和早期传播》，社会科学文献出版社，2000 年。
嘎日迪 2004	嘎日迪著《敦煌莫高窟北区出土蒙古文和八思巴文文献标音释读(一)》，载于《敦煌莫高窟北区石窟·第二卷》375~385 页，文物出版社，2004 年；《敦煌莫高窟北区出土蒙古文和八思巴文文献标音释读 (二)》，载于《敦煌莫高窟北区石窟·第三卷》397~419 页，文物出版社，2004 年。

敦煌新出回鹘文信札残片考释

阿不都热西提·亚库甫　著

敦煌研究院在1988—1995年对敦煌莫高窟北区石窟的248个洞窟进行的一系列考古考察，发现了大量重要文物和文献，其中不仅包括织物、木器、铁器、陶器、瓷器、钱币等贵重文物，还有数量可观的用汉文、蒙文(包括回鹘式蒙文和八思巴文)、梵文、叙利亚文、西夏文、藏文、回鹘文等书写的佛教典籍残片、世俗文书和一些铭文。此外，还出土一些"回鹘文木活字"①。这一重大考古发现的初步研究报告收入《敦煌莫高窟北区石窟》(三卷本)中，其第一卷已于2000年出版发行。除了研究报告之外，该卷最后还附有雅森·吾守尔博士关于回鹘文文献和"回鹘活字"的概述性专文②。该书第一卷出版不久，笔者根据该卷所见图片确定了大部分回鹘文文献残片的内容，并曾撰专文报告关于这些回鹘文残片和铭文的初步研究结果③。在《敦煌莫高窟北区石窟·第一卷》刊有图片的回鹘文文献当中有4件世俗文书，包括3件契约文书和1件信札残片。本文报告关于这一信札的一些语文学考释。据《敦煌莫高窟北区石窟·第一卷》，这一信札的编号为B59:68(图28)。

据《敦煌莫高窟北区石窟》的研究报告部分，这一回鹘文信札残片发现于B59窟。该窟出土的还有7件回鹘文文献残片和16块"回鹘文木活字"。《敦煌莫高窟北区石窟》对该残片做这样的描述："白麻纸，纤维交织不匀，有透光，纸较薄，纸软，内容为佛经，残损文字8行，为手写草树体。"

①见彭金章、沙武田著《敦煌莫高窟北区洞窟清理发掘简报》载于本书第3页。

②见雅森·吾守尔著《敦煌莫高窟北区石窟出土回鹘文文献概说(一)》，载于《敦煌莫高窟北区石窟·第一卷》第352~357页，文物出版社，2000年。

③Abdurishid Yakup. On the newly unearthed Uyghur Buddhist texts from the northern grottoes of Dunhuang. In: Sven Bretfeld and Jens Wilkens (eds.) *Indien und Zentralasien: Sprach und Kulturkontakt. Vorträge des Göttinger Symposions, Vol 7. Mai bis 10. Mai 2001*, Wiesbaden: Harrassowitz Verlag, 2003, p.259-276 (Veröffentlichungen der Societas Uralo-Altaica 61.)

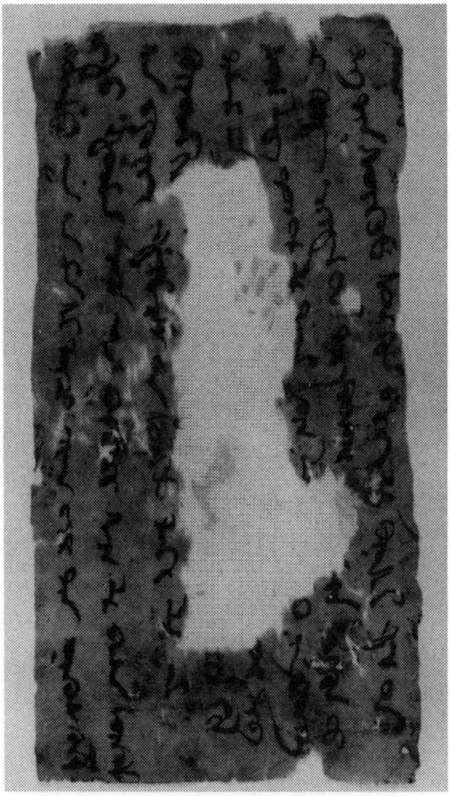

图 28　B59:68　回鹘文信札

雅森·吾守尔博士不提该残片为佛经，并认出 sokču-taki-lar(第 3 行，肃州城的人们)，bäg-tin sungil(?) äglär(第 8 行，从……伯克那里……肃州的伯克们……)等用语[①]。

根据图片，这一信札共存 9 行回鹘文，是用晚期回鹘文世俗文书常见的一种比较清楚的草书体书写的。只有前 3 行和第 6~8 行保存较好，第 4、5 行中部破损严重，只有几个词幸存。最后一行，即第 9 行只保存几个字。收信人的名字为 Šmtampo 或 Smtambu，似乎住在肃州(今甘肃省酒泉市)。写信人Ši Tonči 或 Ši Tunči 很可能是罗布(淖尔)、吐鲁番一带的粟特人后裔。书信的前两行包括两句间断的问候语，这是回鹘文书信常见的。第 3~7 行的部分是写信人对他此前所收到的一件 Šmtampo 信札内容的复述。从第 8 行开始才是写信人所想传达的主要内容，是该信的核心部分。可惜这一部分只幸存一个完整的句子。尽管如此，在信札的这一部分我们发现 songgun vu“肃州总管府”、songgun bäglär“总管官人”等，说明这一信札是地位较高的地方官员之间交换的书信残片，其传达的信息比较重要。

此信的书写年代可以说是比较清楚的，应是 13 世纪 80 年代至 14 世纪 70 年代之间写成。因为文书提到的“肃州总管府”是世祖至元十七年(1280 年)肃州升置肃州路以后设立的，而明朝控制甘肃是在 14 世纪 70 年代前后。此外，虽然汉文的“总管府”一词从北周开始一直存在，但这一信札使用的 songgun vu 一词不是直接借自汉语，而是通过中古蒙古语介

①见雅森·吾守尔著《敦煌莫高窟北区石窟出土回鹘文文献概说(一)》，载于《敦煌莫高窟北区石窟·第一卷》第 355~356 页，文物出版社，2000 年。

入的（详见语汇注释部分）。中古蒙古语文献使用 songgun vu、songgun vuu 或 songgan vu 这一名称也是元朝设立路总管府之后的事情。从文书的语言特点来看,这一信札在"副动词+助动词"结构中使用 P 副动词(见第 6 行的 söz-l⟨ä⟩p turur-lar),说明此信的书写时间不早于 13、14 世纪。因为,这类结构不见于 13 世纪以前的回鹘文文献。总之,跟北区石窟出土其他回鹘文信件一样,此信成书于元代①,即此信的书写年代跟同一洞窟所发现的其他文物的年代相同。

顺便需要提到的是,《敦煌莫高窟北区石窟·第一卷》的研究报告部分描写该残片内容为佛经。虽然这一信札的发出者很可能是佛教徒,但从信札的内容来看,它属于地方官员之间的私人信札,当做佛经不妥。下面是编号为 B59：68 的信札残片转字、转写、汉译和语文学注释。

一、原文转字和转写

第 1 行 smt'mpw "Q' q' mn sy twncy 'yr'Q yyr tyn 'wykws kwnkwl

Šmtampo akaka m(ä)n Ši Tonči ırak yertin üküš köngül

第 2 行 "yydw 'ydwrmn 'ync 's'n p'r 'rky syz l'r p's' swyz wm

ayıtu ıdurm(ä)n enč äsän bar ärki sizlär basa sözüm

第 3 行 sn pytyk 'ydymys sn swykcw t'ky lr Ny

s(ä)n bitig ıdımıšs(ä)n Sükčütäkilärni

第 4 行 kwyntky[ ]ync kyl

kön(i)tgi[l?]enč kel(?)

第 5 行 tys'r mn [ ]wr typ

tesär m(ä)n[ ]wr tep

第 6 行 swyz l'p twrwr lr t'qy swyz l'[ ]pw Nynk pytyk

sözl(ä)p tururl(a)r takı sözlä[mišl(ä)r Šmtam]ponıng bitig-

第 7 行 [ ]k kwrd 'ykydz wn typ twrwr [ ]/yn swnkkwn vw

[i]g Kört igidzün tep turur[lar]/yn Songgun vu

第 8 行 p'k tyn swykcw swnkkwn p'k lr kwyNsy 'ydz wn

bägtin Sükčü Songgun bäglär künsi ıdzun

第 9 行 /////// [ ]////

///////[ ]////

①见森安孝夫著《ウイグル語文献》,载于《敦煌胡语文献》第 1~98 页,大东出版社,1985 年。关于其他三件书信的研究刊布信息见《敦煌胡语文献》第 132 页脚注 5。

二、译文

(寄)给Šmtampo 大哥,我Ši Tonči 从远处致意问候。但愿你们平安、建在。又,我的话是:你寄来一信(说:)“把肃州的人搞正…… 平安回来(?)……当我说……他们说……” 他们还说:“让 Kört 来保管 [Šmtam]po 的信。让肃州总管府的官人们通过……总管府官下钧旨吧……

三、语汇注释

第 1 行　Šmtampo 人名,也可读作Šmtambo、Šmtambu、Smtambo 等,确切语义和语源尚不清楚。第一个字不很清楚。从语音结构上看,似是藏语。请跟ṃthonpo“高”“崇高”比较。该词后面的 aka 或 aqa 意为“兄”“大哥”,源于蒙古语的 aqa,经常出现在人名之后,构成复合人名。Šmtampo 还出现在这一信札的第 6 行。需要提到的是,在第 6 行,Šmtampo 的后面没有 aka 或 aqa,说明 aka 或 aqa 不是人名的一部分。当然,由于第 6 行带有这一人名的部分破损严重,我们很难排除此处可做其他构拟的可能性。此外,中古蒙古语还有 aγa,意为“公主”。

Ši Tonči 为写信人的姓名。其中,Ši 应是姓,有可能是粟特人常见七姓之一的“史”。这一人名的第二部分 tonči 很可能有汉语来源,但不像是跟 tonči“裁缝” 或 tunči “长者”有关。据笔者所知,有汉语来源的 tonči 不见于至今刊布的回鹘文文献。假若名字部分确实也来源于汉语,也许它的第一音节ton (也可读作 tun)跟汉语的“敦”,中古汉语 $t^{w}ən$,中古汉语河西方言 $t^{w}ən$ 有关。名字的第二音节出现的či 作为人名的一部分在敦煌出土的其他回鹘文书信也出现两次:一次是在 Hamilton 1986① 的第 21 号文书(编号 Or. 8212〈120〉),另一次是在 Hamilton 1986 的第 22 号文书(编号 Pelliot Ouïgour 9)。在 Hamilton 1986 的第 21 号文书中是人名 Arslan Siŋïi 的一部分,而在第二个文书中是人名 Ši Šiŋči 的最后一个组成部分。此外,či 也见于回鹘文《大慈恩寺三藏法师转》出现的人名 Serči。有趣的是,在哈密顿(James Hamilton)教授刊布的第二封信札出现的 Ši Šiŋči 很可能也是粟特人的名字。至于 Serči 当中的či,罗伯恩(Klaus Röhrborn)教授主张它可能来自汉语的“氏”。就像罗伯恩所指出的那样,汉语的“氏”既出现在男人的名字之后也出现在女人的名字之后。很难断

①James Hamilton.*Manuscrits Ouïgours du IXᵉ-Xᵉ Siécle de Touen-Houang, I-II*, Paris: Peeters, 1986.

定,我们的书信中的 ton i 当中的 i 跟 Ser i 当中的 i 有何种关联,但它很可能是跟 Ši Šiŋ i 当中的 i 一致。尽管如此,我们还是很难确定这一 i 到底源于哪一汉字。因为,具有跟 i 相近读法的汉字数量很多。就回鹘文文献而言,用 i 来音译的汉字数量也不少。

当然,我们也可以推测 ton i 跟官名"同知"有关。可是,作为官名的"同知"在中古蒙古语文书当中以 Tung i 或 Tng i 的形式出现。我们在黑水城出土回鹘文文书当中也发现作为人名的一部分使用的 Tung ï,即 Tmür Tung ï。可是在黑水城文书里 Tung ï 是以 twnkcy 的形式书写的,而北区石窟信札出现的 ton i 的书写形式却为 twncy。此外,汉文的"同"在回鹘汉字音为 tuŋ (twnk)。假若北区石窟信札中的 twncy 不是 Tung i 的误写,那么 ton i 和"同知"之间建立语音联系是困难的。

诚如学术界所知,6~10 世纪的西域、敦煌一带曾居住一些史姓粟特人,他们的发祥地多为去沙或史国(Kesh,今 Shahrisabz)。上面提到一件带有史姓的回鹘文信札,即哈密顿先生在其专著中刊布的第 22 号文书。这一文书发现在敦煌藏经洞,其成书年代不晚于 10 世纪。然而,敦煌莫高窟北区石窟出土这一信札是元代的产物,在带有史姓的回鹘文文献当中属于最晚时期的一件。假若该信的书写者 Ši Ton i 确实属于史姓粟特人的后裔,那么该信似乎支持蒲立本(Edwin G. Pulleyblank)教授的以下观点:

> "This and other implications of the existence of our Sogdian colony for the history of the Turkish peoples, of the Chinese frontier and, on several occasions, of China itself, during the seventh, eighth, ninth and tenth centuries must be left aside to be worked out in the detailed study particular periods. I have been concerned here merely to outline the bare narrative. It is, I think, sufficiently remarkable. Moreover I believe it is possible to continue it even further through Sung-Liao-Chin into Mongol times."

尽管如此,由于早期使用史姓的人当中除了相当一部分粟特人外,还有汉人和其他民族,当时就已经很难断定带史姓的一律是粟特人。从另一方面来讲，即便是这一信札的书写者为粟特人的后裔，他很有可能已经回鹘化。

第2行　en　äsän bar ärki sizlär 这是回鹘文书信常见的问候语，可译作“但愿你们平安建在”。同一问候用语在 Tezcan-Zieme 1971[①] 文书 C 的 5~6 行以 en　äsän bar ärki sizlär 的形式出现。在北区石窟出土信札 bar 的最后一个字母不清，但很像是 r。在现代维吾尔语里，跟这一问候语相等的 tin aman barmu silär “你们平安建在吗” 或“你们安康吗”和与其对应的吐鲁番方言问候语 teš aman ba mu sizlär，都有 bar 一词。Tezcan-Zieme 1971 的 bay 应是 bar 的一种地域方言变体。跟这一情形相似，在吐鲁番方言区的杨海一带，ba lïq 相当于其他区域的 baylïq“财富”。更何况，这类 r 和 y 的交替在吐鲁番方言里比较普遍。

第4行　kön(i)t- 意为“摘正”“弄直”，是由动词 kön- “直起来”“摘正”后缀接使动附加成分 -(X0t 来构成。这个词在该文书的写法有点特殊，即 n 和 t 间缺 y 。在该文英文版编辑过程当中，彼得·茨默教授曾建议把这个词读作 küzät- “保护”。虽然动词 küzät- 的意义看起来比 kön(i)t-的意义更符合语境，但从回鹘文此处的写法来判断，茨默教授的建议难以接受，故不采纳。

第7行　Kört 也可读作 Kürt　“树的名字”。此处为人名，也许跟 Körtlä“美丽”有关。

Songgun vu 来源于汉文“总管府”，这是从北周开始设置的区域性军事管理机构。元初元世祖忽必烈整顿地方机构，实行“军民分治”，在中书省、行中书省下面设总管府，集地方民政、财政、司法之权于这一行政机构，从而建立新的路制。但回鹘文的 Songgun vu 不是直接借自汉文，而是通过中古蒙古语的 songgun vuu 或 songgun vu 借入的。因为，“总管府”当中的“管”在回鹘汉字音里一般跟同一组的汉字一样读作 qan。当然，中古蒙古语文献也以 songgan vuu 音写“总管府”。很显然，这一回鹘文信札的 Songgun vu 是从中古蒙古语的另一个形式 songgun vu 音译的。本文的英文版把 Songgun vu 读作 šökün vu，并把它的前一成分跟“将军”，把后一成分跟“武”来联系起来分析，显然不妥，今不取。这里的“总管府”似乎是指“肃州路总管府”。

第8行　Songgun bäglär 意为“总管官人”或“总管府之官人”，是中古

①Semih Tezcan and Peter Zieme, Uigurische Brieffragmente, L.Lieti. *Studia Turcica*, Budapest: Akadmémıaı Kiadó, 1971.

蒙古文文书常见用语 songgunu noyad 或 songganu noyad 的对等语。Noyad 的汉文直译为“官人每”,《蒙古译语》译作“官人”“那延”。Songgun bäglär 当中的 Songgun 是汉文“总管”的音写,是通过中古蒙古语的 Songgun 借入的。在元代,“总管”一般是指诸路总管府的高级官员,仅次于诸路总管府的最高官员达鲁花赤。后者是中古蒙古语 daruăči 的音写。总管“掌判署”, 处理赋役词讼及一切政务, 亦称 “管民长官”。本文的英文版把 songgun 读作 šökün,今不取。这个词也出现在榆林窟回鹘文题记当中。值得注意的是,Songgun bäg 在这一回鹘文信札里以复数形式出现, 故不一定仅指总管一人。

künsi 是汉文“钧旨”的音写。英文稿把该词跟汉语的“卷子”联系起来分析,今不取。汉文文书一般把大可汗(皇帝)的命令称作“圣旨”,把皇太子、太子、大王、诸王、投下等的命令称作“令旨”,皇太后、皇后、妃子、公主的命令称作“懿旨”,驸马、丞相、大臣、省堂、诸将、总管的命令称作“钧旨”。此处,künsi 明显是指总管的命令,应是“钧旨”的音写。“钧旨“的晚期中古汉语音为 kjyn tşi ,跟“钧旨”的回鹘语音写形式相近。

附记:此文是笔者英文论文 *On a newly unearthed Uyghur letter from Dunhuang, Desmond Durkin-Meisterernst / Simone-Christiane Raschmann / Jens Wildens / Marienne Yaldiz / Peter Zieme Turfan Revisited-The First Century of Research into the Arts and Cultures of the Silk Road*, Berlin: Reimer, 2003, p.398-400 的汉文译文。在汉译过程中,笔者对文书的转写、汉译和注释等都进行了较大的修改。

敦煌北区石窟出土回鹘文佛教文献概述

阿不都热西提·亚库甫　著

敦煌研究院石窟研究所研究人员于1988—1995年在莫高窟的北区石窟所进行的考古发掘以及对此次发掘所发现文物的整理研究可看作是近几年来中国考古发掘和考古学研究最引人注目的成就之一。根据此次考古发掘的有关报告,敦煌石窟研究所研究人员于1988—1995年在莫高窟的北区石窟先后进行了6次考古发掘工作,其研究成果的一部分发表在敦煌研究院研究员彭金章、王建军著《敦煌莫高窟北区石窟·第一卷》中。该书只介绍编号为B1~94的94个洞窟的考察结果,其余154个洞窟的发掘研究成果在第二卷和第三卷发表。

从《敦煌莫高窟北区石窟·第一卷》中可以看到,在这次考古发掘中发现的文物除了织物、木器、铁器、陶器、瓷器、钱币、回鹘文木活字外,还有数量可观的用汉文、蒙文(包括回鹘式蒙文和八思巴文)、梵文、叙利亚文、西夏文、藏文、回鹘文等书写的佛教典籍残片和世俗文书以及一些铭文①。

在此次所出土的文献当中,汉文文献数量最多,包括契约文书、户籍残片、各类记账残片、残辩辞、残牒、佛经残片、韵书等。但内容得到确定的汉文佛经只有有《华严经》《金光明最胜王经》等。出自B53窟的木刻印刷《华严经》残片(其中一面为卷首佛画的一部分)的制作年代被定为元代。B57窟出土的《华严经》残片也是木刻印刷品,但根据其纸质和字体被推测为晚唐或五代遗物。

西夏文文献主要发现在B40、B47、B53、B54、B56、B59、B85等洞窟,大部分为佛教文献,也有《碎金》残片、《三才杂字》残片、文书、木质印章等。根据史金波研究员的研究,西夏文佛教文献残片当中有《金光明最胜王经》封面、《大方广华严经》残片、《地藏菩萨本愿经》、《种咒王阴大孔雀明王经》等。《地藏菩萨本愿经》的西夏文译本据说包含该经汉文本没有的

①见彭金章、沙武田著《敦煌莫高窟北区洞窟清理发掘简报》,载于本书第3页。

咒[1]。

藏文文献多为佛教内容,也包括一些医学文献、乘法口诀等。其中相当一部分破损严重,无法确定其内容。在藏文佛教文献当中内容得到确定的似是《般若八千颂》残片。

北区石窟出土梵文文献数量不多。其中,保存状态较好的一件,即印本残片(B59:17),虽被定为佛教文献,但它具体属于何种佛教文献,尚待确定。其余梵文文献似是咒语。

在《敦煌莫高窟北区石窟·第一卷》中所见51件蒙古文文献当中,有的被定为佛教文献,但至今未见关于蒙文文献的详细研究成果。

本文以《敦煌莫高窟北区石窟·第一卷》所刊图片为依据,主要对北区石窟出土回鹘文佛教文献进行简要分析。《敦煌莫高窟北区石窟·第一卷》附有中国社会科学院民族研究所雅森·吾守尔博士关于B1~B94窟所发现回鹘文文献和回鹘木活字的初步研究报告及中央民族大学张铁山教授对北区石窟出土叙利亚文文献行间书写的回鹘文头韵诗的转写和翻译。《敦煌莫高窟北区石窟·第一卷》问世不久,日本京都大学庄垣内正弘教授对保存状态较好的回鹘文《阿毗达磨俱舍论实义疏》残片进行研究,发表其研究成果。中央民族大学张铁山教授也刊布一些回鹘文《阿含经》残片和其他回鹘文文献。需要指出的是,《敦煌莫高窟北区石窟》关于北区石窟出土回鹘文文献的描写存在不足:有些定名和描写跟文献的具体情况不尽相符,有些残片的转写和翻译需要改进,有时连文献的正面和反面都被颠倒。笔者对这些问题不准备做一一评论,只是在讨论一些残片时简要提到其中的一些,并力求对它进行纠正。

一、《敦煌莫高窟北区石窟·第一卷》所见回鹘文文献总览

《敦煌莫高窟北区石窟·第一卷》所见回鹘文残片共有40多件,此外还有48块回鹘文木活字和一些回鹘文铭文。在这些回鹘文文献残片当中,绝大多数为佛教文献,但也有一些文书,即一件信札和两件契约文书。下面以列表的方式简要介绍这些回鹘文文献残片的外部特征、主要内容和研究刊布情况。除了《敦煌莫高窟北区石窟·第一卷》刊有图片的文献外,表一还包括散见于《敦煌莫高窟北区石窟·第一卷》相关部分关于回鹘文文献的信息。第一栏为敦煌研究院的编号,第二至第三栏分别提供关于

①见史金波著《敦煌莫高窟北区西夏文文献译释研究(一)》,载于《敦煌莫高窟北区石窟·第一卷》第358~370页,文物出版社,2000年。

字形、残片规格、保存状态等的基本信息。其中，关于规格的信息取自《敦煌莫高窟北区石窟》各卷。在抄本的字形描写中，笔者主要使用两个术语：楷体和草体，印本只注明“印本”字样。楷体和草体之内不再进行进一步区分。关于保存状态的描写有时跟《敦煌莫高窟北区石窟》有较大出入。笔者力求根据图片对每一残片的保存状态做进一步描写，并对行数重新进行统计。在关于残片规格的信息中，出现在“×”之前的为残片高度，“×”之后的为残片宽度。高、宽一律以厘米为基本单位。第五栏包括文献名简称或文献内容的提示。此栏力求纠正《敦煌莫高窟北区石窟·第一卷》所见一些不恰当的文献定名。第六栏提供关于每一残片刊布、研究的一些主要信息，以本文的英文版发表前公开发表、出版的论著为主。“保存状态”一栏的数字表示残片的保存文字行数。

表：《敦煌莫高窟北区石窟·第一卷》所见回鹘文文献

编号	字形	尺寸	保存状态	内容	刊布、研究情况①
B31:6	楷体	22.10×25.40	正背 28+1 页数	佛经②	未刊
B45:1	草体	9.00×5.20	3（3 个词）	佛教文献	Yakup 2003
B45:4	草体	16.60×9.20	6	佛教文献	Yakup 2003
B45:11	不详	不详	有些字	不详(未刊图片)	未刊
B45:15	不详	不详	不详	不详(未刊图片)	未刊
B47:29	印本	10.20×10.30	4	佛教文献	未刊
B49:4-1	楷体	不祥	正背 8	《玄奘传》	Yakup 2003
B49:4-2	楷体	15.00×12.00	正背 8	《玄奘传》	Yakup 2003
B49:4-3	楷体	不祥	正背 4	《玄奘传》	Yakup 2003
B49:4-4	楷体	不祥	正背 10+1 页数	《玄奘传》	Yakup 2003
B49:4-5	楷体	不祥	正背 8	《玄奘传》	Yakup 2003
B49:4-6	楷体	不祥	正背 8	《玄奘传》	Yakup 2003
B49:4-7	楷体	不祥	正背 6	《玄奘传》	Yakup 2003
B49:4-8	楷体	不祥	正背 16	《玄奘传》	Yakup 2003

①详细情况请对照上文附表。

②笔者在首次研究该残片时曾建议把该残片页数中的经名读作(Ab)itaki，今不取。该经名的释读应待有更清楚的图片或直接查阅原件的机会再进行。

续表

编号	字形	尺寸	保存状态	内容	刊布、研究情况
B49:4-9	楷体	9.00×12.30	正背 14	《玄奘传》	Yakup 2003
B49:17	草体	不详	共 7 块	不详(未刊图片)	未刊
B49:19	草体	不详	5	不详(未刊图片)	未刊
B49:25-1	楷体	7.20(?)×8.30	正背 8	《玄奘传》	Yakup 2003
B49:25-2	楷体	9.30×8.50	正背 12	《玄奘传》	Yakup 2003
B49:25-3	楷体	5.70×7.70	正背 10	《玄奘传》	Yakup 2003
B49:25-4	楷体	6.60×7.70	正背 10	《玄奘传》	Yakup 2003
B52A	草体	15.40×27.90	54+1 页数	《中阿含经》	Yakup 2003,张 2001
B52:B17	草体	9.00×25.30	57	《实义疏》	庄垣内 2000
B53:11	楷体	?×11.80	16	《玄奘传》	Yakup 2003
B53:12	草体	11.00×5.50	16	不详(未刊图片)	未刊
B53:13	草体	左11.00×13.10,右 11.30×7.70	正背 50+1 页数	《杂阿含经》	张 2001b
B53:14	草体	15.40×19.80	16	佛教内容头韵诗	张 2000 Yakup 2002
B53:17	楷体	不详	7	不详(未刊图片)	未刊
B53:18	楷体	15.50×10.00	12 + 1 页数	《阿弥陀经》	Yakup 2003
B54:1	草体	12.90×14.10	16	密宗文献残片	未刊
B54:15	草体	不祥	21	《中阿含经》	张 2003b
B59:68	草体	29.90×9.20	9	信札	Yakup2003,Yakup2004
B59:69	草体	14.60×13.80	26	佛僧传①	张 2003a
B59:70	草体	18.10×9.20	6	文书	未刊
B59:71	草体	12.70×10.00	8	文书	未刊
B59:72	印本	19.00×12.2	10(共 2 页)	《白伞陀罗尼经》	未刊

①张铁山先生确定该残片为《佛祖历代通载》之回鹘文译文。该残片确实跟《佛祖历代通载》有关,但不完全相同。

续表

编号	字形	尺寸	保存状态	内容	刊布、研究情况
B59:73	印本	13.50×17.50	10	佛教文献	未刊
B77	草体	壁上铭文	7	光明真言	Yakup 2003
B77:21	草体	13.30×18.20	2	文书	未刊
B77:23	楷体	13.80×14.90	20	佛教文献	未刊
B77:24,1	草体	19.50×23.00	正 67	密宗大成就者故事	未刊
B77:24,2	草体	19.70×23.20	背 76	密宗大成就者故事	未刊

二、《敦煌莫高窟北区石窟·第一卷》所见回鹘文佛教文献概述

下面简要介绍笔者对《敦煌莫高窟北区石窟·第一卷》所见回鹘文佛教文献的进一步分析和研究结果。因篇幅所限，这里仅对部分残片做较详细的探讨，其余文献需要专门进行进一步研究。

《敦煌莫高窟北区石窟·第一卷》所见回鹘文佛教文献包括一些大乘佛经、汉文疑伪经的回鹘文译文、佛僧传、注疏性佛典残片、密宗文献、回鹘人自创的佛教诗歌和咒语及其他佛教内容文献。

1.大乘佛经:《阿含经》。

编号为 B52(甲):18 为《中阿含经》残片(图 29)。跟已知回鹘文《阿含经》残片一样，该残片也含有大量汉字。该残片背面有汉文页数"中阿含第五十一卷七页"，明确标示该残片为《中阿含经·卷五十一》的回鹘文译文，其内容相当于《大正藏》第二十六卷 752a12 至 752b15 的内容。该残片在《敦煌莫高窟北区石窟》图版说明有误:带有汉字标题和卷数的一面应为背面，标有"背"的残片应看作其正面。

编号为 B53:13 的文献由 4 块残片构成，均出自《杂阿含经》的回鹘语译文。这些残片在《敦煌莫高窟北区石窟·第一卷》的图版说明需要纠正:在标有"正"的残片当中左边带有汉字页数"一叶"的残片(残片 A)应为背面的前一部分，其右边的残片(残片 B)其实属于正面;在图版下面标有"背"的残片中左边的一块(残片 C)应被看做正面的开头部分，其右边

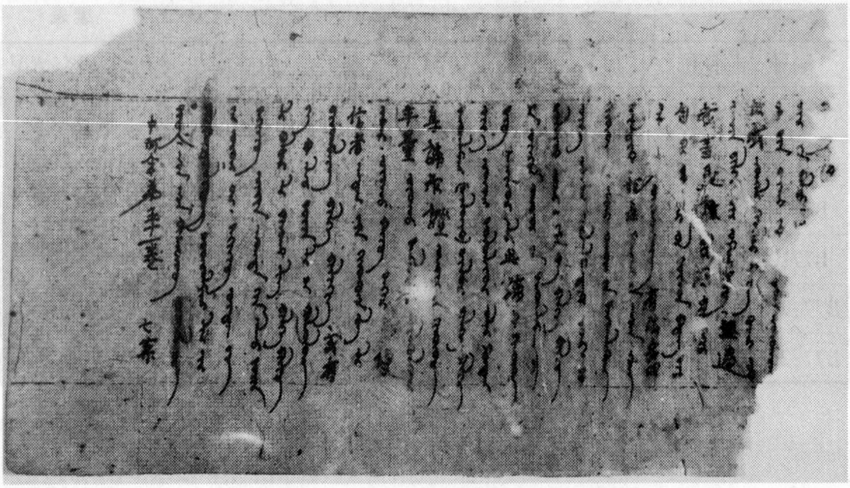

图 29　B52:18(背)　回鹘文《中阿含经》

的小片(残片 D)则属于背面。这些残片的正确顺序及其对《大正藏》相关文献的关系可标示如下:

正面:B53:13C,B =《大正藏》第二卷 44a2-21

背面:B53:13A,D =《大正藏》第二卷 44b24-44c18

《中阿含经》和《杂阿含经》的这些残片需另写专文刊布①。

2.汉文疑伪经:《阿弥陀经》残片。

编号为 B53:18 的残片应出自回鹘文佛经 Abitake，可译作《阿弥陀经》。带有标题 Abitake 的回鹘文文献似是一种注疏类文献,其残片藏在北京国家图书馆、俄罗斯科学院东方学研究所圣彼得堡分所、柏林布兰登堡科学院、安卡拉民族学博物馆、伊斯坦布尔大学图书馆等。根据耿世民教授研究，带有回鹘文标题 Abitake 的回鹘文文献应属于《大白莲社经》②。巴黎残片所见该经标题 paklenšike atl (ı)g yürüng lenhua čačak tergini nom ärdini,可译作"叫做白莲社经的白莲社经",正好也证明耿世民教授的建议是正确的。很明显,其中的 paklenšike 正是汉文"白莲社经"的中古汉语音译。我们在北区石窟残片当中发现 sukavati uluš "极乐世界"、abita burhan "阿弥陀佛"、učuz bıšrunu yor[ıyu]"易行易修"等净土佛

①本文的英文版发表后不久,看到张铁山先生研究这些《阿含经》残片的论文。但阅读后觉得张先生的转写和翻译有进一步改进的余地。

②见耿世民著《回鹘文〈大白莲社经〉残卷(二页)研究》,载于《维吾尔古代文献研究》第312~314 页,中央民族大学出版社,2003 年。

教的基本用语。尤其是“易行易修”跟净土佛教透过念佛，可使教徒得到阿弥陀佛的他力的帮助，进而往生净土的基本教理有关。至今发表的带有标题 Abitake 的回鹘文残片均被看做《佛说观无量寿经》(《大正藏》Nr.365)的自由译文或是鸠摩罗什译《佛说阿弥陀经》(《大正藏》Nr.366)的引文。我们未能在汉文佛典确定跟该残片内容完全一致的部分，但北区石窟出土残片在外部特征和内容方面跟《阿弥陀经》的已刊残片具有相同的特点，尤其是其背面部分重复《阿弥陀经》伊斯坦布尔残片 55~70 行之间的内容，故定为《阿弥陀经》类文献。下面为北区石窟残片的标音转写和汉文译文：

B53:18 标音转写①。

正面(图 30)：

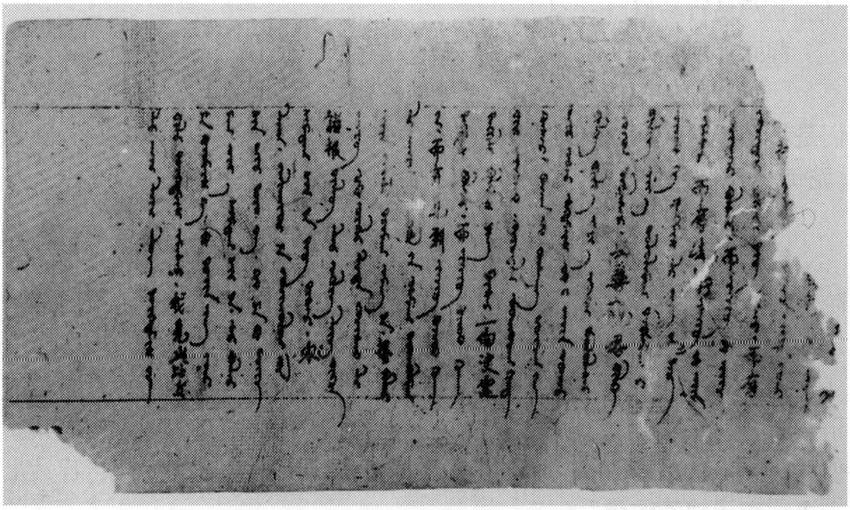

图 30 B52:18(正) 回鹘文《阿弥陀经》

第 1 行 m'dyn artukrak ämgäk[lig]

第 2 行 täg tep bo ärsär örlädükin [adın küč]-

第 3 行 kä t[aya]k-lıg-ın sukavati uluš[ta]

第 4 行 tuggalı tilädäči-lär-kä yöläšürüg

第 5 行 kılmak är[sär]ikinti učuz bıšrunu yor[ıyu]

第 6 行 [ ]///'k ärsär[ ]

①在《敦煌莫高窟北区石窟·第一卷》图版 63 的说明中，该残片的正背被颠倒，应倒过来。

背面:

页数:[abitak]e tört artu[k]ı

第7行 [ ]tuggalı umaz-lar adın

第8行 [küč]kä tayak-lıg-ın abita

第9行 [bur]han at'ın on kata at'asar

第10行 [ ]tükäl niz-vanı-lıg mitik partak-

第11行 [čan]: tınl(ı)g-l[a]r ärsär ymä [su]kavati

第12行 [ulušta]tuggalı abi[ta burhanıg]

汉文译文:

正面:[……]无[……(可解释成)]像更加苦难[的……]这就是说,至于(把它)比作祈求因高升透过[他力]往生在极乐世界的人们而言,第二(他们应)易行易修[……]

背面:[阿弥陀]经,[……]加四

[……]他们不能生[……]如果透过他力十念阿弥陀佛之名,即便他们是具足烦恼的凡夫,他们[(能够)]生在极乐[世界]并[能(看到?)]阿弥[陀佛……]

简要注释:

第7~8行 adın [küč]为佛教汉语"他力"的回鹘语对应语,是指阿弥陀佛拯救众生的行动,是阿弥陀佛保证往生在极乐世界的愿力。该残片第2行的空白是根据此处填补的。

第9行 on kata ata- "叫十遍",为佛教汉语"十念"的回鹘语对应语,在净土教是指十念"南无阿弥陀佛"。该经的伊斯坦布尔残片有与其相似的,但较完整的 tükäl on kata abita burhan atın atasar,相当于"若具足十念称南无阿弥陀佛"。

第10行 tükäl "具足、完全",此处似是出自他笔,其写法跟该残片的其他部分不同,字体相对较细。

最后需要提到的是,卡哈尔·巴拉提作为《慧远传》残片刊布的文献虽然讲述的的确是慧远的生平,但也属于《阿弥陀经》或《大白莲社经》[1]。该残片正背各有26行,跟北京、安卡拉、伊斯坦布尔、圣彼得堡等地所藏残片不同,应出自另一写本。

---

①见卡哈尔·巴拉提著《回鹘文写本〈慧远传〉残页》,载于《文物》,1987年第5期;耿世民著《回鹘文〈大白莲社经〉残卷(二页)研究》,载于《维吾尔古代文献研究》第314页注2,中央民族大学出版社,2003年。

3.佛僧传残片。

在北区石窟出土的回鹘文文献当中有《大唐慈恩寺玄奘法师传》(简称《玄奘传》)和《佛祖历代通载》等佛僧传残片。

(1)《玄奘传》残片。

北区石窟出土《玄奘传》残片有以下两类:

第一类:属于这一类的共有14件,其中9件小残片带有编号B49:4-1~9,其余四件的编号为B49:25-1~4。这些残片都发现在B49窟,麻纸书写,字体为写经体或楷体。其中,保存状态较好的残片出自《玄奘传》回鹘文译文的第四卷、第五卷、第八卷和第十卷。还有一件带有"曾参""妥城"等汉字的小片,因该残片出现ögi kangı"父母",这一用语疑是出自《玄奘传·卷一》,但至于出自第一卷何处,很难断定。最近看到彼得·茨默(Peter Zieme)教授讨论此片的论文,建议将行间写有汉字"曾参"的小片看作《大正藏》第五十卷221c1-2的回鹘语译文,而另一片则相当于《大正藏》第五十卷222a5-7之间的内容。他确定第二小片的依据是行间的汉字"妥城",他不把第一个汉字读作"妥",而读成"安",并把"安城"跟长安联系起来看待。首先,把第一个汉字读作"安"是困难的,其次,回鹘文残片跟茨默教授提议的汉文原文不完全相符,即回鹘文残片的内容和他认为是与其对应的部分之间很难建立对应关系,故他的建议难以接受。至于第一残片,茨默教授的分析很有启发性,但汉文原典在此处不存在与关键词üčünč"第三"相对应的汉字,疑是回鹘文和他建议的汉文段落并不对应。此外,茨默教授把该残片跟他同文刊布的柏林残片一样看做是双语文献,不可取。因为,柏林残片的汉字是正文的一部分,而北区石窟残片所见汉字明显具有标音、注释功能。以下是属于第一类的14件残片的归属及与其相对应的汉文原文出处(《玄奘传》回鹘文译文第四卷的出处为Toalster 1977,第五和第六卷的出处是指Tugusheva 1991的行数,第七和第八卷的出处指Röhrborn 1991和Röhrborn 1996的行数,而第九和第十卷的出处主要指Barat 2000的行数,但也参照Tezcan 1974):

B49: 4-1 正背=《大正藏》,第五十卷,Nr. 2053,第一卷(?,具体出处不明)。

B49:4-2 正= 回鹘文《玄奘传》V77:18-25,《大正藏》,第五十卷,Nr. 2053,251c6-8;背=回鹘文《玄奘传》V78:18-25,《大正藏》,第五十卷,Nr.

①见彭金章、王建军著《敦煌莫高窟北区石窟·第一卷》第160~161页,文物出版社,2000年。

2053,251c11-13。

B49:4-3 正=回鹘文《玄奘传》，待定；背=回鹘文《玄奘传》VIII 707-8(?),《大正藏》,第五十卷,Nr. 2053,264b 9-(?)。

B49:4-4 正= 回鹘文《玄奘传》VI 31:1-4,《大正藏》,第五十卷,Nr. 2053,254c 6-7;背=回鹘文《玄奘传》VI 31:25-VI 32:1-4,《大正藏》,第五十卷,Nr. 2053,254c 11-14。

B49:4-5 正=回鹘文《玄奘传》X 76:16-18 (?),《大正藏》,第五十卷,Nr. 2053,276b 11(?);背= 回鹘文《玄奘传》,待定。

B49:4-6 正背 = 回鹘文《玄奘传》,待定。

B49:4-7 正[①] = 回鹘文《玄奘传》X 3a 4-6《大正藏》,第五十卷,Nr. 2053,275c 15;背 = 回鹘文《玄奘传》X 3b 3-6,《大正藏》,第五十卷,Nr. 2053,275c 20。

B49:4-8 正背= 回鹘文《玄奘传》,待定。

B49:4-9 正 = 回鹘文《玄奘传》VI 31:10-12,《大正藏》, 第五十卷, Nr. 2053,254c 8-9;背= 回鹘文《玄奘传》VI 32:11-13,《大正藏》,第五十卷,Nr. 2053,254c15

B49:25-1 正背= 回鹘文《玄奘传》,待定。

B49:25-2 正背= 回鹘文《玄奘传》,待定。

B49:25-3 正背= 回鹘文《玄奘传》,待定。

B49:25-4 正=回鹘文《玄奘传》IV,《大正藏》, 第五十卷,Nr. 2053,242a 23-25;背= 回鹘文《玄奘传》IV 545-,《大正藏》,第五十卷,Nr. 2053,242b2-3

第二类:保存状态相对较好的残片 B53:11 也出自《玄奘传》的回鹘文译本,其跟第一类残片的关系尚不清楚。据《敦煌莫高窟北区石窟·第一卷》的描写,该残片麻纸书写,“纤维交织不匀,纸厚,质硬。纸面上有间距相等的红色细线,回鹘文则沿红色细线印刷”[②]。但就像雅森·吾守尔博士所指出的那样,此片不是印刷文献而是写本,故使用“印刷”来形容其成书方式显然不当。《敦煌莫高窟北区石窟·第一卷》把 B53:11 等 B53 窟出土回鹘文文献的年代定为元代。笔者怀疑《玄奘传》的这一残片跟该文献的

①该残片正面为《敦煌莫高窟北区石窟·第一卷》所刊图版正面的第五件,其背面为其所刊图版背面的第七件。

②见彭金章、王建军著《敦煌莫高窟北区石窟·第一卷》第 193 页,文物出版社,2000 年。

已知大部分残片一样是宋代的产物。北区石窟残片的正面相当于克劳斯·罗伯恩教授刊布《玄奘传》回鹘文译本第八卷1642~1650行及《大正藏》第五十卷266b27~266c1之间的内容,而其背面却相当于回鹘文译本第八卷1668~1675行及《大正藏》第五十卷266c6-8之间的内容。但行的安排和一些词语的书写方法区别于该文献的已知残片。下面为《玄奘传》北区石窟残片的转写和与其对应的汉文原典摘录。回鹘文残片的破损之处是根据罗伯恩教授的刊布本填补的。

B53:11的标音转写。

正面:

第1行　[　]birlä [pi taš kılıp]

第2行　[ä]dgüsin ädr[ämin]

第3行　[tü]käl bititdürü y(a)rlıkadı:

第4行　[on]tapıgčı berip tört törlüg

第5行　[tapı]gın udugın äksük-süz kılu

第6行　[y(a)rlık]adı:č(a)xšap(a)t alku boltuk-

第7行　[ta bo i]kinti ay on yangı[ka]

第8行　[y(a)rl(ı)g kält]i samtso[①] a[čari]

夫人情慕出家,帝从其志,为禁中别造鹤林寺而处之,并建碑述德。又度侍者数十人,并四事公给,将进具戒。至二月十日,敕迎法师并将大德九人(电子版《大正藏》第五十卷266b27~266c1)

背面:

第1行　[　　　　ačıl]mı[š ärdi　　kök]

第2行　[ta]l[②] yipün [törlüg ärük-]

第3行　lär kök tıt-lar t(ä)rsgül[ä]r

①该词此处被写作s'mtqw。

②罗伯恩刊布本此处有tal-lar,北区石窟残片缺复数附加成分-lar。

第4行　tokılanmıš[①] ärdi:ž-ünkim[kärig-]
第5行　lär yipgin kušatre-lar šaš[uru]
第6行　karšuru yaltrıšur ärdi[anta]
第7行　[čog]lug-ta čoglug-ın[k(a)ltı]
第8行　[četavan]säng[rä]m-d[äki kuvrag täg]

是时春之仲月,景物妍华,柳翠桃红,松青雾碧,锦轩紫盖交映其间,飘飘然犹给园之众适王城矣。(电子版《大正藏》第五十卷266c6-8)

现存巴黎、圣彼得堡、北京等地的《玄奘传》回鹘文译本的已知残页发现在吐鲁番,属于同一写本,柏林所藏该文献残片也在吐鲁番出土。《玄奘传》回鹘文译本残片在敦煌地区的发现尚属首次,具有重要意义。首先,这一发现说明,该文献在敦煌地区也得到回鹘佛僧使用。其次,其有些版本,尤其是汉字注音残片十分独特,跟其他写本有明显的不同,说明该文献至少在敦煌地区曾流行同类写本。再者,虽然北区石窟残片破损严重,但有些残片帮助回鹘语专家重构已知残片有些残缺不清之处。例如,第五卷77页的第22行,在[ ]zülmäk之前有两个字母破损,土谷舍瓦(L.Ju Tugusheva)教授用tü来填补破损之处,并把该词构拟成具有"搞正""整顿"等意义的名动词[tü]zülmäk。然而,该词在B49:4-2正面第4行保存完整,以süzülmäk的形式出现,明显说明土谷舍瓦教授的构拟不妥。此处,süzülmäk"变清"一词相当于汉文原典的"庆"字,似此处具有跟汉文的"庆"相同或相近的意义。当然,在北区石窟发现《玄奘传》残片当中也有一些只保存一两个词语的小片,其内容很难确定。

(2)《佛祖历代通载》残片。

在北区石窟出土回鹘文残片当中还有一件写本残片也属于佛僧传类文献。笔者曾推测这个残片可能是《宋高僧传》(《大正藏》Nr. 2061)当中某一佛僧传记的回鹘文译文,并根据残片的正面第8行出现的vinay čao

①罗伯恩刊布本此处有tagıl-mıš,罗伯恩译作verstreut sein,该词在汉文原典的对应语为"雾碧"。罗伯恩认为,汉文的"雾碧"此处无助于是,见Röhrborn 1996,第254页。但北区石窟残片的tokılan-"润红"似是汉文原典"雾碧"的回鹘语译语。《玄奘传》回鹘文译文第九卷28b11在同样的语境出现toglan-,卡哈尔·巴拉提译作to become dusty(?)。笔者怀疑,罗伯恩刊布本的tag?l-和第九卷的toglan-均为tokılan-的拼写错误或转写错误。

“律抄”一词猜测可能跟汉传佛教律宗南山宗初祖道宣有关①。稍后看到张铁山先生把该残片确定为《佛祖历代通载·卷五》的回鹘文译文。最近阿依达尔·米尔卡马力博士对残片进行进一步研究，纠正了张铁山先生的一些不正确读法。该残片确实跟《佛祖历代通载·卷五》有关，但跟汉文本不完全一致。顺便需要指出的是，虽然阿依达尔·米尔卡马力博士对该残片的释读改进不少，但他的释读值得商榷之处不少。例如，正面第 2 行的 tayki 应为 tegmä，正面第 4 行的 bi[ti]l[ ]似是可以复原成 bäl[gürti]，与其前的 yangırtı 的为同义语。背面第 9 行的 sunlin qan 也应读作 atl(ı)g han“叫……的王”等。这些只是一些象征性的例子。总之，该残片待有直接考察的机会时，需进一步释读、研究。

4.注疏性文献。

在北区石窟出土的回鹘文文献残片当中至少有 2 个残片可归入注疏性佛教文献：一是《阿毗达磨俱舍论实义疏》（以下简称《实义疏》）的选择性译文，另一件为问答式注疏性文献残片。

（1）《实义疏》的选择性译文。

就像《敦煌莫高窟北区石窟·第一卷》所描写的那样，带有汉字题名和页数“实义疏第一卷　四十一叶”的长卷残页（编号：B52 乙：17）为《阿毗达磨俱舍论实义疏》的回鹘文译文。但该残页的介绍和图版说明当中，残页正背明显被颠倒，需要纠正。根据最初研究该残页的学者庄垣内正弘教授的分析，该残片跟伦敦本不同，属于《实义疏》的选择性译文，出自另一版本②。

（2）其他注疏性文献残片。

编号为 B54：1 的回鹘文残片采用的明显是注疏性回鹘文文献常见的问答式，它是利用一件汉文佛经残片背面的空白处书写的。该残片的问题部分前出现汉字“问”，以示下面为问题。该残片的回鹘文正文当中也加有一些汉字，这与《阿含经》《实义疏》等晚期回鹘文文献的情形十分相似。该残片属于哪一文献尚待确定，但从外部特征来看，它应跟北京大学所藏

①Abdurishid Yakup. On the newly unearthed Uyghur Buddhist texts from the northern grottoes of Dunhuang. In: Sven Bretfeld and Jens Wilkens (eds.) *Indien und Zentralasien: Sprach und Kulturkontakt. Vorträge des Göttinger Symposions, Vol 7. Mai bis 10. Mai 2001.* (Veröffentlichungen der Societas Uralo-Altaica 61.) Wiesbaden: Harrassowitz, 2003, p.259-276.

②见庄垣内正弘著《ロシア所蔵ウイグル語断片の研究 2》，载于《京都大学语言学研究》，2000 年第 19 期。

敦煌残片(北大 D012V)同属一类注疏性佛教文献[①]。

5.密宗文献。

北区出土的回鹘文残片中有 2 件属于密宗文献。其中,编号为 B77:24-1 的长卷保存状态较好，为藏传佛教大成就者故事的回鹘文译文,它提到藏传佛教八十四大成就者之首卢伊巴（Luipa)、狗恋人师库库里巴(Kukkuripa)等人的名字。回鹘文本似是译自同类文献的藏文本。文献里出现很多梵语专有名词,但就像其他回鹘文晚期密宗文献一样,该文献当中的梵文人名和地名都源于梵文,跟其藏文译名无关。在回鹘文文献当中发现该文献残片尚属首次,具有重要价值。很明显,该文献的回鹘文译文残片属于晚期回鹘佛教,其抄写年代不应早于 13、14 世纪。

印本残片 B59:72 属于《佛说大白伞盖陀罗尼经》(梵文通称 Sitātapatrā-Dhāraī)的回鹘文译文。该经的回鹘文印本残片多达 117件,其数量在回鹘文密宗类印本文献中仅次于《大乘无量寿宗要经》。《佛说大白伞盖陀罗尼经》的大部分残片最近由罗伯恩、罗那塔什(A. Róna-Tas)两位学者整理刊布,但还有一些残片没有得到刊布。跟该经的许多残片一样,北区石窟残片也包括一些行间书写的婆罗迷文注音，用来标示右边回鹘文咒语的确切发音。

6.佛教头韵诗残片。

一件叙利亚文《圣经》文选(编号:B53:14)的第 1 页有 16 行行间加写的回鹘文诗歌,是一首阐释佛教三宝的佛教诗歌,属回鹘佛教徒自己的创作。其第 1 行提出“何为三宝”这么一个问题,是全诗的主题;其第 2 行是这一问题及其以下各行之间的链接性内容；其余部分逐个回答第 1 行所提出的问题。最初对这一文献的叙利亚文部分进行研究的是北京大学的段晴教授，回鹘文部分最初由张铁山先生进行拉丁字母转写并把全诗译成汉文[②]。后来,笔者对回鹘文诗歌重新进行拉丁字母转写和标音转写并把全文译成英文。笔者的论文发表之后,看到茨默教授和牛汝极教授对该文献回鹘文部分的研究成果。经详细比较后,发现两位学者的研究跟笔者的有共同之处。牛汝极教授还对文献的叙利亚文部分进行研究[③]。该文

①北京大学所藏回鹘文残片参见北京大学图书馆和上海古籍出版社编《北京大学藏敦煌文献·第一卷》第 60 页,上海古籍出版社,1995 年。

②段晴教授的研究见《敦煌莫高窟北区石窟·第一卷》第 382~390 页,文物出版社,2000 年;张铁山先生的转写和汉译见其第 391~392 页。

③牛汝极教授的研究最初发表在《敦煌研究》2002 年第 2 期上,后来又收录在《十字莲花:中国元代叙利亚文景教碑铭文献研究》第 45~50 页,上海古籍出版社,2008 年。

献回鹘文部分的性质、格式、内容、语言特点等问题,笔者曾做过较细的探讨,这里不再赘述。

7.内容待定回鹘文佛教文献残片。

(1)B31:6。

贝叶式,用楷体或写经体书写,正背双面,背面有页数“///taki(?) üč ünč ülüš säkiz älig (……)经,第三卷四十八”,很像是回鹘文《阿弥陀经》(Abitake)的页数,但其内容和所属需进一步研究确定。从字体判断,该写本年代似早于元代。

(2)B59:3。

印本残片,明显为佛教内容文献,但目前尚不清楚它到底是哪一佛教文献的回鹘文译文。笔者怀疑,该残片原为佛教内容诗歌的一部分,其第4、5行的 asure 也许提示其头韵诗性质。《敦煌莫高窟北区石窟·第一卷》图版88的拼合并不可靠,因为拼合后的残片连不成文,很可能它们并不属于同一残页。

(3)B77:23。

包括5块小残片,正背双面书写,除了写有6行的一块外,其余小块只保存一些词或字,其内容目前无法确定,各个小块之间的关系也很难弄清。也许它们是某一佛教诗歌的一部分,但目前无法证实。

(4)B47:29。

包括2块印本残片,每块仅剩下2行回鹘文,其内容待定。

8.跋文、咒语及其他。

(1)B45:1。

该残片只存3个词,即 lakšan < 梵语 lakṣaṇa “相”,bodis{i}tv < 梵语 Bodhisattva “菩萨”,šaẓin < 梵语śāsana “教”。

(2)B45:4。

保存6行回鹘文,行间和第4、5行下部还有一些补充文字,大部分文字可以辨认。第1行只有 burhan “佛”一词,第2行的 mal 应是其前某一梵文次的后半部分。同一行的第3个词似是 sudurı“其经”,而第4行和第5行的 utpaṭi < 梵语 utpāda / utpatti “起”、üč töz-lärni “三性(宾格)”等清楚地说明这些文字出自佛教徒之手。最后一行出现的 yašan tämir (y’s’ n t'myr)似乎是该文的书写者或供养人。

(3)B77 窟铭文。

B77 窟的中室北壁西部有几行回鹘文铭文或题记，同一洞窟的后室也发现藏文题记。其中,回鹘文题记为光明真言,包括以下六个咒语：

oom < 梵语 om`"归命"

mani< 梵语 man"如意宝"

pad-me < 梵语 padma "连花"

hung < 梵语 hūm` "恐怖"

vayro[cana]< 梵语 vairocana "遍照"

svaha < 梵语 svāhā "娑婆诃"

这一回鹘文真言的词数和咒语的排列顺序区别于已知光明真言。一般来说,最后一语应是 jvala"光明"或 hūm"恐怖",但此处却出现 svaha < 梵语 svāhā。这一回鹘文题记还缺跟 amogha"不空"、mahā-mudrā"大印"、pravarttaya "发生"等咒语相对应的形式。回鹘佛僧为何采用如此独特的排列方式又为何省略一些咒语不写,值得探讨。

光明真言,又称不空灌顶真言,为大日如来的真言,也称一切佛和菩萨的总咒。通俗地讲,该真言有由大日如来之不空真实的大印,产生宝珠、莲华、光明等功德,以大威神力照破无明烦恼,转地狱之苦而令生于净土之意。受持该真言者被认为可以得到光明,灭能生死重罪,除宿业和病障,并获得智慧辩才、长寿福乐。若以加持过该真言之砂土散于死者身上,死者即可脱离苦难得到解脱①。

三、余记

以上概述仅限于对《敦煌莫高窟北区石窟·第一卷》刊有图片的回鹘文佛教文献的简要描述。有些回鹘文文献,如 B53:12,B53:17,B54:15-1、2 等在《敦煌莫高窟北区石窟·第一卷》没有刊布其图片,其具体内容无从可知。在 B77 窟出土的文物描写当中,《敦煌莫高窟北区石窟·第一卷》提到一件用黑墨题写的 9 行木骨回鹘文题记②。20 世纪初,德国探险队在

①见中村元编《仏教語大辞典》第 389 页,东京书籍,1981 年。

②见雅森·吾守尔著《敦煌莫高窟北区石窟出土回鹘文文献概说(一)》,载于《敦煌莫高窟北区石窟·第一卷》第 352~357 页,文物出版社,2000 年。

第一次吐鲁番探险中，在高昌古城遗址也曾发现3块类似木简①。其中2块有用黑墨题写的回鹘文，另一块却写有汉文。1965年在吐鲁番英沙古城南部又发现一块中心木，写有16行回鹘文。森安孝夫教授提到吐峪沟出土另一块木简，现藏大英图书馆。除了大英图书馆所藏木简外，其余4块的年代定为10~11世纪。根据森安教授的研究，这些木简的回鹘文出自回鹘佛教徒之手，在回鹘史和和回鹘佛教史研究方面具有重要价值。《敦煌莫高窟北区石窟·第一卷》虽有北区石窟出土木简(《敦煌莫高窟北区石窟·第一卷》称木骨)的图片，但从木简上的无法辨认。作为至今发现的第5块回鹘文木简，尤其是敦煌地区发现的第一块回鹘文木简其价值很大，亟待进行详细研究。

编号为B59:68的回鹘文文献为一件重要信札的残片。书信的前2行包括2句回鹘文书信常见的问候语。第3~7行是对写信人对他此前所收到的一件Šmtampo信札内容的复述。从第8行开始才是写信人所想传达的主要内容，是该信的核心部分。可惜这一部分只幸存一个完整的句子。尽管如此，在信札的这一部分我们发现songgun vu“肃州总管府”、songgun bäglär“总管官人”等重要历史名词，似是地位较高的地方官员之间交换的书信残片，其传达的信息比较重要②。顺便要提到的是，跟一副佛画一起刊布的回鹘文文献(编号:B59:71-2)并不像其图版下面所写的那样为手写体佛经，而是一件契约文书残片。

自从20世纪初的大型敦煌、吐鲁番探险到现在，近一个世纪，今天敦煌研究院在敦煌北区石窟发现数量如此众多的各类文字文献，对敦煌学和吐鲁番学研究来说无疑是重大事件，具有十分重要的意义。就这次发现的回鹘文文献而言，它们的系统研究将回鹘语言文字、回鹘宗教、回鹘历史和回鹘文化等领域的研究提高到新的高度，为进一步了解敦煌地区复杂的政治、语言、文化、宗教结构提供十分珍贵的资料。我们期待其他洞窟的发掘报告和出土文献资料的图版也尽快得到出版，以便学界对北区石窟所发现资料进行系统的、全面的评估和研究。就像《敦煌莫高窟北区石

①Takao Moriyasu. *Uighur Buddhist stake inscriptions from Turfan*. Louis Bazin & Peter Zieme. *De Dunhuang a Istanbul: Hommage A James Russel Hamilton, Silk Road Studies V*, Turnhout: Brepols, 2001, p.149-223.

②Abdurishid Yakup. *On a newly unearthed Uyghur letter from Dunhuang. In: Desmond Durkin-Meistererns t / Simone-Christiane Raschmann / Jens Wilkens / Marienne Yaldiz / Peter Zieme: Turfan Revisited-The First Century of Research into the Arts and Cultures of the Silk Road*. Berlin: Reimer, 2004, p. 398-400.

窟·第一卷》的研究所显示的那样,对这些资料的全面、系统的研究要求不同学科、领域的学人长期合作。

附记:本文是笔者于2003年在Sven Bretfeldt和Jen Wilkens编*indien und Zentralasien:Vorträge des Göttinger Symposions,Vol7. Mai 2001*(《印度和中亚:2001年5月7日至10日举行的哥廷根学术讨论会论文集》)上发表的On the Newly Unearthed Uyghur Buddhist Texts form the Northern Grottoes of Dunhnang (《敦煌北区石窟最新出土回鹘文佛教文献概述》)的汉文译文。在汉译过程当中,笔者在保留原文内容和风格的基础上,对某些内容进行了适当的调整和修改。

敦煌新出叙利亚文文献行间加写的回鹘文头韵诗译释①

阿不都热西提·亚库甫　著

一、引言

敦煌莫高窟北区石窟新出编号为B53:14的叙利亚文景教文献含有16行行间加写的回鹘文头韵诗。该文献是中国考古学者在莫高窟北区石窟进行的考古发掘时,在B53号窟发现的。同一洞窟发现的还有一些汉文、回鹘文、西夏文文献②。叙利亚文文献残存4页,折迭装,是用纤维交织较匀的白麻纸书写的。该文献每页写有15行叙利亚文。回鹘文诗歌是在第一页的行间书写的。根据《敦煌莫高窟北区石窟》提供的信息,带有回鹘文的那一页的大小为19.80厘米(高)×30.80厘米(宽),文面规格为16.00厘米(高)×10.90厘米(宽),行间距离为1.10厘米③。北京大学段晴教授和中央民族大学张铁山教授分别对这一文献的叙利亚文、回鹘文部分进行了初步研究,刊布了文献的拉丁字母转写和汉文译文。

① 笔者的论文发表之后,看到德国回鹘文专家彼得·茨默(Peter Zieme)教授和我国学者牛汝极教授有关该文献回鹘文部分的研究论文。经比较,发现茨默教授的转写和译文跟笔者的转写和英译大体相同;牛汝极教授的却与笔者有较大的不同,尤其是他的译文和对一些词的解释跟前两者有一些明显的差别,这里不一一列举比较。茨默教授的研究见 Peter Zieme. Zwei uigurische Gedichte aus Dunhuang—Ein Deutungsversuch, *Türk Dilleri Araştırmalı Cilt 11*, 2001, p. 125-136.(但该杂志的出版发行时间为2003年)。牛汝极教授的论文见《敦煌北区发现的叙利亚文景教—回鹘文佛教双语写本再研究》,载于《敦煌研究》,2002年第2期。后者又收录在《十字莲花:中国元代叙利亚文景教碑铭文献研究》第45~50页,上海古籍出版社,2008年。笔者2002年的标音转写和译释仍然有效,本文基本保留。

②这一洞窟还出土一些纺织品、棉花、木器等,详见《敦煌莫高窟北区石窟·第一卷》第190~198页,文物出版社,2000年。

③见彭金章、王建军著《敦煌莫高窟北区石窟·第一卷》第195页,文物出版社,2000年。据此书提供的信息,其余三页大小也跟这一页一样,只是文面略有不同,为11厘米。

经研究,段晴教授确定文献的叙利亚文部分为《圣经》文选,摘录的是《旧约》中《诗篇》的内容,并跟《旧约》Peshitta 译本的对应部分进行了比较。段晴教授认为,“新发现的叙利亚文文书的首页上有回鹘文的押头韵文,行文十分流畅,说明这是不一定通晓叙利亚文的回鹘文人所写。”① 她根据张铁山教授的汉文译文写道:“仔细阅读文书首页上回鹘文的内容,很像是一个刚刚接受了景教信仰的人在表述内心的希望, 他希望得到好的报应。这个抄本可能就是回鹘人的,他按照景教僧的规定抄下叙利亚文的《诗篇》,以便天天吟咏。一次所抄的内容熟悉之后,再抄下另外的内容。当然,这仅仅是笔者的推测。”② 此外,在段晴教授看来,文书中的“红色符号比文字本身更为神圣,谦恭的书写者见到红色符号,甚至不将文字写完整”。她还把红色符号跟突厥—蒙古族的萨满教信仰联系在一起,并指出,“根据文书中数行不整的现象可以看出,这份叙利亚文书应当是熟悉萨满教的景教信仰者所抄。”③ 需要提到的是,回鹘文部分的有些文字,例如第 11 行和第 12 行,明显越过这些红色符号,更重要的是文献的回鹘文部分的书写者跟叙利亚文部分的书写者很明显不是同一个人。回鹘文的书写者只是利用行间的空白部分书写回鹘文诗歌。在汉文文献的行间书写回鹘文的类似文献也不少。此外,在张铁山教授看来,回鹘文部分“似为佛教文献”④。这些观点互相矛盾,出入较大,这里不深究。需要指出的是,有些观点是建立在文献回鹘文部分的转写和译文的基础之上的, 而这个转写和译文却跟原文出入较大,因此,该文献回鹘文部分的研究应从文献回鹘文部分的重新刊布开始进行。

笔者认为,至今我们没有证据证明或否定该文献由回鹘人所抄。众所周知,回鹘人也曾经使用叙利亚文来书写回鹘语,但大多为景教徒碑铭,主要发现在新疆维吾尔自治区境内的阿力麻里,内蒙古的百灵庙、呼和浩特、赤峰等地和福建省的泉州及江苏省的扬州。当然,此前敦煌地区也有叙利亚文景教文献发现,但其书写者不详。很明显,假若北区石窟新发现的这一叙利亚文文书确实是回鹘人抄写的, 那么它又一次证明回鹘景教僧在敦煌地区的存在, 其为进一步了解敦煌回鹘社会的宗教状况提供重

①见段晴著《敦煌出土叙利亚文释读报告》, 载于《敦煌莫高窟北区石窟·第一卷》第 382~390 页,文物出版社,2000 年。

②同①,第 384 页。

③同②。

④见张铁山著《叙利亚文文书中回鹘文部分的转写和翻译》,载于《敦煌莫高窟北区石窟·第一卷》第 391 页,文物出版社,2000 年。

要证据。不过,就像笔者暗示,北区石窟文书的回鹘文部分的书写时间应晚于其叙利亚文部分,而且其内容明显是佛教的。因此,该文献的回鹘文部分不能作为证明该文献由回鹘人所抄说的直接证据。顺便需要提到的是,该文献的回鹘文部分和同一洞窟出土的其余 4 件回鹘文文书在讨论这一话题方面具有重要的参考价值。因为,这些都表明,该洞窟是被回鹘人所使用的。

二、回鹘文部分的断代和内容

段晴教授和张铁山教授把文书的时代定为元代是正确的。支持这一断代最有力的旁证是在《敦煌莫高窟北区石窟·第一卷》提到的以下内容。

> 窟内出土遗物时代普遍要晚,从窟内出土的西夏文《金光明最胜王经》的汉文文书有“中统抄”和盖有八思巴文印记,以及有“至元三十年”分析,窟的使用下限一直延续到至元三十年(1293年)以后当无疑。

此外,下面提到的属于晚期回鹘语的一些语言特点也支持把文书的年代定为元代的看法。

存在 s 和š 以及 z 之间的交替,例如第 13 行的 ažunınta“在其世界”写作”swnynt’, 第 11 行的 tızik “大食”写作 t’syk,第十五行的 ašta < 梵文 aṣṭa >“八”写作”zt’。

t 多次用 d 来标示,例如第 5 行上的 koltgulap “乞求”写作 qwldqwl’p,第六行的 kutınga “对……的福”写作 qwdynk’,第七行的 atlıg“叫做”、“有……名的”写作”dlyq。

再者,就像上面所说,回鹘文部分的书写时间应晚于文书的叙利亚文部分。

除了最初两行,文书回鹘文部分的其余 14 行是一首完整的头韵诗,其音节数却并不一致:有些行由 7 个音节构成,而有些行却有 8 个音节,有些行的音节数则达到 9 个。这个头韵诗音节结构可做如下分析:

I　ku　2 + 2 + 3 = 7

	ko	3 + 2 + 3 = 8
	ko	2 + 3 + 3 = 8
	ku	2 + 2 + 3 = 7
	ko	2 + 2 + 2 + 3 = 9
	ko	2 + 2 + 2 + 3 = 9
II	bu	3 + 3 + 3 = 9
	bu	3 + 4 + 1+ 3 = 11
	bu	3 + 3 + 3 = 9
	bo	3 + 2 + 3 + 4 + 3 = 15
III	a	1 + 3 + 3 + 4 = 11
	a	2 + 2 + 3 + 4 = 11
	a	2 + 2 + 2 + 1 + 2 + 3 = 12
	a	3 + 3 + 3 + 3 = 12

张铁山先生指出,“回鹘文似为佛教文献”,但他未进一步说明是何类佛教文献。对文献回鹘文部分进行的分析显示,文献的回鹘文部分是一首阐释佛教“三宝”的一首诗:其第1、2行提出问题,问“应如何对‘三宝’这个词作出解释”。第3~16行逐个回答第1~2行所提出的问题:第3~8行谈的是作为“三宝”之一的佛,第9~12行谈的是法,而第13~16行则是关于僧的。答题是回鹘文诗歌的重要部分,但其对“三宝”的解释十分独特,跟通常的解释并不一致。笔者认为,这一部分的内容并不像许多回鹘文佛教诗歌那样是某一汉文诗歌的回鹘文译文或某一汉文佛教文献的再创作,而更像是回鹘人自己的发挥和创作,故不见于《大藏经》。需要提到的是,在回鹘文文献的第11行出现 busurman“穆斯林”、täzik“大食”等词,说明元代敦煌的回鹘佛教徒对伊斯兰教有所接触和了解。在元代回鹘文世俗文书当中,使用阿拉伯语、波斯语借词并不罕见。铁兹江(Semih Tezcan)、茨默(Peter Zieme)刊布的一件回鹘文文书反映佛教徒对伊斯兰哲理的批判,有些文献还提到伊斯兰教先知穆罕默德。虽然这些文献都是吐鲁番地区出土,但吐鲁番和敦煌的宗教、文化联系历来十分紧密,北区石窟文书也使用这些跟伊斯兰有关的词语,并不是什么特别奇怪的现象。在回鹘文文献当中,有一类反映回鹘佛教徒跟伊斯兰教冲突的一些残片,

构成回鹘文文献的一个独特小类。它们的一个共同特点就是都是采用押头韵,即是运用头韵法写成的。这些文献需要进一步综合研究,这里暂不深究。

1.行间加写回鹘文头韵诗的拉丁字母转写和标音转写①。

第 1 行 pwlwr 'wyc t 'rdyny t'kw s'v n'kw typ
bolurüč {t} ärdini tegüsav nägütep

第 2 行 ywrwk ywr'r "rky
yörüg yörär ärki

第 3 行 qwld' kwynk t' twqm'q w
kulda küngtä tugmagu

第 4 行 qwlw tyn 'rync pwlm'q w
kolutın erinc bolmagu

第 5 行 qwlwp qwldqwl'p "lm'q w
kolup koltgulap almagu

第 6 行 qwly nwm t's qwdynk'
kulı nomdaš kutınga

第 7 行 qwpy s'vyl"dlyq yyrl'r t'
kopı sävil atlıg yerlärtä

第 8 行 qwrqwp qwdy twypwn q'c'r t'
korkup kodı töpün kačarta

第 9 行 pwy'n lyq 'ys lr nynk kwycynd'
buyanlıg išl(ä)rning küčindä

第 10 行 pwrwn qy v'psy l'r nynk pw swyz ynd'
burunkı vapšilarnıng bo sözindä

第 11 行 pwswrm'n t'syk nynk 'ysynd'
busurman täzikning išindä

第 12 行 pwlwr mw 'rky 'wz ' qy y'qsy lr nynk twysynd'
bolurmu šrki ozakı yaxšıl(a)rnıng tüšindä

第 13 行 "lp pwlqw lwq y'lynkwq"swnyn t'
alp bulguluk yalınguk ažununta

第 14 行 "z qy' pwy'n qylqw lwq kwycynyn t'

①笔者的转写明显区别于张铁山先生的转写,这里不一一列举比较。

azkya buyan kı lguluk küçinintä

第15行 ”z t’ s’x ’syr ’nwm ’vm’k twysyn t’

asta saha sira nom ävmäk tüšintä

第16行 ”s’nky p’rqwlwq ’ys lr nynk ywlynd’

asanke barguluk išl(ä)rning yolında

2.汉译。

第1行 有个叫做“三宝”的词,

第2行 不知应该如何释之?

第3行 (佛)不由男奴、女仆所生,

第4行 不因静虑而感到悲伤,

第5行 不经乞食而得到报偿。

第6行 为(法)奴、法兄之福,

第7行 在叫做 Qopi、Sävil 的地方,

第8行 正在上下不安地逃亡。

第9行 (法)在有功德的事业之力,

第10行 在先前法师的这些话里,

第11行 在穆斯林大食之事,

第12行 不知是否(还)在于先前有报之善事。

第13行 (僧)在难得的人道,

第14行 在做功德,哪怕是微不足道,

第15行 在译八千经的酬报,

第16行 在应去无数次的事业之道。

3.语汇注释。

第1行 tegü 该词于此处写作 t’kw, 跟其通常的写法 tykw 有所不同。此处的写法纯属拼写错误或反映当时口语 e 音的低元音化倾向,很难判断。

第4行 kolu 意为“十秒”,似是此处有“静虑”之义,是动词 kolula-“静观”派生的基础。

第6行 kulı nomdaš 包括 kulı 和 nomdaš 两个成分,其中,前者意为“其男奴”,而后者有“共享同一宗教的人”之义。kul 在古代突厥语文献中是个常用词,nomdaš 也出现在许多回鹘文文献里。笔者怀疑,此处 kulı 和

nomdaš 实际上指的是 1314 年前后大元国西境军事领袖 Nom Quli 和他的继承人 Nom Tāš。此处 nomdaš 一词不寻常的拼写法似乎说明，nomdaš 并不是一般的 nomdaš，而跟 Nom Tāš 相连。

第 7 行 kopı sävil 一般来讲，kopı 可解释为 kop “全部”的第三人称领属形式，而 sävil 也可看作是动词 säv- “喜爱”“喜欢”的被动形式，即 sävil- “被爱”或被动动词 savıl- “弯曲”①。从上下文来看，这两个词此处应为地名，但它具体指哪两个地方，需进一步研究澄清。

第 11 行 busurman 源于波斯语的 musulmān，该词以同一形式见于库米克语和巴勒卡尔语②。铁兹江和茨默刊布的一件所谓“反伊斯兰辩论”文献也出现跟 busurman 十分相近的 musurman。Musurman 在现代维吾尔语里是 musulman 的非标准变体之一，罗布方言还存在跟该文献完全相同的 busurman。

täzik 该词很可能源于粟特语的 t'z-yk③（请跟巴列维语 tâcîk），最初以 täzīk / täzik 的形式出现在第二个《敦欲谷碑》南面第一行（TII S1），《阙利啜碑》东面第四行（KČE 4），塔拉特·铁肯教授在其著作《鄂尔浑突厥语语法》一书里把它一律译作“阿拉伯”④。该词也出现在喀什噶里的《突厥语大辞典》，但在《突厥语大辞典》里它指的是波斯人，即 fārsī。《福乐智慧》（QB）的开罗本出现的 täjikčä 指波斯语，例如 ‘arabca täjikcä kitablar öküš “有很多阿拉伯语和波斯语的书”。在《福乐智慧》出现 3 次的 tazï 一词来自波斯语的 tāzī “阿拉伯”，罗伯特·丹阔夫（Robert Dankoff）教授在《福乐智慧》的英译本里把第一个和第三个 tazï 译作“阿拉伯（人）的”（Arabian），而把例二中的 tazï 译作“阿拉伯（语）的”（Arabic）。跟《福乐智慧》的形式十分相近的 tāzï 及其派生词 tāzīča ~ tāzīča~tāzinča 等出现于《可兰经》的中世纪突厥语行间译文⑤。汉文历史文献有与其相关的“大食”。汉语“大

①Clauson, Sir Gerhard. *An Etymological Dictionary of pre-thirteenth-century Turkish*. Oxford: Clarendom Press, 1972, p.789.

② Räsänen, Martti. *Versuch eines etymologischen Wörtechbuchs der Türksprachen*. Helsinki: Suomalais, 1969, p.90.

③ Geng Shimin, Hans-Joachim Klimkeit, Jens Peter Laut. Eine neue nestorianische Grabinschrift aus China. *Ural-Altaische Jahrbücher*, 1996, N.F.14, p.191.

④ Talat Tekin. *A Grammar of Orkhun Turkic. Bloomington: Indiana University*, 1968. 需要注意的是，铁肯教授在其土耳其文新著里把《敦欲谷》碑的 täzik 译作 Fars 或 Tacik。参见 Talat Tekin, Tunyukuk Yazıtı, Ankara 1994, p.19、p.67.

⑤Eckmann Janos. *Middle Turkic Glosses of the Rylands interlinear Koran translation*. (Bibliotheca Orientalis Hungarica XXI.) Budapest: Akadémiai Kiadó, 1976, p.280-281.

食”的发音很可能影响了该文献 täzik 的拼法 t'syk。除此之外,其他很多语言也使用跟 täzik 相关的一些词。

第 13 行:alp bulguluk yalınguk ažunınta 可译作“在难得的人生”,作为佛教术语,该短语相当于佛教汉语的“难得人道”①。在庄垣内正弘教授刊布的一件《阿含经》残片 ya(l)nguk ažunı alp bulguluk 用来翻译汉文原文的“人道难得”。yalı nguk“人”一词通常写作 y'lnkwq,如《米勒会见记》的胜金本 70v,《阿毗达磨俱舍论实义疏》(ShogAbhi)的第 304 行等,有时也写作 y'l'nkwq,如 BT XIII 第 38 号文献第 43 行,《金光明经》(Suv.)的 259 页第 9 行,ShogAbhi 第 183 行,第 262 行等。此处 yalı nguk 一词当中的元音ı 明显是属于加音。在响音之间加一元音在回鹘文文献当中并不少见。

第 14 行:küčinintä 通常写作 kwycynt'或 kwycynd'。该文献第 9 行也写作 kwycynd'。此处写作 kwycynynt'很可能是受了前一行 ažunınta 的影响,是为了满足诗行对音节数的要求。也可转写成 küci{ni}ntä。

第 15 行:asta sax-a sira 来自梵文 aṣṭa-sahasra“八千”。根据荻原云来的解释,sahasra 表示数量之无限。该词此处是否跟《八千颂》或《般若八千颂》有关,很难判断。

nom ävmäk 这个短语的第二个成分ävmäk 很可能是 具有“转”“转让”“翻译”等意义的动词ävir(mäk)的拼写错误②,此处暂时译作“翻译……经”。

(原载:*Splitter ans der Gegend Von Turfan*, Berlin,2002.)

①见中村元编《仏教語大辞典》第 1071 页,东京书籍,1981。

②Clauson, Sir Gerhard. *An Etymological dictionary of pre-thirteenth-century Turkish.* Oxford: Clarendom Press, 1972, p.14.

敦煌莫高窟北区石窟出土藏文文献译释研究

黄　颢　著

近年来敦煌研究院科研人员发掘莫高窟北区石窟，收获颇丰，古藏文残页即其一。笔者以为这是敦煌研究院科学家奇思创下的奇果，真是沙里淘金，大出世人想象，令人万分敬佩，也使世人由衷感谢。否则这些沉没数百年的文物何以能重见天日？更重要的是，敦煌科学家的这一创举为我们打开了一扇思索之窗，即未被发掘的文物还在等待我们继续寻找开挖呢。

古藏文残页总计有115件，其中除几页梵夹页式完整的抄经外，绝大部分是残页和碎页，甚至有的只是一小碎片。

从纸张上看：多为一般白色麻纸。少数为抄经用的黑色磁青纸。这些与所见的现存敦煌等地文献用纸大体相同。多系内地生产。

从文体上看：多为墨书手写。而抄于磁青纸的佛经，多为用金粉或银粉所写。

所见文字多为草体藏文。而磁青纸上的文体则多为楷体藏文。而一般麻纸上的多为青稞体（即珠迎体）藏文，这两种抄经文体颇见功力。少数麻纸抄经虽亦见有楷体，但笔法则逊色不少。

藏文中亦见有以藏文拼写梵文经咒者，亦见以藏式数码表示计数者。

所见文书中之草体藏文，其中多有笔法精美上品之作。此外，文书中多见缩体字。

另见有所谓元代长脚体藏文，但数量甚少。文体中有数页木刻印刷体藏文，同时见到一份木刻版佛像和佛塔，系印刷体。这具有重要价值。

从时间上看：藏文文体多数是唐宋以后文体，少数为唐宋时所写。木刻版印刷或文或图，多是后期元明清之际以各种渠道流入河西，辗转传入敦煌。

从内容上看：多为涉及佛教的文献，抄经较多，如《般若波罗蜜多经》

《无量寿经》《金刚经》等等。而一般僧人抄经讲经、传法说教之作,更为多见,但因残页和字迹不清,碎片不成文,故意义多有不全者以至难解其意。

另有甚少但很重要的社会文书，如涉及唐吐蕃时期及元代的历史或历史地理者。可惜文书残碎或文字漫漶,多不全,乃至伤及要义。

文书还涉及历算和藏医药学和占卜等等,如乘法口诀、藏式数码的运用、藏医药名称以及因明等等。

另有画图类文献,如轮回图等。

从意义上看：首先文献显示，藏族僧俗有关人士曾活动于莫高窟北区,为时不短。其次显示汉藏西夏等等诸族共同开发敦煌历史事实。

各民族文献的同时出土，显示元代敦煌乃是西北各族文化及佛教文化的交融中心。

从古藏文文献遗存看,敦煌地区曾是藏文流通区域。从敦煌元代法旨看,当时的敦煌应是重要的政治活动场所。

古藏文文献显示,藏族人在敦煌的僧人中当为数不少,他们即是敦煌文化的创建发扬者之一,也是各族交流中的媒体,同时是藏文化特别是藏族佛教文化的主要传播者。

借助这些文献看出或部分看出藏传佛教和古代藏人的社会、文化生活等诸方面情况。如果与西方盗走的已公布的藏文文献相参阅，比较研究,其价值甚高。

一、B52窟

1.标本B52(乙):4(正)(彩版七)。

残页,于磁青纸上用金粉和银粉写经,藏文楷书,全页7行。

释文:……想来,如是……我亦随之获太的彼等佛法矣!……大菩萨修波罗蜜多……瞬时之教诲仅在弹指间亦可生起菩提心……须菩提……等等之菩提心……彼劫之时,如恒河之沙尽其所有予以布施,则将生起菩提心矣!……有缘者……大菩萨于一日间……此布施,仅在弹指之间即可完成,所生之菩提萨埵此后静居时,菩提萨埵在经一日之间,将在唯于弹指间稍长之际,修行波罗蜜多,则可生起此菩提心……如若所思明确,在其所生之菩提心后……何者……此须菩提若以空见为例,则如来、罗汉正确……于不动佛尊前,现在萨埵……之所谓宝,则当持续依量修行。此乃

《散花品》部,二十八……

综述:此件为佛经《般若八千颂·散花品》之抄经,当在唐宋之后写成。

2.标本B52(乙):4(背)(彩版八)。

残页,于磁青纸上以金粉和银粉写经,藏文楷书,全页7行。

释文:……如是而行,则大菩萨依此般若经,随后则明……诸法无贪,故二而(可明)般若……对于般若波罗蜜多,此则知矣,以诸法无变、平等,(悉知)般若……为不使诸法混杂,此后则所知般若可悉知矣……诸法无名言……则知般若矣!对于诸法应善于理解……凡任何所假立名言,亦均非所假立名言,诸法无名言……在以如此……所说之后,则因此可悉知般若波罗蜜多矣!对于般若,随后可悉知矣!因色无量故……则随之可悉知般若波罗蜜多矣,……于诸法……则因此随之可悉知般若波罗蜜多矣!……如是做无量感受……因意念(按:即识)无量故,则般若……可悉知矣,因记诸法,则因诸法决择故,则般若……

综述:此件为佛经《般若八千颂》中之一部分,当写于唐宋之后。

二、B59窟

1.标本B59:13(正)。

残页,手写墨书草体藏文。纸白色,全页7行。

释文:

第1行 ……弓……

第2行 ……向下(thur)……较好……

第3行 ……以后……一般所说……

第4行 如果又寻求经常供养,则付与一剂(汤药)……

第5行 ……所炮制的汤剂药,经引出后即完成……

第6行 ……之宝物,并于犏牛……

第7行 ……(左)门……之……

综述:此件文字多断续,难辨其性质,看来似与藏医学有关,应是唐宋之际的文件。

2.标本B59:81(正)。

残页,手写墨书草体藏文,全页6行,为梵夹页式。

释文:

第1行 ……白色泽漆之乳汁……

第2行 ……姜黄、刺柏……

第3行 ……白丹参、木粉末……

第4行 ……诃子、藏木香、……相配武……

第5行 ……疾病……三(种)无论如何仍然……

第6行 ……两部……以彼……之山作为基础……

综述:此为藏医药学文献。因字体不规范,某些字又不清,故有难辨者,当为唐宋以后所写。

3.标本B59:81(背)。

残页,手写草书藏文,全页5行。内容有用藏文拼写的梵文,纸白色。

释文:

第1行 ……格灵(按:音译)萨诃阴咒……

第2行 ……圆月格灵(按音译)萨诃孔雀阳咒……

第3行 如以毕斯力毕斯力萨河(此咒语)施于人,则胃、大肠于左方外腰部最后可增长力量(按:此句由第3行至第4行)

第5行 ……(此为)尿堵阻证之咒(按:此处草书系上句末下面的附言)

综述:此系藏医学的文献,当是唐宋之际的作品。此件所含梵文咒语未查考出其意义。但将梵文咒语加入医疗中,值得注意和研究。又释文第3行"毕斯力"词下有藏文附注"肉毒"两字。再则第1行"阴咒或",第2行"之阳咒",其意似是"女咒师所颂之咒"或"男咒师所颂之咒"(mo sngagso;pho cngagso)。

4.标本B59:10(正)。

残页,此件同标本B59:10(背)均为梵夹页,手写墨书草体藏文,纸白色,存文字7行。

释文:

第1行 ……九六、十三、九……

第2行 ……二九一十八、一九得九……

第3行 ……八五、五八正四十、一八……

第4行 ……是八八……七七四十九……

第5行 ……七三、三七二十一、七二、二七……

第6行　……正，六四、四六二十四、六三、三六……

第7行　……五、五四、四五正二十，五三、三五……

综述：此系数学中乘法口诀，依字体看，此件当在唐宋之后所书。此种口诀与汉地乘法口诀极相似。说明在数学领域彼此交流的深度与广度。但藏式口诀又有其特点，即先将两个不同数字相乘，然后再进行换位相乘。例如："五四、四五正二十。"这可以看做是乘法口诀的一种进步或创新。

5.标本B59：10（背）。

残页，系一份抄件的最后半页，手写墨书草体藏文，4行，纸白色。此件有用文字表示的数字，例如"gcig（一）"、"gnyis（二）"、"gsum（三）"、"bzhi（四）"。同时又有近似阿拉伯数码的藏式数码，如"༡（1）"、"༢（2）"、"༣（3）"……另有缩写数字"bcuis（十二）"。

释文：

第1行　……四三、三四乃即十二。二四、四二即是（八）……

第2行　……即是三十六、三一、一三即是（三）……

第3行　……是王啊。完毕（按：全文至此结束）

综述：此件系数学当中的乘法口诀，依文体看，此系唐宋之后所写。如"三一、一三是三""二四、四二即为八"，此二句即汉族乘法口诀中的"一三得三""二四行八"。

又此件在一句之中同时使用文字数学及藏式数码，这在敦煌藏文文献中尚不多见。

此件正文的下部边缘约有八个字如"于十……""ma"等。

B59窟出有不同时期和不同形式的文献，是值得重视的，说明内地木刻板印刷品传布于敦煌，显示出文化交流和交融的程度。

三、B77窟

1.标本B77：22。

残碎画页，由三份纸片组放在一张纸页上。左侧碎页有残存的藏文字母，墨写楷书，不成词，更不成文。右侧碎页上画有佛塔，仅有全塔的右侧半边。画顶部系似轮回残迹，应与佛塔图无涉。纸白色。

释文、释画：藏文残存字母是"kha""phya rgya"（按：似即"phyag rgya"之异体，意为"手印"）"dge"（意为"善"）。

佛塔画残图中,塔非藏式塔,六级,每级收缩递减明显,似阿育王塔在内地的变种。其型简单,线条粗糙,属写意草图。无塔刹,仅一锥形物耸立于塔尖。塔基残,不见莲瓣。

综述:因附藏文题字,推知此画是藏人所画,依藏文字母推测,此件当在元后所为。作为三宝之一的佛塔,似藏僧画塔礼拜之用,文与图应有内在联系。

2.标本B77:11。

此亦为以藏文转写梵文的经咒——三字咒或三字总持,一纸两份,均为相同的以藏文转写梵文的三字咒。白纸,手书工整的藏文楷书。右件完整,左件中残(即"阿"字)。

译文:(音译)唵阿吽。

综述:详见第464:124文献综述。

四、B126窟

标本B126:1。

普通白纸,全页7行,手写墨书,行书体,系元以后文献。

正面释文:例[①]有灾而降,作为标示则当造此洞;切断虎园之通道;自做护持仪轨为佳;做回遮104次(或400次?);将发髻露出;敌手中之财宝,将断其心魔;若在巷道有死者,那么外出行商将遇贼……

背面释文:房内若有好紫土,请向堪舆者求助,在紫土及尸体处烧香则有益;怨敌占(按:占卜术之一)将可驱逐盗马者;邪魔占(按:占卜术之一)则禳解妖魔胜之;命占、引导占(按:两占均为占卜术之一)均佳;财卦正好当行白法(按:即正教——佛教之法);宜早请四位比丘为佳……

综述:算卦、占卜文献(包括除灾避凶之法)。

五、B127窟

1.标本B127:1。

残片,无首尾,白纸,手写墨书,全页行短句,其中两行是主体文字,在首行上下,各有草书短句两行,但内容与主体字内容无关。此页主体字是元代流行的藏文长脚字体。推测此件应是元代时作品。

释文:主体字(两行粗体长脚藏文)

①例,表明研究者对此标本未完全译释,只是将大意录下。下同。

第 1 行　“致……之管民官(mi dpon)、各部之诸长老谕”

(tshan pa tshen pavi rnams la zlo……)

第 2 行　“(致谕)……之弟子、格西桑结查”

(...gi slo ma dge shes sangs sgyas grags:)

四行草书短句

第 1 行　“诸调伏种种”(或“诸种律经”)

(vdul ba mang ba phran tshag)

第 2 行　“二位发菩提心之导师”

(byang chub sems dpav ston pa 〈g〉 nyis:)

第 3 行　“菩提心论如意树”

(byang sems stog brjod dpav sams vkhri shing)

第 4 行　“因明定量相属论”

(tshad ma rnam nges kyis vbres bshad)

综述:

主体句:从全体看,似是官府文书残卷。总观该文,应是元代高级官府奉命宣谕上级给地方官员或僧人的令旨。其格式、行文及笔迹等,均为元代封文、诏文、法旨及令旨等文献所常见者。

另,第 2 行“格西桑结查”是僧人名位(格西)及姓名(桑结查)的合称。

虽然系两行短句,却透露出这类文献出于敦煌。敦煌当时的地位是什么呢?是文书接受地点呢,还是文书发布地点呢?

四行草书短句,夹杂书于正文前部,均小字草书,无甚规矩。四短句均为佛教语义,有佛经和因明(逻辑)两类,均有经名或论题等之意。

2.标本B127:2。

普通白纸,梵夹页式,手写,墨书,草楷两件藏文书题。一页,两短行。书名题目。

释文:

正题:八个用藏文草书转写梵文的文字,即“玛夏(合音)咱里巴咱埃觉霍”。(按:此为梵文咒语音译)

副题:在此正题之上用藏文长脚字体书写,即“住地吉祥”。(按:原藏文为“nas phyag lags so”,似应是“gnas phyogs lags so”之异体)

3.标本B127:3。

残片,普通白纸,手写墨书,草体藏文,全页13行,书写不规矩,前部写不成行。此抄经应视为非正规者,似是笔录自用。因文中有长脚字,似可视为元或其后者所抄。难辨确切年代。

释文:(可辨者译文如下)

第1行　……到彼岸(般若)……

(以下两行模糊难辨,略)

第4行　诸一切量(tshad ba kun),集其所量……

第5行　集诸佛典藏经成为注疏……

第6行　……

第7行　……

第8行　……集诸业而护智慧,遂论释之……

第9行　……《般若十万颂广疏》……

第10行　……《七十藏释》(sde snod bdun bcu 〈vi〉 vgrel pa)

第11行　……《刹那庄严》(thum pavi dgong rgyan)

综述:似是佛经经目名称。

六、B131窟

标本B131:1。

磁青纸,藏文楷书抄经,当以金银粉写之,7行一页。工整,规范,大部分清楚。正文边线开头处,有"7"字,示意此页为抄经之第7页正面。此字之前藏文不清楚。

此经文中"ma"字下有下加字"ya",以此拼成否定词 mi-ya(mi-ya)或 med-ya("无"——意义"没有"或"非"),显然是吐蕃文字改革后不久的遗迹。据此,此件抄经应是吐蕃晚期(唐代)所为。

从此页(正背面)抄经内容看,应是《菩萨行经》或《入菩萨行经》一类佛经。

译文:

正面(彩版九):……诸漏之善根则将破除矣!……如是之菩提萨埵,则于彼善根,菩提及无上菩提可得正等觉,而后之所谓罪恶则无地可存矣!此乃系非处也。由是此后世尊无论何时可尽显神变矣!因此是故,比丘及比丘尼、居士与女居士等四眷属，神、龙、药叉与乾达婆、非人、摩睺罗伽、人与非人，凡此一切，均以佛力同如来、阿罗汉、正等觉佛阿闳佛、比丘僧等全部环绕一起，而比丘僧均可得见。到于阿闳佛（译者按：即不动佛）诸眷属则如在深海之中，具有不可思议之大菩提心功德，凡此一切及阿罗汉将导致漏尽、无烦恼、心境极为舒畅、深得智慧、神通将如大象之所性。卸责……所得，诸有合和尽断，且以正智深得解脱，并将被诸心智之各种正确智慧所包容矣！

背面（彩版十）：且近观之。如说法者所已见之者，而作真实变幻矣！此后，世尊则以神变教化（世人），而世尊以真实神变进行教化之后，如来佛、阿罗汉、正等觉阿闳佛则隐没，而彼菩提萨埵、彼声闻弟子、彼佛界抑或彼四眷属、神、龙、夜叉、乾达婆、非天、金翅鸟、人非人（按：即梵音紧捺落）……人与非人，上述一切也在视野中隐没矣。彼再言之，如来、阿罗汉、正等觉佛因以真实神变教化之。故彼等则隐没于彼之视野之中矣。此后，世尊则对弟子阿难陀教诲道：阿难陀，如是诸佛法则不会不（显）或显。对于诸法则变得诸法不显（按：或译“不现”、“不在”）、或以诸法不见诸法、或以诸法不识诸法矣！再言之：阿难陀，所谓诸法者乃非所知者、非所见者、非所需者矣！再言之，阿难陀，因无天空故，遂使诸法稳固矣！

综述：此件抄经极工整规范，当为高级书法家抄写。经对相同字词笔法对照，几乎接近刻印一样，足见笔法工夫极深。由此推想，此件抄经可能在吐蕃占领敦煌后大兴佛事时所书。而此类抄经无论在笔法、格式等方面，为后世刻经准备了良好的条件和范例。

七、B138窟

1.标本B138：1。

抄经碎片，磁青纸，金粉或银粉所书，藏文楷书，大字，笔迹工整。元以后抄件。

释文：

正面：

第1行　未增长……

第2行　如……出现智慧

背面：

第1行　……
第2行　所知非……也
2.标本B138:3(正)(彩版十一)。
残页,普通白纸,手写,墨书,抄经,藏文青稞体。元以后抄经。
释文:
第1行　……此乃者……部之因……
第2行　如若所谓……者,乃佛法之……
第3行　……即系……之方面也……
第4行　……知与所知相等……
第5行　……一切诸识……
第6行　……此即所云者……
综述:似是有关佛教“识”的抄经。
3.标本B138:3(背)(彩版十二)。
特点见正面说明。
释文:
第1行　……诸同品等等……
第2行　……以……之情况……次第……
第3行　……所谓加行道者……
第4行　…愿有所成果……
第5行　……圆满及圆满体性……
第6行　……如是则可获得道果……
综述:此件当为抄经。似是加行道及道果类佛经。
4.标本B138:12。
白色普通纸,碎片,草楷之间的过渡期笔法,手写,墨书。元以后抄件。纸间划有线格,格中之字自成一单元,每格内容独立。总观,应是占卜文。
释文:
正面:
第1行　……　……
第2行　和之　……月份
第3行　北方　又
第4行　存有　……

背面：
第1行　……太阳　五百……
第2行　　　……　南方……
第3行　……太阳　二十二……
第4行　……
综述：似占卜文书。
5.标本B138：13。
手抄藏文残页，普通白纸。梵夹页式，墨书，草楷混用过渡文体（近后世之青稞体）。
释文：
正面（彩版十三）：
第1行　……之路与路；对于渔夫鱼……
第2行　……发展，而又有一些人……
第3行　……从星曜到守持实相之间……
第4行　……从舍弃后，无生和一些实相……
第5行　……勇者刚刚消弱便即得以增长……
第6行　……对于一切实相之取舍，其行为即是无实相……
第7行　……首先菩萨之见修之正道……
第8行　……于行善事之时……
背面（彩版十四）：
第1行　……未消失……此……
第2行　……无双，执此……
第3行　……从二者，其第一者……
第4行　……彼者……取此者……
第5行　……于彼摄受，取得黄铜……
第6行　……未见，此花……
第7行　……先前所言之种种真实……
第8行　……以……为基础做作根基……
6.标本B138：16。
手抄藏文残页，普通白纸，梵夹页式，墨书。
释文：

正面(彩版十五):
第1行 ……无……
第2行 ……所欲行……
第3行 ……彼大……
第4行 ……其之后……
第5行 ……所谓修行彼……
第6行 ……若(给予)则首先略……疑虑……
第7行 ……实相佛法之信念……
第8行 ……于彼十……之下……
背面(彩版十六):
第1行 ……所谓为首者,佛之弟子(sras)聚会……
第2行 ……所言之后,遂即教授……
第3行 ……当努力于所珍惜之佛法……
第4行 ……所谓所知者……
第5行 ……彼对于罪恶,人……
第6行 ……所谓见思之道……
第7行 ……成果,已修及所修……
第8行 ……以舍利子……

7.标本B138:17。

手抄藏文残页,普通白纸,梵夹页式,墨书。
释文:
正面:
第1行 ……未形成之后……此经……
第2行 ……未触及罪恶……
第3行 ……真实……
第4行 ……
背面:
第1行 ……非是……
第2行 ……由……远去……
第3行 如是,将获得实相……

八、B139窟

标本B139:1。

残片,普通白纸,手书,墨写藏文青稞体。元以后抄件。

释文:

正面:(彩版十七)。

第1行　……六……

第2行　……外面……

第3行　……第一……者矣!因与……

第4行　……贪……

背面:

第1行　非常真实……不……

第2行　彼等之功德……

第3行　……再……

九、B147窟

1.标本B147:2(图31)。

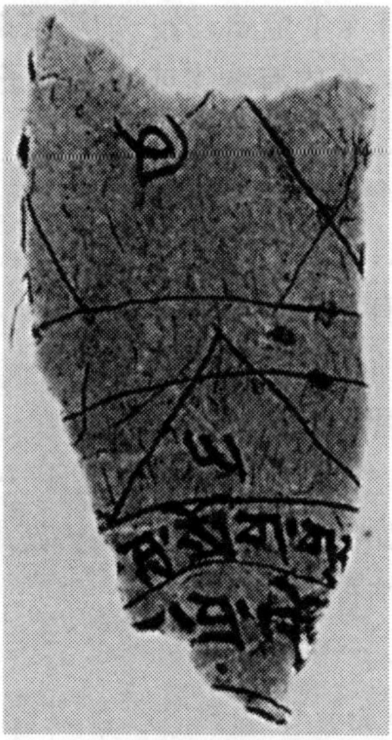

图31　B147:2　藏文残文书

残片,文字为手写墨书楷体藏文,白色厚麻纸。密宗修法用图。

释文:

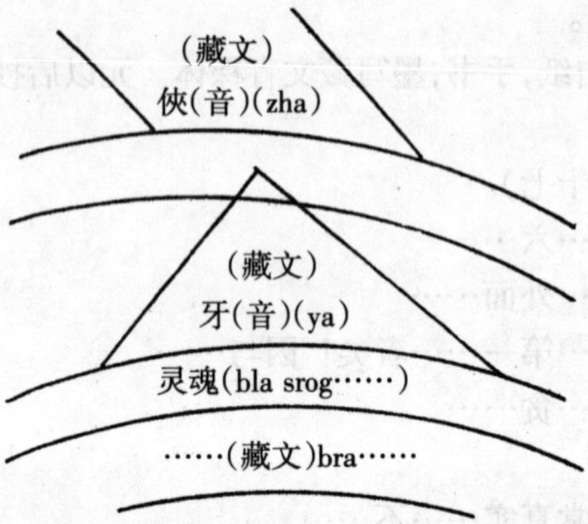

综述:此为藏密修法图。上部"侠"及"牙"为修密时诵念的密咒种子字。

2.标本B147:3(正)。

残破,一页面写两种不同的字。普通白麻纸,草书藏文。元以后作品。大约有两行字形甚小而模糊的藏文。

7个圆形图。其中有4个全图;另一为略缺的圆形;两个为只有一个残角的图。每圆内划8格,格内有藏文或梵文种子字。当是修密之观示图。笔法甚潦草,字漫漶残失,多不可识认。

释文:

第1行 ……经,求以甘露……

第2行 ……自所有智慧甘露……

第3行 ……心之所依……

第4行 ……我者智与寿命……

第5行 ……以我之力……汝子之寿智……

第6行 ……无论如何,我灵魂迷茫……造罪……

第7行 ……诸依怙神……忍……

第8行 ……无有,……

3.标本B147:3(背)。

普通白纸,残图,手绘,难断年代。此图当是修密观想之曼陀罗第平面图。全图大小5个圆。中间圆形内为交叉金刚件，圆外饰以相连的三角形花瓣，瓣内均写一“哞”字——种子字。第三、四圈内为藏文转写梵文的密咒种子字，第五圈甚残。

综述：平面曼陀罗图已被敦煌藏僧传示该地。可能是元代早期曼陀罗观想图，有重要实物价值。但此图笔法甚粗，似是草图，尚不是当时规范化的作品。

4.标本B147:4(正)。

普通白纸(抄经纸)，梵夹页式，青稞体藏文书写，全页9行。基本七言诗体。元以后抄经。

释文：所知持明密咒印，献礼依怙诸眷属，得以享获甘露戒，愿望将可成圆满，和合之主力均失。意愿将满待努力。妙哉“吽”字翔于空。黑鸟(bya nag)之嘴有喙者，献礼依怙诸眷属，亦可获得随顺果。愿望行将得圆满。和合之主力均失，意愿将满待努力……

5.标本B147:4(背)。

本页特见正面解释。

释文：(基本内容与正面同类，举例译文如下)

(接前页末)“吽”字野牛怒锥眼，美哉之羊及其尾，献礼依怙诸眷属，随顺之果意愿满，加行主失，意愿圆满。“吽”字黑犬有犬齿，狮子有力威狰猛，献礼依怙诸眷属，随顺之果乃意愿，加行之主，意愿圆满……

综述：此页内容，是藏族佛教密宗有关祈愿的仪规及其说教。

6.标本B147:9(正)。

普通白纸，墨书，抄件，笔迹略粗糙草率，介于草楷间杂过渡笔体，全页6行。大约属唐末吐蕃文献。

释文：

第1行　……是

第2行　……逃……

第3行　……此山……

第4行　……王者……

第5行　……好箭笞……

第6行　……北绸、布……

7.标本B147:9(背)。

本页特点,参见正面解释。

8.标本B147:14。

普通白纸,手写,墨书,行书,全页8行。此为药方。

例如:"稳定血液""以乳糜(对治)肺心病"。又列有藏药名,如:高山辣根菜、诃子、赤铜……

可辨认者尚有医学名称,如:"食味""身体汗水"等。

9.标本B147:15(正)。

普通白纸,行楷体过渡,全页9行。系元以前文献。密宗祭祀施法术时供献祭祀品之文。

释文:……用大而像浓云一样的长毛野牦牛,用黑羊所产如闪耀的白水晶一般的奶,用众多青蓝色丝绸的冠冕严饰。向一切圣神玛哈嘎拉(按:即大威德),向一切佛母黑旃陀罗,向一切婆罗门食勇士。

10.标本B147:15(背)。

释文:用各种鲜红之血,用人油、芝麻,用大供施食子等等(加以祭祀供施)。为了长久不衰,要献一切朵玛食子,要以令(众神)欢喜的诸种供物充分供养……

11.标本B147:16(正)。

普通白纸,手写,墨书,行书,书法尚佳,有缩体字,略残,全页9行。祈祷诸佛文。

释文:向无量寿佛敬礼、大转法轮,可使众生不堕于苦难……敬礼无量寿佛,金刚菩萨将降临,一切危害尽消除。敬礼金刚并众生。敬礼金刚无量寿佛……敬礼莲花无量寿佛……敬礼大宝无量寿佛,所欲诸事均可得……众思广扬如意焉……敬礼功德无量寿佛……当可获得多智库,思辨不失汝决断……

12.标本B147:16(背)。

内容多为咒语:如"唵金刚音莲花……唵金刚无量……唵毗卢遮那……"

13.标本B147:17(正)。

普通白纸,梵夹页式,手写,墨书,行书,全页9行。系元或其以后文献。内容系《无量寿经》。

释文：
第 1 行　……无量寿佛之尊前……
第 2 行　……无量寿佛坛城……
第 3 行　……金刚无量寿佛，南方为大宝无量寿佛，西方……
第 4 行　无量……，东北方为普见无量寿佛，
第 5 行　西南方为智慧无量寿佛，西北方为不动佛，
第 6 行　赤金刚缚绑佛。
第 7 行　……若施手印，将死之时可延寿……
第 8 行　……享受圆满，其身饰以珍宝……
第 9 行　……金刚坛城亦将……彼等诸事……

14.标本B147:17(背)。

存文字 7 行。

释文：
第 1 行　……有仪表者，持经幢……
第 2 行　……门与墙之外界……
第 3 行　……具有十一(四)氆氇……
第 4 行　……在八个……之上，金刚……
第 5 行　……将珍宝顶端美饰庄严，其外面是金刚围，
第 6 行　……南方黄色，西方红色，北方绿色，中间白色……
第 7 行　……寿……

15.标本B147:18(正)(图 32)。

普通白纸，手写，墨书，行书，全页 9 行，页后尾残，末行有咒文。

图 32　B147:18(正)　藏文残文书

释文:敬礼业之无量寿佛,汝之诸罪均消除,保护众生得吉祥。敬礼观音无量寿佛,大力明王极庄严(末尾有咒文)。

16.标本B147:18(背)(图33)。

图33 B147:18(背) 藏文残文书

释文:……敬礼地方守护神,持诸供施之食子,对东方……之魑魅所放疾病、危害、灾疫,均能一切息灭之……敬礼增长天王……

17.标本B147:19(正)(图34)。

图34 B147:19(正) 藏文残文书

普通白纸，手写，属唐吐蕃时文献。

释文：唵阿，以业已积累之所修吉祥物等等，改变那些不吉祥之事。圆满吉祥圆满。先前之释迦能仁佛，密咒及明处咒语，献礼金刚手，献以吉祥物。大金刚心者执意修炼。生出空性长永久，此之吉祥广宏扬。

18.标本B147：19(背)(图35)。

图35　B147：19(背)　藏文残文书

释文：下列诸物尽力焚修之，则于佛法政权巩固之……月亮天女以其光为镜。诸佛降魔……由“唵”字所生之诸宝，对诸转法轮者(收益)畅通无阻也，且可用法轮圣宝予以灌顶加持……

19.标本B147：20(正)、B147：20(背)。

普通白纸，手写，墨书。唐吐蕃末期文献，多藏文缩体字。佛教文献，主讲无量寿佛事。佛经内容均为颂扬无量寿佛功德事，如“可以开启智慧”等等。

20.标本B147：21(正)(图36)。

普通白色梵夹页纸，墨书，草体。此为手抄书的正面单页，边略有残缺，且有漫漶发霉印迹。页中间为手写书名。

图 36　B147:21(正)　藏文残文书

释文:占卜(pra vbeb)。

综述:此书名或可译作“预测”。

21.标本B147:21(背)(图37)。

图 37　B147:21(背)　藏文残文书

特点见标本 B167:21(正)。全页 7 行字,草书,墨书。

释文:敬礼观世音菩萨……所写……第一层顶部有白色滑石。大悲观世音菩萨……第二……生有手拿珍珠链及白莲花者。有月形剑之红光(融于)胸……世间诸种具有神通者(mngon shes can)的神通,其能力释放之后,令人渐次信服其所预测……其预测时发出(咒语):“阿拉巴热巴卡”……

综述:此件系佛教性文件,当属持咒密宗预卜神通类,佛家讲“五通”及“六通”。看来敦煌其时有宣扬具六神通的佛理僧人(藏人)。

22.标本B147:22(正)。

普通白纸,行楷之间过渡体,手写,墨书。系记述佛像文。此件当为宋代作品。

释文：诸情器世间者，大悲观世音，其耐苦之身伟大致极。于明净之底斯雪山修行。（山之）内部系一忿怒明王，其脸青蓝色，一面二手，而右手执剑，左手于胸部做期克印，在太阳座上右脚弯曲，……

23.标本B147:22(背)。

此系记述释迦牟尼降生图画内容。

释文：于布画之上显示形象，以净水瓶（水）洗浴（佛身），其如何诞生状？诸神敬献净洗之水，而该神水洁净。其后我等洗浴佛身，届时颂咒曰："唵呐玛叭弥它嗄达（意为：唵敬礼莲花如来佛）……哞！"

24.标本B147:23(正)(图38)。

图38　B147:23(正)　藏文残文书

普通白纸，手写，墨书，草书，全页8行，系抄经。此页页首外栏写"5"字，表示此页为第5页。从此件草书笔法看，似晚唐抄经，书法古朴，多用缩体字。藏文"mdov"（佛经）加"va"，"va"后加字，此写法为元以后所不见。多异体字。全页除个别破损处丢字外，基本完整清楚。

释文：……成为受生身也。唵顶礼！≡（按：原文）凡一切（事物）者≡（按：原文）"纳"（na）字≡（按：原文）此《一切地域经》……（所记之）地域中，又有建造佛塔者，此即正好是所谓"五部"（phya lnga）也。环绕（飞行）的众生——鸟，其均以远而纯净之（声誉）传闻于耳，凡此一切在获得正等觉之清净究竟圆满时，此即成佛矣。唵顶礼！≡凡一切（事物）者≡"纳"字≡在此般若之真实（境域）时，无论何时均不会转化为一般众生矣。（唵顶礼）≡凡此一切（事物）≡"纳"（sna）≡此信受（按：即"胜解"）之诸种进行过半,此时当做第一次布施,如果是第三次之……禅定界境时,当以两种珍宝全部供奉,而作为布施。唵顶礼 ☰ 无论某人……

25.标本B147:23(背)(图39)。

图39 B147:23(背) 藏文残文书

特点见正面说明。

释文:彼等佛法之种种,对此均应予以供奉,如是之诸法则全部尊奉矣。唵顶礼 ☰ 以此为例,如来佛、胜观佛、宝髻佛……救佛、拘留孙佛(即灭累佛一原注)……光护佛、释迦能仁佛,对于彼等诸佛当以大宝……所做之福德蕴力,以此所成之《无量寿经》,其所生之福德难以衡量矣!═ 此神山之王须弥山,对当做玛当巴(ma tam pa)大宝作为布施敬施之,至于其福德蕴力 ☰ 寿与智慧 ☰ 唵顶礼 ☰ 对此观之,此蕴力犹如以大宝之水充满的水滴,从每一滴水中均可引出蕴力。寿命 ☰ 能人。唵顶礼 ☰ 凡一切诸事,此《寿智无量经》(tshe ye shes dpav tu med pavi mdov),将写之为文或者……

综述:

此页正、背面抄经内容,综观应是讲解《无量寿经》的佛教文书。在敦煌藏文抄经中《无量寿经》数量甚多,形式也多样。从河西各市、县所存抄经文献中多有所见。但像本页这样的讲解和宣扬《无量寿经》的文献尚属罕见。

此件文中多次出现"唵顶礼",藏文写作"aom na mo",即常见"唵南无"之音译。

此件在"唵顶礼"之后,多次间隔出现"☰"形,即三条横线。这在藏文抄经中颇为少见。其意笔者待解。推测,是否相当于汉文中的引号?

此页出现大量缩写字(bskungs yig)及数字༡、༢、༣(即1、2、3)写法,为对此种形式的研究提供了早期见证。

一般正式抄写佛经均用藏文楷书，而一些讲解或宣讲佛经的佛教文献多见于藏文草书,本页即是如此。

26.标本B147:24(正)(图40)。

图40　B147:24(正)　藏文残文书

白色纸,梵夹页式,草书,墨书,全页10行。前部残,有部分文字不清。此件文献,当抄写于晚唐时。

释文:……所谓地方……分配。所谓地方切林(yul ni che len?)……三人骡马语(mi sum drel rta skad)×(原文)分配×(原文)……雪(山)之雍钦尤甫玛(gangs gi yum che g-yu phug ma)坐骑……东部之地是玛尔域热迪纳(shar gi yul ni mar yul rag ti na)、钦西(chen shi?)……于伍如地方之静才处(yul ni dbu ru scing tshal)、北方之缅(byang gi sman...)……坐骑大肘(chibs su shru chen?)(分配了)。地方即奴布衮(yul ni nub spuv brgon...)。地方即阿拉尊波杜瓦旅(nga la bcun bo dug ba lul),坐骑是屯甫奴波(chibs su dom bu nu po chibs)×……藏耶如(tsang g-yas ru)(有)雅拉香波(yar la sham po),佑如及云如……日期(g-yo g-yon ru nyin...)……东方……羊卓地方(yar vbrog)向下……首,娘波(nyang pa)×日……

27.标本B147:24(背)(图41)。

图41　B147:24(背)　藏文残文书

本页特点同标本B147:24(正)。前部残甚,且较模糊难辨。全页9行,较正面少1行。

释文:……下面……东部是雍(yong)与丘(vbyu)的地界(sa bar)×……军队(dmag)……斯(gze)之玛佑嘎巴达(ma yo ka pa ta)。鸡日(tshevi bya la)×……高大野鹫(rgod mthon po)……玛多迪热冈雪山(rma mdo ti ra gangs)、澜苍(江)[zla—(chu)?]之……神之大居士(...lhavi dge snyen che po)、文钦(sgyo chen)×达察(zla khra)×……翁热木尼(...vom ram ni)×比如耶(be ru ye)×维达吾(stod ta vu)、乞(khyi)×……吉日山(sgyed ri)×宗喀年(tsong kha nyin)×埃地咱日山(ae tsa ri)……于迪衮(ti sgon)有拉旬努(lha gzhon nu)、雄显(zhong shan)……之萨瓦格(sa ba dge)×孜地之堆日高山(rtsevi vdus ri mthon...)。

综述:

从笔法看,颇似唐代晚期吐蕃文书。

从内容看,此件为非佛教文献,应属社会文书类。就内容论,是属历史地理类。由于文字残缺不清,全面恰当地评估此件内容性质有一定困难。但推测不外乎两者:或是某人(或僧人)的旅行朝圣笔记,抑或是对藏区历史地理一般介绍。而前者可能性更大，因文字写法不工整，行距不齐，又有加注字。而且在地名间加上“×”号。这些符号显然出于常规，当为作者自写自加，看来是作者用来自录备忘，或许是为他人宣讲用的手稿讲义大纲。

所记内容显示，作者到过唐代时的吐蕃本土，并且熟悉吐蕃时的行政区划，如文中提到藏地（按：即今后藏）的耶如，中部的伍如、佑如、云如等，这些正是吐蕃“四如”的行政区划。而这种称谓在吐蕃王朝崩溃以后已不再使用。文中提到一些著名地区，如雅拉香波、王日山、换地的咱日山、羊桌等，这些都是史载的有名圣地。文中提到的宗喀、玛多等地名，表明作者对青海地区要地业已涉足。以上这些地名的出现，表明这些地方当时已是值得一提的重要地点了。

由作者所记内容看，作者似是吐蕃本部（即今卫藏地区）人，极有可能当时作者就住在敦煌修行、生活。

吐蕃敦煌文献中专写历史地理者不多见，此文在这方面应有相当价值。

文字有些难辨（多缩写字），释文难免有疏误之处。

28.标本B147:25（正）。

普通白纸，系一般行楷之间的过渡体。系禳解诸鬼文。

释文：……主及施主以业力禳解被欲贪浓云所遮蔽之众生，禳解父系之鬼，禳解（危害）地方民众的霹雳鬼，禳解厉鬼独脚鬼，禳解狰狞之像者……

29.标本B147:25（背）。

类似正面。

30.标本B147:26。

普通白纸，手写，墨书，行书，残。似为警语类文献。例如“不要认错敌人”（按：意为认准敌人）；又有“生火，早晨生火”；“十五……”等字迹。

31.标本B147:28。

普通白纸，手写，墨书，行书。为元代以前大约宋代文献，为《圣者无量寿智大乘经》，此为首页，其首卷开页特点与元以后佛经首卷特点一致，即先写梵文经原名（rgya kar skad du...），再写藏文经译称（bod skad du...），继入佛经正文。抄经略。

32.标本B147:29(正)。

普通白纸,墨书,抄件,笔迹略粗糙草率,介于草楷间杂过渡笔体,全页6行。大约属唐末吐蕃文献。

释文:

第1行 ……未能牢牢掌握……

第2行 ……山洪……又山周围……

第3行 ……心……法界……

第4行 ……汝之种种……

第5行 ……对众生不承诺,则众生……

第6行 ……如身体聚有血……则对诸众生……

第7行 ……是台架

33.标本B147:29(背)。

释文:

第1行 ……是,轮回……

第2行 ……对佛所教诲之誓言……

第3行 ……对……不要贪……对于色……

第4行 ……如是也,心中不要贪财……

第5行 ……如是也,对于环境亦不要贪财……

第6行 ……如是也,对于(身体五)处不生贪欲……

第7行 ……如是坠入地狱也!地狱之……

34.标本B147:36(正)。

残破,一面画,普通白麻纸,草书藏文,有数行甚小而模糊的藏文。残存7个圆形图,其中有4个全图,另一个略缺,还有2个都是只有一个残角的图。每个圆内划8格。格内有藏文或梵文种子字。圆与圆之间有数量不等的藏文。藏文笔法甚草,字漫漶残失,多不可识。

35.标本B147:36(背)。

普通白纸,残图,手绘,难断年代。此图当是修密观想之曼陀罗平面图。全图大小5个圆。中间圆形甚残,第二、三圈内为藏文转写梵文的密咒种子字,最外一圈为圆形,内手绘七珍八宝,如金法轮、伞盖、宝弓等。

可与标本B147:3(背)参照研究。

十、B150窟

1.标本B150:1。

普通白纸,残片,全页8行,手写墨书,行书。此系一祈祷文残件。

释文:女孩欲想向上(天)祈祷……(多残,下文略)

2.标本B159:4(背)。

本页是一页的后部,残留3幅图画。从此页左侧残留部分痕迹看,应当还有图像。3图之下,残留几个手写粗笔楷书藏文字母,可辨考有“索”(so)、“仪”(yi)……,似是咒语。此残页系白色梵夹页普通麻纸。图之线条为墨色。

释图:图之线条显示,此3幅图为木刻版印刷而成。3图之间竖线间隔。3图左右为相同的藏式佛塔图,两塔图间为佛像图。

佛塔均为藏式佛塔。莲花须弥座为塔基,塔腹为覆钵式。塔刹粗短。上述两者之间,先起收缩了的一层平台,上承一又放大的、宽与塔腹相当的层台,台有翘角,然后其起建短粗的塔刹,塔刹上有象征性的五条相轮。其塔刹顶部出一立柱,柱顶有托盘形盖,盖上承托半月及圆日。盖盘左右饰有飘带,下垂至塔腹上部。全图有椭圆双线边框作栏框,框中为佛塔。边框接近顶部。左右各于边框处画有形似花瓣的相叠的云花图。此塔形应是藏式佛塔的早期形象,粗厚,写意性强。

佛像亦在边框(同佛塔边框)之中,唯无飘带。像有背龛,佛像头部有背光。背龛与背光用双线相连,形成又一个边框。中为佛像。

整体看,此像应是菩萨类佛像。佛像顶部不清,似有佛冠。佛像作结跏趺坐,右手下垂至右腿,左手似持有法器,臂弯处似夹一小伞盖。细腰,有臂钏。

综述:此木刻版图像,具有重大意义。从藏区木刻史看,此图应是传入敦煌的藏式木刻图,时间约在元至治二年(1322年)《碛砂藏》刻印之后。该经本最终系藏族高僧管主八主持编刻印行,内有插图,中有藏式佛像。元时杭州飞来峰有藏式佛像崖刻颇多。或许此时所刻藏式图像传至敦煌。明时内地雕版技术随同永乐、万历版藏文经典传入藏区,亦难免经各种渠道而流入敦煌者。

由于此残卷无法断定年代,仅以上述推论。此外,尚需敦煌此次新发现的西夏文、回鹘文等新资料进行佐证。因为宋代西夏已有相当多的藏族佛像唐卡流行,而且西夏印本西夏文图书、佛经已有。这是否也是此藏式图画印本文献来源之一呢?

3.标本 B159:5(正)。

普通白纸,手抄,行书,仅存残角。系《金刚经》类。

释文:例,……唵阿瓦咱喇乾达喇……(意为"唵阿金刚")山……

4.标本B159:32。

普通白麻纸,梵夹页式,手写草书藏文,墨书,全页6行。此为抄经中最后一页,当是元代或其后作品。此页后尾残,多缩体字。

释文:……此乃信仰所致。唵瓦咱拉尼(Aom bdzar ni——即义译"唵金刚手",下同—译者按),(其咒曰)"巴热杜阿玛阿"。金刚拳者(rdo rje kbu tshur),久持此理,以此所为者,当做金刚占卜手印(rdo rje mo pavi phyag rgya),而真实之……唵瓦咱拉亚格夏(Aom bdzar yakashai——此义译为"唵金刚夜叉",下同—译者按),在"作吽字"(hom mdzad)种子字之内,设一围场,又于金刚拳……聚而修念。继将小印一枚以铁丝网之……此所谓三……路之殊胜也。遂又施以期克印(sdid mdzub),此即所谓"做吽字" 种子金刚手印,然后以此手印用食指做金刚 (mdzub mos gus mos rdo rje bya ba)(相),由此金刚……宏广也。又金刚莲花地(rdo rje pad ma sa) 者,(其有咒曰:)"呐木呐木达大 (nam nam dah ta)"(意译:"敬礼,敬礼。"——译者),即金刚相焉(rdo rje rdra)。故而众护法神眷属则功德圆满矣!遂之施以菩萨(sems dpar)及护地王手印,(并诵)"唵(金刚手)"……所谓……又施金刚卫者手印。(咒曰):"唵金刚夜叉吽"。复施金刚夜叉手印(rdo rje gnod sbyin kyi phyag rgya)。唵瓦咱拉亚格夏、金刚拳(rdo rje khu tshur)……北方之菩萨,此即守护神(sa bsrung)也! 终! 吉祥(善哉)!

综述:此抄经似是解说《金刚经》(rdo rje gcod pa)或《金刚心释》(rdo rje snying vgrel)一类的佛经片段。此段抄经,有浓厚的藏密特色,对研究藏密有重要参考价值。

此经出现于敦煌,显示当时该地曾系传布藏密之地,当然亦应有一定数量的藏僧。从书法上说,此经笔法颇具特色,细笔、紧凑、草而不乱,多缩体字。尤其全文各句间均无分句线"|"(即 shad),而句间以空格代之,实属罕见。

十一、B160窟

标本B160:1。

普通白纸,但纸型系短小型,非常规者,全页4行,墨书,行书体。残,有页码“四”。此件多为占卜内容。

释文:

正面(图42):

图42　B160:1(正)　藏文残文书

……站起……

……所做如何? 坏(事)……

……如能出现……与由黄金(形成)之柏树上的碧玉蜂相似……虽在箕宿月(按:系藏历六月)不生……

背面(图43):

……在……之年,人之福寿虽短,据谓可得以发展……

无论何事其卦均佳……

……先前所为……

……能与……

……不净……

图 43　B160:1(背)　藏文残文书

十二、第464窟

1.标本第 464:10。

普通白纸,正方形纸页,全页 10 行。手写,墨书,行书体。文中"ma"字均有下加字"ya btags"。推测此件应写于晚唐至宋时,系诗偈体劝善文。

释文:

正面(图 44):

贵人凯查容心思散乱,
宜寡欲而施惠护法神,
敬补特伽罗而迷于酒,
众生勿做苦海追寻者,
导众生于善趣解脱道,
我等诸僧侣虔诚修行,
尽获所得届时即至者,
具所缘何以未成菩提?
虽知有罪然而又不为,
而于世间可修行空性。

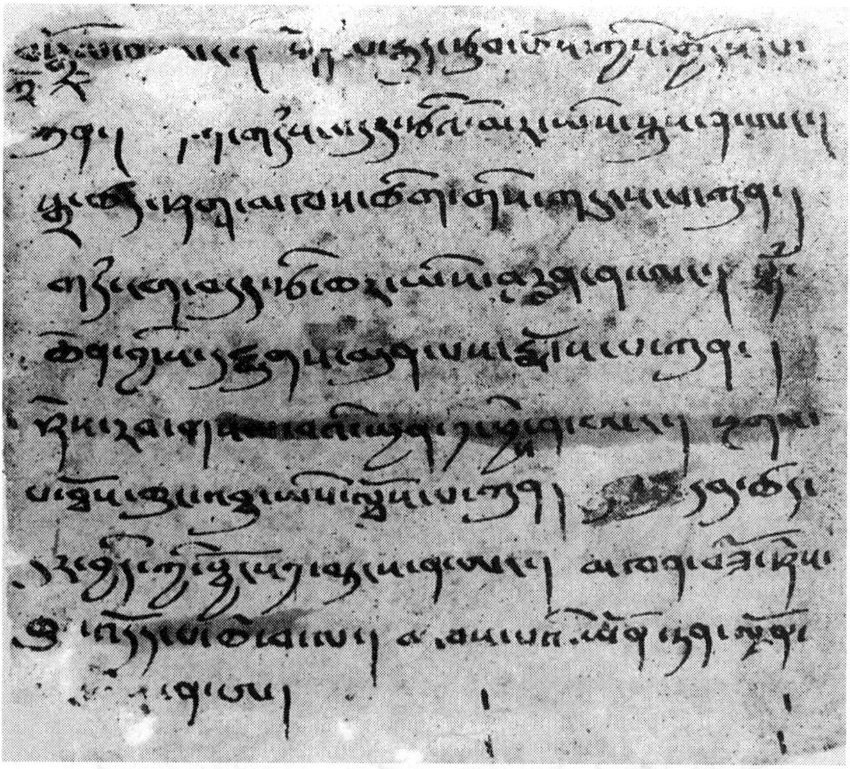

图 44　第 464:10(正)　藏文残文书

背面(图 45)：

以教诫甘露之酥油涂之，
声明因明堪舆导之以言，
语言甘露当以雨水润之，
诸修行者被黑雾所迷，
当睁开一双智慧之眼，
咒师以无知咒语惑人，
当以中观因明我执施教，
高僧慧水乃是极大厚望，
贤者功德……

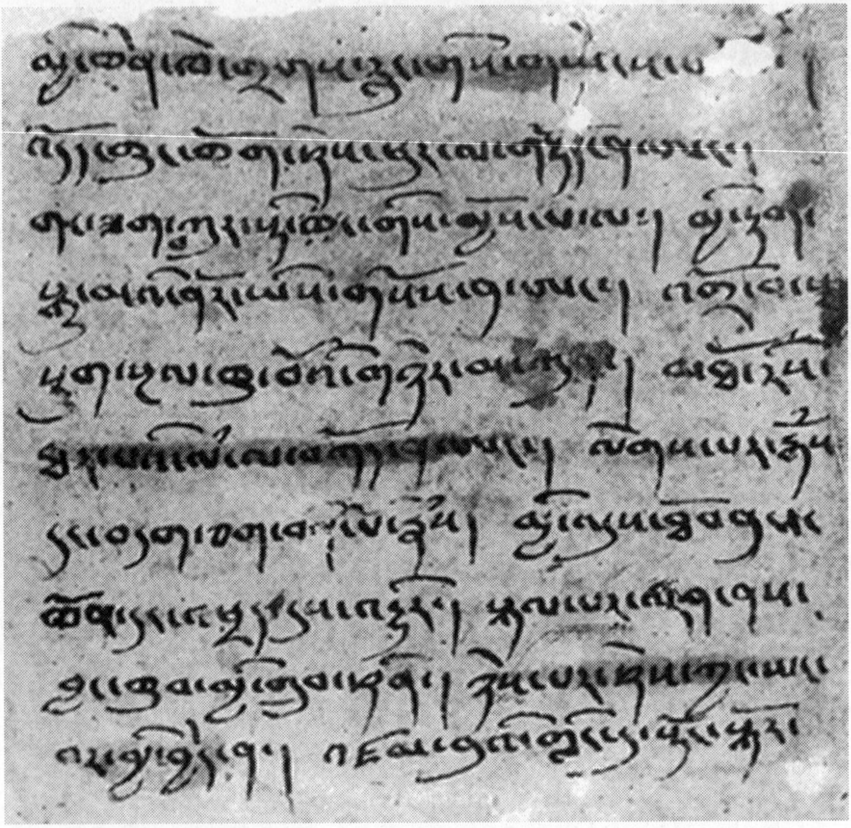

图45　第464:10(背)　藏文残文书

2.标本第464:11。

普通白纸,手写,墨书,行书体,残半页,全页7行。系元或其后作品。是有关因明学的文件。

释文:

正面:

……於实物中非有，如是为五因……所谓……也者……此所言者(“例如”——原文如是)对于此种关于因的观点,其语言错乱……对于此观点,因是非真……非真也……有此现象存在。

背面:

……真实(按即“谛”)……

……

……

……此所谓所缘境者。系一“因”……

……因已所见，故彼现象乃系非真……

……此即……可见彼乃自证自明矣……

3.标本第464:12。

此页（正）前以数字“√”标页码，意为第7页。草体，白纸，墨书，有缩体字，全页6行。此件系讲解戒律道理之文。

释文：……善业功德成圆满，自心真诚祈调伏，此者行以佛教，身之戒律彼妙善，语之戒律系妙善，意之戒律系妙善，诸凡一切智慧好，一切比丘均纯净，从诸痛苦得解脱，诸法心念当坚固……无混淆，所取何者无须说……

4.标本第464:85（正）（图46）。

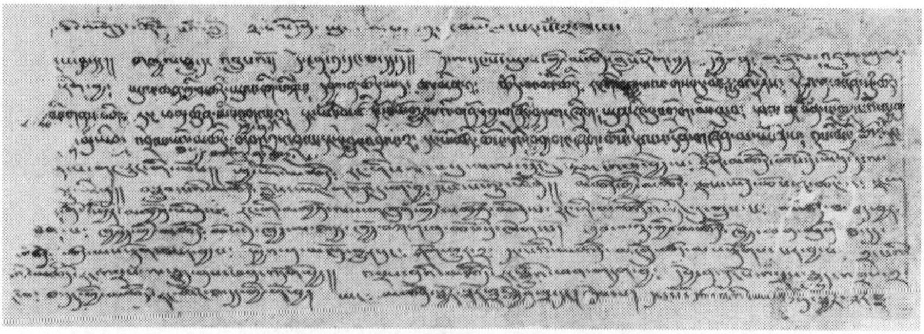

图46　第464:85（正）　藏文残文书

残件，白梵夹页纸，手写，墨书，草体藏文。应是元或其后之作品。全页11行，另顶部正文横眉处，又有一行别体草书，似为补注语。多缩体字。

释文：……所量（gzhal bya）与分形（vbus pa）……诸异类者矣。於此为首者，地方之供施（mchod byos）即教诫之识（rig bya），若分别（而论）……乃所识者……各地之供施者即感受力（rig pa shes），若分别之，则系量（tshad）与非量（tshad min）、正量之量（tshad mavi tshad）、于自量则为新式不损之识慧……以自身、彼此相违（之事之），首先对于所供之实物不得损坏，而且永远不得短少……又有相关之供奉主（brel pavi mchod bdag），此其一，与此相关之所产生之事，此其为二，而此二者之中又有：首先对于此特殊之佛法(ched chos)不得有违行。另对此佛法不以他义(don zhan)(论之)……不合宜之佛法……又其总体供奉(spyi yi mchod)是:自己一些所明者……追随之。修道所用供奉,应知其所供全部,即是其物资也。又所供奉之所有供奉物资(mchod rdzas),佛法……而自身所表示者(mtson dya),由此不应再有其他显示。然而自身之供奉应完成之……作为造益之供奉(Rhyo byed gyi mchod)是为有法,对汝不同(供奉)汝阻之,则有碍佛法。对于普遍之供奉(khyb mnyam gyi mchod),汝应……应以真实准则加以指示,若分别之,则有现证(mngon gyur)及隐证(lkog gyur)两者,而前者之供奉应以现量(mngon du tshad ma)证悟之……之供奉,而以之得自身之果(rang rbras),此则受益焉(phan rdog spyod)。而此"果"之供奉(vbras buvi mchod)则有损自因(rang rgyu)之利益也。若分别之,则首先……而相异之供奉(tha dad gyi mchod),当知此即是"自缚相异"(rang ching tha thadd gyi go bya)也。再者,所谓关于"三种能相譬喻"(mtshon sbyor shor༣)、"三因缘(rkyen༣)",首先是根本供奉〔rtsa bavi(mchod)〕……

综述:

此抄经残页,因系佛教逻辑学的《量论》《因明量学》及《具舍论》等对法藏的内容,艰涩难解,加之此草书为缩体,辨字、解字甚花工夫。故此释文有待学者、专家进一步推敲。

文中内容涉及"现量果"(mngon sum tshad vbras)及相应之诸类供奉,这对研究当时敦煌开展和传布此类学说的情况,应当说是很有价值的实物珍品。

另对研究藏文书法史者也很有价值。

又眉批处所加藏语注释文,多不清,略之。

十三、B163窟

1.标本B163:4。

普通白纸,手抄墨书,长脚字,部分模糊且有残。

释文:

正面:

……双取之口诀,法王萨迦……八思巴前往五台山矣。

(后两行为不多见的长脚字草书,为佛教内容,例如“法云”等等。略)

背面:(佛教文献,系偈体)

……修行利他

……非是所能阻挠者

……所谓方便之空性

……可获所施双身双运

2.标本B163:41。

普通白纸,手抄,墨书,行书体,全页9行。此件系晚唐吐蕃末期文献,似是医药类文献。

释文:(此件系残卷,依可辨认者释其要义)

正面:

……与世间,尚未逝去之……

……降伏妖魔,总之,妖……

……此思乐天女……

……无量宫……酥油,藏麻黄……

……月亮圆满,云母,白矾……

……所得赎物,诸替代人……

……无量宫,世间……

……火护法女神……白矾……

住处系无量宫……

背面:

……禁用豆类……

……

……不阻止……吐蕃蕃地、康地两处……

……不禁止……神豆(或天豆)……

十四、B164窟

1.标本B164:1(正)。

残件,普通白麻纸。此件原是宽幅封文,今存仅是无首尾的一小部分。手书,长脚字体,有缩写字。此件应是元代文献残片,全页6行。

释文:

……释迦桑布(shaga kya bzang po)信,……

……格西释迦……

……寄信于……处,你……具有善良之……

对于……是法会长老(tshogs dpon)……

……因……顺遂,故而随意……

……从其……信中者:法会长老……

综述:此件应是官府或朝廷命官致某法会长老的信。受信者名格西释迦桑布。

2.标本B164:1(背)。

此件特点见 B164:1(正)。此件页面所显示 6 行藏文,经与该页正面文字透视对比,知此件藏文均系正面藏文透印过来的反字。此件仅在页底有如下手写长脚字藏文:……格西释迦坚(赞)(dge shes shag kya rgyal mtshan)……上述“格西释迦坚(赞)”系藏族僧人名。

十五、B168窟

标本B168:2(背)。

此件特点如正面,全页 12 行。笔体三种,内容各异。似是晚唐吐蕃时期作品,多为早期缩体字,颇特殊。有藏式数码字于行文中出现。此文中之分句号用“:”,与后期常见之“|”不同。此件似是对佛像的描述,应是藏密内容。

释文:

大自在天,身黑色,其第一支手内有铁钩……

……容器内有血……

……鞭绳两根,唯以……言之矣!……

……唵,黑色之茶罐……对于生命……

……有害之气息,于平和中……

……断除,面平和之有情众生……

(以下为藏密咒语种子字,略)

我俩答以“神胜利也!”

首先,对人待之以善。

(原载:《敦煌莫高窟北区石窟》一、二卷,文物出版社,2000 年,2004年)

东西察合台系诸王家与回鹘人藏传佛教徒
——敦煌新发现蒙古语文书的再讨论

松井太 著 贺小萍 译

1988—1995年,中国敦煌研究院考古研究所对敦煌莫高窟北区石窟进行了数次发掘调查。从中发掘出许多汉文、梵文、吐蕃文(古藏文)、西夏文、叙利亚文、回鹘文(古维吾尔文)以及蒙古文文献资料,并将其整理出版了三卷调查报告——《敦煌莫高窟北区石窟》。这些诸语言资料中有许多公元13~14世纪蒙古时代的世俗文书、宗教文献,由此可以进一步详细解明汉语、波斯语两大编纂史料群构成的蒙古统治时代的敦煌以及河西地区的历史。

本稿首先对敦煌北区新出文书中一件蒙古文命令文书再做校订。然后,主要从察合台(čaγatai)系诸王家与藏传佛教、回鹘人佛教徒之关系上考察作为本文书历史背景的14世纪以后的敦煌、河西地区至天山东部地区的中亚情况①。

一、B163:42文书的文献学研究

本稿探讨的蒙古文文书,现藏于敦煌研究院,整理编号为B163:42。笔者至今尚未经历调查原文书的机会,不过,据古文书学的数据报告,料纸是"白麻纸",尺寸16.80×18.60厘米,纸色"泛黄",纸纤维不均(彩版十八)(图47)。

该文书与北区出土的其他蒙古文文书相同,都由嘎日迪校订,译为中文,与复制图片同时公布。然而,或许因为纸数所限,嘎日迪校对时,省略了相当多的历史学、文献学上的注释,并对原文本身也有若干误解。对此,

① 本稿基于正在印刷中的英文拙稿,笔者对其中不充分的历史学的考察,作了大幅度的增补修订。

图 47　B163:42　蒙古文残文书

以下列举笔者的重新校订与必要的最低限度的语注①。

1.原文转写。

第 1 行　[　　](...)Boladunǰarlγ-iyar

第 2 行　K[e](d)men Baγatur ü ge [manu　]

第 3 行　(yab)uqun ilči Bül-e [　　　　]

第 4 行　-ta B(...)N-W Tege Toγtemür [　　]

第 5 行　olan čerig-ün aran-aa̤ne

第 6 行　goṉg (d)iṉg gui š i Dorǰi Kirešis Bal Sang (bo) lam-a [　]
šabinar

第 7 行　luγ̄-a Qar-a Qočoǰṳg Bars Köl-e Bis̄Baliγ-a kiged iren odun

第 8 行　kereg-tegen yabuǰu odqui-dur irekü i-dür irüger-ün

第 9 行　tul-a ked ber bolǰu buu tüdetügei ačaγ̄an temege(n)

①本稿中先古典期蒙古文的抄写大体依据李盖提的方式,古回鹘文的誊写大体依据山田信夫著,小田寿典他编《ウイグル文契约文书集成》(Sammlung uigurischerKontrakte)中的方式;而其他诸语言是按惯用方式。誊写本中的[abc]是对原本破损缺失部分的推测补充,(abc)表示对文字残画的推测补充 。

第 10 行　morid an̲u ulaγ̄-ašügüsün kemen buu barituγai yaγun

第 11 行　kedi anu buliǰu tataǰu buu abtu γ ai kemebei a̤yin

第 12 行　kemegülün ede gon ding gui ši Dorǰi Kirešis Bal

第 13 行　[Sangbo lam-a...ša]bin̲ar-luγ̄an̲Qar-a Qočo [　]

[MISSING]

2.译文。

第 1 行　遵依……孛罗的圣旨，

第 2 行　我们客都门拔都儿的言语。

第 3 行　往返使臣，普烈……

第 4 行　在……的铁哥、秃忽铁木儿

第 5 行　对诸军人[说了]。这个

第 6 行　灌顶国师朵儿只怯烈失思巴藏卜喇嘛……与诸沙弥

第 7 行　通行于哈剌火州（高昌）方面的八儿思阔（巴里坤）、别失八里等，

第 8 行　为了去做工作（佛事）往来时的祝祷，

第 9 行　任何人不得制止。不得掠夺他们的行李、骆驼、

第 10 行　马匹、驿马、粮食。←他们的什么

第 11 行　东西，都不可抢劫占有。如此

第 12 行　说谕后，这些灌顶国师朵儿只怯烈失思巴

第 13 行　[藏卜喇嘛]……与诸沙弥一同哈剌火州（高昌）……

[后　缺]

3.译注。

第 1 行　蒙元时代的蒙古文命令文书开头明示该文书所依据的权威所在。第五代皇帝忽必烈（Qubilai）以后的元朝统治者下发行的蒙古文行政文书，多见文首表现 qaγan-uǰarliγ-iyar“遵依皇帝的圣旨”这样的开头定型语①，这相当于汉文文书也有的译作“皇帝圣旨里”这样的开头定型语。在蒙元时代，蒙古语ǰarlγ(~ǰrlγ-ǰarliγ~突厥语 yarlïq)一词限用于成吉思汗以来的历代蒙古皇帝的命令（汉译“圣旨”），严格区别于其他诸王、将

①比如敦煌莫高窟北区出土的 B163：42、威武西宁王普颜忽里（Buyan-Quli）王府向西宁王速丹沙（Sultan-Šāh）王府发行的文书（京都藤井有鄰馆所藏）等。以往认为后者是东土耳其斯坦出土，应该是敦煌乃至甘肃河西地区出土的。

相的命令 üge"言语、话"(汉译按发令人分为"令旨""懿旨""钧旨")①。恐怕嘎日迪也是依据这点,将此处的[...] Boladunǰarl γ -iyar"遵依……孛罗的命令"汉译为"(皇帝)圣旨里"。然而,叫 Bolad 名字的蒙古皇帝实际不存在。本文书的发行者客都门拔都儿(Kedmen-Baγatur)是 14 世纪后半叶吐鲁番地区的行政官,笔者认为此处的"…… 孛罗"是在中亚树立察合台汗国独立主权的笃哇(Du'a ~ Duwa ~Duγa. 1282—1307 年在位)的子孙之一②。

从吐鲁番地区出土的蒙古文命令文书中可以明确看出，中亚历代察合台汗也并不是称自己的命令为ǰarliγ"圣旨"，而是称作 üge"语言、令旨"。然而,察合台汗国统治下的行政官发行的蒙古文命令文书中,将察合台汗的命令称为ǰarliγ 的有两件:BTT XVI ③第 74 号文书,Yisüntemür-ünǰarliγ-iyar"遵依也孫铁木儿(Yisün-Temür,1338—1339 年在位)的圣旨";BTT XVI 第 68 号文书,Ilasqoǰa-yin ǰarlγ-iyar "遵依也里牙思火者(Ilyās-Hvāǧa,1363—1370 年在位)的圣旨"。也有波斯文年代记《完者都史》记载:14 世纪初在阿尔泰对峙的元朝与察合台汗国两军之间进行外交交涉时,察合台汗的使臣称自己的汗(统治者)也先不花(Esen-Buqa,1310—1318? 年在位)的命令为 yarlīġ (< 突厥文 yarlïġq~蒙古语ǰarli γ),对此,元军司令官脱火赤(To γ ači)责问到:"yarlīč"只能用于皇帝(qān < 蒙古语 qa γ an),诸王的命令是 līngčī (< 蒙古语 lingči < 汉语"令旨"),察合台汗国使臣回音到:也先不花是成吉思宗族(ūrūq < 蒙古语 uru γ)的一员,对于我们来说与皇帝一样。由这个插话与前边提到的两个察合台汗国发行文书考虑,可以推测察合台汗自身承认元帝的权威,但是,其统治下的将相、官僚将察合台汗的命令称为ǰarli γ ,看作与元帝是同等的。

第 2 行 Kedmen Baγatur: 蒙古语 Baγatur"勇者",是频繁出现的人名要素。嘎日迪将最初的人名要素作为 Kedümen,当然读作 K['](D)M'N = Kedmen 也没问题。

①据杉山推测,波斯语史料伊耳汗的命令屡屡被称作 yarlīġ(< 突厥语 yarlïq ~ 蒙古语 ǰarliγ),这并非为"圣旨、命令",而是指文书化了的"特许状,勅书"。在 14 世纪也门的拉苏鲁朝编纂的七语合璧词汇集 Rasūlid Hexaglot(一般称作《王者辞书》)中有突厥语 yarlīġ=阿拉伯语 kitāba "writing, record" =波斯语 miṣāl "royal mandate" 的对译范例,也给我们的推测旁证。

②本文开头缺失部分不明确。从叫勃罗 Bolad 的名字可看出是笃哇之子宽阇(Könčeg,1308—1318 年在位)的儿子孛罗,或其子孛罗穆罕默德(Bolad-Muhammad)(miṣāl. 32b),当然,这也并非不可动摇的结论。

③ Cerensodnom, Dalantai & Taube, Manfred.*DieMongolicader Berliner Turfansammlung*. Berlin: Akademie Verlag, 1993.

这里值得一提的是，前面也提到的公元1369年察合台汗国发行的蒙古文命令文书BTT XVI第68号文书与本文书相同，也是由叫客都门拔都儿的人物发行的。这两件文书的笔迹——尤其比较ǰarly-iyar"遵依……圣旨"，位夺格-TWR，语中的-L-字的钩符，ayin (~ eyin)"这样"等，就更明确两者为同一人书写。因此，两文书的客都门拔都儿也可看做是同一人物。BTT XVI第68号文书是吐鲁番地区发掘的，其内容是向吐鲁番盆地绿洲都市胜金(Singging<新兴)官员确认通知移居别失八里(Biš-Bala γasun = 回鹘语 Biš-Balïq)人的免税特权事宜。另外，B163:42文书也是保护在高昌、八里坤、别失八里天山山脉南北诸地区的往来情况。还有在高昌古城发现的公元1358年前后回鹘文供出命令文书U 5288中也可看到叫做客都门别克(Kädmän-Bäg)的人名，这个人物很有可能与有质疑的客都门拔都儿为同一人①。尤其在U 5288文书里成了"察合台汗国式敬意表现"的对象，因此，可以认为这三个文书中所见客都门拔都儿(或客都门别克)居相当高位，必是察合台汗国派遣的总督，统辖天山东部地区。

换言之，可看说B163:42文书是在1350—1360年(或14世纪后半叶)察合台汗国统治下的吐鲁番地区制作、发行，后带到敦煌。有关该事实的历史意义，在本稿中的第二部分详细论述。

第3行　Bül-e：嘎日迪译作地名，笔者认为是由来于"力"的人名"普烈"。

第4行　-ta B(...)N-W：嘎日迪把开头看作tan-u"汝的"，他把作为-W的字好像看作词头的B-。

Tege To γ temür：嘎日迪将人名Tege(汉籍中"铁哥、帖哥")作为-teki"在……"，这应作订正。

第5行　ane：嘎日迪的ese(否定词)应作修正，在察合台汗国发行蒙古文文书，根据命令文书被提供方便的人物，以ane ~ ene"这个"或ede"这些的"提及。

第6行　a，gong ding gui ši：明显来源于汉语称号。嘎日迪把其原语复原为"宫廷国师"，但诸史料中不见这种称号。在本文书的第12行再度出现这个词，写作KWN TYNK gui ši。因此笔者认为此处开头的KWNK = gong是KWN = gon的误记，而gon-ding gui-ši是"灌顶国师"的音写。西藏文物管理所所藏的元代八思巴字印"灌顶国师之印(gôndińguišiǰi yin)"，可

①在以前的稿件中，笔者依BTT XVI将该人名定为了Kedme/Kädmä；今参照B163:42文书的笔致改为Kedmen/Kädmän。

以作为笔者读释的傍证。

从藏文史料可知,元代授予"灌顶国师"称号的佛僧有:萨迦派昆氏出身的南喀勒贝坚赞(Nam-mkha'legs-pa'i rgyal-mtshan,1305—1343年);其子更噶仁钦(Kun-dga'rin chen, 1339—1399年);帕木竹派的萨迦坚赞(S ā kya rgyal-mtshan)3位。另外可知,汉籍史料中有5位:1305—1308年,参与过白莲宗复兴的灌顶国师罽宾国公毗奈耶室利班的答①(*Vinaya śrī Pandita);向英宗硕德八剌(Sidibala)建议刑满释放人员的"西僧灌顶";授与顺帝妥欢铁木尔(Toγon-Temür)灌顶戒,蒙赐灌顶国师号,成为"总治西域诸国的僧俗部族"的罽宾国出身的阿麻剌室里板的答(*Amalaśrī Pandita);(后)至元二年(1336年),权臣燕铁木儿(El-Temür)死后,忌避他的顺帝将其宅邸下赐给灌顶国师曩哥星吉(*Nam-mkna');(后)至元三年(1337年)至京师,蒙赐灌顶国师号玉印的"西域僧"加剌麻(rGyal-ma〈?〉)。其中值得注意的是毗奈耶室利经由宣政院上奏皇帝,其命令被称为"法旨",众所周知,宣政院是统括佛教教团的,同时,担当西藏统治的官署,法旨(> 蒙古语 faǰi)是由历代西藏佛教萨伽派占有的元代帝师发行命令的汉语称谓,因此,可推测他占据着以西藏出身帝师的地位。从"罽宾国公"称号考虑,他应该为克什米尔出身,可是,据说同是罽宾 = 克什米尔出身的阿麻剌室里在西藏西部的雅积国被尊称为"国师"。大概这两位都与西藏佛教有关系。上面提到的"西僧灌顶"中既然有"西僧"之称,那就应是西藏佛僧,"灌顶"可看作灌顶国师之略称。具有藏语人名的曩哥星吉,就从被赐大人物燕铁木儿旧宅一事推测,可见其在当时元廷的权威。总之,可知蒙古帝国时代的灌顶国师都是对西藏佛教高僧授予的称号,在帝国佛教界具有相当的权威与影响力,缺少详细情况的加剌麻也是这样。

B163:42文书中的"灌顶国师"是汉语音写形式,他一定是被元朝任命的,从藏语人名也可判断为藏传佛教高僧。另外,本文书的发掘地B163窟还发掘出了《萨伽格言》(Sa skya legs 'bshad)的蒙古文译本《善说宝藏》(Subhāṣitaratnanid)的八思巴字印刷本断片(B163:3)以及言及萨迦班智

①《卢山莲宗宝鉴》(《大正新修大藏经》第47卷,经番1973,303页下),或见杨讷著《元代白莲教资料汇编》第186~187页,中华书局,1989年;竺沙雅章著《白莲宗について》,载于《宋元仏教文化史研究》第436页,东京汲古书院,2000年。又见《元史·卷二十四》"仁宗本纪""至大四年(1311年)五月癸未条"中所见的"国师板的答"大概与这个毗奈耶室利班和答属同一人物。有关《卢山莲宗宝鉴》的成立过程,参照Zieme和百济相关论文。

达（Sa-skya Pandita）、初代帝师八思巴（'Phags-pa）的藏文文书断片(B163:4 recto)。因此可以认为B163窟是与藏传佛教有密切关系的佛僧、佛教徒所利用的洞窟，将B163:42文书带到此窟的“灌顶国师”一行也是藏传佛教徒。

Dorǰi Kirešis Bal Sangbo lam-a：是从藏语rDo-rje bkra-shis dpal bzang-po bla-ma由来的人名。嘎日迪将Sangbo誊写成Seiges，这里有误。

这里引人注目的是，出现在明初期汉籍史料的朵儿只怯烈失思巴藏卜(rDo-rje bkra-shis dpal bzang-po)这个人物。他从元蒙获得了“和林国师”称号，但元朝北归蒙古高原后，于洪武七年(1374年)投降明，重新获取“都纲副禅师”称号。此人投降明的1374年，与B163:42文书的发行者客都门拔都儿发行BTT XVI,68号文书的1369年只差5年。从以上人名一致与时间的接近分析，笔者认为本文书的灌顶国师Dorǰi Kirešis Bal Sangbo lam-a与明代史料的“和林国师”朵儿只怯烈失思巴藏卜为同一人①，他投降明的1374年正是本文书的下限期。他投降明时与河西地方的蒙古将官同行，所以，在当时他活动于河西②。敦煌莫高窟北区出土此文书，也暗示着河西地区为他的活动据点。

šabinar：嘎日迪的sau qar有误。应是šabi“沙弥，弟子”接续复数语尾-nar。

第7行　Qar-a Qočoǰug Bars Köl-e Biš Baliγ-a kiged：Qara Qočo（波斯文Qarā Hūğū ~ 汉文哈剌火州、合剌火拙，etc.）就是高昌，众所周知的吐鲁番盆地之主邑。别失八里（回鹘语Biš-Balïq > 蒙古语Bis Baliγ ~ 汉文别失八里、别十八里，etc.）为是唐代北庭，天山北麓的据点都市。嘎日迪将突厥语“有虎之湖”之意的Bars Köl音写为巴尔术阔勒，只译到湖名，其实这是元代汉籍史料音写为八儿思阔、八立浑的地名，就是现在的巴里坤湖(Barkul < Bars-Köl)，在天山北麓，距哈密西北约100千米。

此处表现“高昌方面巴里坤、别失八里等”，暗示着在本文书作成的14世纪后半叶，高昌为了东部天山地方的主邑，其名就是指囊括着巴里

①至正二十四年(1364年)四月为与逼迫大都的孛罗铁木儿的交涉，顺帝派遣“达达国师”(见《元史·卷四十六》第966页“顺帝本纪九”；《元史·卷二百零四》第4554页“朴不花传”；《元史·卷二百零七》第4603页“孛罗铁木儿传”)。因为元代史料中的“达达”指蒙古人以及蒙古高原，和林=哈拉和林(Qara-Qorum)是蒙古高原的据点都市。这个“达达国师”与明史料的“和林国师”可能是同一称号，也可能与本文书的灌顶国师朵儿只怯烈失思巴藏卜喇嘛属同一人物。

②才让把怯烈失思的藏文原语误订为phrin-las。

坤、别失八里的广阔地域。与此相关,如至元十三年(1276年)忽必烈给回鹘王亦都护的蒙古文硬译体汉文圣旨中也言及高昌(火州 Qočo)、鲁克沁(吕中 Lükčüng)、吐鲁番(秃儿班 Turpan)三都市,但是没有提及别失八里。与本文书时代上接近的察合台汗国发行的蒙古文文书里回鹘王亦都护被称作"高昌某亦都护",也在几个回鹘文书中均见"高昌国"(Qočo uluš)的表现①。总之,说明忽必烈时代以后,回鹘王家躲避海都(Qaidu)势力的压迫,由北庭逃到高昌后,将高昌作为国都,这是最一般的认识。

在本文书,巴里坤记为被包括于"高昌方面",如在察合台汗国的统治下。但是,从武宗海山(Haišan)时代至仁宗爱育黎拔力八达(Ayurbarwada)时代,巴里坤一直有元军驻屯,而且,从巴里坤向南穿越天山到哈密,一直由亲元的察合台系威武西宁王家(之后的肃王家)占据至元末。也许巴里坤处于元朝与察合台汗国两属状态,并非察合台汗国直接统治之下。然而,高昌出土的蒙古文商人保护命令文书是在巴里坤((B)[a]rs-Köl)发令的②,也提示巴里坤与高昌、别失八里(距两地的直线距离均为300千米)之间的商业交通和人员往来很是频繁。

第7~8行 灌顶国师与沙弥等一行往来于高昌、巴里坤、别失八里的诸都市和诸地域的理由、目的是为了kereg与irüger。前者kereg一般意味着"事情、用件、工作、必要"。但鉴于本文书的发文者灌顶国师朵儿只怯烈失思巴藏卜喇嘛是藏传佛教高僧,其所谓的具体"用件、工作"一定是"佛事、法会",因此,译文补充为"佛事"。因为元代汉籍史料中也多见佛僧为

①从柏林所藏草书体文书断片 Ch/U8032v 中也能看到"幸运的高昌国(qut luγ qoço uluš)"的表述。该断片被推测为佛典的跋文,大体确定属蒙古时代。该文中与"神圣伟大的亦都护(bögülüg uluγ ïduq qut)"并列出现的"高昌王女殿下(qočo tngrim qutï)",也许是降嫁给蒙古帝国时代的历代回鹘王亦都护,并有"高昌公主"称号的成吉思汗一族的公主之一(见《元史·卷一百零九》"公主表")。

②因为该书的发令者、发令年不明确,印章上看不到"察合台纹章",所以不能确定为察合台汗国发行,这有可能是元朝发行的文书。

了“好事”(降香、佛事)而往来于诸处的范例①。后者 irüger(~ hirüger)有“祝祷、祈祷、祝福”之意,元朝颁布的蒙汉合璧命令文书里“tngri-yiǰalbariǰu hirüger ögün atuγai = 告天祝寿者”是常见句,表示元朝皇帝、皇族期待诸宗教教团为自己祝寿。在这点上,察合台汗国统治集团也是同样,从吐鲁番出土的察合台汗国发行蒙古语免税特许命令文书中可看到,给高位佛僧“教义总统”(蒙古语 šas-in aiγuči < 回鹘语 šazïn ayγučï) 有这样的命令,“为了我们及(?)诸兄弟奉献福德与祝祷(irgür ~ irüger)”。大概 B163:42 文书的灌顶国师一行是为高昌、巴里坤、别失八里诸城市与敦煌之间沿途诸处蒙古王族、贵族与其统治下的佛教徒举办佛事、法会的巡礼团。

第 9~11 行 “不得制止灌顶国师等一行,不得掠夺其马匹、行李”这样的句子,可看作是针对巡礼途上所遇官吏、军人、管理宿驿传送货物马车等的官员的禁止命令。尤其所谓“荷物”,大概就是灌顶国师等巡礼团做佛事时,蒙古统治层、民众、一般信徒,作为捐献、布施提供的财物以及从西藏等诸方输送来的商品类。因为汉籍史料中仍然屡见西藏佛僧往来运送蒙古皇帝、皇族提供的布施以及他们向皇族献上的贵重物品②的事例。本文书的发掘地点 B163 窟也出土了锦罗等高级织物断片、装饰性工艺品等。这些遗物也许就包括在该文书的灌顶国师一行带到敦煌的“行李”中。

第 12 行 gon ding gui ši:“灌顶国师”。嘎日迪的 Köl-ting güi-ši 似乎是误排。

①《元史·卷五》第 96 页“世祖本纪二”,至元元年(1264 年)四月壬子(《元史·卷五十》第 1069页“五行志一”为同年二月);《元史·卷一百三十》第 3166 页“不忽木传”写道“(至元)十五年(1278 年)(不忽木 Buqum)出为燕南河北道提刑按察副使。帝遣通事脱虎脱(Toqto)护送西僧往作佛事,还过真定,箠驿吏几死,诉之按察使,不敢问。不忽木受其状, 以僧下狱”;《元史·卷十一》 第 230 页“世祖本纪八” 至元十八年(1281 年)三月丙申朔;《永乐大典·卷一九四二一》页 3a-3b, 延祐元年(1314 年)五月八日;同页 8a,延祐三年(1316)正月十四日;同页 8b, 延祐三年六月十一日;《元史·卷二十七》第 608 页“英宗本纪一”,延祐七年(1320 年)十二月壬戌;《元史·卷三十二》第 720 页“文宗本纪一”,天历元年(1328 年)十一月辛未;《元史·卷三十五》第 782 页“文宗本纪四”,至顺二年(1331 年)四月。

②见《永乐大典·卷一九四二四》页 3a, 至元十六年(1279 年)九月“诸王布施铺马里行有,麽道奏有。诸王底布施铺马里行者麽道商量了也。别个和尚每根底铺马里休行者,这般商量了也麽道奏呵,那般者麽道圣旨了也”(同卷 19417,页 10b-11a 有吏牍体译文);同卷 19419,页 15b,大德五年(1301 年)十一月;同卷 19421,页 2b-3a, 延祐元年(1314 年)四月三日;同卷 19421, 页 4a, 延祐元年十月二十七日。

第 13 行 Sangbo lam-a: 大体可准确推测。

13b, šabiṉar-luγaṉ: 若比较第 6~7 行,确实可以这样推测。嘎日迪的 bidanu unaγan“我们的乘用马(坐骑)”应当校正。

二、B163:42 文书的历史学考察

从前一部分文献学角度再校订的结果可知, B163:42 文书是公元 14 世纪后半叶, 奉戴察合台汗国权威的东土耳其斯坦 = 东部天山地方行政官的客都门拔都儿为保护藏传佛教高僧——灌顶国师朵儿只怯烈失思巴藏卜喇嘛率领的巡礼团而发行的, 大概是由这个巡礼团将此文书带至敦煌。

下面从相关编纂史料、出土文献方面作比较,进一步考察 B163:42 文书的历史背景。

1.东西察合台诸王家的相互关系。

众所周知,初代蒙古皇帝成吉思汗(činggis-qan)的第二子——察合台统领着以天山山中的伊利溪谷为中心的东土耳其斯坦,但察合台死后,经过第四代皇帝蒙哥(Möngke)的弹压后一直到忽必烈时代,察合台家族内部不断出现对立、分裂。与窝阔台(ögödei)系的海都联合反抗元朝的八剌(Baraq)于 1266 年死去,之后其子笃哇率领察合台诸裔归属海都继续与元朝对抗。然而,海都死(1301 年)后,笃哇又联手被元朝赶下去窝阔台诸家,于 1307 年恢复中亚的察合台家的独立主权,复兴了察合台汗国。

另外,八剌死后,察合台家中由术伯(čübei)、合班(Qaban)兄弟率领的一派,在 1281 年以前(约 1277 年)从中亚东迁,寄身元朝之下,受赐河西走廊的游牧根据地。在这里诞生了推戴笃哇一族的中亚察合台汗国与术伯一族为首的“东方察合台家”隔东部天山回鹘王国领土对峙的局面。14 世纪以后,这些东方察合台家把占据肃州的术伯家嫡流的豳王家作为盟主,沙州西宁王家、哈密的威武西宁王家(之后的肃王家)、瓜州的安定王家、黑城(Qara-qota;亦集乃)的宁肃王家等向应其势力被元授予王号。

但是, 西方察合台汗国与东方察合台家两势力的实际激烈战斗,到 14 世纪初不过才停战了两次或三次;在延祐元年(1314 年)勃起的阿尔泰方面的元军与察合台汗国军队的武力冲突时, 在其南方的东部天山方面的前线还没有实战。而且,后来到 15 世纪末,察合台汗国后裔——吐鲁番

王阿黑麻(Aḥmad)认为东方察合台家后裔的甘肃、哈密蒙古诸王侯是自己的同系,因此应拥有对他们的王权 。

就察合台汗国与东方察合台家的关系上考虑, 察合台汗国发行的B163:42 文书被带到敦煌的这个事实具有极其重要的意义。为何这么说?因为:第一,14 世纪后半期察合台汗国统治下的东部天山地区与东方察合台家统治下的敦煌以及河西地区的交通道路维持和平;第二,B163:42文书的发行者——察合台汗国行政官客都门拔都儿的权威以及他所依据的察合台汗国的权威,从东部天山至敦煌,也就是在东方察合台家势力圈内的交通道上也有效。其背景中有前述的察合台汗国与东方察合台家的同族意识,这点毫无疑问。

有关这两点, 注意到蒙古帝国时代联结华北—河西—别失八里的驿传交通,首先由察合台开设。因此,就是到忽必烈时代,原则上还是作为察合台家专用驿站路,委托给亲元派的察合台系诸王阿只吉(Aǰiqi),随后到14 世纪以后被术伯统治。大概这条别失八里—河西间的察合台家的专用驿传路, 在 B163:42 文书发行的 14 世纪后半叶也还在术伯家为首的东方察合台家的管辖下发挥作用, 当时西方的同族——察合台汗国发行的行政命令也有一定程度的效力。可以推测,B163:42 文书的灌顶国师一行由东部天山向敦煌进发时,也利用过这条察合台家专用驿传路,并随处出示了察合台汗国发行的这个文书,得到了途中的安全保护①。

总之,可以说 B163:42 文书再次强有力地证实了横跨西边的天山东部到东边的敦煌、河西的东西察合台系诸王家的同族意识与交通关系。

2.察合台后裔与藏传佛教。

一般认为 14 世纪以后, 在中亚的察合台汗国伊斯兰化有所进展,尤其历代统治者中的怯伯 (Kebeg,1318—1326 年在位)、答儿麻失里(Darmaširin,1326—1334 年在位)、脱忽鲁帖木儿(Tuγluγ-Temür,1346—1363 年在位)接近伊斯兰教,其中后两者以改信仰而闻名。然而,察合台汗国整个地域的伊斯兰化至 14 世纪后半叶也没有完成,相反。在东土耳其斯坦佛教继续占着优势, 这点从察合台汗国对佛教寺院发行的免税特许命令文书等诸史料可以判明。

与此相关,B163:42 文书是察合台汗国为保护藏传佛僧灌顶国师朵

①若与现存的蒙古诸政权发行的驿传得利用物许状比较,B163:42 文书中看不到粮食、驿传、用马、支给命令等,从书式记载事项上可以确认出若干不同。不过,这可能是根据行政官、使节与佛教巡礼团这个接受者的性质而定。

儿只怯烈失思巴藏卜喇嘛等的巡礼活动而发行的，说明了察合台汗国对藏传佛教一贯抱以亲近感。

与 B163:42 文书相同，察合台汗国发行的保护藏传佛教的文书实例,还有圣彼得堡收藏的蒙古文文书 SI G 120。该文书是在 1339 年,察合台汗也孙铁木儿(Yisün-Temür,1339 年在位)为保护钥尕恰里(Yogačari“瑜伽师”)佛寺的寺产发行的命令文书(为复制品),在其背面记有哲坛(梵语 yantra)译自藏文的回鹘文跋。这也暗示了察合台汗国予以保护命令的钥尕恰里佛寺也是与藏传佛教相关的寺院。

关于中亚察合台汗国与藏传佛教的关系,首先想起所谓的“察合台纹章”。“察合台纹章”是在 14 世纪以后的察合台汗国统治下发行的蒙古文、回鹘文文书上盖的印鉴,或是刻印在货币上的双叶形纹章(ꝏ),是将西藏文字(ཅ)反转写,表示了察合台汗国之名祖察合台的语头音。尽管这样,迄今没有说明中亚察合台汗国在纹章上使用西藏文字的理由。现在我们得到 B163:42 文书,以察合台汗国接近藏传佛教这件事才可说明这个疑问①。

另外,正如第一部分中所指,B163:42 文书中的灌顶国师朵儿只怯烈失思巴藏卜喇嘛主要活动在河西地区。众所周知,蒙古时代,藏传佛教取得忽必烈以后的元朝帝室与诸王家的笃信,在元的直接统治领域繁荣。居住在河西的东方察合台的诸王大概也是受元朝宫廷的影响，明显倾向于藏传佛教。

其最显著的例子，是大英图书馆所藏敦煌出土回鹘文册子《死者的书》(Or. 8212/109)。本书是由藏文原典译成回鹘文的,至正十年(1350 年)根据术伯之孙西宁王速来蛮(Sulayman)的王子阿速歹(Asuday > 波斯文 Asutāy)的令旨(lingči)笔写而成。其中,有“我阿速歹王子向金刚上师足下的一对莲花敬礼（vzïr-lïγbaxšï-nïng adaq-lïγqooš linxu-a-sïnga asuday oγul yukünürmän)”这样的表述。这不是蒙古文而是回鹘文,难得想象这是蒙古王族阿速歹的笔下。虽然如此,这句表现了阿速歹对藏传佛教经典、教义的敬虔信仰,意义深刻。

另外，敦煌发现的两块汉文碑文——《重修皇庆寺记》《莫高窟造像记》明确记载,阿速歹之父西宁王速来蛮与其王妃曲术(Küčü),以后继西

①最近,尼玛博士主要根据中亚出土货币资料,认为这个“察合台纹章”是由来于家祖察合台的心型状纹章(♡)的笃哇的纹章,后继者察合台汗国统治者也沿用了它。但是,尼玛博士并未表示对吐蕃文字起源说的反论。当然,也有可能一个纹章里蕴藏着复数的主题,因此,大概就没有必要认为两种说法的不同。

宁王牙罕沙(Yanga-Šāh 或 Yaγan-Šāh),西宁王速丹沙(Sultan-Šāh)等诸王子与阿速歹同时作为功德主。藏语名字叫奢蓝令旃(*Shes-rab〈?〉rin-chen)的人参与了《重修皇庆寺记》的立碑,碑背面列举的沙州、肃州施主中也能看到梁朵立只(*rDo-rje)、纳麻合巴(*Na-ma?dge-ba)、朵只巴(*rDo-rie dpal?)、朵立只加(*rDo-rje dge-ba?)、屈木巴合(*Khum-pa? dge-ba)、歹南巴(*bDe rnam pa?)等藏语人名。另外,《莫高窟造像记》碑文下段记载的参与者中,明显有《重修皇庆寺记》里所见同一人——奢蓝令旃作为刻工出现,"长老"玩着藏布(*dBang-phyug bzang-po)、令只合巴(*Rin-che〈n〉dge-ba)、公哥力加(*Kun-dga'-??)、朵立只(*rDo-rje)等,仍然可见藏语人名,可见西宁王一族作为功德主支援的敦煌佛教教团中浸透着藏传佛教的要素。同样的例子可举纪念豳王喃答失(Nomdaš)的肃州文殊寺的复兴修筑,于泰定三年(1326 年)立碑的汉文、回鹘文合璧的"重修文殊寺碑"。根据其碑文记载管辖立碑当时的文殊寺的一个僧人(干事)是沙加令真(*Šā-skya rin-chen),碑文汉文面的撰写者为速那令真(*bSod-nams rin-chen),他们都为藏语人名。这也可看做是东方察合台家保护藏传佛教影响下的寺院的一个事例。

敦煌莫高窟以及安西榆林窟的佛教壁画中也散见暗示东方察合台诸家保护藏传佛教的事例。例如,榆林窟第 6 窟两组蒙古夫妻的肖像,该肖像肯定画的是敦煌西宁王家或者瓜州安定王家中的某个王族。尽管榆林窟第 4 窟因受藏传佛教影响而著名,但是,其中也绘有蒙古时代特征的女供养人像,头戴当时女贵人用的尖帽——顾姑(boγtaγ)。同样戴顾姑的女供养人像,莫高窟第 332 窟也有,这个窟仍然是受藏传佛教影响的洞窟。

如上所述,可以确信在中亚察合台汗国王族与河西东方察合台家王族里,有藏传佛教信徒以及支援者和庇护者不少。因此可以认为元朝统治下的河西的灌顶国师朵儿只怯烈失思巴藏卜喇嘛在察合台汗国统治下的东部天山地区以及更广阔领域进行巡礼活动背景之一,就是这种东西察合台诸王家保护藏传佛教的态度。

3.河西地区、东部天山地区的回鹘人藏传佛教徒。

实际上,从中亚经由东部天山直到河西地区显示察合台诸裔与藏传佛教关系的诸史料中,包含有许回鹘文献。譬如,上述敦煌出土的《死者之书》是回鹘文文献,《重修文殊寺碑》也是汉文与回鹘文的合璧碑文。

除此之外，在包括敦煌在内的河西走廊诸地区发现的蒙元时代的回鹘文文献中,多受密教为中心的藏传佛教之影响。如巴黎国立图书馆藏册子本佛典 Pelliot Ouïgour 4521 上绘藏文曼陀罗装饰的莲花座，而且押有藏文印。作为该册子本背面表纸所利用的回鹘文书简,言及藏传佛教所重视的《文殊所说最胜名义经》(Mañjuśrīnāmasaṃgīti) 的回鹘高僧安藏(Antsang)译本的授受情况。同样由伯希和从 P181 窟带走的文书 191~192 号和 208 号也是密教系佛典,据推测,莫高窟北区新出土的回鹘语佛典断片 B59:72 也译自藏文佛典。

若进一步将目光转向遗留在莫高窟、榆林窟壁画中的蒙元时期的回鹘文铭文上(大部分是巡礼者写下的纪念语),就可确认几个上面提到的莫高窟第 332 窟蒙古女性供养人像周围的回鹘文铭文。同是莫高窟的第 138 窟主室壁画上有八思巴文突厥语铭文“班智达 (bandita < 藏语 pandita)…… 得吧”[①]。从榆林窟第 12 窟的沙州 = 敦煌巡礼团的回鹘文铭文中也可看到叫朵立只巴(torči(p)a < rDo-rje dpal)的藏语人名,也有来自藏语 mchod-pa“供物”的借词čodpa,仍然暗示其与藏传佛教之关系。

鉴于这些史料，可以考虑回鹘人佛教徒在河西东方察合台诸家的蒙古王族与藏传佛教的关系上,发挥了连接两者的作用。有称赞西宁王速来蛮跋的现藏北京大学的敦煌出土回鹘文佛教头韵诗断简[②]和哈密的威武西宁王普颜忽里(Buyan-Quli)的属僚巡礼榆林窟时记的回鹘文铭文都与藏传佛教没有直接关系。但是,作为表示东方察合台家的佛教信仰与回鹘人佛教徒的关系,又确定为同样的文脉,这在元廷内的藏传佛教导入上,不仅仅以帝师为首的藏人高僧,回鹘人佛教徒也起了很大作用,可以认为与这样的历史事件[③]几乎如出一辙。

另外,就吐鲁番地区出土的许多回鹘语藏传密教文献可知,以该地区为中心的东部天山周边的回鹘王国领地也在蒙古人统治下导入了藏传佛教。前边提到的回鹘语译《死者之书》是敦煌出土的写本,虽然,其识语说,本书首先得到叫藏语人名“伊斯东巴(i̯sdonpa < sTon-pa)师”的许可,再由

①笔者于 2006 年 9 月目睹了这则铭文。莫高窟第 138 窟为一般开放窟,但是,这则八思巴字铭文迄今尚未刊布,正因如此,茨默教授的八思巴字突厥语文献集里也没提及。

②然而,阿不都热西提·亚库甫博士基于《元史》的宗室世系表,将西宁王速来蛮看作属于旭烈(Hülegü)家系,这点需要订正。

③譬如,自至元二十二年到二十四年(1285—1287 年),奉忽必烈之命进行的汉译大藏经与西藏大藏经校勘之事,其参加者有西藏僧人六名,回鹘僧人七名。

哈密出身的圣阿阇梨(Arya-açari < 梵语 Ārya ācārya)自藏文翻译而成,后应西宁王家阿速歹王子的要求,于至正十年(1350 年)由 ÜčLükčüng,即吐鲁番盆地的鲁克沁(Lükčüng)出身的回鹘人佛僧萨里都统(Sarïγ-tutung)抄写。换句话说,哈密、鲁克沁等东部天山地区的回鹘人佛教徒给河西东方察合台家提供了藏传佛教经典。

森安孝夫早些时候指出,蒙古时代(尤其在 14 世纪以后),敦煌等河西地区兴盛起来的回鹘人佛教集团,本来就是从东部天山地区回鹘王国领地移居而来的,因此,两地区的回鹘佛教具有共通基础,进而这些回鹘人佛教徒,展开了东部天山、河西一直到华北和江南广阔领域的网组"回鹘联通(Uigur Connection)"。就前揭诸回鹘文史料分析,继续探索下去,笔者估计归依藏传佛教的回鹘人佛教徒在"回鹘联通"中起了很大作用。为了增强这个假想,请看以下三点史料。

第一,圣彼得堡所藏的吐鲁番出土回鹘文书(SI Kr I 149):该文书产生于蒙古时代,是命令向"镇国寺"(čïnquγ vrxar)所属的高僧(tayšï< 汉语"大师")们提供谷物(tarïγ)的行政文书。笔者曾提过,这个"镇国寺"仍然可看作别称为"(西)镇国寺"的大护国仁王寺。建于忽必烈时代的大都大护国仁王寺也是历代帝师的居所,是大都藏传佛教的据点。本文书中出现的谷物(tarïγ)一词的修饰语被传抄成 tämčog ~ dämčog,可看作是西藏佛教之神格 bde-mchog"胜乐"(Skt.śamvara)的借用语①。这个"胜乐之谷物"(dämčog tarïγ)大概是用于祭祀神格的一种礼仪。因此,很可能本文书中的诸高僧,就是来自"镇国寺"——大护国仁王寺的访问吐鲁番地区的西藏佛僧。

第二,榆林窟第 25 窟和第 36 窟的两件回鹘文、藏文两种文字的铭文,是哈密(回鹘语 Qamïl; 藏语 iy cu"伊州")②出身的叫仓巴(Tsunpa = bTsun-pa"大德")这个藏语名的巡礼者所记,成了理解回鹘、西藏佛教徒往来于东部天山地区与河西间的一个佐证。

第三,黑城(Qara-Qota)出土回鹘文契约文书(F13:W68)据梅村坦教授研究,该文书是叫钦察(Qïpčaq)的回鹘人用相当七升小麦的运费,从黑城往肃州(Sügčü)运送叫萨鲁哈巴(Sarxaba)的人物与其骆驼、行李的契约文书。然而,这个人名"萨鲁哈巴"改作"萨拉哈帕"(Saraxapa),应看做是西藏人名 Sarahapa 的回鹘语形式。另外,从其"师僧"(baxšï)这个称谓也基

①旧稿中虽然誊写了 tarmačug,但也作为不详语,在此订正。

②哈密顿、牛汝极两教授解释为 iy-rgu < 伊吾,但应作订正。这点得到坂尻彰宏博士、赤木崇敏博士的指教,在此深表谢意。

本可以确认他是西藏佛僧①。

我们将上述三个史料与 B163:42 文书的灌顶国师朵儿只怯烈失思巴藏卜喇嘛的巡礼活动以及前揭回鹘语诸资料叠合考虑，再次现出蒙元时代，从东部天山（高昌、别失八里、巴里坤、哈密）横跨河西（敦煌、安西、肃州、黑城）、华北（大都）的“回鹘联通”一线，藏传佛教徒发挥了很大作用。

第一则史料中的诸高僧，因为都有大士奴（Tayšïdu）、阿鲁古（Al γ u）、秃儿迷失（Turmïš）等一般的回鹘名，所以看作回鹘人归依了藏传佛教应无大错。虽然第二则史料中的仓巴和第三则史料中的萨拉哈帕师僧有吐蕃名，但是，因为铭文是回鹘文所记，或者回鹘商人与回鹘文签的契约，所以，仍然是将回鹘语作为母语的回鹘人佛教徒。吐鲁番出土回鹘文藏密经典中也有一个识语断片，是“高昌国（Qočo-uluš）的师僧（kanpo < 藏语 mkhan-po）项曲贝（Bišangčup-irpal < Byang-chub dpal）师”从藏文翻译，再由喜饶多杰（Šisrap torči < 藏语 Shes-rab rdo-rje）抄写。这里的译经僧、写经僧都可看做是东部天山回鹘王国人受藏传佛教影响叫藏语名。再如 14 世纪前半叶著名的蒙古语佛典译经僧搠思吉斡节儿（却吉沃塞 Chos Kyi'od zer > 蒙古语Čoski-Odsir），翻译经典时，多用回鹘语借用形式，因而被看做有藏语名的回鹘人。还有被元朝宫廷录用的回鹘人佛教徒里也有许多精通藏传佛教的人，安藏（Antsang, 1293 年没）、迦鲁纳答思（Karunadas, 1311 年没）、弹压孙（Danyasin < 梵语 Dhanyasena）、必兰纳识里（Piratyaširi < 梵语 Prajñāśrī, 1332 年被诛）、舍蓝蓝（1332 年没）等，就以帝师为首的西藏佛僧为师。

鉴于此种情况，有可能 B163:42 文书中的灌顶国师朵儿只怯烈失思巴藏卜喇嘛也是有藏语名字的回鹘高僧。莫如认为因为他是回鹘人，所以就巡礼了他们的根据地——东部天山地区。除 B163:42 文书外，从 B163 窟还发现了回鹘文木活字、未公开的回鹘文册子本和断片文书，由此确信该窟是回鹘人佛教徒往来、居住地。恐怕他们中间也有参加灌顶国师朵儿只怯烈失思巴藏卜喇嘛东部天山巡礼团的。出土于吐鲁番的至正七年（1347 年）印刷的回鹘文佛典的识语里，提及了元朝皇帝（qayan-qan）、皇后（qatun）、诸王子，还提及“施灌顶的神圣师僧们”（abišik birmiš ïduq baxšï-larïm）。这是指帝师、灌顶国师等在元朝宫廷举行灌顶仪礼的藏传

①梅村坦教授认为 Sarxaba 是蒙古语或波斯语的借词，又将 baxšï 译为“书记”，应订正。

佛教高僧,从时间上考虑,可能“诸师僧”中包括我们所说的灌顶国师朵儿只怯烈失思巴藏卜喇嘛本人。同时该识语使人看到了这些元廷的藏传佛教高僧与吐鲁番地区回鹘人佛教徒的亲密关系。

大概是蒙古统治集团——元朝帝室、东方察合台家、察合台汗国后援和庇护藏传佛教的结果，同样求得蒙古统治集团庇护的东部天山与河西地方的回鹘人佛教徒、回鹘商人也倾向藏传佛教①。我们可以得出结论：灌顶国师朵儿只怯烈失思巴藏卜喇嘛等的活动，说明在东部天山地方与东土耳其斯坦的藏传佛教接受,不单是佛典的流入,而是受蒙古统治集团庇护下的藏传佛教高僧(他们可能是回鹘出身)实地巡礼、传教的具体例证。

对西藏佛教教团而言,与横跨东方欧亚广大地域的“回鹘联通”合作,在进行巡礼、搬运经典等宗教活动上有好处,可利用回鹘人的互联网络、远距离交通技术。本文前面提到的黑城出土回鹘契约文书就是具体事例的记载。元代汉籍史料也有大德四年(1300年)前后“每年”的情况记录,四川、西藏地区派遣的“西番大师,色目人员”利用驿站车马运输向宫廷进呈的马匹、骡子、猎犬,同时还携带许多进呈品以外的私物(也许是为了交易)。众所周知,回鹘人是元代“色目人”的代表,这里与“西番大师”即西藏佛僧同时提到“色目人员”,正如前面所见,可能当时回鹘商人与西藏佛僧之提携关系的普及②。B163:42文书中的灌顶国师朵儿只怯烈失思巴藏卜喇嘛等一行也不只是佛教巡礼,恐怕也伙同回鹘商人同时做着元朝、东方察合台家、察合台汗国之间的商队交易。

三、结语

本稿叙述的诸点归纳如下：

第一部分，从文献学角度对敦煌莫高窟北区新出土蒙古文文书B163:42重新作了考证。其结果表明,该文书是在14世纪后半叶中亚察合台汗国发行的，其目的为了保护以河西地区为据点的藏传佛教僧人在东部天山地区的巡礼活动,并由该巡礼团带回敦煌。

第二部分,与许多相关史料比较探讨了第一部分的分析结果,并尝试

①但是在回鹘人佛教徒中间,藏传佛教并未形成多数的优势或占特别的地位。

②时代推后到天历二年(1329年),仍然有这样的例子,吐蕃三路(脱思麻、朵甘思、乌思藏)的宣慰司因公派遣的讲主、咒师、大医等途中进行商业交易(见《永乐大典·卷一九四二一》“天历二年十一月二十七日”)。于这个背景,也许可以设想吐蕃人佛僧与回鹘商人的相互提携。

了在当时历史状况下的所处位置。其结果是重新增强了 14 世纪以后的察合台汗国与河西东方察合台家的友好关系。指出在其友好关系的背景下,双方接近、归依藏传佛教状况。进一步指出藏传佛教的这个中坚人物,是回鹘人佛教徒,他们将东西察合台势力与藏传佛教连接了起来,同时取得它的庇护、支援,扩大了东部天山到河西以及华北地域的宗教活动、经济活动。

但是,本稿只说了"回鹘人藏传佛教徒",对藏文文献未充分论及。河西地区又受藏传佛教的浓厚影响,应与蒙古佛教、回鹘佛教有交流的西夏佛教也就被等闲视之。一句话,这是由于笔者的能力所限,将此作为今后值得解明的课题。

敦煌莫高窟北区,除 B163:42 文书以外,还发掘了表现蒙古时代河西地区佛教徒活动的回鹘文、蒙古文、藏文、西夏文、汉文文献资料。今后随着这些诸语言文献的总体分析趋于正规的研究,本稿考察的结果可能会被部分否定,但不管怎样,只要能深入研究就很荣幸。

附记:本稿为科学研究经费项目成果中的一部分。另外,本稿中所用藏文史料,得到中村淳先生(驿泽大学)多方面的指教,在此深表谢意。同时涉及本稿内容方面的责任均由笔者负责。

(本文原载:《内陆亚细亚研究》23 号,2008 年 3 月)

近十几年来敦煌石窟区考古发现中的蒙古文文献

嘎日迪　著

自1988年至1995年，敦煌考古工作者对敦煌莫高窟北区243个洞窟进行了考古清理工作，之后对文物、文献进行了整理研究。通过对石窟的清理发掘，出土了大批遗物。除了古钱币、木陶铜铁器、丝棉毛织物等实物性考古发现外，还有十多种文字文献①。其中有回鹘蒙古文和八思巴蒙古文残损不等的文献60多份，是比较早期的珍贵的文献资料。稍早的1987年，内蒙古师范大学与敦煌研究院合作，对敦煌石窟区的蒙古文题记进行了考察研究②。这些无疑是新的发现。本人有幸参加了两个阶段的蒙古文文献的释读研究工作。

敦煌石窟区近十余年来发现的文献，总的看来有石窟壁上的题记和石窟出土的纸质文献。石窟题记多数是游人题记，还有少部分发愿文。对此我们已有过一些释读研究的成果和题记介绍，这里不再赘述。

在敦煌莫高窟北区出土文书文献的整理鉴定工作中，我们与敦煌研究院有关学者精诚合作，共整理鉴选出蒙古文文书残页68件，其中回鹘蒙古文文书62件、八思巴文文书6件。这些蒙古文文书是继敦煌石窟蒙古文题记考察研究之后的又一次重要发现，对敦煌吐鲁番学和蒙古学两个国际性著名学科均是一项填补性的工作，意义重大，有极高的研究价值。

莫高窟北区新发现的回鹘蒙古文和八思巴文两种蒙古文文献，书写年代均为蒙古帝国或元代。其内容，有官方文书、民间往来文书、宗教文书、法律文书等。其中习字和习语文书、民间文书等种类的发现比较特殊。这些蒙古文文书的出土比较集中，第464窟、第465窟和B59窟、B119窟(图48~49)、B127窟(图50)、B147窟、B157窟、B163窟、B168窟、B172窟、

①见彭金章、沙武田著《敦煌莫高窟北区洞窟清理发掘简报》，载于本书第3页。

②见敦煌研究院考古所、内蒙古师范大学蒙古语言文学系编，嘎日迪、罗华庆、巴音巴特尔著《敦煌石窟回鹘蒙古文题记考察报告》，载于《敦煌研究》，1990年第4期。

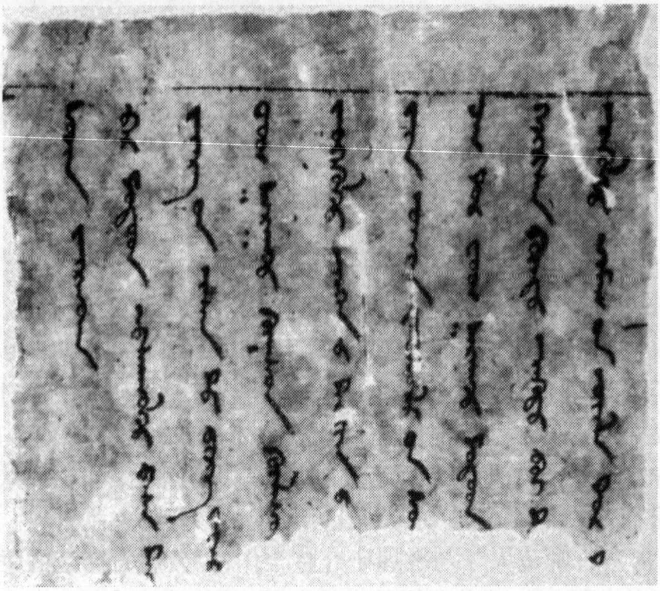

图 48　B119:7　蒙古文残文书

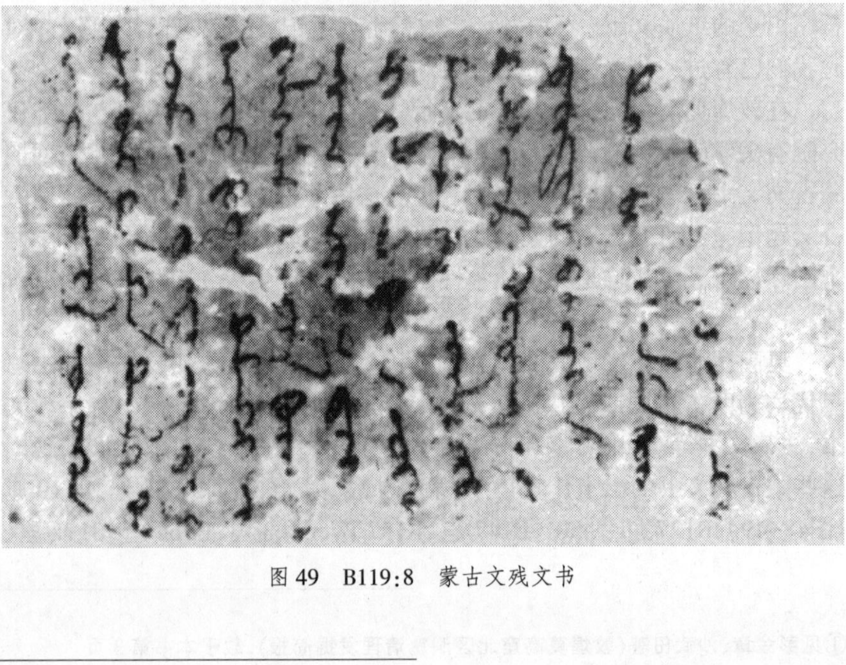

图 49　B119:8　蒙古文残文书

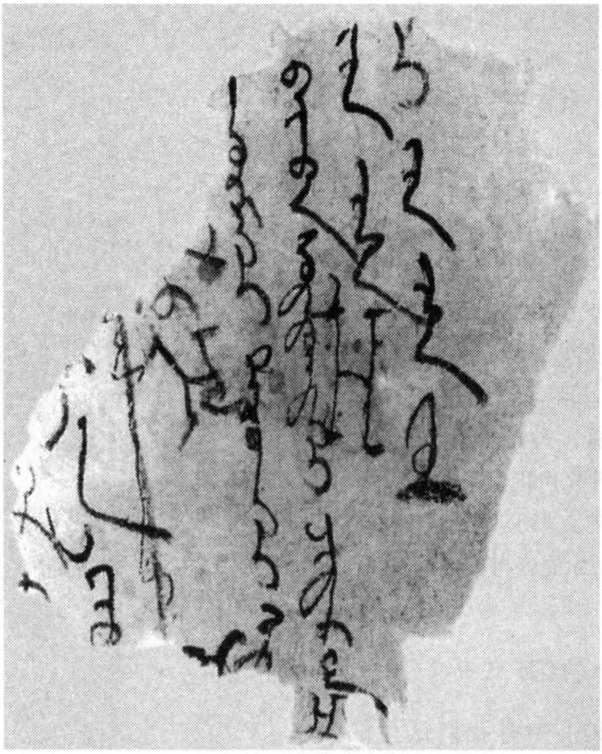

图 50　B127:11　蒙古文残文书

B121 窟(图 51)等出土较多。另外,同一文献的残片出土于不同窟室,如不是后人所为,则说明当时窟室中文书文献的存放不够稳定,或居住人有所迁动。

发掘出土的蒙古文文书虽已残损严重，但仍能反映当时的文本种类和数量。有一佛经文书中的残页页次为第 86 面,有一手书文书中的残页页次为第 36 面,这些文书的原来的页面肯定不止这些。出土的蒙古文文书种类之多,文献量之大,足以说明当时蒙元时代的莫高窟是文化交通的一个重要处所。与上世纪初的德国远东考古队从吐鲁番掠走的蒙古文文献的种类相比,有其相近或相联系的一面,足以说明当时西北地区丝路通道中敦煌、吐鲁番所处的重要地位。

其中有一份八思巴文残页《善说宝藏》的释读文章,本人已经在 2002

年8月召开的内蒙古师范大学《蒙古秘史》与蒙古文化国际学术研讨会上宣读过,曾引起较大的反响①。其他文献的图片和宏观的释读、汉译也在《敦煌莫高窟北区石窟》各个石窟出土情况中加以介绍和说明。

图51　B121:40　蒙古文文书

很可惜,这些新发现的蒙古文文书文献残损严重,基本没有完整存留。但是,就蒙古文文书的角度来说,乃是全新的资料,仍有重要研究价值。现对敦煌出土的蒙古文文书文献,按其种类予以概述,当然这种分类是粗略的。

一、官方文书

官方文书中有我们认为的忽必烈皇帝八思巴文圣旨残页1份,其他各级官吏的回鹘蒙古文文书17份,总数不少于18份。其中有2份习字文书分别是省级平章官,写于一张长方形纸正背面文字空隙处。这种草稿类的文书早在上世纪初伯希和搜集的文献中就有,但是这种文献的史学价值不是很高。忽必烈皇帝八思巴文圣旨残页可能是授给回鹘王亦都护的圣旨,对此我们有专门撰文考证,将发表于《敦煌研究》上。《致斡朵失里大王的文书》出土于B163窟,编号3之背(b)面,尺寸25×17厘米,墨迹手书16行,回鹘蒙古文。这是写于八思巴蒙古文佛经文书背面的一个公函。前后文残缺,致函人不详,收执者是斡朵失里大王,元代,具体年代待考。出土时有3片残文,经拼对后形成现在的样子。正面的文字是八思巴文《善说宝藏》中第八章的残片,这一文书写于八思巴文之后,故应是在13世纪后半叶或14世纪前半叶。其他官方文书的内容和体例与吐

①见《新华每日电讯》2001年8月6日,《人民日报·海外版》2001年8月8日,《北方新报》2001年8月7日,《参考消息》2001年10月31日。另有菲律宾《华侨报》以及港澳台报刊进行了报道。

鲁番出土蒙古文文献比较接近①。从瓜州、沙州、肃州、安西、哈喇火州、伊儿郡、巴儿术阔勒、别失八里哈等地名在两处文书中频繁出现,也可以看出当时丝路通道的线路和繁华程度。

二、佛教文书

佛教文书是件数最多的种类之一,比较明确的有16件,能够确定文献名称的只有2件,其他待考。其中八思巴文佛教文书是贡嘎坚赞《善说宝藏》第八章《辩识事业》中的一段,即是313~316段中的残文,本页前后文残缺。这是吐鲁番出土柏林收藏八思巴蒙古文《善说宝藏》之后的又一新文献,是不同版本,并是佛经版式经书。这可以说明元代木版印刷《善说宝藏》最少有两次。而另一佛经是《心经》的前5行开端部分的第二折,竹笔书写,写于西夏文木刻版经书的背面。另有莫高窟第464窟和B142窟、B155窟中出土的佛教文献可能是同一文献的残页,与吐鲁番出土《入菩提行论疏》的印刷外观很相似。如果能从纸质、尺寸的大小以及文字形体方面进行比较,应该能够说明一些问题。

三、民间契约经济文书

民间契约经济文书中最引人注目的,应该是一份回鹘蒙古文卖身契约文书。此文出土于B127窟,现存后半截局部8行。从现存部分可以看出卖身契约文书的格式,有证人数名、达鲁花赤官方见证人、卖身人,可能还有买方人等,并且还存有三处画押。卖身人可能是赤达耳(音译)。此前有过民间钱粮物品的借贷契约②和买卖奴婢的官方手续③,但是卖身契约文书,无论在汉文、回鹘文或蒙古文等中过去都不曾发现。

四、法律文书

法律文书只有一份残页,是一份文书的第36面。文中有对于踩踏百姓田园、破坏林木的惩罚等方面的内容。对此施以重罚,不准参加部落的事物活动等。

①D.Cerensodnom. M.Faube. *Die Mongolica der Berliner Turfansammlung*, Berlin, 1993.

②见杨富学著《吐鲁番出土回鹘文借贷文书概述》,载于《敦煌研究》,1990年第1期。

③见杨际平著《元代买卖奴婢手续》,载于《敦煌研究》,1990年第4期。

五、习语文书

习语是一个国家内外部不同民族间交际的需要。一般用自己所熟悉的文字书写所学习的语言。这种现象蒙元时期和后来的明代比较普遍。总体上说学习蒙古语比较盛行。比如汉字标音《至元译语》《华夷译语》《登坛必究》《武备志》《元朝秘史》和《卢龙塞略》中的《译语》,阿拉伯字标音《穆卡蒂玛特阿拉—阿达布词典》《莱登词典》《伊本木罕词汇》《伊斯坦布尔词典》等即是。另有零星残页散见于黑城出土汉文文书①。但是蒙古人或回鹘人学习汉语的音译文书,据笔者所知只在敦煌莫高窟北区出土文书文献中发现。由于汉语中同音词汇太多,目前还不能确定标写了一些什么内容,对此有待于将来的进一步考证研究。

六、题记文献

题记文献有两种类别:一类是类似于供养题记;另一类是游人题记。例如莫高窟第61窟甬道南壁的题记,是一个虔诚的佛教徒的供养词,义为克制邪念、发扬正气、早入正道。这一类题记在莫高窟第72窟中还有两款。另外大量(共有23款)的六字真言经的题记基本上也属于该类题记。供养题记大约是常住石窟的佛教徒所为。

其余多为游人题记。游人题记多数是简要讲述从某处来到石窟参拜的经过。大约说明干支年以及月日、来者的姓名职位、磕拜的目的以及去向等。看来这种题记有一定的格式。

关于题记的概况已有考察报告发表②。有些题记也有释读文章发表,这里不予细说。

(原载《丝绸之路民族古文字与文化学术讨论会文集》(上),三秦出版社,2006年)

①见李逸友著《黑城出土文书·汉文文书卷》第201页,又见图版叁壹(1)Y1:W40,科学出版社,1991年。

②见敦煌研究院考古所、内蒙古师范大学蒙古语言文学系编,嘎日迪、罗华庆、巴音巴特尔著《敦煌石窟回鹘蒙古文题记考察报告》,载于《敦煌研究》,1990年第4期。

莫高窟北区B168窟新出土八思巴文书残页考释

嘎日迪 著

为了弄清敦煌莫高窟北区洞窟的性质及其内涵,敦煌研究院自1988年以来,对莫高窟北区石窟进行了考古清理发掘,新发现了一批重要文物和文献。在写本文献的整理鉴定工作中,我们与敦煌研究院有关专家精诚合作,整理鉴选出蒙古文文书残页68件。

为了进一步弄清这些蒙古文文书的内涵,我们对这些文书陆续进行了考释研究,将文献及个人研究的初步成果刊布于世,望行家做进一步深入研究。

B168窟新出土的八思巴文残片,出土于该窟第2层,约7.40×7.50厘米,宣纸,发掘编号为B168:4。该残片手写墨书,词末有朱点,没有装裱痕迹(图52)。现存有中段局部3行文字,上下缺损,文不达意。这一文书的发现,是元代八思巴蒙古文现存少数文献的重要补充①,意义重大。

因这是一款八思巴文残片,故在这里有必要对八思巴文字作一简要的介绍。

所谓的八思巴文字,又称"方体字",元时又称"国字""蒙古新字""蒙古字"等等,是秉承元世祖忽必烈皇帝的圣旨,由藏僧八思巴根据藏文创制的,故名。元代至元六年(1269年)始正式颁诏使用,随着元朝的覆亡逐渐被废弃。这一文字不仅旨在书写蒙古语,而且还成为记录元朝时期国统的其他主要民族语言的文字,如汉语、藏语、突厥语以及梵语等,推行全国。八思巴文字的使用范围,根据现已发现刊布的文献,主要有官方文书,其次是佛教文书,民间文书则甚少。当时,这种文字是一个跨民族语言的、由朝廷强制推行的政治性文字。

①八思巴蒙古语文书及碑刻,自20世纪中期先后被发现至今,只有四五十份。中国社会科学院照那斯图先生编《八思巴字和蒙古语文献Ⅱ》(东京外国语大学,1991年)中已收入40份;西藏自治区档案馆编《西藏历史档案荟萃》(文物出版社,1995年)新刊布的有5件,近年来又有零星发现和研究。

图 52　B168:4　八思巴文文书残页

八思巴文字的书写，是以音节为单位的，竖列，自左向右移行。其形体主要依据藏文，并适当吸取了回鹘蒙古文和汉文的某些书写特点，属于类似于过渡阶段的表音文字。文字字母符号 40 有余①。书写语言的不同，字母的使用又有所出入。对于八思巴文及八思巴，国内外学者已有专门研究，这项研究也在日益深入。

一

敦煌莫高窟 B168 窟出土八思巴文残片究竟属于什么类型的文书，解决这一问题，首先要对其内容和形式进行探讨。为了便于探讨，这里使用两种标音符号，即文字转写符号（Translitera-tion）和读音转写符号（Transcription）。由于残片是中段局部，也只能按现存行数的顺序进行排列，因此这一行次并非是原文的行序，是残片的行序。

①关于八思巴文的字母的数量，学者们的统计不完全一致。《法书考》《书史会要》《元史》《新元史》上说法不等，又有"减三增四"之说。八思巴文学者鲍培先生表列 38，蒙古国学者沙格德尔苏荣先生列为 44，我国学者照那斯图表列 41，我国学者鲍祥教授表列 42……这里不一一例示。

文字转写：

第1行　(上缺)…q(朱点)

第2行　(上缺)…is(朱点)q'-nu…(下缺)

第3行　(上缺)…(朱点)i-duq…(下缺)

读音转写

第1行　(上缺)…q

第2行　(上缺)…is qa'anu…(下缺)

第3行　(上缺)…iduq…(下缺)

二

第1行…q(…q)字是一个词的末尾部分，如果是闭音节可读作q，如果是开音节，可读作-qa。根据当时官方文书的行文格式，与现有其他八思巴文献做一比较，可以肯定是一个圣旨格式，是jarliq(八思巴文文字转写为jr-liq)一词的末尾辅音，意为“圣旨”。官方文书中这一格式位置的词，一般为“jarliq”(圣旨)“iji”(懿旨)“lingji”(令旨)“huaji”(法旨)或“bičig”(文书，各种圣旨、懿旨、令旨等旨文均包括)“ü ge”(文书，各种旨文均包括)等词，据黑城遗址出土汉文文献，另有“钧旨”“台旨”等意，还应有相应的蒙古语词语。但这后两个词，在已刊布的回鹘蒙古文、八思巴字蒙古文文献中均未出现。比较起来，以q辅音收尾的词只有jarliq一词。上述所列其文诸词，均不带有以q辅音结尾的，从这一点可以看出，这个残片是某一皇帝的圣旨是肯定的。而这个字母的读音也只能读作q，作闭音节结构的语音，而不可能是qa。

第2行…is(…is)字在读音上无可非议，因为i和s之间虽有残断缺口，但其笔画具有相对应的连写笔迹。所以这里s符号不可能读作sa。从下一个词“皇帝的”一词的组词规律，一般为一个具体的皇帝名称。又与所有八思巴文圣旨行文比较，这个…is是八思巴字jin-gis(jingis“成吉思”之音译)一词的后半部分是肯定的。而在元代皇帝称谓中以-is结尾的，除成吉思汗之外还未曾有过。还有，前行jarliq一词之下为空格，说明下一词是另行抬写词，属于公文体的敬位问题①，成吉思汗这一帝称，当属被敬重之列。

①关于敬位的概念、格式、类别等问题，请参看笔者的拙文《中古蒙古语书面语敬位》，载于《内蒙古师大学报》，1987年第1期。

第2行qa'anu(q'-nu)一词,是qa'an词加属格形态的后缀-u的形式,义为"皇帝的"。关于成吉思汗的皇称,在八思巴文中的多数情况写作q-nu(qanu),有时则写作q'-nu(qa'anu),两者为19∶4的比例关系①,而在这个残片中的写法则属于后一种。成吉思汗的皇称,在回鹘蒙古文和汉字标音文献中也有类似的情况。元代除成吉思汗外的其他皇帝的帝称一般为qa'an(qaγan)。

关于主格形态的qan和qa'an(qaγan)及其包括属格形态在内的诸种形态的蒙古文写法,曾引起学者们广泛的研究兴趣。有人认为qan是小可汗(皇帝),qa'an(qaγan)才是大可汗(皇帝),具有大小之别。在蒙古语同一个语族语言借词的突厥语中,也有qan(汗)和qaghan(可汗)的区别。据韩儒林先生考证,突厥语中的两种说法,确有小和大的区别,在蒙古语中是否一样,还有待于进一步探讨考证。

从蒙古语的实际情况看,中古时期称qan的较多,从13世纪初、中期窝阔台皇帝始,基本上称qa'an(qaγan),成吉思汗时期似乎是从qan称转为qa'an(qaγan)称的时期。蒙古文文献中,对成吉思汗有时称qan,有时称qa'an(qaγan),处于不太定型的时期。因此我们认为,这种帝称的区别首先是从时间上出现了变异。如不是这样,成吉思汗的帝称不可能有上述两种形式。而qan一称,不至于导致后来消失的。

按照圣旨书写体例的惯例,qa'an一词之后应下接"ba qa'an-u jarliγ-dur...(b q'-nu jr-liq-dur...)等词,可惜由于文书残损,只能作出这段推断性的复原。

所有现存的八思巴文圣旨中,其下还有"和尚们、也里可温们、先生们、答失蛮们不承担任何差发,祷告上天保佑"之类以往诸皇帝的圣旨内容,但是下一行出现的称呼iduq-qud不是寺庙宗教人士,而是历史上的具体人物。故,是否有保护宗教、寺庙等内容,目前还不能给予主观的定论。

第3行iduγ(-qud)一词是回鹘职官称之前半部分,下残部分中有qut

①《忽必烈牛年圣旨(Ⅰ)》、《忽必烈牛年圣旨(Ⅱ)》、《忽必烈龙年圣旨》、《完者笃牛年圣旨》、《完者笃马年圣旨》、《普颜笃虎年圣旨(Ⅱ)》、《普颜笃虎年圣旨(Ⅳ)》、《普颜笃南华寺圣旨(Ⅰ)》、《普颜笃南华寺圣旨(Ⅱ)》、《普颜笃马年圣旨》、《格坚猪年圣旨》、《妥懽帖木尔猪年圣旨》、《妥懽帖木尔鼠年圣旨》、《妥懽帖木尔成都圣旨》、《妥懽帖木尔兔年圣旨》、《安西王忙哥剌鼠年令旨》、《海山怀宁王蛇年令旨》、《也先帖木儿皇帝鼠年圣旨(Ⅰ)》、《也先帖木儿鼠年圣旨(Ⅱ)》、《妥懽帖木尔鸡年圣旨》等20例中为q-nu(qanu);在《忽必烈牛年圣旨(Ⅲ)》、《普颜笃虎年圣旨(Ⅰ)》、《普颜笃虎年圣旨(Ⅲ)》、《小薛大王兔年令旨》等4例中则为q'-nu(qa'anu)。

(-qut)这个词是没有问题的,元时一般音译“亦都护”,《元朝秘史》中标作“亦都兀惕”,汉文总译亦作“亦都兀惕”。关于 idu γ qut 这一词,沈起炜、徐光列两位先生解为“突厥首领称号”,《元史》中释作“亦都护者,高昌国主号也”;耿世民先生称“‘亦都护’回鹘西迁后高昌回鹘王国(850—1284年)历代王的称号 iduq qut 之汉译音”,意为“神圣之福”或“神圣的陛下”;韩儒林先生也考作突厥官号。

据本人的考察,idu γ qut(亦都护)这一词除具上述意义之外,或许还具有具体人名的意义。《元朝秘史》中“亦都兀惕”旁注为“人名”。在其总译中有“委吾种的主亦都兀惕,差使臣阿惕乞剌黑等,来成吉思处说……”的记载。《元史》中记有元世祖忽必烈诏谕高丽国王王禃的一段话:“汝内附在后,故班诸王下。我太祖时亦都护先附,即令齿诸王上,阿思兰后附,故班其下,卿定量知之。”又,“西宁王忻都之碑”称:“太祖皇帝起兵之四年,畏兀氏国主巴而术阿亦都护举国来附从,征西方有大勋于王室。”其碑的回鹘蒙古文译文中也把“亦都护”视作人名来表述的①。据此看来,“亦都护”一词有时为职官称,有时为人名,换言之,“亦都护”一词有广义和狭义之分。虽然当时的高昌诸王均有“亦都护”之称,但是在某一具体明确之时一般简称“亦都护”,按具体的某人来看待的。至于八思巴文这一残片中的“亦都护”之称,是对高昌王的统称还是具体的某一高昌王,还有待于进一步探讨和考证。

三

关于“亦都护”,最早出现于《元朝秘史》第二百三十八节中。高昌回鹘之主亦都护闻说成吉思汗的威名,派去使臣表达了愿顺从成吉思汗并愿做其第五子为其效劳的愿望,成吉思汗满足了他的愿望。《元史》中也有类似的记载,这是成吉思汗开国的第四年,即公元 1209 年。最早归附的亦都护是巴而术阿尔忒的斤,从他开始,依次嗣位的亦都护为七代八人:巴而术阿尔忒的斤(成吉思汗时期)、玉古伦赤的斤、马木剌的斤(蒙哥汗时期)、火赤哈儿的斤(忽必烈至元三年〈1266 年〉嗣位)、纽林的斤(1308—1318 年在位)、贴木儿补化、篯吉的斤(贴木儿补化之弟,1329 年嗣位)、太平奴的斤(贴木儿补化之子)。对于上述亦都护王位的世袭情况,“亦都护高昌王世勋碑”之碑文(回鹘文、汉文,甘肃武威市)中也有类似的记述。其

①见元代“西宁王忻都神道碑”阳面汉文碑文第 6 行及该碑阴面回鹘蒙古文译文第 4~7 行。该石碑现存于甘肃省武威市石碑沟,中国国家图书馆等收藏有石碑拓片。

中,从火赤哈儿的斤亦都护王起,其后的诸王均有可能授以八思巴文的圣旨。

以上所列诸王中,这一圣旨不可能授给每位王。为了弄清这一问题,我们认为,下述几条记载尤为重要:

至元三年(1266年),世祖命其子火赤哈儿的斤嗣为亦都护。至元十二年(1275年),都哇卜思巴等率兵十二万围火洲……受围凡六月,不解。……亦都护……以其女也立亦黑迷失别吉……与之,都哇解去。其后入朝帝嘉其功,锡以重赏,又赐钞十万锭以赈其民。

子纽林的斤,尚幼……常壮其志,赐金币巨万……有旨师出河西,俟北征诸军齐发,遂留永昌……武宗召还,嗣为亦都护,赐之金印,复署其部,押西护司之官。仁宗始稽故实,封为高昌王,别以金印赐之,设王傅之官。

贴木儿补化……天历元年(1328年),拜开府仪同三司、上柱国,录军国重事,知枢密院事。明年正月,以旧官勋封中书左丞相。三月,加太子詹事,十月,拜御史大夫。

在上述第二例引文中提到的事例,因至元三年(1266年)八思巴文尚未推行,故不可能是这一年的圣旨。贴木儿补化虽官爵更甚,但他任职地址与残片所出土的敦煌西北地区不一致,而他嗣职年代也较晚,故这一记述与本残片可能没有多大关系。武宗、仁宗二帝对纽林的斤分别嗣为官职亦都护和高昌王,但现存残文中没有按圣旨惯例写出其前诸皇帝,文字各占一行,而武宗帝诏纽林的斤嗣亦都护的时间,据耿世民先生的研究为1308年。在此之前,忽必烈帝虽有"赐金币巨万"之事,但当时此人还未嗣亦都护,因此这里还不能排除B168窟八思巴文圣旨残页是纽林的斤或其后的诸亦都护所受圣旨的可能性。

四

据此,我们可以得出以下初步的推断:莫高窟B168八思巴文残片是八思巴蒙古之的皇帝圣旨,圣旨的颁布人有可能是元世祖忽必烈薛禅皇帝,圣旨的得主可能是元代第四代亦都护高昌王火赤哈儿的斤,圣旨内容可能是对高昌王亦都护火赤哈儿的斤的封赠官职或记录功勋等。圣旨颁布时间为至元六年至至元三十一年(1269—1294 年)之间。其中最有可能的是至元十二年(1275 年)都哇围城"其后入朝"的那一年,即 1275—1294 年的某一年。

五

通观莫高窟 B168 窟出土八思巴文文书残片，并与当时的八思巴文圣旨对照,还基本能够明确下述几个异同之处。

元代皇帝圣旨一般为横幅和竖幅。纸书圣旨全部为横幅,现存碑文圣旨有横幅和竖幅的。故这一圣旨残页也可能是横幅。所谓横幅和竖幅请参看照那斯图先生《八思巴字和蒙古语文献.Ⅱ文献汇集》和西藏档案馆编《西藏历史档案荟萃》等书的有关八思巴蒙古文图版。

jarliq (jr-liq)"圣旨"一词在圣旨的通例格式中一般在第 7 行或第 8 行,顶格,下空。Ğngis qa'an(čing-gis q-'an"成吉思汗")一称一般在第 8 行或第9 行,顶格,下空或不空不等。这一圣旨文书可能属不空之列。

现已刊布的 20 多例皇帝圣旨,无论是纸质或碑刻,书写风格均为板板正正的楷书体,但这一残片似有些手写体风格。这是异点之一。

这一残页圣旨,似不像现已发现的寺庙佛徒等宗教护敕类圣旨,而可能是封赠官职的圣旨。如是,可以补充八思巴文这一类圣旨的空白。这是异点之二。

上述文字标音所示,圣旨残页标有三个朱点,似为后人所为,且朱点的位置是以词为单位的。词后朱点可能是为了方便后人阅读所为。这是异点之三。

(原载《敦煌学辑刊》2006 年第 3 期)

莫高窟北区出土《阿剌忒纳失里令旨》残片

敖特根　著

回鹘蒙古文残文书B163:46,即所谓的《哈剌札失里王令旨》文书,出自敦煌莫高窟B163窟[①]。文书残宽17.80厘米、残高31.60厘米,残存墨书草体文字14行(图53),时代为元代。《敦煌莫高窟北区石窟·第三卷》记:"标本B163:46,白麻纸,泛黄,纤维交织不匀,有透光,文字为手写体,残存14行。这是一道令旨,传达皇帝圣旨的官方文书残片,时代为元代。"[②]嘎日迪先生在《敦煌莫高窟北区出土蒙古文和八思巴文文献标音释读(二)》一文中介绍说:"标本B163:46,17.80×31.60厘米,墨迹手书文书,现存14行,回鹘蒙古文。这是一则根据皇帝圣旨下达的令旨公文,发文人是哈剌札失里。收执者是招讨司下属的诸地部落官人、长者等。文书的前段下半部分及后半部上截,第14行之后的部分残缺,元代,确切年代待考。"[③]

图53　B163:46　蒙古文残文书

元代由皇太子、太子、诸王所颁

①见彭金章、王建军著《敦煌莫高窟北区石窟·第三卷》第124~146页,文物出版社,2004年。

②同①,第130页。

③见嘎日迪著《敦煌莫高窟北区出土蒙古文和八思巴文文献标音释读(二)》,载于《敦煌莫高窟北区石窟·第三卷》第397~419页,文物出版社,2004年。

发的旨书，称为“令旨”，这是元代所特有的一种公文形式。令旨有固定的程式，常包括以下内容：

首称“遵依皇帝圣旨”。有时候还提到现任皇帝的名字，如 Ilasqoǰa-yin ǰrlɤ-iyar（“遵依也里牙思火者圣旨”）、Yisüntemür-ünǰrlɤ-iyar（“遵依也先帖木儿圣旨”）等，但不一定真的就是皇帝圣旨，这一点我们从元代白话碑文中看的较为清楚。这些令旨碑中均称引前代皇帝圣旨，还须称引当今皇帝圣旨，称作“皇帝圣旨”或“今上皇帝圣旨”①。这一行通常要高于其余各行，以示对皇帝的尊敬。

次称“（发文人）+ 令旨”。蒙古语有 × × bičig manu、× × üge manu、× × lingǰi manu 三种说法。lingǰi 是汉语“令旨”的借音，brčig 本义为“文字、书信”，üge 的意思是“话、言语”。brčig 与üge 的区别在于，前者是以书面公文的形式颁发，而后者则更强调由口头发布②。manu，是蒙古语后置的第一人称代词复数领格形式，意为“我们的（俺的）”。例如，吐鲁番出土编号 TM79 文书：Ilasqoǰa-yinǰr1γ-iyar，Kedme-Baγatur üge manu（“遵依也里牙思火者命令，我客都门拔阿秃儿的令旨”）；编号 TM214 文书：qan-uǰarliγ-[iya]r，Bigtemür üge manu（“遵依皇帝圣旨，我别克帖木儿的令旨”）；编号 TIID203：Yistintemür-ünǰr1γ-iyar，Temür Satilmiš ạkiten toγačin šügüsüčin üge manu（“遵依也先帖木儿圣旨，以帖木儿·萨提迷失为首的[管理]祗应及其核算之人的令旨”）③；敦煌北区出土编号 B163:42 文书：[…]-a/e/g Boladunǰr1γ-iyar，Ke[d] men-Baγatur üg[e][manu]（“遵依李剌圣旨，我客得门拔阿秃儿令旨”）；《云南王藏经碑》铭刻的云南王阿鲁 1340 年颁给筇竹寺令旨：Bungǰusi-tur lingǰi ögbei（“向筇竹寺颁给令旨”）等等④。

次述令旨颁布的对象。如，吐鲁番文书 TM79（M866）：Merkid Sengg

①见祖生利著《元代白话碑文研究》第 8页，中国社会科学院研究生院 2000 年博士论文。

②见照那斯图、道布、刘兆鹤著《阿难答秦王八思巴字蒙古语马年令旨》，载于《民族语文》，1998 年第 3 期。此处转引自祖生利博士论文《元代白话碑文研究》第 8 页。

③见达·策仁苏德纳木、曼弗雷德·陶贝著《柏林吐鲁番藏品中的蒙古文献》第 68、73、74 号文书及图版 XXIX、XXXV、XXXVI，柏林科学出版社，1993 年。

④见道布整理、转写、注释《回鹘式蒙古文文献汇编》（蒙古文）第 316 页，民族出版社，1983 年。

üm ạkiten Sing-ging-ün tụ šüm [ed-te (?)](“向蔑儿乞惕桑昆等圣京(?)(所属)诸官吏”);TM214:Iduyγ-qud čings(a)ng-a, Quba[y] iučing Bai-Qy -a sočing[ạ] kiten noyadṯa(“向亦都护丞相、琥珀右丞、白海牙左丞为首的官员们”);TII D203:ǰaγur-a bükünǰamudun ö(t)ögüs-e(“向沿途各站赤头儿们”);敦煌文书 B163:42:...olan čerig-te aran-a[e1-e?][...](“……向诸士兵们、百姓们、[各](?)[……]”)等等。

次令旨的正文内容。

末署令旨写成的时地。如 TM 79 (M866):kemen n̠ištu bičig ögbei, taqiy-a ǰi1 namur-un eki sar-a-yin arban qaučin-a Basar-a büküi-ṯür bičibei(“为此发此印文,鸡年秋季第一个月十旧日写于巴扎尔”);TM 214: kemen ništu belge bičig ögbei, qonin ǰi1 arban sar - a -yin naiman qaučin Bulad - a büküi-ṯür bičibei“为此发此印文,羊年十月八旧日写于孛罗”);TII D203: kemen niša-d̠u bičig ög-bei,bars ǰi1 namurun ečüs sar-a-yin qoyar qaučin-a Türgen-e büküi-ṯür bičibei(“特颁发此印〈押〉书〈信〉,虎儿年秋季末月二旧日〈1338 年十一月二十二日?〉,写于吐日根〈忒勒哈纳?〉”);《云南王藏经碑》:lingǰi manu ǰi ön ǰirγuγan on 1u ǰi1 qabur-un terigün sara-yin qorin tabun-a Gon yim gau-te büküi-ṯür bičibei(“令旨,至元六年己巳正月二十五日写于观音阁”)等等。

不难发现,敦煌莫高窟出土B163:46号文书是严格按照元代令旨的固定格定格式所书,看上去显得层次分明,给人一目了然的感觉。除了第一行之外,其余部分均残缺不全,末署时地内容更是荡然无存。这给我们释读工作带来了一定的困难。本文试从令旨发文人、发文时间、发文对象、正文内容等方面,对该文书进行系统的考察,并基于前人研究,重新对该文书进行释读、转写、翻译与注解。

一、“令旨”发文人与发文时间

文书第二行记 a/ra [rad/dna] širi-yin lingǰi [manu...],似是“阿剌[忒纳]失里令旨”。第一个词前半部分模糊不清,以 A 开头还是以 R 开头目前无法确认。该词嘎日迪先生读作 Qaraǰaširi,似不妥,原因有二:首先,该词并非以 Q 开头，我们与第一行的 qaγan（“皇帝”）一词进行比较便知；其次，此名后半部分 -širi（通常译写为“失里”或“师利”“室利”等，如 Mañjuśrī，旧称文殊师利、满殊尸利、曼殊室利）源自梵文 Sri（拉丁转写Śrī），意为“光辉、壮丽、威严、吉祥”等①，因此其前半部分作蒙古语或突厥语 qara-（“黑”）的可能性极小。在元代，“××失里”的名字颇为流行，仅就《元史》所记者，十人以上，而且既可以作男子名，也可以作女子名，如武宗速哥失里皇后、仁宗阿纳失里皇后、文宗不答失里皇后、顺帝答纳失里皇后、湘宁王八剌失里、鲁王阿儿加失里、豫王阿剌戒纳失里、辽王牙纳失里、答里马失里、撒都失里、桑加失里等等。根据现有的资料看，在诸多“失里”中明显与敦煌有关者仅有三人。一者为出自与我们文书同一个洞窟的编号 B163:3 蒙古文残文书中出现的所谓的 Odoširi dai ong（“斡朵失里大王”）。二者为《华夷译语》中提到的撒蛮荅失里（Samandaširi）。洪武二十二年（1389 年）刘三吾作序“出版”《华夷译语》时，在原来的词汇表上另加了 12 件用汉语译写的蒙古文文书。其中的第六件为“撒蛮荅失里等书”，即撒蛮荅失里等元朝旧臣从沙州一带写给明太祖朱元璋的信②。兹转录其全文如下：

撒蛮荅失里等书 [1r] Sutu qahan-na. bo'ol Samandaširi. Muda Darmu Ha ǰi Sangir č a Abač i Gendükbal Hara-Tobait Nayira-Buqa Ganaqbal-tan. Bičig-iyar öčimü. De'ere tenggiri-yin ǰaya'an-bar. delegei ertin čü. [1v] sutu Dai Ming（大明）qahan-nu'ai. boluqsan-bar. ba urida Nasurding-tan-i. sutu qahan-nu. altan č irayi-tur. a'ul ǰa'ulun otbasu. ǰarliq bolurun. Edö'e č i darui-tur öter qari. tende-yin. ong ba ulus irgen-dür-iyen. kelele.

①如 Mañjuśrī（曼殊室利，即文殊菩萨），意为“妙吉祥”；Sri Lanka（斯里兰卡），意为“辉煌的土地、壮丽的土地”。除此之外，Sri 还可以作一种尊称或对圣人的称呼。

②见一田清波、罗意果和顺保木编《洪武本〈华夷译语〉（1389 年）中的蒙古文资料·第一卷》第 8~9 页，布鲁塞尔，1977 年。关于《华夷译语》，另见《涵芬楼秘岌·第四集》，商务印书馆，1918 年；王云五主编《〈西域行程记〉、〈西域番国记〉、〈华夷译语〉》，（台湾）商务印书馆，1977 年。玛莉安·李威奇著《14 世纪汉语译写蒙古文文书》，1389 年；海涅什著《14 世纪末汉蒙双语文献》，载于《德国科学院会刊》，1952 年；李盖提著《八思巴字文献：汉语译写公文》，载于《蒙古语文献汇编·第三卷》第 170 页，布达佩斯，1972 年。

[2r]hu ǰa'ur-un nuntuq-dur-iyan sa'uǰu. aimaγ-un aqalaqsand-ača. iretügei ke'en. ǰarliq boluqsan-nu tula. te'über. nidoni. Muda Naira-Buqa Bolot-tan-i. aqtas-iyar. a'u1 ǰa'ulun ilebesü. sutu qahan. soyurqaǰu. mana ǰorin el čin ǰaru'at. [2v] ǰarliq irerün. Gamsü Šaǰiu(甘肃沙州) ki'et qaǰad-iyar. ebesün usun-nu ǰokimǰi-bar. sa' utuqai ke'eksen-nü tula, ba ber Šaǰiu(沙州)-da. čiqui(指挥)Güčük-luwa qamtu-bar bolun. sutu Dai Ming(大明) eǰen-nü. ǰarliq ǰasag-i qaraǰu. niken ǰorig-i'ar. güčün. ögüya. ke'eǰü sa'un amu. yambar-iyar soyurqaqu-yi.[3r] ǰarliq medem(A. Mostaert and I.

汉译文:撒蛮苔失里等书[1r]向皇帝洪福。奴脾撒蛮苔失里、木苔、苔儿木、合只、散吉儿察、阿巴赤、坚都克班、哈喇脱伯惕、乃亦剌不花、加纳黑班等,有文书启奏。奉天命,[1v]天下世界归附大明皇帝洪福,我们在前教纳速儿丁等前去拜见洪福的皇帝金容,[皇上] 便下旨曰:"如今你立刻回到[你的大]王、领地和百姓那里去,[2r]在从前的营盘里住着,教部落头目前来。"奉了这道圣旨后,就按圣旨的意思,去年,教木苔、乃剌不花、孛罗惕等骑着马前去拜见[皇上]。皇帝洪福恩赐,特派专使,[2v]前来传旨日:"在甘肃沙州等地依水草的便利安营"。于是我们在沙州,与指挥古出克一同住下。遵循大明皇帝洪福的圣旨与法度,准备一心[为朝廷]效劳,怎生般恩赐,[3r]请[皇上]颁下圣旨。

司律思(Henry Serruys)神甫研究后认为"此蒙古文书信不能晚于1384年11月"①。

Under the date of November 14, 1384, the Shih-lu(HWSL 167.la, Haneda, p. 158) records an embassy from Sha-chou 沙州. One of the ambassadors is Mo-t'o 抹陀, a duke of the former Yüan. 'Mo -t'o' is none other than Muda of the Mongolian document fmm Sha -chou. The writers of the Mongolian letter inform the emperor that, according to his orders, they have settled

①见司律思著《〈华夷译语〉中的蒙古文文书年代考》,载于《哈佛大学亚细亚研究学报·第十七卷》第419~427页,1954年。

near Sha-chow As the Shih-lu, tells us that the embassy of 1384, had already come from Sha-chou, this Mongolian letter can not be later thanNovember 1384. It is most probable that it was this embassy of 1384 that brought the Mongolian letter to the Mingcourt.

汉译文:1384 年 11 月 14 日下,《明实录》记有从沙州来的一个使团。其中的一名使者为故元大臣抹陀。此抹陀正是沙州蒙古文文书中提到的木苔。写此蒙古文书信者向皇帝奏报,他们按圣上的意思已经在沙州一带安驻。因为《实录》告诉我们 1384 年的使团是从沙州来,所以此蒙古文书信不会晚于 1384 年 11 月。很可能他们把此信带到明廷的。

就是说撒蛮苔失里等人奉圣旨于 1384 年 11 月前在沙州落了户。三者为世袭吐蕃封地的镇西武靖王搠思班之子① 阿剌忒纳失里，他于 1324 年出镇沙州。《元史·卷二十九·泰定本纪》载:“(泰定元年秋七月)庚子,诸王伯颜帖木儿出镇阔连东部,阿剌忒纳失里出镇沙州,各赐钞三千锭。”“阿剌忒纳失里”,梵音 Ratnaśr ī = 蒙古语 Aratnaširi,意为“宝吉祥”。按中古蒙古语的习惯，该词可能有四种不同的写法，即 aradnaširi、araṭnaširi、radnaširi 或 raṭnaširi。笔者认为上述三人中此“阿剌忒纳失里”很可能就是我们文书中出现的发文人 a/ra [///]širi。无论根据该词的残存部分进行推测,还是从“令旨”发文人应有的身份地位上考虑,均有可能。如果这一推测成立,该文书无疑书于 1324 年之后阿剌忒纳失里驻镇沙州期间。

二、“令旨”颁发的对象

文书第 3~7 行内容为“令旨颁发的对象”。其中第 3 行低于第 2 行,但却高于第 4~7 行。5 行文字中能确切辨认者仅有čautauš [i](“招讨司”)、büküi/ büküi(“全部 / 有的”)、aimaγ(“部落”)、ötegüs-e(“向……头儿们”)4 个字,然而,第 3 行头一个字就是čautauš[i],说明“令旨颁发的对象”与

①见宿白著《藏传佛教寺院考古》第 241 页,文物出版社,1996 年。书中写道:“泰定元年(1324 年)又以世袭吐蕃封地的镇西武靖王搠思班子阿剌忒纳失里(此云宝吉祥)出镇沙州。”见谢继胜著《关于敦煌莫高窟第 465 窟断代的几个问题》,载于《中国藏学》,2000 年第 3、4 期。文中也说:“泰定元年(1324 年)又以世袭吐蕃封地的镇西武靖王搠思班子阿剌忒纳失里(此云宝吉祥)出镇沙州。”

“招讨司”有关。

《元史·卷九十一·百官志》载:“招讨司,秩正三品,达鲁花赤一员,招讨使一员,经历一员。土番,剌马刚等处,天全,脐不思,沿边溪洞,以下各置副使一员,无达鲁花赤。唆尼,诸番,征沔,长河西里管军,檐里管军、脱思麻田地。”土番,即吐蕃。另参考《中国历史大辞典·辽、夏、金、元史卷》中:

> 招讨司:辽、金、元统治边境地区的军事行政机构。辽俘降军兵,编入军籍,隶招讨司统领。有招讨使、副使、都监等官职。金置西北、西南、东北三路招讨司,掌招抚、征讨诸部族及接受贡纳、颁给赏赐等事。有招讨使一员,副使二员,下设判官、堪事官、知事、知法等官。元招讨司秩正三品。置达鲁花赤、招讨使、经历各一员,有吐蕃、剌马刚、天全、脐不思、沿边溪洞等处招讨司。或置招讨使、副使、经历各一员,有唆尼、诸番、征沔、长河西里管军、檐里管军、脱思麻田地等招讨司。①

在元代,吐蕃地区由掌管全国佛教及藏族地区军政事务的宣政院(至元元年置总制院,至元二十五年更名宣政院)管辖。境内先后设置了三个宣慰使司都元帅府。

一是吐蕃等处宣慰使司都元帅府,辖甘青藏族地区及一小部分川康藏族地区。其中毗邻内地汉藏交错居住的地方则设路、州、县,置流官,归陕西行省任免;藏族聚居地区则设宣慰司、安抚司、招讨司、元帅府、万户府、千户所等地方行政机构,管理当地军民事务。

二是吐蕃等路宣慰使司都元帅府,辖川西州县及旧西康藏区,其下亦设安抚司、招讨司、元帅府、万户府、千户所等地方行政机构,管理当地军民事务。

三是乌思藏纳里速古鲁孙等三路宣慰使司都元帅府,辖卫、藏、阿里等藏族地区。其中,阿里地区由吐蕃赞普的后裔管辖,在卫藏地区设管蒙古军都元帅两员,管理当地蒙古驻军;另设万户府、千户所若干,管理当地民政②。

---

①中国历史大辞典编纂委员会编《中国历史大辞典·辽、夏、金、元史卷》第283~284页,上海辞书出版社,1986年。

②见王森著《西藏佛教发展史略》第232~233页,中国社会科学出版社,1997年。

上引《元史》所记剌马刚招讨司、天全招讨司、价不思招讨司、唆尼招讨司、征河招讨司等均属吐蕃等处或吐蕃等路宣慰使司。这正是周清澍教授所说的“宣抚司和安抚司设于云南、四川、湖广行省民族地区，元帅府、招讨使司则多设于吐蕃等处或吐蕃等路宣慰使司境内”① 的情况。由是观之，莫高窟出土 B163：46 号文书很有可能是颁给吐蕃地区某个招讨使司的令旨。如若文书的确出于 1324 年出镇沙州的阿剌忒纳失里之手，这种论断显得更为可信。作为镇西武靖王之子，阿剌忒纳失里参与或处置吐蕃事务不难理解。已故著名藏学家王森（1912—1991 年）先生曾谈道，元代西藏“虽设宣慰使司以统之，而宣慰使往往偏祖萨迎，各万户乃多诉诸实力，仍沿袭割据自雄之旧贯。遇事元室多委镇西武靖王一系进藏处置”。他又说：“元初，吐蕃原为阔端份地，忽必烈即位之始，阔端子孙曾党阿里不哥，旋又归附忽必烈，以故阔端子孙仅能自保，吐蕃份地遂改为奥鲁赤份地。奥鲁赤乃忽必烈第七子，至元六年西平王，其子铁木儿不花于大德元年（1297 年），改封镇西武靖王，仍以吐蕃等地为其份地。其子搠思班继之，终元之世，西藏地方事务多由此系诸王进藏处置（铁木儿不花，搠思班，进藏处置藏事均曾见于藏文资料），明洪武三年（1370 年）谒邓愈军前以吐蕃诸部降明之镇西武靖王卜纳剌即搠思班之孙。”②

三、“令旨”正文内容

“令旨正文内容”由两部分组成：第 8~10 行为一部分，其余为一部分。第一部分中主要叙述了行文之缘由，说：“寄给王府[官员？]的加盖印章的书信[已收到？……]写[……]已经[向]行(？)[御？]台官员[呈报？]”。第二部分，即第 11 行后面的内容似是向受文者提出的具体处理意见，或解决问题之方案。由此我们可以推测：在此之前招讨司的负责官员就某一事务曾写信请示王府，王府也以书面的方式呈报行御史台审批。我们的文书很可能就是王府以令旨文件形式下发的对招讨司关于这一事务的请示的答复。但该令旨是抄本还是正本就不得而知了。

第 8 行中出现的 ongvuu（“王府”）一词进一步证实了发文人 a/ra [rad/dna] širi 的身份地位，与第 2 行 a/ra [rad/dna] širi-yin lingǰi [manu?...]（“我阿剌[忒纳]失里令旨”）一语正可以相互印证。至于第 9 行 qing(？)

①见周清澍著《元代职官(三)——以行省分治天下的地方官制》，载于《文史知识》，1987 年第 3 期。

②见王森著《西藏佛教发展史略》第 245~246 页，中国社会科学出版社，1997 年。

[ü?]tai-yin noyad(“行?[御?]台的官员”),嘎日迪先生读作 ba ong-tai-yin noyad,并译作“我(复)王台(属)官人(复)”——“我们府诸官员”。在我们看来,似不准确:首先,这里的第一个词不太可能为 ba,ba(“我们”),也与上下文的意思 不符;其次,ong-tai(“王台”)一语颇为费解,我们在迄今发现的各种元代史料中都未见到“王台”指“王府”的例子,“王台”倒是可以指“诸王”本人,而不是“王府”。这前三个字笔者读作 qing ü tai(“行御台”)。

“行”,《广韵》户庚切,平声,庚韵匣母。《蒙古字韵》① ɦeiŋ~ɦiiŋ (hying),二庚韵部。蒙古对音 qing,如,1335 年蒙汉文合璧《大元敕赐故荣禄大夫、辽阳等处刑中书省平章政事、柱国、追封蓟国公张氏先茔碑》: Qonamqing sing(“河南行省”)、qing čungšu šing“行中书省”)②;1362 年《元敕赐西宁王忻都公神道碑》: qing čungšu šingun yiučing(“行中书省右丞”)③。

“御”,《广韵》牛据切,去声,御韵疑母。《蒙古字韵》'eu(ii),五鱼韵部。蒙古对音ü,如《元敕赐西宁王忻都公神道碑》: ü tai-yin gemča üši(“御台监察御史”)、üši tai -yin ǰišu(“御史台治书”)。

“台”,《广韵》土来切,平声,咍韵透母。《蒙古字韵》t'ay (tai),六佳韵部。蒙古对音 tai 和 tei,如《蒙古秘史》: taiqal(“台合勒”),sübe' etei(“速别额台”)。

“行御台”为行御史台的简称。行御史台是元代独创的固定的地方监察机构,为元代御史台的分设机构。叶子奇《草木子》卷三下云:“元中台建于大都,西台建于陕西,南台建于建康。其余各道设廉访司,隶于三台”。至元十四年(1277 年)七月,为了加强对江南新征服区域大小官吏的监督和

①《蒙古字韵》是用八思巴文译写汉语的一部韵书,成书的确切年代已无可考。可以推知,它是在推行八思巴文的过程中,根据实际需要而产生的,是供人们研习、使用八思巴文进行译写所应用的一种范本。作者无考,刻本今已无传。现存唯一的旧写本,乃是朱宗文(伯颜 Bayan)于至大元年(1308 年)校订的《蒙古字韵》传世本。此书体制,分韵十五(部),上冠八思巴字字头,下列所译写的汉字,平上去入四声一贯。计收八思巴字字头 818个,被译写的汉字 9118 个(残缺部分未统计在内)。

②见 F.W.柯立夫著《1335 年蒙汉文合璧张应瑞纪念碑》,载于《哈佛大学亚细亚研究学报·第十三卷》第 1~131 页,1950 年;道布整理、转写、注解《回鹘式蒙古文文献汇编》第 252 页,民族出版社,1983 年。

③见 F.W.柯立夫著《1362 年蒙汉文合璧忻都王纪念碑》,载于《哈佛大学亚细亚研究学报·第十二卷》第 1~133 页,1949 年;道布上引书,第 393 页。

监察，置江南诸道行御史台(简称南台)于扬州，后几经迁徙，最终定署于建康路(今江苏南京)，分监江浙、江西、湖广三行省。至元二十七年，置云南诸道行御史台于中庆(今昆明)，大德元年(1297年)迁治京兆，改为陕西诸道行御史台(简称西台)，分监陕西、四川、云南、甘肃四行省①。关于行御史台的职能，南开大学历史系李治安教授在其《元代行御史台述论》一文中谈道："作为中台的分设机构，江南、陕西二行御史台主要负责本监察区内的'纠察'与'镇遏'。"他还说："元行御史台是以御史台的分设机构出现的大区监察的一次尝试。秦汉以降，大区监察体制得到长足的发展。如西汉的十三部州，唐的十道，两宋的路。但是像元代南台、西台、中台三大监察区体制又是空前绝后的。"② 如果我们释读的准确，那么文书中的"行御台"，指的无疑就是"陕西诸道行御史台"。

第11~13行严重残缺，所剩文字不多，其中能辨认者仅有［e］düge("兹、如今、现在")、čautauši-yin tamγa-barc("用招讨司的印章")、yamun("衙门")、-tur bükü čerig("于[……]的军队")等。在元代公文中，edüge一词的主要功能通常是引导文件的核心内容，如向受文者提出的具体要求，或解决问题的方案等，如吐鲁番TM79(梅因斯编号866；海涅什编号B4；达·策仁苏德纳木、曼弗雷德·陶贝书中的编号Nr.68)号蒙文文书：

(前略)

第5行 ［an̈］-e Tegür-ün S(？)［...］-TWR nigen köl γaǰar

第6行 usun a ǰiγu uǰayur Yus̤-a če qudalduǰu

第7行 abču[.(？)] taral［γan(？)］aǰiγu edüge an̈-e Tegür

第8行 Biš-Balγasun-［tur］negüǰü irebesü ten deki

第9行 ter-e köl-ün γaǰar usun-tur alban ǰasaγ

第10行 ［kere］g taγar amasar qismad saliγ buu［11］abtuγai küčü auγ-a buu kürgetügei

(后略)

①见中国历史大辞典编纂委员会编《中国历史大辞典·辽、夏、金、元史卷》第160页，上海辞书出版社，1986年。

②见李治安著《元代行御史台述论》，载于《蒙元的历史与文化——蒙元史学术研讨会论文集(上册)》第375~421页，台北学生书局，2001年。

(第5行:这帖古尔于[……]]有一块带池塘的土地,第6行:原从也速那里买下来,第7行:自己耕种。如今这帖古尔,第8行:若搬到别失八里来向那边的,第9行:那块带池塘的土地官府,第10行:不得征收客列、塔哈尔、阿木萨尔、克西马、萨里合等税,第11行:不能强迫征之)。不难发现,第5~7行为叙事,第7行 ed ü ge("如今")一词之后为该文书的核心内容,为受文者的具体要求。1276年忙哥剌敕令碑文(龙门禹王庙安西王令旨碑):

(前略)

第6行 ǰiŋ [gis] qa·anu ba ǰarliqdur doyid erk'e·ud senšhiŋud dašmad

第7行 c'a [ŋ t'amqada]č'a buši aliba alba qubč'iri ülu üǰen

第8行 [dèŋ] riyi ǰalbariǰu hiru·er ögun at'uqayi ge·ek'degsed aǰu-

第9行 ·ue edu·e ber bö·esu uridanu

第10行 ǰarliqun yosu·ar c'aŋ t'amqadač'a buši ali[ba] alba qubč'iri ülu üǰen dèŋriyiǰalbari ǰu hiru·er ögun at'uqayi ge·en…

(后略)

汉译:在成吉思汗和匣汗的旨令中,称佛教、基督教、道教和穆罕默德的教士们,除了土地税和商税之外,不再缴纳贡赋或别的任何税,他们应向上天祈祷和表示感谢[祝福]。现在,再声明他们根据以前的法令,除土地税及商税之外,不纳贡或别的任何税,而应向上天祈祷和表示感谢之后……① 同样,edu·e("现在")一词前面为叙事,后面为具体要求。这种例子颇多,此不一一列举。估计我们的文书中也不例外。而且据 -tur bükü č erig 一语推测,这道令旨很可能与军事有关。

综上所述,莫高窟北区出土编号 B163:46 蒙古文残文书很可能是1324年出镇沙州的诸王阿剌忒纳失里颁发给吐蕃地区某个招讨使司的令旨。若然,文书无疑书于阿剌忒纳失里驻镇沙州期间。基本内容为对招讨司有关军事事务的请示的答复。

①尼·鲍培著,郝苏民翻译、补注《〈巴思巴字蒙古语碑铭〉译补》第78~85页,内蒙古文化出版社,1986年。

四、原文

第1行
第2行
第3行
第4行
第5行
第6行
第7行
第8行
第9行
第10行
第11行
第12行
第13行

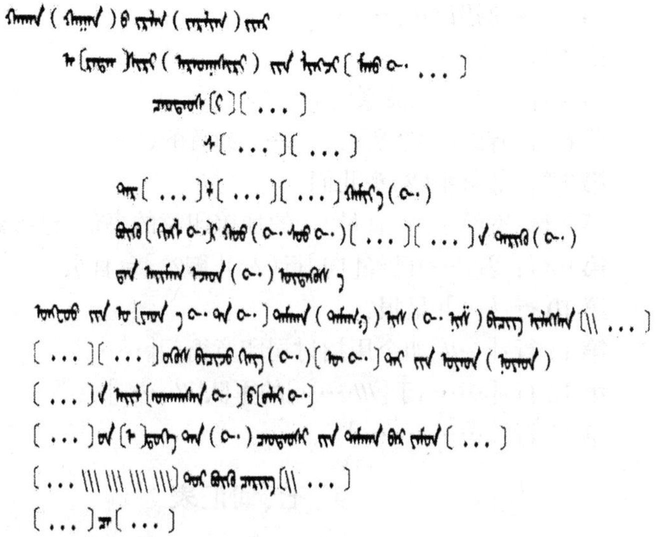

第1行 qaγan-uǰr1γ-iyar

第2行 a/ra[rad / dna] širi-yin lingǰi [manu? ...]

第3行 čautauš[i][...]

第4行 s[...][...]

第5行 tar[...]1[...][...] qamiy-a(?)

第6行 bükü[gingl?]i Q/S'WB[...][...]N/A terigü(?)

第7行 -ten aimaγ eǰed(?) ötegüs-e

第8行 ongvuu-yin[n] o[yad-a/ta](?)tamγa niš(?)bičig ilegsen[//...]

第9行: [...][...]WKWS bičiǰü qing(?)[ü?]tai-yin noyad

第10行 [...]a ayil [adqaγsan?] b [olai?]

第11行 [...]d[e] düge-ten(?)čautauši-yin tamγa-bar yamun[...]

第12行 [.../// /// /// ///]-tur bükü čerig[//...]

第13行 [...]ča[...]

六、译文

第 1 行:遵依皇帝圣旨

第 2 行:[我]阿剌[忒纳]失里令旨[……]

第 3 行:向招讨司[……]

第 4 行:[//………]

第 5 行:[///……]关系(?)

第 6 行:有的(?)经历(?)[……]为首的(?)

第 7 行:部落主(?)头儿们

第 8 行:寄给王府[官员?]的加盖印章的书信[已收到? ……]

第 9 行:写[//…]已经[向]行(?)[御?]台官员

第 10 行:[…][呈报?]

第 11 行:[…//]如今用招讨司印章衙门[……]

第 12 行:[……]于[///……]的军队[//……]

第 13 行:[……//……]

七、词汇表

aimaγ(第 7 行)"部落、投下"

ayil[adqaγsan?](第 10 行)"呈报、呈奏"(过去时形动词形式)

a/ra [rad/dna]širi (第 2 行)(人名):a/ra [rad/dna]širi- yin lingǰi

[e]düge(第 11 行)"兹、如今、现在"[e]düge-ten(?)

eǰed(?)(第 7 行)"主、主人"

ilgsen(第 8 行)"寄给的、发送的、派遣的":bičig ilegsen

ongvuu(第 8 行)"王府":ongvuu-yin[n]o[yad-a/ta](?)

ötegüs-e(第 7 行)"向…头儿们"

niš(?)(第 8行)"印、花押"(波斯语):tamγa niš(?)bi čig

noyad(第 9 行)"官员们"

[n]o[yad-a/ta](？)(第 8 行)“向…官员们”

bičig(第 8 行)“书、信”: bičig ilegsen

bičiǰü(第 9 行)“写”(并列副动词形式)

b[olai?](第 10 行)“也”(古语句末虚词)

bükü (第 6、12 行)“全、全部;有的、所有的”(第 6 行)qamiy-a(?) bükü,(12)-tur bükü čerig

qaγan(第 1 行)“皇帝”:qaγan-u

qamiy-a(？)(第 5 行)“关系、关联”:qamiy-a(？)bükü

qing(？)[ü?] tai(第 9 行)“行御台”:qing(？) [ü?] tai-yin noyad

[gingl?]i (第 6 行)“经历”

lingji (第 2 行) “令旨”

tamγa (第 8、11 行)“印章、图章”:(第 8 行) tamγa niš (？),(第 11 行)čautauši-yin tamγa-bar

terigü(？)-ten (第 6~7 行)“等、为首的”

čautauši(第 3、11 行)“招讨司”:(第 3 行) čautauši[i], (第 11 行)čautauši-yin

čerig (第 12 行)“军队、士兵”

ǰrlγ (第 1 行)“圣旨、命令”: ǰrlγ-iyar

yamun yamun (第 11 行)“衙门”

八、注释

第 1 行　qaγan-u:“皇帝的”。-u 是蒙古语名词的领格附加成分,犹“底(的)”。领格(Genitive),或称“所有格”“生格”等。主要表示领属或限定,附加成分是 -u /-ü、-un /-ün、-yin①。ǰrlγ:“圣旨、命令”,现代书面语形式为 arliγ。元时指皇帝圣旨。匈牙利著名东方学家李盖提 (L. Ligeti , 1902—1987)在其《清朝太宗皇帝信牌》一文中对ǰarliγ 一词进行了详尽的研究②。-iyar:蒙古语名词工具格附加成分,表示动作行为的依据,犹“根

①见祖生利著《元代白话碑文研究》第 37 页,中国社会科学院研究生院 2000 年博士论文。

②Louis Ligeti. Deux tablettes de T'ai-tsong des Ts'ing,*Acta Orient.Hung.*,*To-mus VIII*, 1958, p. 201-239, No. 12,219-221.

据""按照",元代白话译文常作"里"。工具格(Instrumental),或称"造格""助格"等,主要表示动作行为借以实现的工具、手段、方式及处所、原因等,附加成分是 -ar/-gar、-bar/-ber、-iyar/-iyer①。

第5行　qamiγ - a(？):"关系、关联"。嘎日迪读作 dotur-a。

第6、12行　bükü:是蒙古语存在动词 bu- 的形动词现在将来时形式。元代白话碑铭中常以"(地名)-dur bükün"形式出现,白话译文作"有的""住的""主持的"等②。由此可以推测,我们文书第12行 -tur bükü čerig 前面很可能有个地名。然而,此处几个字严重漫漶,很难辨认。嘎日迪先生读作 qadaqatan-a aqulas,并译作"外面(在)山(复—在)——在境外山中"。

第6行　[gingl?]i:该词嘎日迪读作 ayimaγ-a,似误。该词词尾为 -i,而非 -a。据文意,笔者暂且读作[gingl?]i("经历")。如前所述,该令旨受文者为招讨司所属官吏。元招讨司秩正三品,置达鲁花赤、招讨使、经历各一员,或置招讨使、副使、经历各一员。据《中国历史大辞典·辽、夏、金、元史卷》记:"经历,首领官名,首领官之长。职掌衙门案牍和管辖吏员,处理官府日常公务。金设于都元帅府、枢密院,秩从五品至正七品。元御史台另置蒙古经历一名,职掌蒙古文字案牍。枢密院及行御史台、行枢密院、宣慰司、肃政廉访司、诸路总官府均设经历,秩从五品至七品不等,多由吏员升任。顺帝初年规定,经历必须由蒙古、色目人担任。可见,元代经历"职掌衙门案牍和管辖吏员,处理官府日常公务",衙门里的公事文书必经他手。由此笔者推测,该词有可能为"经历"一词的蒙古文音写,蒙古对音作 gingli,如 dai sinungsi-yin gingli③。

第6~7行　terigü(？)-ten:"等、为首的"。terigün 义为"头""首先",terigüten 为复数。该词多见于吐鲁番文献,并以"(普通名词或人名)+terigü ten"的形式出现,如 7r8,10v8,14,11r12,12r5,15,13v10,14r5,9,16v4,19v9,45r4,80r1,27r17,13v2 等④同义词 ekiten 却多见于人名之后,如吐

①见祖生利著《元代白话碑文研究》第37页,中国社会科学院研究生院2000年博士论文,第37页。

②同①,第22页。

③见 F.W.柯立夫著《1362年蒙汉文合璧忻都王纪念碑》,载于《哈佛大学亚细亚研究学报·第十二卷》第1~131页,1949年;道布整理、转写、注解《回鹘式蒙古文文献汇编》第398页,民族出版社,1983年。

④见达·策仁苏德纳木、曼弗雷德·陶贝著《柏林吐鲁番藏品中的蒙古文献》第224页,柏林科学出版社,1993年。

鲁番文书 TM 94 D135：Qabuγ̄-Baliγ̄či ekitenal čin（"以 Qabuγ̄-Baliγ̄či 为首的使臣"）；T II D 203：Kög-Buq-a ekiten borčin（"以库克不花为首的经营葡萄[生意]的一行人"）；罗布藏丹津《黄金史》：Basa sutu Činggis-qaγan Qasar ekiten degüü-ner-iyen soyün ǰarliγ bolurun 等。关于 terigüten 一词，见一.田清波、F. W.柯立夫的《梵蒂冈秘密档案中的三件蒙古文文书》，载于《哈佛大学亚细亚研究学报·第十五卷》第 440 页；李盖提的《柏林藏蒙古文残文书》，《匈牙利科学院东方学学报·第二十四卷》第 142 页。令人费解的是此处为何把词尾 -ten 单另写在下一行中。该词嘎日迪先生读作 bük ü tan，并释作"有你(复)"。

第 7 行　aimaγ："部落"，元代白话碑文作"投下、枝、枝儿"。如《薛禅皇帝龙年(1280—1292 年)圣旨》：basa bidan-ača qaγarqayi ǰarliγ üge'ün bö' etele ayima' ud -da ala šiltaǰu senššhingud - ača ya'u ba γuyuǰu bu abtuγayi"[白话汉译原文]更没俺每的明白圣旨，推称诸投下，先生每根底不拣什么休索要者——[汉译]。又，没有我们的公开圣旨，不得用诸投下的名义向先生们索取任何东西。"①《普颜笃皇帝虎年(1314 年)圣旨》(7~8) ayimaγ ayima' ud-un ötögüs-e"[白话汉译原文]各枝头儿每根底——[汉译]各部头儿们"、bidan-ača qaγas neres anu oroγsad ǰarliγ bö'etele ayima' ud-/d/ača šiltaǰu senšhingud-eče ya'ud ba γuyuju bu abtu- γayi "[白话汉译原文]更咱每的明降圣旨既有呵，推称着各枝儿投下？于先生每根底，不拣什么休索要者"。eǰed(？)："主、主人"，eǰen 加名词复数附加成分 -d 构成。吐鲁番文献中出现 eǰen 一词，如《人菩萨行论》(TM 45 D 336)：(166v4) aγui ulus-un nayadaγar yeke eǰen("大国第八十位国君")。除此之外，亦见有[e]ǰen-dür，ä ǰentüriyen 等形式。按元代公文惯例，有关 ayimaγ 一词最常见的形式是 ayima' ud、ayimaγ ayima' ud-un ötögus-e 等，未见有 aimaγ eǰed(？) ötegüs-e 这种说法，故 eǰed(？)一词的释读尚有问题。该词嘎日迪先生读作 noyad。ötegüs - e：ötögus("头儿")加蒙古语名词的与 - 位格附加成分 -e(表示动作行为的对象，犹"向"、"对")构成，多见于元代公文，亦作 ötögus-e，如吐鲁番出土编号 TID581 文书：qaγalγas qaγalyas-un öteg üs("诸城门头目")；T II D 306：ǰamudun ötegüs - e("向各站赤头儿们")；T

①见照那斯图著《八思巴字和蒙古语文献 II：文献汇集》第 21~27 页，东京外国语大学亚非语言文化研究所，1991 年；罗常培、蔡美彪编《八思巴字与元代汉语》第 32 页"京兆路重阳万寿宫圣旨碑"，科学出版社，1959 年。

II D203:ǰaγur-a bükün ǰamudunö (t)ögüs-e(“向沿途各站赤头儿们”);八思巴字蒙古文《答吉皇太后鸡年(1321 年)懿旨》碑:ayimaγ ayima’ud-un ötögus-e(“[白话汉译原文]各枝儿头目每根底——[汉译]各部头目们”)① 等。与 - 位格(Dative-Locative),或称“位格”“方位格”“与格”“方位与格”“在与格”“与格·位置格”等。主要表示动作行为涉及的对象、处所、时间或依据等,附加成分是 -dur(-diir)/-tur(-tier)、-da(-de)/-ta(-te)、-a/-e②。

第 8 行 ongvuu:“王府”,参考 1335 年蒙汉文合璧《大元敕赐故荣禄大夫、辽阳等处刑中书省平章政事、柱国、追蓟前国公张氏先茔碑》:ong wuu yamun bayiγuluγad noyad-i tüsiküi-dür(“当开王府衙门置僚属时”)。该词也可以释读为“王傅”等,如上引 1335 年碑:ene metü ong wuu-yin ner-e-dür kürčü(“如此官至王傅”)③。据文意,作“王府”的可能性较大。嘎日迪先生亦读作 ongfuu(“王府”)。[n]o[yad-a / ta](?):此处文字缺损,不好辨认,嘎日迪先生读作 noyad tan-a。tamγa niš(?)bičig:“印押书信”。tamγa,义为“印、印章、图章”,现代书面语形式为 tamaγa。关于 niš,参见拙文《莫高窟北区出土蒙古文残文书 B119: 7》。参考黑城出土编号 G117 文书第 7 行:ilgsn bičig beleg-eče“从寄给(我)的信件和礼物中”④;吐鲁番出土蒙古文文献:ilebei 86r15、ilebesü 6r10、ileǰü 21r9⑤。

第 9 行 [...] WKWS:该词前半部分缺。嘎日迪先生读作 tegüs,并译作“全——完全”,然在文义解释上亦存窒碍。

第 10 行 ayil [adqaγsan?] b [olai?]:词语原文漫漶。嘎日迪先生读作ǰoqaqulbasu,并译作“适应呵”,似不妥。这一行剩下的部分空白,说明

①见照那斯图著《八思巴字和蒙古语文献 II: 文献汇集》第 21~27 页,东京外国语大学亚非语言文化研究所,1991 年。

②见祖生利著《元代白话碑文研究》第 37 页,中国社会科学院研究生院 2000 年博士论文。

③见 F. W.柯立夫著《1335 年蒙汉文合璧张应瑞纪念碑》,载于《哈佛大学亚细亚研究学报·第十三卷》第 1~131 页,1950 年。

④György Kara.Mediaeval Mongol Documents from Khara Khoto and East Turkestan in the St. Petersburg Branch of the Institu- to of Oriental Studies, *Manuscripts Orientalia: International Journal for Oriental Manuscript Re search*. St. Petersburg; Thesa Publishers, *Vol 9*, No. 2, June 2003, p. 3 - 40

⑤见达·策仁苏德纳木、曼弗雷德·陶贝著《柏林吐鲁番藏品中的蒙古文献》第 213 页,柏林科学出版社,1933 年。

这是句子的结尾部分,不太可能出现假定副动词形式 -basu。

第 12 行 [...//// //// //// ////]-tur:-tur 前面可能为地名,然此处文字模糊不清,实在不敢冒揣,只好留此存疑。嘎日迪先生读作 qadaqatan-a aqulas-tur,并译作“外面(在)山(复—在)——在境外山中”。

附记:本文在资料准备和写作过程中得到了当代著名蒙古学家、突厥学家G.卡拉(György Kara)教授认真而具体的指导。在此谨对先生的辛勤指导表示衷心的感谢。

(原载《敦煌学辑刊》2006 年第 3 期)

敦煌新出土叙利亚文书释读报告(续篇)

段　晴　著

一、叙利亚文文书的释读始末

1999年夏,荣新江教授从敦煌归来,将两张照片交给笔者,其上有4页叙利亚文字文书,字迹十分清晰。据荣教授介绍,此是莫高窟北区新出土的。照片背面标着B53:14(正)(彩版十九),B53:14(背)(彩版二十),这是文书的馆藏号,表示这件文书是莫高窟B53窟所出第14件文物。此后不久,敦煌研究院彭金章先生来信将文书的状况描述出来,现转载如下:

> 文书纸高19.80厘米,宽30.80厘米;文面宽16.00厘米,文面高109.00厘米;行距约1.10厘米。文书使用白麻纸,略泛黄;纤维交织均匀,纸较厚,质硬。

从彭先生寄来的彩色照片看,文书采用西方折页式,共4页。有两种文字的一页是这4页文书的首页,它的背面是第2页;第2页的左面是第3页;第3页的背面,即将文书平摊开后,第1页的右面是文书的第4页。文书的主体文字每页书有15行,第一页的上端以及主体文字行间书有回鹘文字,回鹘文字的内容已由民族大学张铁山先生译出。

就文书的主体文字而论,这是一件叙利亚文文书。叙利亚语曾是东方波斯基督教的教会用语,如同拉丁语之于西方的罗马教会。在基督教的历史上,布道最成功的是景教。从东方基督教分出的景教在历史上曾在中亚地区流行,并两度在中国内陆掀起流行的趋势①。文书使用的是从埃斯特

①关于景教及景教在中亚地区以及中国流行的历史,已有不少中外学者进行过介绍和探讨,其中较为全面和系统的有以下文献:1.朱谦之著《中国景教》,人民出版社,1998年;2.Wolfgang Hage. *Syriac Christianity in the east*,Kottayam,1996,3. 德国已故学者,原哥廷根大学梵文教授EmstWaid-schmidt也简单地介绍过景教的产生以及与罗马教廷矛盾的由来,笔者以为该文虽然较短,但线索清晰明确,*Emst Waldschmidt. Rdligoese Stroem-mungen in Zentralasien*(中亚的宗教流派),*in Von Ceylon his Turfan*(从锡兰到吐鲁番),1967,Godtti-gen。

朗哥罗(Estrangelo)字体演化而来的景教体,除一些字母的写法与西叙利亚雅各比(Jaco-bites)派的有区别外,以加点方式标出元音及某些语法现象是景教体的特征。叙利亚语文书从右向左横书,文书的内容为《圣经》文选,摘录的是《旧约》中《诗篇》的内容。由此基本可以断定,这件文书是曾经在西亚、中亚和中国流行的景教之社团的文献。

文书中所录《诗篇》的篇节是:15.2–4、17.1–4、21.1–4、23.1–4、24.1–5、25.1–5、28.1–5①。其中在《诗篇》17.1–4、23.1–4、25.1–5之前,即在文书首页第7行、第2页第9行、第3页第12行的行首有红字标出的日期,这三个日期分别是:周2、周3和周4。红色字起提示作用,这在其他叙利亚《经文摘录》中是常见的。另外,红字标出的还有bar zaugeh一词,共出现3次,分别在3组诗的开头,即21.1–8、24.1–5、28.1–5之前,分别位于文书第2页第1行、第3页第2行以及第4页第7行。这个词的意思是"伴侣、伙伴",不是《诗篇》的内容,而是提示,表示它以下的《诗篇》是同一日的祷告仪式上所应吟诵的第二组《诗篇》。文书的照片以及拉丁字母转写和译文已发表在《敦煌莫高窟北区石窟·第一卷》的附录部分。

文书的释读工作,本来已在1999年底完成,但是由于在国内很难找到可供从事景教研究所需的基本资料,因此,尽管文书的内容已经明确,但是仍然存有一些问题得不到答案。为了迎接敦煌藏经洞发现一百周年的盛会,应敦煌研究院考古研究所的要求,笔者决定先将文书的基本内容公布于世,一些问题留待以后探讨。经过远在海外的诸多热心的学者和朋友们的帮助,笔者辗转得到了一些珍贵的资料。目前,虽然一些文献还是未能看到,文书带来的问题虽不能说都已十分明确,但已基本有了答案。笔者愿将研究结果作为释读报告的续篇尽早献给敦煌,献给曾给予笔者信任和支持的师长和朋友,并献给对这一文书感兴趣的读者。

二、关于文书的归属

无论从文书的形式还是从内容看,这件文书应是从一本与景教的宗教活动有关的书中脱落的。释读工作结束后,笔者通过北京大学馆际借书服务系统,从英国图书馆借到一本出版于1894年的书,题为*East Syrian Daily Offices*(《东叙利亚人的每日祷告》)②,此书根据几部叙利亚文《前后书》(Ktābā da-qdhām-w-d-bātār)的版本,译出了其中每日祷告的内容。

①为了使人一目了然,特以拉丁体排列,点前是篇数,其后的数字是颂数。

②作者是Arthur John Maclean。东叙利亚人即指景教的信奉者。

考虑到国内的读者一般很难了解到《前后书》的内容,现将这本书的基本结构罗列如下。

《东叙利亚人的每日祷告》一书所依据《前后书》的原文本之一是一部写于1738年的手稿,据说是写于库尔德斯坦(Kurdistan)阿尔尼(Ami)地区的一个叫做胡凹伞(Huwasan)的村子里。手稿的基本内容包括:黄昏祷告所用的所有《诗篇》;黄昏祷告前后周所用的Shurayi师,指固定的《诗篇》节选、《赞美诗》以及《字母诗篇》①;每日晨祷告所用《诗篇》(Shubakhi)和《赞美诗》(Tishbukhyatha);周日黄昏祷告所用Shurayi,每周两段;周日黄昏祷告所用《皇家赞美诗》② 的最后几颂,每周一颂,一年不断;周日夜祷告和晨祷告所用《赞美诗》(Tishbukhyatha);殉难者日所用《赞美诗》,平日晨祷告和黄昏祷告时各一颂;周三夜祷告时所用《赞美诗》,有前、后周之分;周日夜祷告时所用《诗篇》的节选;节日和悼念日的规则。

《东叙利亚人的每日祷告》一书的作者曾深入到依然保留着景教信仰的地区,根据他的描述以及一些其他文献的介绍,我们知道景教于每周日以及各种宗教节日皆需举行各种礼拜仪式。此外, 在非节日的平常日子里,景教信徒每日需在神职人员的带领下做4次祷告,分为黄昏祷告、晚祷告、夜祷告以及晨祷告。其中对黄昏祷告和晨祷告有严格的限制,祷告时间的长短不可以延长或缩短。晚祷告和夜祷告对于一般信徒来说可长可短。一年之中,于一般日子所进行的晨祷告,形式和内容都不发生变化,但是黄昏祷告需分为前周和后周。前周和后周之分完全根据《轮》Hudrā③的指示,如果星期日是前周,那么随后的一、三、五、日是前周,而二、四、六是后周。于两周内,每日黄昏祷告的内容有所不同。

在平常日子的黄昏祷告仪式上,要完成的内容大致是:由神职执事带

①Letter psalms《字母诗篇》一般是指《诗篇》的第119章,特点是每首颂依次以一个叙利亚字母开头,一首颂的开头字母和末尾字母可以组成一个词,这种诗体叫做离合诗。

②周日、节日和纪念日的黄昏祷告时所唱的赞美诗被称为《皇家赞美诗》。

③《轮》Hudra是一部巨著的简称,其中记载了景教的各种礼拜仪式以及在礼拜日和各个宗教节日所应进行的祷告的内容,年年如此,一年一个轮回,犹如景教的年历,因此被称为《轮》。《轮》的版本有:Thoma Darmo. *Ktābā da-Qdām w-d-bātār wa d-Hudrā wa-d-Kaškul wa-d-Gazzā w-Qālā d-'udrāqnē'am Ktābā d-mazmōrē*,《前后书、轮书、集书、财宝书、祈求歌以及诗篇集》Trichur/Indien 1960-1962,该书共三卷,目前国内没有此套书。书目来源:Kaurhole. *An-merkungen zur Veroeffentlichung eines syrischen Lek-tionar-fragments*,ZDMG146/1,1996,p. 57.

领信徒祷告、向主祷告、赞美主和上帝。其中两次吟咏《诗篇》是必不可少的内容，所吟咏的是《诗篇》的完整篇节。两次吟咏《诗篇》的若干篇完整的篇节之后，还需进行两次唱诗，这时唱的是 Shuiayi，即固定的《诗篇》的节选，Shurayi 名下的《诗篇》节选不是完整的篇节，一般是《诗篇》的某一篇的前几颂，每日所唱的《诗篇》节选也有所不同。对比《东叙利亚人的每日祷告》，敦煌的叙利亚文文书刚好与该书列出的前周从周一到周四的唱诗（Shuray-i）内容基本相吻合。从敦煌的叙利亚文文书完整的部分看，例如文书第 1 页到第 3 页上周二和周三的段落，敦煌文书所写下的《诗篇》似乎略短于《东叙利亚人的每日祷告》中所标出的《诗篇》颂数。在没有见到其他原文的条件下，只能说敦煌的叙利亚文文书可能代表了《诗篇》节选（Shurayi ）的另一版本。最近，笔者收到慕尼黑大学 Kaufhold 教授的电子邮件，他帮助笔者与两个版本的叙利亚文原文进行了核对，他所使用的版本似乎更接近于敦煌的叙利亚文文书。以下选择《东叙利亚人的每日祷告》和 Kaufhold 教授提供的一个版本的数据与敦煌的叙利亚文书进行对比，所列出的数字代表前周一到周六黄昏祷告时规定要唱的《诗篇》节选（Shu-rayi）：

敦 = B53：14 号叙利亚文文书。

每 =《东叙利亚人的每日祷告》。

Darmo = Thoma Darmo：Ktābāda-Qdām w-d-bātār wa d-Hudrā wa-d-Kaškulwa-d-Gazzā w-Qālād- ‘udrāqne ‘am Ktābā d-mazmōre，《前后书、轮书、集书、财宝书、祈求歌[1] 以及诗篇集》Trichur/Indien 1960-1962。笔者未见到此书，所需数据是 Kaufhold 教授提供的。

Ps.=《诗篇》，点前的数字是篇数，点后的数字是颂数。

	前周第一次	第二次
周一	每 Ps. 12.1-7 Darmo Ps. 12.1-5	每 Ps. 15.1-5 Darmo Ps. 15.1-4 [2]敦 Ps. 15.2-4
周二	每 Ps. 17.1-6 Darmo Ps. 17.1-6 敦 Ps. 17.1-4	每 Ps. 21.1-5 Darmo Ps. 21.1-4 敦 Ps. 21.1-4

①Qālād - ‘udrāqne：祈求帮助的歌。祈求帮助也是黄昏祷告的内容之一，由牧师唱。参见《东叙利亚的每日祷告》第 16 页。

②敦煌的叙利亚文文书仅从第 15 篇第 2 颂始。

续表

	前周第一次	第二次
周三	每 Ps. 23.1–5	每 Ps. 24.1–6
	Darmo Ps. 23.1–4	Darmo Ps. 24.1–5
	敦 Ps. 23.1–4	敦 Ps. 24.1–5
周四	每 Ps. 25.1–5	每 Ps. 28.1–8
	Darmo Ps. 25.1–5	Darmo Ps. 28.1–6
	敦 Ps. 25.1–5	①敦 Ps. 28.1–5
周五	每 Ps. 75.1–5	每 Ps. 82.1–5
	Darmo Ps. 75.1–5	Darmo Ps. 82.1–4
周六	每 Ps. 30.1–5	每 Ps. 54.1–5
	Darmo Ps. 30.1–4	Darmo Ps. 54.1–4

这个对照表说明，敦煌的叙利亚文书显然是Shurayi的一部分。从目前笔者可以见到的文献资料看，在记录景教礼拜仪轨的叙利亚文文书中，只有《前后书》是按照前周一、二、三、四、五、六和后周一、二、三、四、五、六的顺序将每日所应吟唱的《诗篇》节选(Shurayi)内容列出，由此可知，敦煌的叙利亚文文书属于Shurayi类的《诗篇》节选，它是叙利亚语《前后书》的一部分②。

三、关于文书上的符号

经过对比，敦煌的叙利亚文文书的内容以及属性已经清楚，它记载了平常日子里黄昏祷告唱诗所用的《诗篇》，但这件文书还有几处特殊的地方需加以说明。

首先可以肯定的是，敦煌的叙利亚文文书是个抄本。从照片反映的情况看，这几页纸曾经过反复书写使用。在现有文字之下，还依稀可见曾被擦去的文字的痕迹，显然是原有文字被擦拭之后，才书写上现在的内容的。抄写者十分认真，仔细写下每一个字，并注意不写错字，发现写错则进行涂改，或将一字符描写如真，例如第1页第8行倒数第2字和第4页第11行最后一个字，都有明显的涂改迹象。

①敦煌的叙利亚文文书仅存4页，《诗篇》第28篇刚好在末尾，此篇颂数可能未完，仅存1~5颂。

②目前国内没有这本书。关于敦煌的叙利亚文文书与黄昏祷告相吻合的部分，可参阅《东叙利亚人的每日祷告》第5、23、24、29、30、35、36页。

其次，文书每页 15 行字，每一行尾部都有几个叠在一起的红点，这些红点原是叙利亚语的句号。但是这些句号的设置不完全是根据内容所需，应该写逗号的地方，也是句号，所有各行一律以句号结束，完全不同于叙利亚文《圣经》中《诗篇》的写法，有逗号和句号之分。更有甚者，有些句子还没有写完，但已到了行末，书写者竟戛然而止，不惜丢掉几个字符，致使文书中的数行文字不完整。从内容看，是符号书写在先，文字的书写在后。

这两点情况说明，文书原是为了一个实际的目的而书写下的。那么，这个实际的目的是什么呢？

从目前笔者能够阅读到的资料看，《诗篇》是景教的各种宗教活动中引用最频繁的经典，在所有的宗教仪式上朗诵长短不同的《诗篇》篇节是必不可少的项目。《圣经》中的《诗篇》共 150 篇，景教的传统是将这 150 篇分成 20 个组，除此以外再从《旧约》中选出一些赞美诗组成第 21 组，这 21 组诗篇被称为 21Hulali。Hulali 以下，还分 Marmitha，一个 Marmitha 大约含了《诗篇》的 3~4 篇。以上提到，景教信徒每日需进行夜祷告，夜祷告长的时候可以接上晨祷告。夜祷告的主要内容是吟咏《诗篇》，每一夜需吟咏完毕 7 组 Hulali，吟咏时声调单一。每吟咏完一组 Marmitha，信徒们下跪一次，吟咏完一组 Hulali，信徒们五体投地。这样，一个景教信徒于一周之内就将整个《诗篇》吟咏了两遍。每日进行晨祷告、黄昏祷告时，还要整篇节地吟咏《诗篇》，一读就是 10 篇左右。经过如此频繁地吟咏《诗篇》，《诗篇》的内容一定是最为信徒们所熟悉的。

《东叙利亚人的每日祷告》一书介绍了唱诗的形式①："In practice the psalms are said on week – days in mono – tone and antiphonally, one person on each side, not necessanly a priest or deacon, taking each clause.They are recited very rapidly.On Sundays and festivals several psalms are sung."（在实际当中，于一周的平常日子里吟咏《诗篇》时采取单一声调，并按照应答轮唱的方式，一边一个人，不一定非是神甫或副主祭，他们各唱一句，唱时速度极快。逢礼拜日和节日要唱多首诗）

另外，该书还介绍了一部《诗篇》的集子，它囊括了所有的《诗篇》，其中有两句话引起了笔者的注意，这两句话是："And each psalin isdivided into clauses as it is said or sung. The clausesof the psalms differ greatly from our divisions, and are usually shorter than our half –verses."（每一首诗都分解成

①参见《东叙利亚人的每日祷告》引言部分第 17 页。

短句,如所吟咏或所唱。诗的短句与我们的断句方式有很大的区别,一般来说要短于我们的半颂)①

根据这样的提示,再来看敦煌的叙述亚文文书上的句子,发现它们的排列的确利于两个人进行应答式朗诵,有些行虽不是一句完整的句子,虽不可以用句号来表示完结,但是却断在一个完整的副句处,由接下来的一句续完。例如第4页第2~6行:

第2行　主啊,请将你的路径指给我。
第3行　请让我知道你的路。
第4行　请将我带入正义之中并教诲我。
第5行　因为你是我的上帝,我的拯救者。
第6行　我每天都在等待着你。

由此可以推断,敦煌的叙利亚文文书也是照"如所吟咏或所唱"的形式排列的,每一行末尾的符号不仅仅与我们今天所理解的句号具有同等涵义,它还具有实践的意义,表示一个人所应吟咏的一句已经完结,该下一个人接着唱了。每一行末尾的句号实际上应该是休止符号。

另外,因为景教信徒们天天吟咏《诗篇》,特别是 shurayi 名下的《诗篇》皆为篇幅较短的节选,可以想象,吟咏者熟知它们的内容,即使一些文字脱落了,吟咏者也能够背诵出来,因此,为了实际应用目的而书写下的文字,首先应服从实用的目的,当一行写不下时,尽可以丢掉一些文字。根据文书所用符号以及脱落字的情况判断,敦煌的叙利亚文文书曾是为了实际应用而书写的,目的是方便景教信奉者做黄昏祷告时所用。

四、文书带来的历史信息

关于敦煌出土的叙利亚文文书的年代,仅从字体上很难做出判断。这是迄今所知敦煌地区出土的第二件叙利亚文文书,20世纪90年代初,敦煌地区曾经出过1件叙利亚文文书,两位德国学者在得到影印件后将其

①参见《东叙利亚人的每日祷告》引言部分第27~28页。

内容在德国《东方社会杂志》中发表[①]。根据德国学者对第一件叙利亚文书出现的ܬܐ t ā 字写法的判断，文书的撰写年代应在元朝时，因为如ܬܐ t ā 的写法最早出现在写于1243年的一件写本之中[②]。但是这个根据字体的演变而推断其年代的办法不适用于B53:14号文书，因为该文书所使用的字体不同于第一件文书的字体，如ܬܐ t ā 字的拼写法没有出现在这件文书中。但是当敦煌出土的第一件叙利亚文文书刊布出来时，人们无法知道持有这件文书的是何方人士，是曾经信仰景教的中亚粟特人，是接受了景教信仰的回鹘人，还是蒙古人或汉人？这第二件文书解答了这一问题。新发现的叙利亚文书的首页上有回鹘文的韵诗，行文十分流畅，从字体的形式看，这件文书很可能是元代的产物，回鹘文的书写方法已接近古蒙文的书写，特征是某些字的尾部字符撇向右下方（如果以横向阅读为准）。根据B53窟出土的其他物件判断，这件文书应是元代的。

据敦煌研究院的考古学家们介绍，这件文书所用的纸与莫高窟北区出土的其他文书所用的纸截然不同，显然不是当地生产的纸。这说明文书很可能是从西亚一带随着景教的传播而辗转流入敦煌的，它证明了敦煌在元代与西亚等地区有往来。如上所述，文书带来的信息说明，文书本身是为了实际应用的目的而书写，它还说明在元代，景教的传播曾在敦煌地区是活生生的现实。

如果回顾历史的长河，敦煌在元代是和基督教有缘分的，它曾多次送往迎来，迎接过西方的天主教徒，例如马可·波罗[③]。敦煌还很可能送走了

①1991年，德国波恩大学Klimkeit教授收到了据说是收藏在敦煌研究院的文书复印件，他将这份复印件转交两位德国学者Klein和Tubach。这两位德国学者随即对文书进行了研究，研究的结果发表在*Zeitschrift der Morgenlaendischen Gesellschaft*（ZD-MG）之中，文章的题目是《来自中国敦煌的一件叙利亚语基督教残片》。但是Klein和Tubach的释读有错误之处，Kaufhold随即发表论文，题为《关于〈圣经〉文选残片之发表的意见》，Kaufhold先生在其文中纠正了Klein和Tubach的释读错误，并就残片上的记录提出了具有建设性的论述。

② Klein £ Tubach. *Ein syrisch -christliches Frahment aus Dunhuang* China, ZDMG 144 /1 (1994), p.12. Kaufhold. *Anmerkungen zur Veroeffentlichung eines syrischen Lektionarfragments*, ZDMG146/1(1996), p. 59, footnote 50.

③马可·波罗在他的游记中曾提到敦煌有景教的存在，他的记载曾是唯一的凭证。见William Marsden译《马可·波罗游记》第56页，外语教学与研究出版社，1997。

景教史上著名的回鹘族大主教雅八·阿罗珂三世[①]。根据历史学家的判断,元代时有两条主要的大道连接欧洲和亚洲,其中一条是“经过马鲁、巴里黑、巴达哈伤、喀什、和阗、罗布诺尔与敦煌”[②]。我们知道雅八·阿罗珂三世是经过和阗、喀什而西行的,那么他走这条路,一定应会路过敦煌。甘肃在元代曾是景教比较集中的地区,敦煌与景教有缘,因此,在敦煌发现叙利亚文文书虽属少见,但在情理之中。

附记:在文章结束之际,笔者谨向以下师长和朋友表示诚挚的谢意,他们是:敦煌研究院彭金章教授、北大历史系荣新江教授、德国慕尼黑大学研究东方基督教的专家 Kaufhold 教授以及 Ingrid Machentanz 女士。笔者特别感谢陈怀宇先生,如果没有他从美国寄来的资料,将无法克服某些遗憾。

(原载《敦煌研究》2000 年第 4 期)

①雅八·阿罗珂三世生于 1244 年或 1245 年,是回鹘汪古部的后代,其家族信仰景教,其父曾是 Kaw-shang 城(一说绥远的归化,一说山西霍山)的副教。雅八·阿罗珂青年时代曾追随同族人扫马在北京地区成为景教僧。忽必烈统治时期,大约在 1260 年,其与扫马一道西行朝拜。1280 年,雅八·阿罗珂被指派为中国大教区的大主教。1281 年被选为东叙利亚教会的天主教皇。他的当选被视为是出于政治的考虑。见朱谦之著《中国景教》第 185 页,人民出版社,1998 年。

②见勒尼·格鲁塞著,魏英邦译《草原帝国》第 344 页,青海人民出版社,1991 年。

敦煌莫高窟北区石窟揭秘
——中国基督教史又获珍贵文献

李明伟　著

中古时期的景教在我国传布的历史一向缺乏可靠的材料，特别是在著名的丝绸之路上活动、传播的情况更缺乏真实和生动的资料。适逢敦煌藏经洞发现暨敦煌学一百周年,2000年8月在敦煌莫高窟召开的“敦煌学国际学术讨论会”上,披露了一件有关景教史珍贵的古叙利亚文文献。

举世闻名敦煌莫高窟开凿在绵延1700多米的鸣沙山东麓断崖上。现存492个洞窟绝大多数集中在1000米范围的南区，而北区由于坍塌、沙埋、盗掘破坏等原因基本已无完整的、具有艺术价值的洞窟,长期未引起重视。从1988年6月起,敦煌研究院彭金章教授主持对北区石窟的考古发掘,历时8年,取得巨大成就。在B53窟获得汉文、回鹘文、西夏文、古叙利亚文文书和文物十多件。

古叙利亚文文书纸高19.80厘米,宽30.80厘米,分4页,采用西方折页式,每页字迹15行。经过北京大学博士段晴女士解读研究,证实这件极其珍贵的古叙利亚文文书是“曾经在中亚地区和中国流行的景教教会所使用的文献”。段晴女士的卓越研究分两次先后在彭金章、王建军两位先生著《敦煌莫高窟北区石窟·第一卷》和“2000年敦煌学国际学术讨论会”上发表,引起巨大轰动。

我们知道，明清以前早期基督教大规模传布古代中国有两次高潮。公元428年,景教从波斯等地流传到我国新疆。唐太宗贞观九年(635年)叙利亚人阿罗本等传教士到长安译经传教，受到唐太宗和中国政府的隆重礼遇。据唐代基督教碑刻《大秦景教流行中国碑》记载,唐太宗敕命为阿罗本在长安建波斯寺一座,当时“法流十道……寺满百城”,景教(聂斯托利派)迅速在中国传播开来,时又称波斯经教、弥施珂教。“会昌法难”(845年)后,景教亦受株连,遂逐渐衰落。这是早期基督教传播中国的第一次高潮。公元1219年,成吉思汗率蒙古军西征,改变了亚欧大陆的地理政治,丝绸之路重新畅通。于是景教在13世纪再次传入中国。元世祖至元十二年(1275年)时,景教已在大都设主教座堂。并在除大都外的泉州、扬州、杭州、昆明和西北的新疆、甘肃、内蒙古、西安等地流传,时称也里可温教。据估计景教信徒达3万余人,并有大批蒙古贵族和官吏信仰景教。为此,至元二十六年(1289年)元世祖忽必烈曾命元政府设崇福寺掌管也里可温教(包括景教和以后传入的天主教)事务。元亡后景教遂绝传。这是景教第二次传播中国的高潮。

景教传播中国内地虽有《大秦景教流行中国碑》《大秦景教三威蒙度赞》和《尊经》等少量文献,但第二次高潮时在景教传播的主要路线:从西亚、中亚到敦煌,即勒尼·格鲁塞《草原帝国》所说"经过马鲁、巴里黑、巴达哈伤、喀什、和阗、罗布诺尔与敦煌"的这条重要道路上却未留下反映其活动的些许文献。特别是我们要考虑到过去一直被忽视的一个重要历史事件:在罗马教廷、西亚伊斯兰世界和蒙古汗国都试图改变世界而激烈斗争的微妙时刻,信仰景教的汪古部回鹘人雅八·阿罗珂和列班·扫马曾肩负神秘使命经过此路出使欧洲,几乎要改写13世纪的亚欧历史。正是这位雅八·阿罗珂在1281年被选为东叙利亚教会的宗主教。因此敦煌莫高窟B53窟所出这件叙利亚文文书的价值是可想而知的了。

叙利亚语曾是东方波斯基督教的教会用语,如同拉丁语之于西方的罗马教会。段晴博士经研究指出:此文书使用的是从埃斯特朗哥罗(Estrange Do)体。除一些字母写法与西叙利亚雅各比(Jacobites)有区别外,以加点方式标出元音及某些语法现象是景教体的特征。叙利亚文文书从右向左横写,内容是《圣经》文选,摘录了《旧约》中《诗篇》(圣咏)的若干篇章。B53窟虽是唐代开凿,但一直使用到元代,窟中发现的汉文、回鹘文、西夏文文书也都是元代的。另外,此叙利亚文书首页上有回鹘文的押头韵文,回鹘文的书写特征已接近蒙古文。因此从字体到内容可以断定是元代景教教会仪式所用的文书。

根据 The Holy Biblyauthorized james version, London 1957《圣经》版本,段晴博士将叙利亚文文书接录的《诗篇》篇节转写、解译如下:

第一页译文:

那个人行无误并为正义之事，
讲心中的真话，并话中无欺诈；
于其邻人不做恶事，
出卖邻人的贿赂亦不可受；在他眼中挑衅者应遭唾弃；
怕主的人为他所敬重。
于周二：请聆听，神圣的主啊，并关注我的祈祷吧。
我的裁决将从你的面前发出。
你的眼睛将看到公正。
你曾检验我的心，并在夜里造访了我。
你考验了我，你没有在我身上找到邪恶。
人们的仆人啊，你们休要悖逆于我。
在嘴唇的言语中，
你的确使我远离罪恶的道路。

第二页译文：

他的伴侣：主啊，国王将为你的力量而高兴，
为你的赎身他欣喜若狂。
我将他的心愿赋予了他；
并且你没有拒绝他的唇的准备。
因为你预先将美好的祝福赐予了他；
而且我已将那光辉的王冠放在他的头上。
他要求你的生命，你便赋予了他，
日久天长，直到永远，永远。
于周三：主将放养我，他于我一无所求。
在大河的草场上，主将我松开，
领我到静静的水旁。
他还原了我的灵魂，并将我带上了正义的道路。
为了你的名义，哪怕我将走在死亡阴影的山谷中，
我也将不害怕邪恶，因为你与我同在。

第三页译文:

你的枝条,你的杆,它们令我惬意。
他的伴侣:整个大地是主的。
世界以及所有它的居民,
因为他在海里奠定了他的地基,
并在诸河之中建立了它。
谁将登上主的山?
谁将出现在他的神圣的山上?
谁若拥有洁净的手,且谁之心中存高尚,
谁在其危险的时刻不虚伪地发誓,
他就将接受主的祝福,并将从上帝,我们的拯救者那里,接受正义。
于周四:向着你,主啊,我将举起自己的灵魂。
我的上帝,我相信你,请不要令我蒙羞,
不要让敌人得意洋洋,
因为相信你的人将不会蒙羞。

第四页译文:

诸邪恶将徒劳地羞愧。
主啊,请将你的路径指给我,
请让我知道你的路,请将我带入正义之中并教诲我,因为你是我的上帝,我的拯救者。
我每天都在等待着你。
他的伴侣:主啊,向着你我呼喊,我的上帝,请不要沉默于我。
不然,你若沉默于我,我将和那些人一样,落入坑中。
请听我祈祷的声音吧,在我恳求你之后。
请不要将我数作恶棍,数作邪恶的奴仆,
他们对邻人讲的是和平,在他们的心中却是邪恶的。
请给他们回报,依照他们的所为和他们的罪恶。
因为他们不理解主的所为和他双手的创造。他将消灭他们,并不再造就他们。

现在我们把段晴的解译再和中国天主教主教团准印的思高圣经学会1992年的版本中《圣咏集》相应篇章对照，发现大体无误。从这4页古叙利亚文文书中，我们知道了在公元12~14世纪的中国西北地区，具体说在敦煌一带，景教教会和教徒在祷告唱诗时采用《圣经·圣咏集》的篇章和颂句：Psalms15.2-3、17.1-4、21.1-4、24.1-5、28.1-5。这比以往在吐鲁番地区发现的景教使用的《圣咏集》篇章可多了许多。1991年德国波恩大学Klem和Tubach教授将在敦煌发现的第一件古叙利亚文文书残片进行了研究，证实是景教徒使用的《圣经》残片（见：《来自中国敦煌的一件叙利亚文基督教残片》）。但无法确定是什么人使用这件文书：汉人？中亚粟特人？回鹘人？蒙古人？现在根据对北区石窟发现的这件文书上的回鹘文韵文押头分析，可以推测是信仰景教的回鹘人。因此可以认为在12~14世纪敦煌地区基督教景教教士的传教事业是很有成就，而且有回鹘民族的信教人群。研究证实，文书是景教信徒黄昏祈祷时所用，祷告时唱诗内容每天不同，文书上用红字已经注明在周几诵唱哪些篇章。在祷告仪式上《圣咏集》中的诗篇是由两个人应对诵唱的。此件文书纸质不同于敦煌发现的其他纸文书的纸质，怀疑是景教教士从西方带来的。

公元12~14世纪是以罗马教廷为首的西方基督教世界与蒙古汗国关系非常复杂和紧张的时期，中间又夹杂着与伊斯兰世界的激烈斗争。在这一段时期先后有西方的柏朗嘉宾、劳伦斯、阿思凌、鲁布鲁克、曼德维尔和马可·波罗肩负罗马教廷使命来到东方；蒙古汗国也曾有信仰景教的回鹘人八剌、列班·扫马、雅八·阿罗珂等奉命出使叙利亚和罗马教廷。从他们留下的行记和活动中，我们得以知道包括中亚、蒙古高原在内的东方，基督教景教的活跃情形——关于“约翰长老”的传说实际上是景教在亚洲成功传布带给西方基督教世界的希望。但在我国西北敦煌一带景教的活动我们一无所知。莫高窟北区石窟出土的古叙利亚文景教文献不但使我们了解了在这里景教的传布、教会的仪式、回鹘人与景教的关系、《圣经·圣咏集》的流传情况，而且将为进一步地研究西北地区景教的活动情况提供了最原始、最直接的材料。这是近年来发现的最重要的文献之一。

（原载《中国天主教》2000年第6期）

敦煌北区石窟出土叙利亚文课经诗篇残片考释

吴其昱 著　王平先 译

一、序

1989年前后,在敦煌莫高窟B53窟出土了一件叙利亚文残片,编号为B53:14,现存于敦煌研究院。这件略泛黄色的残页分为4页,各页上均抄录有15行叙利亚文。第1页在叙利亚文前后及各行间书写有尚未释读的回鹘文16行。叙利亚文书写由右至左,以景教的字母书写。各章开始前有朱书指示用于周内何日及何处由友对轮唱。

此叙利亚经文无元音标示,但有复数(名词,形容词及阴性复数动词)符号Syāmē(细而短之斜线)(见附表1)及动词和区别同形异义词之点(主动分词:上面带一点;动词完成时:下面带一点,一人称单数除外)(见附表2)。

经文为旧约诗篇7章,每章选其前4~5节诗文。有些诗文句末字多,则有省略。各行左端均有朱点两个上下直行,黑点两个左右横行。此纸原有文字,后被擦去,加书现存之文字,希腊文称为Palimpsestos,即重写本(palimpsest),很可能书写于蒙古时期(13~14世纪)。各页所抄诗篇如下:

写本页(面,左右方)	行	诗篇章节
第一页(正,左)	1~16	15.2~4
	7~15	17.1~4
第二页(背,右)	1~8	21.1~4
	9~15	23.1~4
第三页(背,左)	1	23.4
	2~11	24.1~5
	12~15	25.1~3
第四页(正,右)	1~6	25.3~5
	7~15	28.1~5

2000 年，北京大学的段晴博士发表了她的释读报告《敦煌新出土叙利亚文文书释读报告》，刊于敦煌研究院编、彭金章和王建军合著、文物出版社出版的《敦煌莫高窟北区石窟·第一卷》附录 4，文书照片见彩色图版 19 和 20，参考第 194~198 页。段晴将此叙利亚文文书定为出自《旧约》之《诗篇》的《圣经》文选。她将叙利亚文辅音原本以罗马字母转写，并附上自译的汉文与注解。

同年，根据 A. J. Maclean 的 *East Syrian Daily Office*（伦敦 1894 年）以及慕尼黑的 H. Kaufhold 教授提供的 *Thoma Dermo* 的 *Ktābā da-Qdām* (*wa-d-bātar*...，orḤudrā（Trichur1960—1962 年，三卷），段晴在《敦煌研究》2000 年第 4 期上发表《敦煌新出土叙利亚文文书释读报告（续篇）》（第 120~126 页）。段晴认为敦煌出土的这件叙利亚文文书属于 shurayi（sûrāyā：日常礼拜仪式所用《诗篇》部分章节常由两队领唱）类的《诗篇》节选（按：或称课经）。

此前敦煌研究院所藏文书中的叙利亚文文献已由德国学者研究，并发表论文两篇：

W. Klein 和 J. Tubach 著《敦煌叙利亚文基督教文书残页》，见《德国东方学会学报》（ZDMG），144/1（1994 年），第 1~13 页。

H. Kaufhold 著《对新刊〈叙利亚文课经残页〉之评论》，ZDMG，146/1（1996 年），第 49~60 页。

本文分三部分：一是绪论；二是叙利亚文详释，并附希伯来原文（BHS）、希腊文古译（LXX）及英译（KJV），页下方附叙利亚文词汇，希伯来文、希腊文动词意义语法注释收入附录；三是参考书目举要。

第 1 行为罗马字母转写之叙利亚文诗篇辅音本；第 2 行为叙利亚文加注元音本，主要根据 1904 年剑桥 peshitta 本、1989 年伊斯坦布尔复印本之 Psalterium Syriace 等；第 3 行为英译本（KJV）；第 4 行为希伯来文辅音本（BHS），第 5 行为希伯来文加注元音本（BHS，根据 Steurer 的转写体系 ATIHD，我们为之加上了重音标志），参考下文叙利亚文的摩擦音，至于希伯来文的 shewa（əand zero），参考 Lombdin 第 20 页和第 26~27 页；第 6 行为希腊文译本（LXX 第 10 卷，Rahlfs）。

希伯来文和叙利亚文都有 22 个字母，即 ’ b g d h w z h t y k l m n s <p ṣ q r š（希伯来文有 ś 和 š）t。

西叙利亚方言有5个希腊元音字母或5个元音符号:a,ā(ɔ),e,i,u(w,o:w)。我们把这些元音符号抄写在辅音字母旁边,希望重建辅音和元音构成的叙利亚文本不是太困难。

塞音之擦化在希伯来文中也有:当这6个闭塞音前面为一个元音或开音节时,bdg p tk 就可以转化为:vð γ f θ χ。

在西部方言中,重音在最后一个有个长元音的闭音节上。如果最后的音节没有重读,那么最后第二个音节如有一个长元音或是闭音节,则要重读。要是不符合上面所制定的这个标准,那么重音就要落到最后第三个音节上。这在叙利亚文中没有重音符号。

双元音和单元音可以通过在字母上面或下面加点来区别,在字母上加点标示是双元音,在下面加点则为单元音,如 hẉfor haw<that',hẉ for hu he'.

在叙利亚文拼写中,没有用以表明(双)辅音出现的形式。

下面的《死海》卷子包含有本文所研究的课经的章节与诗文。

课经、章节与诗文,《死海》卷号:

15.2–3 5/6 Hev Ps:15.1–5

17.1–4 4Q Ps:17.1/4Qc Catena A 17:1

21.1–4 ________

23.1–5 5/6 Hev Ps:23.2–6

24.1–5 5/6 Hev Ps:24.1–2

25.1–5 11 Q Ps:25.2–7

28.1–5 4Q Ps:28.1–5

Rahlfs 的版本所没有参考下面的这篇希腊文献:*Papyrus Bodmer XXIV*, *Ps XVII–CXVIII* (III/IV century) edition: R. Kasser and M. Testuz, Cologny–Geneva, 1967。

二、《诗篇》内容考释

结论:敦煌出土的这件叙利亚文残片为中国现存最古老的景教圣经之写本。

我们知道,叙利亚的 pashitta 版本译自希伯来文本。本文中我们比较了叙利亚的 peshitta 版本和希伯来原文以及 Rahlfs 的 Septuaginta 版本,并发现叙利亚语的'd-'wšn'为"急流河水",希伯来文的 'dš'和希腊文的 'χλόηs'都指 "芳(青)草(地)",可见叙利亚译本似欠精确。

我们也比较了叙利亚文残片和 D. M. Walter 校订的叙利亚文 peshitta 版的课经诗篇,发现除了在某些章节处增加了连接词'ws'(和)以外,如敦煌本第 1 页第 8 行,第 3 页第 13~14 行,第 4 页第 7 行,敦煌残片与 Walter 的校订本完全一致。

经文中有时在行末省去一两个字或最后若干字母,此或显示敦煌本课经为非正式之文献,比如写本第 1 页第 2~7 行;第 2 页第 9~12 行;第3页第 9~12 行;第 4 页第 7、12、13~14 行。

三、参考书目举要

Assemani. *Bibliotheca orientalis, Vol 3*, Rome 1756–1759, repr. Paris, 1926.

Thomas Audo. *Simto d-lesōsō Suryoyo* (Tr é sor de la langue Syriaque) Qurmia 1896, r é é d. Losser (Hollande) 1981, 1985.

Mgr Francis Youssef Alicoran. *Missel Chaldéen*, Paris,1982.

A. Bailly. *Dictionnaire Grec-francais*, éd. Revue par L. S é chan et P. Chantraine, Paris 1950.

A. Baumstark. *Geschichte der syrischen Literatur*, Bonn 1922, repr. Berlin 1968.

G. Bergsträsser. *Hebräiche Grammaitik*, Leipzig 1981, repr. Hidelsheim 1962.

La Bible d'Alexandrie, French annotated translation under the direction of M. Harl, Paris 1986

K. Elliger et W. Rudolf et al. *Biblia Hiraica Stuttgartensia*, Stuttgart 1984 (abbr. BHS). 5th ed. 1997.

A. Dotan. *Biblia Hiraica Leningradensia*, Peabody, Mass, 2001.

Biblia polyglotta Matritensia, ser.VII, Vetus Latina, 21, Psalterium uisigothicum Mozarabicum, edition critica curante A. Marazuela, Mattriti,1957.

R. Weber et al. Biblia Sacra juxta Vulgatam versionem, Stuttgart 1984.

J. Blau. *A Grammar of Biblical Hebrew*, 2nd ed. Wiesbaden, 1993.

P. G. Borbone, K, D, Jenner. *The Old Testament in Syriac According to the Peshitta Version, Part V, Concordance, Vol1,* Pentateuch, Leiden, New York, Köln 1997.

G. J. Bottleweck & Ringgren. *Theologisches Wörterbuch zum Alten Testament,* Stuttgart 1970. English translation by J. J. Willis et al. *Theological Dictionary of the Old Testament*, Grand Rapids 1975.

K. Brockelmann. *Lexicon Syriacum*, Halle 1929, repr. Hidelsheim 1966.

K. Brockelmann. *Syrische Grammatik*, 8, Auflage, Leipzig 1965.

A. Brown, S. R. Driver & C. A. Briggs. *Hebrew and English Lexicon of the Old Testament*, Oxford 1952; B. Einspahr, Index to Brown, Driver & Briggs Hebrew Lexicon, Chicago 1976.

A. J. Brun. *Dictionarium Syriaco-Latinum*, Beyrouth 1911.

J. B. Chabot. *Littérature Syriaco-Latinum*, Beyrouth 1911.

Concordantiarum Universae Scripture Sacrae. Peultier, Etienne, Gantois et al. Paris (Preface of 1987).

L. Costaz. *Grammaire Syriaque*, Beyrouth 1953, 1964.

L. Costaz. *Tableaux de Grammaire Syriaque* (extrait de sa grammaire) Beyrouth 1965.

L. Costaz. *Dictionnaire Syriaque-francais-anglais-arabe*, Beyrouth 1963.

B. Davision. *The Analytical Hebrew and Chaldee Lexicon* (abbr. AHCL), 2nd ed, London 1850, repr. Grand Rapids 1970.

The Dead Sea Scrolls Bible translated by M. Abegg Jr. P. Flint and E. Ulrich, Edinburgh 1999.

Discoveries in the Judaean Desert (abbr. DJD), Oxford 1955.

Han J. W. Drijvers & John F. Healey. *The Old Syriac Inscriptions of Edessa and Osrhoene Texts, Translations and Commentary*, HdO I, XLII, Leiden, Boston, Köin 1999.

Duan Qing. Dunhuang xin chu tu Suliyawen wenshu shidu baogao, *Dunhuang Mogaoku beiqu shiku, Vol1*, p. 382-390, plates in colors XIX-XX, Beijing 2000.

Duan Qing. Dunhuang xinchutu Suliya wenshu shidu baogao (xu pian),

Dunhuang yanjiu, 2000.4, Lanzhou, p. 120–126.

Rubens Duval. *La litérature syriaque*, Paris 1902, repr. Amsterdam 1970.

R. Duval. *Traité de grammaire syriaque*, Paris 1881, réimpr. Paris 1969.

Dytyq'ḥdt' dmrn yšwᶜmšyḥ'(New Testament), London BFB5 1955.

Dytyq' ḥat' dmrn yšwᶜmšyḥ' ktb' dmzmwr'(syriac New Testament and Psalms)Istanbul 1982.

Even-Shoshan. *A New Concordance of the Bible* (Old Testament)using the Hebrew and Aramaic Text, 2nd ed., Jerusalem 1997.

J. Ferrer & M. A. Nogueras. *Breve Dictionario Sirìaco*, Barcelona 1999.

K. Feyerabend. *Langenscheidt's Hebrew-English Dictionary to the Old Testament*, Berlin and London 1955.

J. P. Fokkelman. *Major Poems of the Hebrew Bible, VolII*, Assen 2000.

A. Gaffiot. *Dictionaire Illustré latin-francais,* Paris 1957 (1ère éd. 1934).

W. Gesenius, E. Kautzsch, A. E. Cowley, *Hebrew Grammar*, Oxford 1910.

Giovanni di Pian di Carpine Storia dei Mongol (Latin text and Italian translation with notes)par L. Petech(Introduction), E. Manesto (Latin Text)M. C. Lungarotti (ital. Transl.), P. Daffin à (notes)et C. Leonard (la via dell'oriente…), Sopoleto (Italia) 1989.

P. G. W. Glare (ed) et al. *Oxford Latin Dictionary*, Oxford University, Pr., 1982.

M. H. Goshen-Gottstein. *A Syriac-English Glossary with Etymological notes, based on Brockelmann's Syriac chrestomathy*, Wiesbaden 1970.

J. P. Green. *The Interlinear Bible Hebrew-Greek-English*, Peabody, Massachusetts, 1986.

Ed. Hatch & H.A.Redpath. *A Concordance to the Septuagint,* 1st ed. 1897-1906, Oxford 2nd ed, Grand Rapids, 1998.

Hatune Dogan. *Worterbuch Syrisch(aramäisch)-Deutsch Deutsch-Syrisch* (aramäisch), 2, Auflage, Warburg 1998.

R. J. V. Hiebert. *The "Syrohexaplaric" Psalter*, Atlanta, Georgia 1989.

Histoire de Mar Jab-Alaha patriache, et de Raban Sauma *The Persan Original* now lost but a syraic translation exists and edited by P. Bedjan, Paris 1888 and translated in French by J. B. Chabot, Paris 1887, and rendered in English by Sir E. M. Wallis Budge, The Monks of Kublai Khan Emmpreor of China, London 1928 repr. New York 1973.

Lo Hsoang-Lin translated it from English into Chinese in his Tang Yuan er dai zhi Jingjiao, Hongkong, 1966.

W. L. Holladay. *A Concise Hebrew and Aramaic Lexicon of the Old Testament*, Leiden 1971.

The Holy Bible, King James Version （1611, abbr. KJV）, London, BFBS, s,d.

The Holy Bible, New Revised Standard Version （abbr. NRSV）: Catholic Edition, London 1993.

Jean de plan Carpin, *Histoire des Mongoles,* trad, annot é e par Dom Jean Becquet et par L. Hambix, Paris 1965.

W. Jennings. *Lexicon to the Syriac New Testament* （peshiṭta） rev. by U. Gantillon, Oxford 1926, repr. 1962.

Joüon. *Grammaire de l'hébreu biblique*, Rome 1923, repr. 1965.

Rauly Kannookadan. The East Syrian Lectionary, *An historic-Liturgical Study*, Rome 1991.

Kiraz. *A Computer Generated Concordance to the Syriac New Testament*, *Vol6*, Leiden, New York, Köln 1993.

W. Klein & J. Tubach. *Ein syrisch-christliches Fragment aus Dunhuang/China*, ZDMG, 144/1 （1994）, p.1-13.

H.Kaufhold. *Anmerkungen zur Ver öffentlichung eines syrischen Lektionar fragments*, ZDMG, 146/1（1996）, p. 59, footnote 50.

K. Köbert. *Vocabularium syriacum*, Roma 1956.

L. Koehler, W. Baumgartner et al, *Hebräisches und Aramäisches Lexicon zum Alten Testament*, *Vol5*, +suppl., Leiden 1967-96. English Translation edited by M. E. J. Richardson, Study edition, Vol2, published, Leiden 2001.

Ktb' qdys' ddytq' 'tyqt' wdytq' ḥdt' （Syriac Modern Bible） Lebanon

1995.

Ktb' qdyš'dytq' 'tyqt' (Syr. O T) London 1979.

Ktb' qdys'dktb' ddytyq' 'tyq' whdt' (Syr. Bible) London 1979.

Edited by D. N. Freedman et al. *The Leningrad Codex,* –A Facsimile Edition, Grand Rapids, Leiden 1998.

Ch. T. Lewis & Ch, short. *A Latin Dictionary*, founded on Andrews' edition (1850) of Freund's Latin–German Dictionary, Oxford 1955 (1st ed. 1879).

H. G. Liddell, R. Scott and H. S. Jones. *A Greek–English Lexicon* repr., Oxford 1953.

G. Lisowsky. *Konkordanz zum Hebrischen Alten Testament*, Zweite Auflage, Stuttgart 1981.

J. Lust, E. Eyrikel & K. Hauspie. *A Greek –English Lexicon of the Septuagint, Vol2*, Stuttgart 1992, 1996.

Th. O. Lambdin. *Introduction to Biblical Hebrew*, London, 1973, repr. 1991.

A. J. Maclean. *Dictionary of the Dialects of Vernacular Syriac*, Oxford 1901, repr. Amsterdam 1972.

S. Mandelkern. *Veteris Testamenti Concordantiae*, Hebraicae atque Chaldaicae, repr., Tel Aviv 1971.

Marco Polo. *The Description of the World*, A. C. Moule and Paul. Pelliot, II, English Version, The Latin Codex in the Cathedral Library at Toledo, transcription by A. C. Moule, London 1938.

Massimo Pazzini. *Grammatica Siriaca*, Jerusalem 1999.

Sh Morag. *The Vocalization Systems of Arabic*, Hebrew, and Aramaic (Syriac), 's–Gravenhague 1972.

T. Muraoka. *Classical Syriac, A Basic Grammar with a Chrestamathy*, Wiesbaden 1997.

Th. Noldeke. *Kurzgefasste Syrische Grammatik*, Leipzig 1898, repr., Darmstadt 1966. English Translation by J. A. Crichton, Compendious Syriac Grammar by Theodor Nöldeke, London 1904, repr. Winona Lake, Indiana,

2001.

The Old Testament in Syriac according to the pesh!ta Version, part II, Fascicle 3, The Book of Psalms prepared by D. M. Walter et al, Leiden 1980 (abbr. Walter).

Ortiz de Urbina. *Patrologia Syriaca*, Romae 1965.

J. J. Owens. *Analytical Key to the Old Testament, Vol4*, Grand Rapids 1989 (abbr. Owens)

Papyrus Badmer XXIV (Ps. XVII–CVIII with gaps), 82 folios 3rd–4th c. ed. by R. Kasser and Testuz, Bibliotheca bodmeriana, Cologny–Genève 1967.

R. Payne, Smith (ed.) et al., *Thesaurus Syriacus, Vol2*, Oxonii 1879/1901, repr. Hidelsheim, 1981.

J. Payne. Smith (Mrs. Margolionth), *A Compendious Syriac Dictionary*, Oxford, 1903, reprint 1967; the best one volume Syriac–English Dictionary.

J. Payne, Smith (Mrs. Margolionth), *Supplement to the Thesaurus Syriacus of R. P. Smith*, Oxford 1927.

Paul Pelliot. *Notes on Marco Polo, Vol3*, Paris 1959, 1963, 1973.

Paul Pelliot. *Recherches sur les Chrétiens d' Asie Centrale et d' Extrême Orient*, Paris 1973.

Paul Pelliot. *Même titre, II, 1; La St le de Si–ngan–fou*, (pr é sent é es par J. Dauvillier)Paris 1984.

A. Petersma. *Two Manuscripts of the Greek*, Psalter in the Chester Beatty Library Dublin, Rome 1978.

Peng Jinzhang 彭金章 Wang Jianjun 王建军 and Dunhuang yanjiu yuan. *Dunhuang Mogaoku beiqu shiku* 敦煌莫高窟北区石窟, vol. 1, Beijing 2000.

R. Renehan. *Greek Lexicographical Notes, A General Supplement to the Greek–English Lexicon of Liddell–Scott–Jones*, Hypomnemata, Heft 45, 74, Gottingen 1975, 1982.

Th. H. Robinson. *Paradigms and Exercises in Syriac Grammar*, 4th. ed., rev. by L. H. Brockington, Oxford, 1st, ed., 1915, 4th ed., 1962, repr. 1968.

M.–J. Rondeau. *Les Commentaires Patristiques du Psalter, VolI (IIIème–Vème ss.), VolII (IIIième–Vème ss.)*, Rome 1982, 1985.

J. A. Sanders. The Psalms Scroll of Qumran Cave II, *Discoveries in the Jordaen Desert IV*, Oxford 1965.

Sandra Landis Gogel. *A Grammar of Epigraphic Hebrew*, Atlanton 1998.

Fr. Schulthess. *Lexicon Syropalaestinum*, Berlin, 1903, Neudruck 1999.

Septuaginta, ed. by A. Rahlfs, 1935 Stuttgart, repr. Vol II, in one, Stuttgart s.d.

Septuaginta Vetus Testamentum Graecum, X. Psalmi cum Odis, edidit Alfred Rahlfs 3 Auflage, Gottingen 1979 (abbr. LXX).

The Septuaginta with Apocrypha: Greek and English, edited and translated by Sir Lancelot C. L. Brenton, Grand Rapids 1982 (1st edition 1851).

N. Sprenger. *Konkordanz zur syrischen Psalter*, Wiesbaden 1973.

R. M. Steurer. (Das Alte Testament Interlinear Übersetzung Hebr ä isch-Deutsch und Transkription des Hebräischen Grundtextes, Vol4) puli é s, Newhausen-Stuttgart 1989-?.

W. Strothmann. *Konkordanz zur syrischen Bibel: die Propheten, Vol.4*, Wiesbaden 1973 (Vol6, in preparation).

B. A. Taylor. *The Analytical Lexicon to the Septuagint, A Complete Parsing Guide*, Grand Rapids, 1994.

Tehilim (les Psaumes). *Traduction et commentaries fond é e sur les sources talmudiques, midrachiques et rabbiniques par Avrohom Chaim Fener (enanglais, traduit en francais par Tamar Ittah), Vol1, (Psaumes 1 à 30)*, Paris 1990.

H. St John Thackeray. *A Grammar of the Old Testament in Greek*, Cambridge 1909, repr. Hidelsheim 1987.

W. M. Thackston. *Introduction to Syriac*, Bethesda, Maryland 1999.

E. Ulrich et al., *Qumran Cave 4, XI Psalms to Chronicles, DJD 16*, Oxford 2000.

The Way International, English Dictionary Supplement to the Concordance to the Peshitta Version of the Aramaic New Testament, New Knoxville, Ohio, 1985.

The Way International, The Concordance to the Peshitta Version of the

Aramaic New Testament, New Knoxville, Ohio, 1985.

The Way International, The Aramaic New Testament, The Estrange lo (a script based on the Peshitta and Harklean Versions), New Knoxville, Ohio, 1983.

W. Wright. *A short History of Syriac Literature*, London 1984.

Wu Chiyu. Jingjiao sanwei mongdu zan yanjiu 景教三威蒙度赞(A Study of the Nestorian Gloria in excelsis Deo in Chinese), *the Bulletin of the Institute of History and Philology, Academia Sinica, VolLDII, Part III*, Taipei, 1986.

Wu Chiyu. Legend in the Old Testament and in the Huainanzi on the stopping of the solar movement, *Silk Road Stusies V*, Turnhout, Brepols 2001.

Wu Chiyu. Tangdai Jingjiao zhi fawang yu zun jing kao (A Study of Nestorian saints and works listed in P 3847), *Dunhuang yu Tulufan yan jiu,VolV*, Beijing 2001.

(原载《新世纪敦煌学论集》巴蜀书社,2003年)

附表1:38次复数符号出现的位置与次数

	第1页	第2页	第3页	第4页
行	出现次数			
1	2	1		1
2	1			
3	1			1
4		2	1	
5			2	
6	1		1	
7		1		
8	1	1		1
9	1		1	1
10		1		1

续表

11		2		2
12		1		1
13		2		1
14		2	1	
15	1		1	1
总计	8	12	7	11

附表 2:22 次动词同形异义词加点出现的位置与次数

	第 1 页	第 2 页	第 3 页	第 4 页
行	出现次数			
1	2		2	
2	1		2	
3	1	1	1	
4		1	1	
5			1	1
6		1	1	
7			1	1
8	1			
9				
10				
11				
12				
13		1	2	1
14				1
15				
总计	3	4	11	4

敦煌梵字陀罗尼

张保胜　著

1999年2月,中国社会科学院考古研究所的巫新华博士转来敦煌研究院在莫高窟北区石窟新近发现的9件文物照片。经考释,判定均为陀罗尼,其中有7件为蓝扎体梵字,1件为藏文字母拼写的梵字,1件为悉昙体梵字。这一考释结果也已函告敦煌研究院彭金章先生,请彭先生审阅校正。我的这篇小文旨在对这几件陀罗尼作一些考释。

一、梵字

"梵字"是汉译佛经通常使用的术语,意思是梵文字。这一点对于一般有佛教常识的人来说,并不陌生。那么所谓"梵字"是不是可以理解为如"汉字"那样赋有特定含义的书写符号呢?我们说不可以的。因为我们所看到的一个个独立的书写形式并不是赋有特定含义的一个字,也不能说每一个"梵字"就是像英文字母那样的一个字母。严格说来它是一个音节。所谓"音节",就是一个发音单位。其中带有元音的称"开音节",如a、i、u、ta、ma、ya、go、nau等;不带元音的称"闭音节",如一些咒语末尾吉语phat中的"t"等。所以说把一个一个独立的梵文书写形式称为"梵字"是不正确的。考虑到中国"梵字"的称谓古已有之,今天承俗呼其"字"也不为过,但绝不能将所谓"梵字"与"汉字"等同视之。

用以书写敦煌北区新发现的几件陀罗尼(咒语)的有悉昙、蓝扎和藏文等字体写成。其中悉昙体梵字最早,约在6~10世纪印度北方使用的字体,唐代随佛经传入我国;藏字是在唐代依据梵文字母创制的;蓝扎体梵字大约于元代传入西藏,而后便逐渐传至内地,至今仍作为藏传密宗的经咒字符使用。

"蓝扎"(Lantsha)是藏地的习称,又可音译"蓝蹉""蓝匝""蓝扎""蓝查”“蓝砸” 等。实际上这一称谓是 Rañjanā经过某个中间环节的藏语音译。Rañjanā作为一种语言在古代曾流行于今天的尼泊尔,大约兴起于 11 世纪。在尼泊尔的“马拉”(Malla)王朝(13~18 世纪)时期,蓝扎曾一度作为王朝的国语流行。这种语言字母的书写形式被称做“蓝扎”体。这种字体以书写藏传密教佛经和秘咒而著称,并遗存下来大量佛经写本,如贝叶本和纸写本等。

应该注意的是,在这里说它是用以书写梵文的字母,而不说它是梵文字母。这两种说法有什么不同呢? 我们说是有的。即是说,用以书写梵文的字母不等于就是梵文的专用字母。这就像是用以写梵文的藏文、西夏文、回鹘文、八思巴文、泰文、泰米尔文等字母一样,不能被称为“梵文字母”。我们知道,历史上的所谓“印度”是一个包括今天印度、巴基斯坦、尼泊尔、孟加拉、阿富汗一部分等广大地区的历史概念。从横的方面看,因为地区广大,民族众多,语言也自然是杂多不一的;从纵的方面看,由于各民族语言不断推陈出新, 在印度历史上曾经使用过但已经亡故的语言已经很多,两者相加有一百多种。这些语言文字(史前的象形文字除外)均属于拼音文字。这些拼音文字一般都可以用来拼写梵文。现在学术界比较熟悉的如 “波罗迷”(Brāhmī)“佉卢文”(Gharoṣṭi)“笈多字”(Gupta)“悉昙字”(Siddham)“格蓝特”(Grantha)“喜城体”(Nandināgarī)“天城体”(Devanāgarī)“蓝扎”(Lantsha,即 Rañjanā)等。其中“格蓝特”(南印)“喜城体”和“天城体”属于真正的梵文体系。

二、密宗东渐的历史背景

密宗又称“密教”“秘密教”“真言教”“金刚乘”等。据称受法身佛大日如来深奥秘密教旨传授而得名。传说,大日如来授法金刚萨埵。佛释迦牟尼逝世后八百年,龙树开南山铁塔,亲自从金刚萨埵受法,后传龙智,龙智传金刚智和善无畏。大约于 7 世纪与印度民间流行的原始密教以及印度教的某些信仰相结合而形成印度佛教密宗, 以严密的咒术和仪式为其特征。主要经典有《大日经》《苏悉地经》和《金刚顶经》。开元四年(716 年)善无畏来唐与其弟子一行译出《大日经》;开元八年(720 年)金刚智与其弟子不空传入《金刚顶经》,后由不空译成汉文,从而形成中国佛教宗派之一。差不多与此同时,印度密教也传入到我国西藏地区,并与西藏土著宗教苯教结合形成具有西藏特征的藏传密教,简称“藏密”。

藏密于8世纪由寂护(Santiraksita)、莲花生(Padmasambhava)、莲花戒(Kamalaśila)传入。12世纪,时轮密教(kālacakra,也称时轮密宗)传入西藏,15世纪中叶以后与西藏最后兴起,并逐渐占据占统治地位的格鲁派——黄教相融合。时轮宗的标志是时轮金刚曼荼罗。它往往以7个蓝扎字(音节)堆写而成时轮金刚曼荼罗,如北京北海公园内白塔上的徽形图案即是。

时轮宗大约于11世纪初滥觞于南印度,随后即传布于北印度。而真正受其影响的地区却限定在孟加拉、摩揭陀(即今天的比哈尔邦)、克什米尔一带,其中还包括尼泊尔。

时轮宗传入西藏后与原佛教结合成为藏传佛教的重要组成部分,并对蒙古和中国内地产生了深远影响。当然,对中国内地产生深远影响的并不仅此一家,还有西藏的其他宗派。它们的影响历经元明清三代,一直到今天。它不仅融于中国民俗,而且深深地影响到三代皇帝。而元王朝对于融合了时轮密宗等的藏传佛教向中国内地的传播发挥了独特作用。

1.元代。

元王朝与西藏统治阶层有着特殊关系,这种关系始于13世纪前半叶。1240年,元太宗窝阔台的第二子阔端自河西走廊发兵征服了西藏,西藏佛教萨迦派的萨迦班智达受西藏诸派之托,应阔端之请携两个侄儿八思巴(Phags-pa,1239—1280年,当时10岁)和恰那(当时6岁)于1246年抵达阔端的驻地——凉州,萨迦班智达与阔端达成了西藏归属蒙古的协议。从此,元王朝便借助于西藏的佛教势力对其实行了有效统治。萨迦班智达死后,八思巴继承了萨迦班智达的衣钵,成了萨迦派新教主,掌握了西藏佛教的统领权。忽必烈(Khubilai Khan)之兄蒙哥继承汗位之后,1253年八思巴应邀与忽必烈相会于六盘山,并跟随其征战。是年,忽必烈及其王妃接受了八思巴为其举行的喜金刚灌顶,并拜八思巴为上师。

之后,忽必烈将八思巴带到汉地,1257年在忽必烈的支持下,八思巴到五台山朝拜巡礼。五台山是中国佛教四大名山之一,相传是文殊菩萨的说法道场,深受西藏佛教僧众的敬仰。唐代,吐蕃王朝就曾遣使向唐廷索要五台山图。西藏第一座正规寺院桑耶寺兴建之前,吐蕃又遣巴·色郎等使者到五台山朝拜。八思巴的伯父、萨迦派教主萨迦班智达在凉州时就很向往五台山,但没能如愿前往。八思巴实现了前辈的愿望,在五台山用密宗的观点作诗赞颂文殊菩萨。八思巴对五台山的朝觐和赞颂在西藏佛教界产生了巨大影响,以至引起八思巴之后元明清三代藏地佛僧竞相朝拜五台之风,许多西藏比丘成了五台山的长住僧。一位与八思巴同时代的藏族高僧胆巴(1230—1303年)受忽必烈之命做了五台山寿宁寺的住持。八思巴的弟子、元朝第四任帝师意希仁钦圆寂于五台山。由于皇家的支持,五台山的香火更加旺盛,以至于元明清三朝皇室也都在五台竞修佛寺。皇后、大臣赴五台礼佛者趋之若鹜。五台山成了满、汉、蒙、藏宗教文化的交通枢纽和联系纽带,彼此的影响之大是可以想见的。

1260年,忽必烈承汗位,随之将跟随其多年的八思巴大喇嘛封为国师,授以金印,令其兑领全国释教和西藏的政教事务,并命八思巴主持建筑西藏的黄金塔,为此向萨迦派赐赠了大量财宝。八思巴应命从尼婆罗国(今尼泊尔)招募工匠。尼婆罗国王命其子——建筑、雕刻和铸造大师阿尼哥(Anigo)率八十名艺术匠人来到西藏从事这一建筑工程。1268年,八思巴将阿尼哥从西藏带入大都(今北京)。1269年,忽必烈下诏颁行八思巴奉旨创制的蒙古新字(后来习称"八思巴字")以代替畏兀字(回鹘文)拼写蒙文。至元七年(1270年)忽必烈在定都大都(今北京)前夕将八思巴大喇嘛由国师晋升为"帝师"。1270年12月,"建大护国仁王寺于高梁河"(见《元史·世祖记》)。1275年4月,元成宗命八思巴的弟子胆巴为大护国仁王寺住持。1280年,帝师八思巴逝世,于大护国仁王寺"建大窣堵波,奉葬真身舍利,庄饰无俦"。

以西藏佛教大喇嘛为帝师的不仅是元世祖忽必烈,实际上元王朝的八位皇帝,几乎每一位都有来自西藏佛教界的帝师,且多为萨迦派高僧。这些帝师不仅是元帝的精神导师,而且对藏蒙和内地的文化交流以及西藏佛教的传播发挥了重要作用。

大护国仁王寺开始兴建的第二年,即1271年,大都(今北京)又开始兴建另一座大建筑——妙应寺白塔(俗称"白塔寺")。阿尼哥是这项工程的设计和主办者。阿尼哥不仅是建筑工程师,对雕像也有非凡的技艺。他的雕像风格俗称"西天梵相"。在他死后,经他的儿子以及他的弟子的不断努力,将这一风格经由尼泊尔、西藏进入中国内地。这种风格在长途流转过程中自然会发生一些变化,加进一些中国的因素。故这一风格应被称为

“中印风格”或“元代风格”。阿尼哥在绘画和铸金艺术方面的造诣也很深,深得忽必烈的赏识,因而受命为人匠总管、光禄大夫、大司徒领作院事,去世时受赠太师、凉国公等。

元廷崇佛是显而易见的,至今还留有一些元代的佛教建筑,如坐落在北京东北60千米的八达岭附近的居庸关云台(原为“居庸关过街塔”,明代易名“云台”)。这座建筑落成于元顺帝时代的至正五年(1345年)。其顶部原建有三座窣堵波(stūpa,佛塔)。这座建筑并非民间所为,而是元朝皇廷策划督办的。具体实施这项计划的是西藏的两位大喇嘛。这是一座有特殊宗教性质的建筑。它浸染着浓重的尼泊尔即藏传佛教的,或藏传密教的色彩。在云台拱形门的券墙上不仅雕有四天王像和象征佛教意义的花卉等图案,还有六种文字的陀罗尼铭文:蓝扎体梵文、八思巴文、蒙文、藏文、西夏文和汉文陀罗尼。用这六种文字所雕刻的是两个相同的陀罗尼——《佛顶尊胜陀罗尼》和《如来心陀罗尼》。除了居庸关过街塔之外,南口、南城彰义门和卢沟桥畔也都曾建有过街塔。这些塔的原有形制均具有萨迦派的建筑风格。从这些元代遗存中可以看出元王朝以藏传佛教怀柔各民族的良苦用心。

斗转星移,1341年,元顺帝在朱元璋大军的攻击下弃城北逃,从而结束了元帝国在中华大地的统治。而得到元廷扶持、在西藏占统治地位的萨迦派也江河日下今不如昔了。15世纪初叶,一个新兴教派犹如滔滔洪流涤荡着旧教累年积淀的萎靡、颓败,出现在雪域高原,那就是宗喀巴创立的格鲁派。该派因信众戴桃形黄幅以示严守戒律故称“黄帽派”,俗称“黄教”。

2.明代。

明王朝取代了元帝国的统治地位,但它不舍前朝的宗教传统,仍然与西藏佛教,主要与宗喀巴的黄教保持着密切的联系,通过佛教来强化它对西藏的统辖权。宗喀巴为了纠正西藏佛教存在日久的戒律松弛等颓败之风,进行了一系列改革。他的改革得到了明廷册封的阐化王帕主·札巴坚赞及其属下贵族的大力支持下。永乐七年(1409年)初在拉萨发起的一次大型祈愿法会,得到各教派僧众的热烈响应,有一万多人参加了法会。这次法会奠定了他在西藏佛教界的领袖地位。之后在拉萨东北的汪古日山兴建了甘丹寺,格鲁派宣告正式成立。永乐十二年(1414年),明成祖朱棣遣使拉萨迎请宗喀巴进京。宗喀巴考虑到黄教正处于初创时期，地位未稳，正需要得到中央政府的支持，但教务繁忙不得脱身，于是便委派其弟子释迦也失作为自己的代表进京（今北京）朝贡。永乐皇帝封其为“西天佛子大国师”。宣德九年（1434年）明宣宗封其为“大慈法王”（藏语为“绛钦却杰”），命其右原传教。释迦也失返藏后，分别于永乐十四年（1416年）和十七年（1419年）在拉萨城郊修建了哲蚌和色拉两座寺院。这两座寺院和甘丹寺合称格鲁派“三大寺”。三大寺的建成为格鲁派奠定了稳固的基础。据称，内地和蒙古的一些地方的黄教是绛钦却杰传授的，又称山西五台山有五座黄教寺院是他修建的。正是他开创了黄教与明廷的直接联系。之后，永乐帝还曾册封噶玛噶举黑帽系五世活佛得银协巴为“西天大善自在佛领天下释教大宝法王”。明万历年间（1576年），第三世达赖索南嘉措（1543—1588年）应臣服于明朝的成吉思汗第十七代孙俺答汗之邀到其驻牧的青海，与之会盟之后，于1578年随俺答汗奔赴内蒙古，途中在宗喀巴的出生地修建了一座寺院，后经扩充终成著名的塔尔寺。路经甘州时，接受俺答汗的建议，索南嘉措给当时明朝宰相张居正写了一封诚愿效忠王朝的信，并请求允他定期朝贡。明廷接受了他的请求。按照“国师以下者不得进贡”的规定，允他进贡，是把他当做国师看待的。俺答汗于1583年逝世。索南嘉措于1586年应俺答汗的子孙之邀到蒙地土默特参加俺答汗的葬礼。1587年，明廷遣使前往土默特封索南嘉措为“朵尔只唱”（即“执金刚”），并邀请他去北京。他接受了邀请，但不幸的是未到京城便于1588年病逝于途中。

汉藏蒙的频繁交往通好必然会带来文化的交流和相互影响。这些影响也反映在历史的遗存中。这里只举例作一简略说明。

北京西直门外动物园北有一座寺院名“真觉寺”，原名“正觉寺”，即元代前期建成的大护国仁王寺，俗称“五塔寺”，明成化年间改建而成。塔基有许多蓝扎铭文。

另一处是居庸关过街塔，这本是元代建筑，明廷并没有将这座敌族遗物毁弃，而是将其保存下来，并将其更名为“居庸关云台”。而“云台”顶部的三座佛塔不知什么原因和时代被换成了具有汉族特征的三座木结构的亭子。为了统和民心，明正统十三年（1448年）这里又重修了这三座木亭子。其中供奉着三尊佛像：密宗主尊大日如来（Vairocana）、文殊菩萨（Manjuś ri)和普贤菩萨(Samantabhadra,又是金刚萨埵 Vajrasattva 或金刚手 Vajrapāṇi)。重修这三座木亭的资金是捐赠的。而捐赠者主要是明廷文官、武将和太监。除此之外,还有平民百姓(参见村田治郎、藤枝晃编著的《居庸关》第二卷,"居庸关历史概述"History of Outline of Chu-Yung-Kuan)。现在,虽然这三座木亭已荡然无存,但居庸关云台券门内墙上的浮雕以及6种文字的陀罗尼还依然存在。可惜的是这些浮雕在"十年浩劫"中遭到了一定程度的破坏,现在仍然没有得到有效的保护。

专为明廷烧制瓷器的景德镇官窑始于建文帝四年(1402年)。所烧瓷器不仅有生活用瓷,还有一部分是专为皇室举行祭祀大典的祭器。有些祭器却浸染着浓重的西藏密教的神秘色彩。笔者曾目睹过两件明官窑的祭器照片。其中一件是故宫博物院收藏的兰花青瓷蓝扎文罐,另一件是景德镇瓷器博物馆收藏的明官窑烧制的梵字兰花瓷匙。两件瓷器上均绘有梵字陀罗尼,所不同的是前者用以书写陀罗尼的是蓝扎体梵文字母,后者则是类蓝扎体梵字文母。它们都与藏密有密切的关系。由此可见,明王朝也是崇尚藏传密宗的。

3.清代。

到了清代,清廷为了密切与西藏地方的关系。1639年,清廷曾派员到西藏会见藏地各派首要,请他们派高僧到内地传播佛教。1642年,西藏各派系派员到了盛京(今沈阳),向清太宗皇太极递交了各派领袖人物的信函,这些领袖人物有五世达赖、四世班禅和进驻青海的一支蒙古族统治者固始汗等。他们都向清朝皇帝表示良好的祝愿,并争取清廷的支持。西藏使者到达时,太宗皇太极亲自举行了隆重的欢迎仪式,并设宴盛情招待。除此之外,皇太极还分别给西藏各派领袖人物写了回信,向他们表达了清廷对各派一视同仁的胸襟和意向。同年,固始汗挥军入藏消灭了敌对势力,从而使他成了包括青海、康区和西藏在内的整个藏族地区的汗王。他在拉萨建立了自己的地方政府,并在当雄驻扎了八个旗的蒙古军。固始汗的这一举措开了清朝驻军西藏的先河。这支蒙古派系在西藏的统治之后,驻扎在当雄的这支军队由清朝的驻藏大臣指挥,当雄也成为清朝驻藏大臣的直接辖区。1645年,固始汗为了削减达赖的权势,把日喀则地区划归四世班禅管辖。后来清政府也承袭了这一做法,使这两个平等地活佛系列相互制约,不使一方权力过分集中以影响清政府对西藏的统辖。1652年,五世达赖应入关不久的顺治帝之请到达北京。清政府给他以优厚的礼遇，并为他在北京修建了黄寺作为五世达赖的行宫。五世达赖离京返藏前，顺治帝以丰厚的礼品金银相赠。1653年，顺治帝遣礼部尚书和理藩院侍郎携金册金印赶到代葛（今内蒙古自治区的凉城县内），追上五世达赖，册封其为“西天大善自在佛所领天下释教普通瓦赤喇怛喇达赖喇嘛”。册封金印一直保留到现在。在册封五世达赖的同时，清政府也派使臣前往西藏封固始汗“遵行文义敏慧顾实汗”，金册上还有“作联屏辅，辑乃封圻”的话，其义为做帝王护边助手，让封地和睦安定。这意味固始汗被授予了统辖西藏的行政大权。而达赖只被封为西藏佛教的领袖。1682年，五世达赖去世，五世达赖生前受命的权力继承人桑结嘉错密不报丧，盗用五世达赖名义掌管黄教事务达15年之久，并要求清廷封自己为藏王。直到1697年在清廷的责问下，才宣布五世达赖早已去世，转世“灵童”也已找到。同年10月，其把15岁的“灵童”迎至布达拉宫坐床，是为六世达赖。但六世达赖不安于深锁宫中的黄教领袖地位，一心向往的是浪漫的爱情生活。在追求爱情的旅途中终于成了风流倜傥的诗人，写了不少热情奔放的情诗。1705年，由于多种原因，康熙帝废黜了六世达赖。1721年，清廷派兵护送七世达赖格桑嘉措进藏，并驱逐了扰藏的准噶儿军队，加强了对西藏的统治。在西藏的事物中经过反复挫折，清政府总结了治藏的经验，于1751年，颁昭七世达赖喇嘛格桑嘉措掌管西藏地方政府，从而在西藏开始了政教合一的历史。

这一段历史在内地还为我们留下了不少崇尚西藏佛教的文物遗迹。如河北承德的仿西藏叠耶寺的普宁寺、普乐寺，誉为“小布达拉宫”的普陀宗乘之庙和仿西藏扎什伦布寺的须弥福寿之庙。须弥福寿寺是为了班禅六世来承德庆祝乾隆六十大寿于乾隆四十五年（1780年）兴建的。在北京还有雍和宫。雍和宫本是乾隆皇帝四子胤祯的府第，乾隆九年（1744年）改为西藏佛教的寺院，俗称“喇嘛庙”。这座寺院充满了西藏密宗的神秘气氛。清乾隆年间，坐落在北京的明代寺院——真觉寺（五塔寺）进行了扩充和修缮。呼和浩特市也有清代兴建的五塔寺。在这些建筑中多有蓝扎体梵咒铭文（陀罗尼）。特别是两个五塔寺的金刚宝座上布满了蓝扎体梵文陀罗尼铭文。雍和宫至今每遇修缮，此类陀罗尼都会被绘饰一新。在清东陵地宫也发现有不少蓝扎体梵文陀罗尼。前不久，在辽宁发现了一座清廷近卫将领的墓穴,从中出土了一方陀罗尼织锦被,看上去十分豪华,它象征着墓主显赫地位。这些发现都与清廷有密切关系。它从一个侧面反映了清王朝的宗教政策及其信仰。

以上所述是汉藏蒙的政治、军事、经济关系和文化交流梗概,从这些简要概括的互动关系中,我们可以感到西藏佛教的影响和活力。而铭刻在金刚宝座上的梵文咒,在数百年之后仍然为我们展现出一幅幅西藏密教的生动画面。从中还可以体悟到几代君王及其王室对于密教的崇信和虔敬。他们礼佛、建寺、铸经、铭咒,其良苦用心在于拢合各族,抚慰民心,安定社稷,永固江山,屏护疆土。从这看似平常的举措中也会投射出几丝精明。试想如果人民没有了信仰,没有了精神慰藉,没有了各族人民的精神凝聚力,社稷还怎么能够安定,国家还怎么能够得以维系?

敦煌是古代丝绸之路的交通枢纽和中西文化的荟萃地,在这块宝地留下密教东渐的痕迹是可以想见的。

三、蓝扎体梵字陀罗尼

“陀罗尼”又名“陁罗尼”“陀邻尼”等,都是梵文 dhāraṇī 的音译,意译为“持”。这个阴性梵文名词 dhāraṇī 来源于动词根 dhṛ。它有“保持”“护持”“坚持”等义。从这个词根派生出一个形容词 dhāraṇa,意为“保持着的”“护持着的”“坚持着的”等义。而大乘佛教密宗所使用的术语 dhāraṇī 则是从 dhāraṇa 派生出来的阴性名词,有“脉管”“大地”“球茎植物”等义。这些词仍包含了“保持”“坚持”“载持”“护持”等义。但这些汉译都不能满足密宗所要表达的意思,于是便采用了一个特殊的意译“总持”,亦即“普遍无遗地护持”。那“总持”的对象是什么呢?据称是佛陀的教诲(法)、法的意义、以禅定所发的秘密语(咒)、坐禅所证悟的诸法实相(空)等大乘密宗全部教义和仪轨。换言之,陀罗尼就是对大乘密宗所倡导的一切永远持而不忘,故名“总持”。根据它所“持”的内容又派生出四个术语:“法陀罗尼”,对于佛法听闻之后总持不忘;“义陀罗尼”,对于诸法所表达的意境总持不忘;“咒陀罗尼”,对于秘密神咒(mantra,即“曼恒罗”)总持不忘;“忍陀罗尼”,对于诸法实相(空)坚守不移。

以上所述是对能持(持者主体)说的,如佛菩萨能持神咒的定力。另一种含义是对总持(载持或包含)佛教密宗所示意义的文字,即陀罗尼的字句,如金刚宝座上的梵字铭文等。它也可以成为"持"的主体,拥有持而不失,遮而不生的性质。如《大智度论·卷五》说:"陀罗尼者秦言能持,或言能遮,能持种种善法,能持令不散不失,譬如完器盛水,水不漏散。能遮者恶不善心生,能遮不令生。若欲作恶罪,持令不作,是名陀罗尼。"陀罗尼(神咒)之言句,可总持无量之文义,无量之功德,故名总持。《瑜伽师地论·卷五》曰:"于一法中持一切法,于一文中持一切文,于一义中持一切义,摄藏无量功德,故名无尽藏。"譬如"阿"(梵文 a)有"不生"义,它是整个般若经理论的高度浓缩,涵括了大乘佛教"性空"的理论。

"义陀罗尼"也以念慧为体,以所诠义为境(对象)。这里的"义"是梵文 artha 的意译,有事物,即所缘(万象)、寓意、意义等义。

"咒陀罗尼"以定为体,以咒为对象。这里的"咒"不通尘世言语,"但当诵持,无须强释"。真言教(佛教密宗)将咒陀罗尼亦称为"陀罗尼"。此陀罗尼名称有五:第一,陀罗尼。第二,明,如"六字大明"即"六字真言",《瑜伽略纂·卷十二》说:"陀罗尼者,佛放光,光之中所说也,是故陀罗尼与明其义不异。"这是一种附会之说,其实"明"是梵文 vidyā 的意译,它有知识、智慧等义,旧译:慧,解,识,明了,明,术,明术,明咒,咒禁,咒术等。第三,咒,借于汉地的禁咒,《密藏记》曰:"佛法未来汉地前,有世间禁咒法,能发神验除灾患。今持陀罗尼人能发神通除灾患,与禁咒法相似,是故曰咒。"第四,密语,是指凡夫和小乘佛教僧众所不知。第五,真言,即真实不虚,密宗特有的不能用尘世语言所表达的"绝对真理"。

"忍陀罗尼"以无分别智(冥想无辨的自证状态)为忍体,自证真如(空)为境(对象)。

从以上密宗对陀罗尼的界定看,陀罗尼的含义包容佛教密宗全部教义和仪轨。但由于佛教密宗将咒陀罗尼亦称"陀罗尼",此经长期流转,几乎为咒所专有。因传习所致,在人们的心目中,陀罗尼即咒,咒即陀罗尼。其实是不确切的。咒一定是陀罗尼(属于陀罗尼),但陀罗尼不一定是咒。这里所说的"咒"是"咒陀罗尼"。"咒陀罗尼"与"咒"还是有区别的。"咒陀罗尼"是指长的咒文;"咒"是专指短小的咒文,它另有一个专名"曼怛罗"(mantra)。但依传习,陀罗尼既可以指"咒陀罗尼"又可以指"曼怛罗"(咒)。所以我们称敦煌北区新发现的几件梵字文书为"梵字陀罗尼"。

四、梵字陀罗尼的研究价值

敦煌北区新发现的几件梵字文书尽是些“但当诵持,勿须强释”的咒语,那么,今天我们研究它有什么意义呢?对这个问题,我想说点粗浅的看法。

首先,它们是距今至少也有几百年的历史文物,一旦进入文物行列,它就具有了文物价值。作为文物,哪怕是一片纸、一块瓦也应细心地加以保护和研究。

其二,梵字陀罗尼虽然只讲读音,无须解义,而且有些咒语也确实不具有实用语言的意义。但它并非没有任何意义。可以说,写成它的每一个字都具有象征意义。大而言之,密宗(金刚乘)的任何事物,诸如曼荼罗、图像、器物、声音、梵文文字等都有密宗本身所特有的象征意义。我们可以将这一切综合起来诠释成“如同一部用神秘符号写成的书,唯有已接受其奥义者方可解读”。记得西方宗教改革家加尔文曾说过一句话:“世界有两部书,一部是有字书,那是让普通人读的;另一部是无字书——整个宇宙,那是让圣者读的。”看来这部无字的宇宙之书所潜藏的意义恐怕要比有字之书大过不知多少倍。不管什么人只要他读通这宇宙之书的沧海一粟,他就可以称作“科学家”。我不是圣人,读不了这部无字书。我也不是密宗灌顶的接受者,很难读通这部“用神秘符号写成的书”,但只要有愚公移山的精神,总可以读进去的。一旦进了门,就像刘姥姥进了大观园看得眼花缭乱,那见所未见、闻所未闻的奇珍异宝就会展现在你的面前。我的话绝不是耸人听闻。密教及其所遗留下来的文物,记录着人类的发展史、人类的文化史、人类的思想史,包藏着先民的信仰、神话、哲学、天文、历算、科学、技术、医药等与先民生存和生活密切相关的一切,折射着人类的史前文明。

在哲理上,密宗主张解脱就存在于束缚之中,生死轮回与涅槃没有什么不同。密教是入世的,其信众的信仰和行为最接近生活,因而也最重视与生活有关的实用技术,当然这不是现代意义上的技术,而是包藏在巫术里面的技术。如果你翻开《大藏经》的密教卷,不难发现在秘咒的字里行间还有治病的药方。这些药方是否值得研究开发,那是有关专家的事。这里只作一个例证,其实,里面还蕴藏着更多的宝藏,等待有志于此的志士仁人去开采。

其三,探古知今。今天存在的诸多事物,譬如圣水、醍醐、南无、刹那、神圣、神秘、桃符、夙命、香火、仪式、画地为牢、金刚套、灰身、白幡、求雨等等,我们未必能真正了解它,如果我们对它进行一番穷原竟委地考究,我们就会更深刻地认识它。它们大多与古代密教有着密切的关系。

其四,对于文化人类学有着重要意义。我们知道,文化人类学在世界上已经取得了辉煌的成就,但可惜的是密教在漫长的历史中所遗留下来的丰厚积淀还很少有人开发。如果将其开发出来加以利用,那将更加有利于文化人类学的发展。这样讲有些空洞,让我们从法国人罗伯尔·萨耶(Robert Sailley)的《印度—西藏佛教密宗》一书中择取的两个小资料作一个印证:

> 这些瑜伽行者生活在坟地和火化地,以他们化缘到的残羹剩肴为生,在一个头颅骨钵中用斋饭。

另一段话说:

> (金刚乘的)神通成就者出自一个生活在坟茔地和焚尸场的瑜伽行者的阶层,与湿婆教某些修道者的方式很相似,如以髑髅为食器者、行大愿者和黑面人,他们的风俗习惯非常特别,违背所有的社会礼仪。他们用髑髅做成的项珠或围裙来装饰自己,在这些头颅骨杯中饮酒,以令人厌恶的食物为主,据说他们甚至还实行活人祭、色情修习和巫术。

这两段话都提到用髑髅饮食,有的地方还提到吃死尸。这些情节听来令人厌恶。但它毕竟是历史的事实。它是印度古代所特有的现象吗?今天的人类学家对此又作何解释呢?

这只是与文化人类学有关的一小点资料,但足可以用其写成数十万字的巨著了。其余的资料可以说俯拾即是,这怎能不说是一大宝库呢?今天在我国研究密教的还很少,我相信,将来定会迎来姹紫嫣红的艳丽春天。

五、梵文文书解读并考释

1.标本第 462:1(彩版二十一)。

原文:(略)

解读:

第 1 行　ye dha rmā he tu pra bha **vā he**

第 2 行　tu nte ṣā nta thā ga to **hya** va

第 3 行　da tte sā nca yo ni ro dha e vaṃ

第 4 行　vā dī ma hā śra **ma ṇa ḥ**

复原:ye (1) dharmā(2) hetu-prabhavā(3) hetum (4) tesām(5) tathāgato(6) hy(7) avadat(8) /tesām ca(9)yo(10) nirodha(11) evam(12) vādī(13) mahāśramaṇah(14) //

咒名:十二因缘咒(15)。

音译:英[口 * 捺] 吟麻(二合引)形[丁 * 各](切身) 不啰(二合)末斡(引)形[工 * 名](舌齿) 碇善(引)恒达(引)溺(引)遏多结页[口 * 捺]4 旦(二合)碇善(引)拶养祢[口* 浪][口 * 捺][口 * 英]梡(合口)干(引)麻诃(引)实啰(二合)麻捺英

出典:《圣吉祥真实名经》(《大正藏》T29.1190.832b)。

意译:诸法从缘起,如来说是因,彼法因缘尽,是大沙门说。

诠注:

(1)ye 关系代词 yad 的复数主格,与 teṣāṃ相互应。

(2)dharmā为阳性名词 dharma 的复数主格 dharmāḥ的连声形式,意译:法。

(3)hetu-prabhavā多财释(定语)复合词,阳性复数主格~prabhavāḥ的连声形式,意译:由因而生的。

(4)hetuṃ阳性名词单数业格(受 avadat——说的要求),意译:因,原因。

(5)teṣāṃ关系代词 tad 的复数属格,与 ye 相互应。

(6)tathāgato 为阳性单数主格 tathāgataḥ的连声形式,意译:如来。

(7)hy 为不变词 hi 的连声形式,意译:的确(用于加强语气,可不翻)。

(8)avadat 为动词√vad 的未完成，主动语态，单数，第三人称，意译：说，讲。

(9)ca 没有变化的并列连词，意译：和，以及等。

(10)yo 为关系代词 yad 的阳性单数主格 yaḥ的连声形式，这里指代法(dharma)。

(11)nirodha 为阳性单数主格 nirodhaḥ的连声形式，意译：灭，坏灭。

(12)evam 不变词，用于强调语气。

(13)vādī 为阳性名词 vādin 的单数主格形式，意译：说者。

(14)mahāśramaṇaḥ复合词，阳性单数主格形式，意译：大沙门，特指如来。

(15)见后文《十二因缘咒》。

2.标本第 462:2(彩版二十二)。

原文：(略)

解读：

第 1 行　ye dha rmā he tu pra bha **vā he**

第 2 行　tu nte ṣā nta thā ga to **hya** va

第 3 行　da tte ṣā nca yo ni ro dha e

第 4 行　va ṃ va d ma ha sra **ma ṇaḥ** //

复原：ye dharmā hetu-prabhsvā hetuṃ teṣaṃ tathagato hy avadat / teṣaṃ ca yo nirodha evaṃ vadi mahasramaṇaḥ //

咒名：十二因缘咒。

音译：同上。

出典：同上。

意译：同上。

诠注：全文模糊不清，但依据依稀可辨的几个字符(黑体)判断为《十二因缘咒》。其余同前。

3.标本 B137:3。

原文：(悉昙字(1)，略)

解读：pa ne?

咒名：

音译:钵馁?(2)

诠注:

(1)悉昙字比蓝扎字早,大约在唐代转入,后者大约在元代传入。

(2)第二个字像ne,但该字右下方多出两笔,这是悉昙拼写中所没有的。

4.标本B138:2。

大方套小方,两方之间夹着一个个圆圈,这是一种装饰。

原文:(藏文字母拼写的梵文,略)

解读:

第1行　oṃ gra...

第2行　ye...

第3行　e khī...

第4行　na nā...(1)

咒名:

音译:

第1行　唵(2)佐罗

第2行　曳炽

第3行　蔼

第4行　那 拿

诠注:

(1)原文缺失太多,难以确定何咒。

(2)oṃ(唵)金刚界陀罗尼的发语词,据《密藏记》称:唵字有五义:一是归命,即归命于佛,将不二之命献于佛;二是供养,表示对佛的供养;三是惊觉,诵唵字时,其音从毛孔入,就如惊雷惊醒蛰虫一样惊醒自身本有心佛和一切佛,使其惊现于前;四是摄伏,诵唵字时,就如百官闻知国王的敕令一般令一切龙神悉皆摄伏而参集于前;五是三身,据称,唵字由阿、乌、麻(a,u,m)三音合成。阿字表示中观派的最基本的哲学思想——万有本不生的空义,本质上的空就是三身之一的法身;乌字表示不可得之义,此为不可思议的报身;麻字吾我不可得,也即无我之义,故现人天鬼兽之众生。因此诵此唵字,即成三身加持掌护的修行者(参见丁福保编《佛学大辞典》中“唵”条)。

另说：唵字为婀(a)乌(u)莽(m)三字的和合，一婀字就是菩提心义，也即诸法门义，也即无二义亦诸法果义，也即性义，自在义。犹如国王黑白善恶随心自在。又为法身义。二乌字即报身义。三莽字者化身义。以合三字共为唵字。因其摄义无边故为一切陀罗尼首，又等于诸字义，故为诸字之先导，也就是一切法所生之处。因而三世诸佛皆现此字而得菩提，故为一切陀罗尼母。一切菩提皆从此而生。一切诸佛皆从此而出。唵字也就是诸佛一切菩萨诸陀罗尼集会之处(参见《守护国界主陀罗尼经·卷九》，《大正藏》第十九卷，0997 号，第 556 页 a)。

5.第 464:49。

原文：(略)

解读(拉丁转写)：hūṃ。

音译：吽。

咒名：诸天种子字；金刚忿怒三昧大明；金刚萨埵心一字密言；四方如来说一字心密言等。

出典：《般若理趣释》《佛说一切如来真实摄大乘现证三昧大教王经》(《大正藏》T18.882.388c)《金刚峰楼阁一切瑜伽瑜祇经》(《大正藏》T18.867.267b)。

诠注：据《般若理趣释》，"吽"义为因，因即菩提心，亦即一切如来菩提心，一切如来不共真如妙体，恒沙(无数)功德皆由此生。

6.标本第 464:87。

(1)标本第 464:87-1(图 54)。

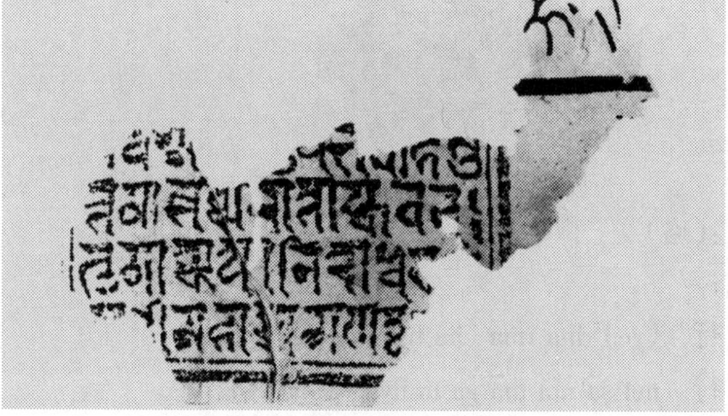

图 54　第 464:87　梵字陀罗尼残片

原文:(略)

解读:

第 1 行　ye dha rmā he tu pra bha vā he-)

第 2 行　(tu) nte ṣā n (ta) thā (ga to hya va da)

第 3 行　(tte ṣā-)ñca yo ni (ro dha e vaṃ)

第 4 行　(vā) dī ma hā (śra ma ṇa ḥ)

复原:ye dharmā hetu-prabhavā hetuṃ teṣāṃ tathāgato hy avadat / teṣāṃ ca yo nirodha evaṃ vādī mahāśramaṇaḥ //

咒名:十二因缘咒。

音译:同前。

出典:同前。

意译:同前。

诠注:括号内为缺失字符,黑体字为遗留可辨字符。其余同前。

(2)标本第 464:87-2(图 55)。

图 55　第 464:87　梵字陀罗尼残片

原文:(略)

解读:

第 1 行　(ye) dha rmā (he tu pra) bha vāhe tu

第 2 行　net ṣā nta thā ga to hya va da

第 3 行　tte ṣā ñca yo ni ro dha (e vaṃ)

第4行 vā dī ma hā śra ma ṇa ḥ

复原:ye dharmā hetu-prabhavā hetuṃ teṣāṃ tathāgato hy avadat / teṣāṃ ca yo nirodha evaṃ vādī mahāśramaṇaḥ //

咒名:十二因缘咒。

音译:同前。

出典:同前。

意译:同前。

诠注:同前。

7.标本第464:125-2。

原文:(略)

解读:

第1行 ye dha rmā he tu pra bha vā he tu nte ṣāṃ

第2行 ta thā ga to hya va da tte ṣā ñca yo ni ro

第3行 dha e vaṃ vā dī ma hā śra ma ṇa ḥ

复原:ye dharmā hetu-prabhavā hetuṃ teṣāṃ tathāgato hy avadat / teṣāṃ ca yo nirodha evaṃ vādī mahāśramaṇaḥ //

咒名:十二因缘咒。

音译:同上。

出典:同上。

意译:同上。

诠注:全文模糊不清,但依据依稀可辨的几个字符(黑体)判断为《十二因缘咒》。其余同前。

8.标本B168:48。

原文:(略)

解读:

第1行 ye dha rmā he tu pra(bha)(1)(vā he tu (nte

第2行 sām) ta thā ga to hya va da t te ṣaṃ ca yo/

第3行 (ni) ro dha e vaṃ vā di ma hā sra ma ṇaḥ//

复原:ye dharmā hetu-prabhavā hetuṃ teṣāṃ tathāgato hy avadat / teṣāṃ ca yo nirodha evaṃ vādī mahāśramaṇaḥ //

咒名:十二因缘咒。

音译:同前。

出典:同前。

意译:同前。

诠注:(1)括号内为缺失字符(下同)。

六、《十二因缘咒》

《十二因缘咒》亦称《法身偈》,源于早期佛教。它的传承还有一段饶有趣味的故事。《大智度论·卷十一》说:舍利弗① 自幼博学多问,八岁能诵十八经,精通一切经义。当时,摩揭陀国有二龙王兄弟相助,应时降雨,国无荒年,人民安乐,每当仲春之月,人们都咸集龙处,兴会弦歌,置床论议,国王、太子、大臣、论士悉皆与会,均入高雅坐席。一次,八岁的舍利佛作为论师也参加了盛会,神情自若地结跏趺坐于论床,骄矜自恃的名流皆卑其年少,以为不屑面论,故只遣年少子弟传言诘难。出乎意料的是,舍利佛"答酬旨趣,词理超绝"。诸大论师无不叹服。国王亦大欢喜,即命有司封一聚落,经常赐予。国王亲乘象舆振铃宣示十六大国、六十大城无不欢庆。舍利佛与大目犍连②亲近友好,情同手足,后因厌世,皆出家学道,做了梵志③的弟子,但直至师故,亦未证得道果。时值佛陀与其度化的迦叶兄弟等千人正漫游诸国,来到王舍城。舍利弗遇到一位比丘,名阿说示④。舍利弗见其身披袈裟,手托钵盂,"仪服仪容,诸根清净",于是便上前问曰:"汝谁弟子,师是何人?"答曰:"释种太子,厌老死病苦出家,得阿褥多罗三藐三菩

①舍利弗,"舍利弗多罗"(Sāriprtra)的略称,旧译"奢利弗""奢利补担罗"等,意译"鹙露子""秋露子",释迦牟尼十大弟子之一。

②大目犍连(Mahāmaudgalyāyana),简称"目犍连""目连"。据《佛本行集·舍利目连因缘品》《增壹阿含经·卷三》等,其为古印度摩揭陀国王舍城人,属婆罗门种姓,皈依佛陀后,成为释迦的十大弟子之一。

③梵志(Brahmacārin),佛家对一切外道出家者的泛称,这里特指舍利弗和目连皈依佛陀之前的从师珊阇耶(Sañjaya)。据律藏《大品》所述,舍利弗和目连听了阿说示所说偈,意欲归佛,其师珊阇耶劝阻未果,一气之下,口吐鲜血,郁郁而死。

④阿说示(Aśvajit),梵名音译,意译马胜,五比丘之一,舍利弗之师。

提①,是我师也。”舍利弗得知他是释迦弟子,便求其讲述师教。阿示说:“我年既幼稚,受戒日初浅,岂能演至真广说如来义。”舍利弗求其略说其要,于是,阿说示便复一偈:

诸法因缘生,是法说因缘,是法因缘尽,大师如是说。

舍利弗喜获此偈,并随即将此偈转告挚友目犍连,两人悉获初道,于是,便皈依于佛陀,后成为佛陀的著名弟子。上述颂偈则是原始佛教的“缘起颂”或“缘生偈”。但用以与敦煌的这几幅陀罗尼的梵文对照,发现两者十分切合,故断定《大智度论·卷十一》所载译文之所原文不是敦煌所发现的梵文。这样一来,就有必要另辟蹊径,别寻它译。《大智度论·卷十八》中有一段说:“佛于四谛中或说一谛或二或三。如马星②比丘为舍利弗说偈,‘诸法从缘起,是法缘及尽,我师大圣主,是我如是说。’”《佛本行集经·卷四十八》中马胜比丘对舍利弗说颂曰:“诸法从缘生,诸法从因灭,如是灭与生,沙门说是如是。”《造像功德经》曰:“诸法因缘生,我说此因缘,因缘尽故灭,我作如是说。”经核对,这几种译文与敦煌曼荼罗梵文都不能密切吻合。但在《浴佛功德经》和《寄归传》的译文却是:“诸法从缘起,如来说是因,彼法因缘尽,是大沙门说。”

喜出望外,此译与敦煌梵颂如影随形,应和密切。这一颂,即《缘起颂》或《法身偈》,据《大智度论》卷二所述,是佛陀释迦牟尼“为五比丘初开甘露门”所讲的基本教义“四圣谛”。这一学说集中反映了早期佛教的世界观,旨在阐释世俗世界的存在、起因、出世及世道路问题。所谓“四圣谛”,即关于“苦、集、灭、道”(或“苦、习、尽、道”)的真理。“苦”和“集”讲的是世间事物的一对因果关系;“灭”和“道”讲的是出世间的一对因果关系。“苦”谛是对世间所作的价值判断,认为苦是构成世俗世界(物质的和精神)的普遍存在形式。颂偈所谓的“诸法”是指以苦为其存在形式的物质和精神世界。“集”谛是指世间之所以为苦的原因,认为其表现为苦的世间事物皆由诸多因缘结集而成。简言之,“苦”为世间的表现,“集”为世间的原因。所以就有了“法身偈”前半颂:“诸法从缘起”(ye dharmā hetuprabhavāḥ)。“灭”谛是指根除世间痛苦的原因。这就是下半颂“彼法因缘尽”(teṣāṃ ca yo nirodhaḥ)的内容。“道”谛是指脱离“苦、集”这一世间的因果关系而达

①阿耨多罗三藐三菩提是梵文 anrttarasamyaksaṃmbodhi 的音译，略称“阿耨三菩提”等,意译“无上正等觉”“无上正遍觉”“无上正遍知”等,佛教术语,其义为对佛教“真理”的如实觉知,即超人的智慧。

②马星即马胜比丘。

到出世间,即"涅槃"的修行方法。"道"谛虽然在《法身偈》中没有出现,但读到前三谛,该谛就会自然而然地出现在联想中。

关于"四圣谛"的教义虽然只用了四个字加以概括,但要穷尽其理,对于得道初浅的阿说示(马胜)比丘说来绝非易事,所以只用易于记诵的一偈作答,是顺理成章的,也是很有生活情趣的。在《大智度论》中,阿说示说偈显得十分质朴,毫无圣化之意,然而,在《浴佛功德经》中却是另一番情景:"如是我闻,一时,薄伽梵王在王舍城鹫峰顶与大比丘众千二百五十人俱,复有无量无边大菩萨,众天龙八部悉皆云集。尔时,清净慧菩萨在众中坐,为欲悯念诸有情……即从坐起,偏袒右肩,顶礼佛足,长跪合掌佛言:'世尊!我欲请问,愿垂听许。'佛言:'善男子!随汝所问,我当为说。'尔时,清净慧菩萨白佛言:'……如来般涅槃①后,所有众生作何供养,修何功德,令彼善根速能究竟无上菩提?'"

世尊对清净慧菩萨褒奖一番之后答道:"……诸佛世尊具有三身,谓法身、受用身、化身。我涅槃后,若欲供养此三身者,当供养舍利②,然有二处,一身骨舍利,二法颂舍利。"佛随即说了前偈,即法颂舍利或法颂舍利偈,也即法身偈。这一偈在《大智度论》中反映了质朴无华的原始教义,而在《浴佛功德经》中却被圣化为顶礼膜拜的圣物,善男信女供养它,即便不解其意,但能诵持亦达到"令其善根速能究竟无上菩提"的目的。

说完法身偈后,佛继续说道:"我般涅槃后,能供养舍利或造窣堵波③及以如来像,于彼像塔处涂拭曼荼罗,以种种香华散布于其上,以净妙香水灌沐于像身,上味诸饮食尽持以供养,赞叹如来德,无量难思议,方便智神通,速至于彼岸,获得金刚身,具三十二相,八十随形好,济度诸群生。"其功德可谓大矣!从这一段描述,可以看到陀罗尼的用处。另据《南海寄归内法传》所述,法颂舍利偈或法身偈一般置于塔基,塔内或佛像体内。敦煌新发现的包括法身偈在内的几幅陀罗尼,其用场与佛教文献所记是相符的。

①般涅槃是梵文 parinirvāṇa 的音译,简称"涅槃",意译"灭""灭度""寂灭""圆寂"等,佛教术语,义为熄灭生死轮回后而获得的寂静境界,达到这种境界则是佛教信仰者所追求的最高理想。

②舍利是梵文śarīra 的音译,意译"肢体"。

③窣堵波是梵文 stūpa 的音译,即佛塔。

敦煌新发现的一件梵文残片

段晴　彭金章　著　　王平先　译

下面我们要展示一件莫高窟出土的婆罗迷文残片。在此之前，我们想简单提及这个新发现的考古背景。

在座的每个人都熟悉敦煌这个名字。一百年前，一个藏有数万件古写本且保存完好的图书馆的发现，使中国西北的绿洲小城敦煌闻名于世。这些古写本以不同的文字和语言书写而成。今天，因为位于敦煌西南25千米处鸣沙山东麓的莫高窟，敦煌仍然吸引了来自各国的游客。敦煌莫高窟分两部分：南区和北区。南区有487个洞窟，分布在从南向北1000多米长的崖面上，向游客和学者等展现了壮观而保存良好的壁画与塑像。相反，北区248个洞窟在很长时间内都为人们所忽视。直到1988年，当敦煌研究院考古研究所开始一个考古项目时，这种情形才得到改变。这个考古项目主要集中于对北区石窟进行系统的考古发掘调查。在考古所彭金章教授的指导下，考古调查持续了7年。在1995年考古调查结束时，考古学家对其结果应该是满意的，因为北区洞窟出土了大量的古代手稿和其他文物。可以想见，这些出土的古代手稿以不同语言书写而成，如藏文、蒙文、回鹘文和西夏文，还有一件保存良好的叙利亚文文献，其内容出自《前后书》(Before and After)。大量手稿上保存的是著名的佛教文献，如《金光明经》和《妙法莲华经》，在此不一一列举。敦煌考古学者正计划出版三卷本的北区石窟考古报告。第一卷已于2000年出版，题为《敦煌莫高窟北区石窟》，其他两卷也已付印。

我们在此展示的梵文残片是北区石窟考古发掘的最新发现之一。共有两件较大的和几件较小的残片，以婆罗迷文在纸上书写而成，分别出土于两个洞窟。编号为第464:18与第464:75的残片出土于莫高窟第464窟，伯希和曾在1908年考察过这个石窟[①]；编号为B142:1的残片出土于

①1908年伯希和造访并研究了第464窟。当时他有可能从这个洞窟带走了900多件回鹘文、汉文、藏文和蒙古文的木板印刷品。这些发现物现存于巴黎国立图书馆。

B142 窟。

总的来说，这些出自敦煌的残片与柏林著名的吐鲁番收集品中庞大的文书收藏非常相似。这些文书以婆罗迷文书写而成，即所谓的“北突厥斯坦 B 种婆罗迷”文书。从内容来判断，这些残片显然属于“阿毗达磨”类。对我们来说，其他残片代表了佚失的“阿毗达磨”类著作的不同章节。目前我们在汉文与藏文译本中都没有发现类似版本。

在为数不多的婆罗迷文残片中，编号第 464:18 的残片保存得最好，具有重要价值。根据这件残片可以区别三种佛教的日历。本文只论述这件残片。

编号第 464:18 的这件残片表明它被发现于第 464 号窟中。该残片长 17.00 厘米，宽 10.70 厘米。书写材质为纸，两边残破，但上下边缘都保存完好，由此我们得知原始页有 7 行字。残片中间有一个破洞。在仔细阅读其内容之后，我们确认，中间的破洞不是通常书页那样用于装订线的，而是因为损毁所致。通过内容的解读，可以确定书页的正反面。

幸运的是，这个文献的一个有趣部分得以幸存。在反面第 2 行中，单词“poṣatha”(布萨)出现了两次。该词的拼写表明了此残片的作者所属的派别。正如风辛白(Haiyan Hu-von Hin ü ber)所揭示的那样，说一切有部的信徒喜欢使用这个格式 poṣatha，而根本说一切有部的信徒则习惯于使用 poṣadha。在文献中有一处，作者引用了德光(Guṇaprabha)的《律经》。因为《律经》是德光所著，而他是根本说一切有部的著名的阿阇梨(大师)，所以注意到这个词的替代用法是很有趣的：我们在德光的原著《律经》中见到的形式是 poṣadha，但在引文中，如残片中保存下来的却是 poṣatha。这个证据说明，不同佛教教派熟悉这个词的区别，而且他们下意识的选用了自己所喜欢的形式。

乍一看，因为在这件残片里论及到布萨(poṣatha)与不同的时间划分，这表明这一文献可能是律经类手稿的残卷。但是在反面最后两行中出现了单词“yugīnā iti·kali(y)”，其中 yugīnā 很可能是正确词形“yugāni”的误写，因为“kaliyuga”(佛教之“末世”)似乎是接下来要谈及的主题。尽管文献在此处有残缺，但不能忽视作者已经改变了话题。考虑到改变话题的这种迹象，我们知道这件手稿是在就主题而争论，而该主题涉及佛教的时间观念。既然时间观念是"阿毗达磨"的主要论题,那么此残片也就具有"阿毗达磨"的性质了。

令人惊异的是,这件小残片提到了两个人的名字。一个是著名的大师世亲(Vasubandhu),另一个是上面提到过的德光。有两处引用可以确定,一处出自《俱舍论》,另一处出自《律经》。因为经文提到了德光,所以文献是什么时候创作并书写成文的问题在广义上可以得到解答。中国唐朝的取经僧玄奘和义净在游记中都提到过这个人①。因此我们可以确信德光生活在公元6世纪。在汉文或藏文译本中都没有发现残片中所见的类似版本,这一事实提供了另一个证据,即这些手稿一定成书于相当晚的时期,不会早于公元8世纪。

这件婆罗迷文残片属于古老手稿非常珍贵的发现之一,对于这些手稿的考古背景有明确的记录。第464窟也出土了其他语种的手稿,比如回鹘文、西夏文和蒙古文等,因此可以证明,这个石窟在14世纪前半期蒙元帝国衰落之前大概是有人居住的。当然我们不能通过一件残片的记载了解在这么晚的时期敦煌的整个僧院状况,但是在此可以引用一句中国习语:一叶落而知秋。通过在敦煌几件残片的发现,不能忽略的事实是,说一切有部超出了吐鲁番绿洲的范围,甚至在很晚时期的敦煌也有存在。

1.编号第464:18(正)文书(图56)内容的转写。

第1行 ///.y. deśai.. nyāyena saṃvatstsare② caitro māsaḥ prathamo bhavati///

第2行 ///(pha)lguno masa=caitra=c ā yaṃvasantoṛtuḥ tatra phalgune māse kṛṣṇa(pakṣe ūnarātri)///

第3行 ///(ra)vaṇa=ca varṣaṣtus=tatrāṣāḍhe kṛṣṇapakṣe ūnarātriś ś rava(ṇa)///

第4行 ///(n)[ā]ma⁸ mahadutstsavaḥ.rā+ pakṣadvaye 'pi tasmād= uktam=i ///

第5行 ///(mār)gairo navama. [y]ū+ (poṣya mā)[gh]au śiśiroṛtus= tatra poṣye ///

①见季羡林等校注《大唐西域记校注》第398页,中华书局,1995年;王邦维校注《南海寄归内法传校注》第204页,中华书局,1995年。

②"Saṃvatsra"是正确的形式。正如Lore Sander口头指出的,"ts"因为吐火罗的影响,而重复了。

图 56　第 464:18(正)　婆罗迷文书写的梵文残文书

图 57　第 464:18(背)　婆罗迷文书写的梵文残文书

第 6 行　///(saṃ)[va]tstsaraḥ pr ā rabhyate · taṃn(a)y(e)na caitra-vai ś ā khau vasantartụ ///

第 7 行　/// treṇaivam=uktamṭrṭ ī yasaptamayor=ny ū nam=iti · catv ā ro [m ā]..///

2.第 464:18 背文书(图 57)内容的转写。

第 1 行 ///sṭampāñcadaśikam=iti·bhadantaguṇaprabhena tu vina[y](a)///

第 2 行 ///(po)[sa]thā bhavanti·tatra traya (p)osathāḥpañcadaśikā bhavanti ///

第 3 行 ///.[c]āturdaśikaḥ + .i + + māsāvaśistortur=bhavati ///

第 4 行 ///(ācā)r (y)a① vasubandhunā tu ko [śa](śā)stra uktaṃ·hemantagrīsmavarsā[nā](m)///

第 5 行 ///(nipāt)yate ūnarātrī: adhyardhe māse nirgate ekaṃśese 'rdhamāse dvi[t]ī ///

第 6 行 ///[bh]. saivātra tutir drastavyaḥ| | yathedaṃyugīnā iti·kali[y] ///

第 7 行 /// avaśisyante daśa sahāsrāniti anādyānīti: prathama///

3.第 464:18(正)文书内容的翻译。

第 1 行:……国家……相应地,一年之中制坦罗(Caitra)为第一月……

第 2 行:……婆勒娄拏(phalguna)月和制坦罗(Caitra)月为春季。此时在 phalguna 月黑分时,(发生减夜)……

第 3 行:……和湿罗伐拏(Śrāvaṇa)月为雨季。此时在安沙荼(Āsāḍha)月,于黑分时发生减夜。湿罗伐拏(月)……

第 4 行:名为……大庆典……也在这两半月中。因此据说……

第 5 行:……末伽始罗(M ā rgaśira)(月)是第九……报沙(Posya)月和磨祛(M ā gha)月是寒季。于报沙(Posya)月中有……

第 6 行:……一年开始。与此相应,(Caitra) 制坦罗和吠舍祛(Vai ā kha)月为春季。……

第 7 行:……如是说:"第三和第七缺少"。四个月……

4.第 464:18(背)文书内容的翻译。

第 1 行:……第十五日。"尊者德光于《律经》中(讲述)……

第 2 行:……有布萨(Posathas)。于此中有三次十五日布萨(Posathas)。

①只有"ra"是清晰的。

第3行:……在第14日……为有余月的季节。……

第4行:法师世亲在《俱舍论》中所说:"寒,热和雨季……"

第5行:……[知]减夜(ūnarātrī)。在一个半月之后,在余下的半月中有一次,第二次……

第6行:……这里①应看作"tiṛ"。于此"yugīnā",末世(kali-yuga)……

第7行:……是余下的。"十千","无始",首先……

5.考释。

一般说来,我们面对的是关于阴历不同体系的一个文献。在这种阴历中,月被细分为黑分和白分的两个半月,分别有15天或14天。事实上要单独根据这个残片来重建整个历法体系是不可能的,但是通过该文献中的一些关键词以及如Claus Vogel等学者的研究工作,这个文献引起的问题在很大程度上可以得到解决,而且这保存下来的简短文献可以区分三种日历体系。

caitro māsaḅprathamo bhavati

制坦罗(Caitra)月为第一月。显然我们有了一年的日历,并始于制坦罗月。因此这个日历与根本说一切有部的历法体系不同,因为该日历每年第一月是末伽始罗(Mārgaširṣa)月②。

(pha)lguno masaš=caitraš=cōyaṃvasantoṛṭub

"婆勒娄拏(phalguna)月和制坦罗(Caitra)月为春季"。根据这个说法,一年可以分为六个季节,每季有两月。但是这里我们发现了一个有趣的稍微偏离印度通用日历的历法体系。春季始于婆勒娄拏月。这和玄奘记载中的著名的季节划分不一致。根据玄奘的记载,春季始于制坦罗月③。于此又出现了一种不同的季节划分体系,这一体系在下面有更加清楚的记载。

tatra phalgune māse kṛṣṇpa(pakṣe ūnarātri)

"于婆勒娄拏(phalguna)月黑分,ūnarātri..."这个手稿显然是在解释一种日历,这种日历把一年分为12个太阴月,每个月被分为两个半月——

① "[bh].saiva"属于之前的句子,对笔者来说没有清楚的含义。笔者是从"atra"开始翻译的。

②正如Claus Vogel在其论文《布萨仪式的日期考》中所示("On the Date of the Poadha Ceremony", in *Bauddha-vidyāsudhākarah, Studies in Honour of Heinz Bechert on the Occasion of His 65th Birthday*, edited by Petra Kieffer-Pülz and Jens-Uwe Hartmann, Swisttal-Odendordf, 1997, p. 673-687)。

③见季羡林等校注《大唐西域记校注》第168页,中华书局,1995年。

黑分和白分，每个半月都按 15 天计算，少数黑分例外，只有 14 天。Claus Vogel 把这种日历体系命名为阴阳历。他的研究表明这个日历系统在公元 380—381 年前已经得到充分发展，并在后来为佛教徒所采用，正如根本说一切有部和上座部的文学作品所示。虽然历法各有不同，但在此处和下面第 4 行中出现的这些词证实了本手稿的作者熟悉阴阳历。在本残片中可以识别只有 14 天黑分的是：婆勒娄拏月，安沙荼月和报沙月。

(šra)vanaš=ca varsa rtus=tatrāsādhe krsnapakse ūnarātriššrava(sa)

尽管这一行残破，因为在第 2 行中有类似的句子结构，因此在“varsar tus”前缺失的词语可以恢复。我们认为这里是两个月，而且应该是安沙荼(Āsādba)月和湿罗伐拏(Śravana)月。但反常的是，在这里，安沙荼月和湿罗伐拏两月被划分为雨季。根据印度历法，通常安沙荼月为夏季。这种变化只有在婆勒娄拏月被归入春季的情况下才有可能发生，而且在婆勒娄拏和婆勒娄拏之间还存在其他三个月，即制坦途罗(Caitra)月，吠舍祛(Vaišākha)月和 Jyestha 月，一如玄奘所列。在第 5 行，我们也发现报沙月被划入寒季，而该月通常属于冬季。令人惊奇的是，这里我们面对的是只在《翻译名义大集》(Mahāvyutpatti)中有记载的一种日历，而《翻译名义大集》是于公元 9 世纪的前半叶在西藏编辑的一部词典。Claus Vogel 知道这种奇特的日历，他认为这种日历是专为喇嘛教徒设计的，而且“证明是一件非常罕见的印度与西藏双语日历”①。这里只有在藏文中才有的奇怪的日历已经出现在一种梵文版本中了。

第 4 行难以理解。头两个词似乎是“nāma”，而且只有一个长 a 的微弱痕迹可以识别。至今为止其中提到的大庆典指的是什么节日还不清楚。

(mār)gaśiro navama. [y]ū+

这是一个没有解决的问题。如果一年以制坦罗月(Caitra)开始，末伽始罗(Mārgaśira)是第九个月。但是接下来残缺词语的意义并不清楚。第 6 行为我们介绍了一种新的日历，根据这种日历，一年显然是以制坦罗月为开端，而且制坦罗月和吠舍祛(Vaiš ā kha)月再次被划分为春季的两个月。这就是熟悉的一年有六时的印度日历。

tr tīyasaptamayor=nyūnam

“第三和第七半月减夜”。这句话给我们介绍了划分季节的另一种体

①Claus Vogel. "Die Jahreszeiten im Spiegel Der Aitindischen Literatur", in: *Aeitschrift der Deutschen Morgenlndischen Gesellschaft Band 121*, 1971, p. 303.

系,根据这种体系,一年被划分为三个季节:冬季、夏季和雨季,而且每个季节有四个月或八个半月。这是在《俱舍论》和玄奘的记载中所描述的佛教传统的明确日历[1]。在一整年中,共有六个半月只有14天。一个季节有八个半月,第三个和第七个半月会减夜,因为"两阴历日结束于一阳历日"[2]。佛教徒必须熟悉这种日历,因为重要的仪式布萨(Poṣatha)两星期举行一次。每个派别可能都有一种不同的季节划分,但是黑分结束于第14天仍然是相同的。一年分三个季节,等等,这么个日历在上座部派中是存在的,Claus Vogel 指出了这一点。在每个季节,共有8个布萨日,其中两个——第三和第七个,于第14日举行。因此我们可以引用觉音尊者(Buddhaghosa)的 Kaṅkhāvitaraṇī 和 Claus Vogel 的译本:

> tattha hemantagimhavassānānautūnam utunam tatiyasatta－mapakkhe su dve katvā cha cātuddasikā, avasesā aṭṭhārasa paṇṇarasikā ti, evaṃ ekasaṃvacchare catuvīsati uposatha.
>
> 中文翻译是:在专为寒、热、雨季这三个季节设立的这些布萨日(Uposatha)中,六次在第14日举行,每季两次,分别在第三和第七个半月,其他十八次都在第十五日举行。因此一年中(有)24个布萨日。

所引用的段落已经充分地解释了句子 trtīyasaptamayor=nyūnam 的意思。但是我们在"nyūnam"中有一个新的词形。省略的那天的同义词应该是 ahan,而不是 tithi。

vina[y](a)

这里提到的著作可能是《律经》(Vinaya-sūtra)或《律经注现说自解说》(Vinaya-sūtra-vṛtty-abhidhāna-svavyākhyāna),因为两者都是德光的著作。显然作者引用的是上面任意一部,据北京版《西藏大藏经》,该段落可能是下面这段出自藏文译本中的话:

> gso sbyoṅbya'o ‖ zla ba phyed phyed kyi tshes bco ṇa la'o ‖ …gaṅźig tshe bcu bži dan bco lṅa pañid la ʻdi mtshan mo gcig

①见季羡林等校注《大唐西域记校注》第169页,中华书局1995年。

②正如 M. Monier-Williams 爵士在词条"ūna"中的解释,《梵英词典》(Sanskrit English Dictionary)第221页。

gis ma chog pas der de riṅñid du tshes bco lṅaźes bya ba bya ba ste | gso sbyoṅ byed de bas nab cu bźi pa'dis bsdus pa yin no | gan źig mdo las gso sbyoṅ nigñis te | bcu bźi pa daṅ| bco lṅa pa'o źes gsuṅs pa yin no||

[ācā]rya(?)-vasubandhunā tu koṣa[śā]stra uktaṃ bemanta-grīṣmā-varṣa...[nipāt]yate ūnarātrī

这是世亲从《阿毗达磨俱舍论》中引用的关于一年分三个季节的语句。这句话可以通过同类作品现存的梵文印本复原如下：

[ācā]rya (?)-vasubandhunā tu koa-[?ā]stra ukta?hemanta-grīsmā-varaam adhyardhe māsi nirgate ee 'rdhamāse vidvadbhir nipātyate ūnarātrī.

此引文的中文翻译是：寒热雨季中，一月半已度。于所余半月，智者知夜减①。

但是有一个值得注意的区别，即在第二个 pāda 中：

复原文本是：śeṣe'rdhamāse vidvadbhir nipātyate ūnarātrī

现存版本是：śeṣe'rdhamāse vidvadbhir ūnarātro nipatyate

为什么出现了这种差异呢，我们还无法回答。

这个文本在顺序上太不连贯，因此难以判断这是否真是作者的错。如果该音节有所含义，那么我们宁愿不把音节当做一个错误。ṭi 在语法上是 saṃ jñā，指的是一个单词的最后一个音节。

yugīnā iti · kali[y]

“yugīnā”应该是个误写。正确的形式是 yugāni，即 yuga 的复数形式，因为这可以在下一个单词 kaliyuga 中见到。看起来作者在此是在改变话题，并开始解释什么是 yuga 和 kaliyuga——在佛教徒看来，这些都是时间观念。正如上面所陈述的那样，话题的改变揭示着这件残片属于“阿毗达磨”类的文献。

①见《阿毗达磨俱舍论》，载于《大正大藏经》第 29 卷，No.1558，第 62 页中栏。

总而言之,在敦煌北区石窟发现的梵文残片不是很多。但是这些新发现能说明几个事实:在敦煌有说一切有部的影响,而这种影响来自吐鲁番绿洲。正如北区石窟其他发现所证明的,这些残片应该属于一部晚期著作。编号第464:18的残片表明,说一切有部关于《阿毗达磨》的论述似乎持续到较晚的时期,而且该残片本身就属于一件佚失的手稿。问题是:谁可能写下一件需要如此广博知识的作品?也许这个问题需要很长时间来回答。

附记:本文最先发表于国际佛教研究协会第13届大会上。在此我们希望表达对Paul Harrison和Oskar von Hinüber的诚挚谢意,因为尽管他们在会议期间非常忙,还是抽出宝贵的时间来校对润饰我们的文章。

(原载《日本创价大学国际佛教高等研究所年报》,2000年)

参考文献

英文文献：

A. Baumstark. *Geschichte der syrischen Literatur*[M]. Bonn 1922, repr. Berlin1968.

A. Bailly. Dictionnaire Grec-francais, éd. Revue par L. Séchan et P.*Chantraine* [M]. Paris 1950.

Assemani. *Bibliotheca Orientalis* [M].Vol3, Rome 1756-1759, repr. Paris, 1926.

Aurel Stein. *Serindia-Detailed Report of Explorations in Central Asin and Westernmost China*[M].K·C·I·E·By arrangment with Oxford University Press, London, First Edition:Oxford, 1921, Reprint: Delhi, 1980.

Barat, Kahar. The Uygur Xuanzang Biography [J]. Volume III. *Journal of Turkish Studies*, 16, 1992.

Clauson.G.*An Etymological Dictionary of Pre-Thirteenth-Century Turkish*[M]. Oxford, 1972.

Franke Herbert. A 14th Century Mongolian Letter Fragment [J].*Asia Major* (n.s.) 11(2), 1965.

Franke Herbert. Zur Datierung der mongolischen Schreiben aus Turfan [J]. *Oriens*, 15, 1962.

G.Bergstrsser. *Hebr iche Grammaitik* [M].Leipzig 1981, repr. Hidelsheim 1962.

Georg Hazai und Peter Zieme. *Fragmente der uighurischen Version des "Jin' gangjing mit den Gāthās des Meister Fu"nebst einem Anhang von T· Inokuchi BTT I*[M].Berlin, 1971.

Grottes de Touen- houang. *Carnet de notes de Paul Pelliot, inscriptions et peintures murale*[M].I-VI, N·Vandier, M·Mailland, Paris, 1921-1924.

Hamilton, James Russel / Niu Ruji. Inscriptions ougoures des grottes bouddhiques de Yulin[J]. *Journal Asiatique*, 286, 1998.

Mgr Francis Youssef Alicoran. *Missel Chaldéen*[M]. Paris 1982.

Pulleyblank Edwin, G.A Sogdian colony in Inner Mongolia [J]. *T'oung Pao*, XLI, 1952.

Pulleyblank Edwin, G.*Lexicon of reconstructed pronunciation in Early Middle Chinese, Late Middle Chinese, Late Middle Chinese, and Early Mandarin*[M]. Vacouver: UBC Press, 1991.

Semih Tezcan. Das uigurische Insadi-Sūtra [J].*Berliner Turfantexte Ⅲ*, Berlin,1974.

Peter Zieme. "Bemerkungen zur Datierung uigurischer Blockdrucke" [J]. *Journal Asiatique*, 269, 1981.

Peter Zieme, & Kudara Kgi.ウイグル语の观无量寿经[J].京都:永田文昌堂,1985.

Peter Zieme. Turkic Fragments in 'Phags-pa Script [J].《内陆アジア言语の研究》13号,1998.

Abdurishid Yakup. Prajāpāramitā literature in Old Uyghur [J]. *Berliner Turfan Texte XXVIII*. Turnhout: Brepols 2010.

日文文献:

[1]中村元. 仏教語大辞典[M]. 东京:东京书籍,1981.

[2]安部健夫. 西ウイグル国史の研究[M]. 京都:汇文堂书店,1955.

[3]山田信夫. ウイグル文契约文书集成(Sammlung uigurischerKontrakte)全3卷[M],大阪:大阪大学出版会,1993.

[4]池内宏. 白鸟博士还曆记念东洋史论丛[M]. 东京:岩波书店,1925.

[5]庄垣内正弘. 古代ウイグル文阿毘达磨俱舍论实义疏の研究Ⅱ[M]. 京都,1993.

[6]高田时雄. 敦煌资料による中国語史の研究[M]. 东京:创文社,1988.

[7]稲叶正就,佐藤长. フウランテプテル[M]. 京都:法藏馆,1964.

[8]西田龙雄. 西夏语的研究二[M]. 东京:座右宝刊行会,1966.

[9]山口瑞风. 敦煌胡语文献[M]. 东京:大东出版社,1985.

[10] 庄垣内正弘. ロシア所蔵ウイグル語文献の研究、一ウイグル文字表记汉文とウイグル語仏典テキスト—、ユーラシア古語文献研究丛书 1 [M].京都,2003.
[11] 杉山正明. モンゴル帝国と大元ウルス[M]. 京都:京都大学学术出版会,2004.
[12] 竺沙雅章. 宋元仏教文化史研究[M].东京:汲古书院,2000.
[13] 吉田顺一. チメドドルジ, ハラホト出土モンゴル文书の研究[M]. 东京:雄山阁,2008.
[14] 杉山正明. モンゴル帝国と大元ウルス[M]. 京都:京都大学学术出版会,2004.
[15] 池田温. 讲座敦煌 3·敦煌の社会[M].东京:大东出版社,1980.
[16] 吉田顺一. ハラホト出土文书(モンゴル文)の研究[M]. 东京:早稲田大学.
[17] 庄垣内正弘. ロシア所蔵ウイグル語断片の研究 2 [J]. 京都大学言语学研究,2000,(19).
[18] 庄垣内正弘. 古代ウイグル語におけるインド来源借用語彙の導入経路について[J]. Journal of Asian and African Studies, Vol.15, 1978.
[19] 庄垣内正弘.観音経に相応しい三篇のAvad ā na 及び阿含経について[J]. ウイグル語ウイグル語文献の研究 I ,神户市外国语大学研究所,1982.
[20] 庄垣内正弘. ウイグル文献に導入された漢語に関する研究[J]. 内陸アジア言語の研究 II ,神户,1987.
[21] 庄垣内正弘. 古代ウイグル文阿毗达磨俱舍论实义疏の研究 II[J]. 京都:松香堂,1993.
[22] 庄垣内正弘. ウイグル文字音写された漢語仏典断片について—ウイグル漢字音の研究[J].言語学研究(14),1995.
[23] 庄垣内正弘. ロシア所蔵ウイグル語文献の研究、—ウイグル文字表記漢文とウイグル語仏典テキスト—[J]. ユーラシア古語文献研究叢書 1 ,京都,2003.
[24] 庄垣内正弘. ロシア所蔵ウイグル語文献の研究、—ウイグル文字表記漢文とウイグル語仏典テキスト—[J]. ユーラシア古語文献

研究叢書 1 ,京都,2003.
[25] 庄垣内正弘. ロシア所蔵ウイグル"金鋼般若経"判断一葉について[J]. 日本学·敦煌学·漢文訓読の新発展,东京,2005.
[26] 山田信夫. ウイグル文売買契約書の書式[J]. 大阪大学文学部紀要11,1965.
[27] 赤坂恒明. バイダル裔系情报とカラホト汉文文书[J]. 西南アジア研究,(66),2007.
[28] 藤島健树. 元朝崇仏の一面 [J]. 印度学佛教学研究 11 巻 1 号,1963。
[29] 池田温. 八世紀中葉における敦煌のソグド人聚落 [J]. ューラシア文化研究.1,1965.
[30] 松井太. カラホト出土蒙汉合璧税粮纳入簿断简 [J]. 待兼山论丛·史学篇 31 号,1997.
[31] 松井太. ウイグル文クトルグ印文书 [J]. 内陆アジア言语の研究·13 号,1998.
[32] 松井太. モンゴル时代のウイグル农民と仏教教团 [J]. 东洋史研究·63 巻 1 号,2004.
[33] 松井太. ドゥア时代のウイグル語免税特许状とその周边 [J]. 人文社会论丛·人文科学篇 19 号,2008.
[34] 松井太. 安西榆林窟のウイグル語铭文再读 [C]. 内陆アジア诸言語资料の解読によるモンゴルの都市发展と交通に关する总合研究,2008.
[35] 森安孝夫. 元代ウィグル佛教徒の一书简[C]. 护雅夫(编):内陆アジア·西アジアの社会と文化[M]. 东京:山川出版社,1983.
[36] 森安孝夫. ウイグル語文献[C].山口瑞凤:敦煌胡语文献[M]. 东京:大东出版社,1985.
[37] 森安孝夫. 敦煌出土元代ウイグル文书中のキンサイ缎子 [C],榎博士颂寿记念东洋史论丛.东京:汲古书院,1984.
[38] 森安孝夫.ウイグル仏教史史料としての棒杌文书[J].史学雑誌·83–4,1974
[39] 中村淳. 元代法旨に見える歴代帝师の居所 [J]. 待兼山论丛·史学

篇 27 号,1993.
[40] 中村淳. モンゴル时代の“道仏论争”の実像[J]. 东洋学报·75 卷 3/4 号,1994.
[41] 中村淳. 元代大都の勅建寺院をめぐって [J]. 东洋史研究·58 卷 1 号,1999.
[42] 中村淳. 元代チベット命令文の总合的研究にむけて [J]. 驹泽大学文学部纪要·63 号,2005.
[43] 中村健太郎. ウイグル佛典からモンゴル佛典へ[J]. 内陆アジア言语の研究·22 号,2007.
[44] 小田寿典. ウィグル文文珠师利成就法の断片一叶[J]. 东洋史研究·33 卷 1 号,1974.
[45] 杉山正明. 豳王チュベイとその系谱[J]. 史林·65 卷 1 号,1982.
[46] 杉山正明. 元代蒙汉合璧命令文の研究 [J]. 内陆アジア言语の研究·5 号,1989.
[47] 福岛惠.当代ソグド姓墓誌の基礎的考察[J].学习院史学, 2005,(43).
[48] 内藤乾吉. 敦煌出土内唐骑都尉秦元告身[J]. 东方学报:第 3 册,1933.
[49] 池田温. 中国古代墓葬考察之一——随葬衣物券[A]. 国际东方学者会议纪要:第六[C].
[50] 小笠原宣秀. 吐鲁番出土宗教生活文书 [J] 西域文化研究第三:敦煌、吐鲁番社会经济资料(下)[M]. 东京:法藏馆,1960.
[51] 小田义久. 吐鲁番出土的随葬衣物疏[A]. 龙谷大学论集:408 号.
[52] 小田义久. 吐鲁番出土葬送用文书考察之一——特别是对五道大神[A]. 龙谷史坛:第 47 号.
[53] 小田义久. 吐鲁番出土随葬衣物疏考察之一[J]. 龙谷史坛.108 号.
[54] 小田义久. 有关新出随葬衣物疏的考察[J]. 龙谷史坛.113 号.
[55] 白须净真. 随葬衣物疏附加文言(死者移书)的书式及其源流—吐鲁番盆地古坟群出土的随葬衣物疏研究[J]. 佛教史学研究:25 卷 2期.
[56] 上原芳太郎编. 新西域记[M]. 东京:东京有光社,1937.
[57] 高楠顺次郎,渡边海旭编修,小野玄妙等编辑校勘.大正新修大藏经[M]. 东京:日本大正一切经刊行,1934.

中文文献：

[1] 魏征等. 隋书[M]. 北京：中华书局，1973.
[2] 刘昫等. 旧唐书[M]. 北京：中华书局，1975.
[3] 欧阳修，宋祁. 新唐书[M]. 北京：中华书局，1975.
[4] 薛居正等. 旧五代史[M]. 北京：中华书局，1976.
[5] 欧阳修.新五代史[M]. 北京：中华书局，1974.
[6] 脱脱等. 宋史[M]. 北京：中华书局，1985.
[7] 脱脱等. 辽史[M]. 北京：中华书局，1974.
[8] 二十五史补编编委会.二十五史补编. [M]. 北京：中华书局，1955.
[9] 司马光. 资治通鉴[M]. 北京：中华书局，1956.
[10] 李隆基著，李林甫注. 大唐六典[M]. 西安：三秦出版社，1991.
[11] 李吉甫. 元和郡县图志[M]. 北京：中华书局，1983.
[12] 杜佑. 通典[M]. 北京：中华书局，1988.
[13] 郑樵. 通志二十略[M]. 北京：中华书局，1995.
[14] 马端临. 文献通考[M]. 北京：浙江古籍出版社，2000.
[15] 王溥. 唐会要[M]. 北京：中华书局，1955.
[16] 王溥. 五代会要[M]. 北京：中华书局，1998.
[17] 徐松辑. 宋会要辑稿[M]. 北京：中华书局，1957.
[18] 宋大诏令集[M]. 北京：中华书局，1962.
[19] 王钦若等编. 册府元龟[M]. 北京：中华书局，1960.
[20] 李昉等编. 太平广记[M]. 北京：中华书局，1961.
[21] 董诰等编. 全唐文[M]. 北京：中华书局，1983.
[22] 李昉等编. 文苑英华[M]. 北京：中华书局，1966.
[23] 季羡林等校注. 大唐西域记校注[M]. 北京：中华书局，1995.
[24] 王邦维. 南海寄归内法传校注[M]. 北京：中华书局，1995.
[25] 黄永武主编. 敦煌宝藏·第1-140册[M]. 台北：新文丰出版公司，1982—1986.
[26] 唐耕耦，陆宏基编. 敦煌社会经济文献真迹释录·第1辑[M]. 北京：书目文献出版社，1986.
[27] 唐耕耦，陆宏基编. 敦煌社会经济文献真迹释录·第2-5辑[M]. 北京：全国图书馆文献缩微复制中心，1990.

[28] 中国社会科学院历史研究所,中国敦煌吐鲁番学会敦煌古文献编辑委员会,英国国家图书馆,伦敦大学亚非学院编. 英藏敦煌文献(汉文佛经以外部分)·第 1–14 卷[M].成都:四川人民出版社,1990—1995.
[29] 俄罗斯科学院东方研究所圣彼得堡分所,俄罗斯科学出版社东方文学部,上海古籍出版社编. 俄藏敦煌文献·第 1–17 册[M]. 上海:上海古籍出版社,1992—2001.
[30] 上海古籍出版社, 法国国家图书馆编. 法藏敦煌西域文献·第 1–34 册[M]. 上海:上海古籍出版社,1995—2005.
[31] 上海古籍出版社,天津市艺术博物馆编.天津市艺术博物馆藏敦煌文献·第 1–6 册[M]. 上海:上海古籍出版社,1996.
[32] 甘肃藏敦煌文献编委会、甘肃人民出版社、甘肃省文物局编.甘肃藏敦煌文献·第 1–6 册[M]. 兰州:甘肃人民出版社,1999.
[33] 中国文物研究所,新疆维吾尔自治区博物馆,武汉大学历史系.吐鲁番出土文书(释文本)[M]. 北京:文物出版社,1981—1991.
[34] 中国文物研究所,新疆维吾尔自治区博物馆,武汉大学历史系.吐鲁番出土文书(图文对照本)[M]. 北京:文物出版社,1992—1996.
[35] 俄罗斯国立艾尔米塔什博物馆、上海古籍出版社.俄藏敦煌艺术品·第 1、2 卷[M]. 上海:上海古籍出版社,1997—1998.
[36] 史金波,魏同贤,克恰诺夫主编. 俄藏黑水城文献[M]. 上海:上海古籍出版社,1997—1999.
[37] 敦煌研究院编,彭金章、王建军著. 敦煌莫高窟北区石窟(全三卷)[M]. 北京:文物出版社,2000—2004.
[38] 敦煌研究院编. 中国石窟敦煌莫高窟[M]. 东京:平凡社;北京:文物出版社,1982.
[39] 敦煌研究院编. 中国石窟安西榆林窟[M]. 东京:平凡社;北京:文物出版社,1990.
[40] 敦煌研究院编. 敦煌莫高窟内容总录[M]. 北京:文物出版社,1982—1996.
[41] 敦煌研究院编. 敦煌莫高窟供养人题记[M]. 北京:文物出版社,1986.
[42] 敦煌研究院编. 敦煌研究文集·石窟考古篇[M]. 兰州:甘肃民族出

版社,2000.
[43] 敦煌研究院编. 敦煌研究文集·石窟经变篇[M]. 兰州:甘肃民族出版社,2000.
[44] 段文杰编.中国敦煌壁画全集·10·敦煌西夏元[M]. 天津:天津人民美术出版社,1996.
[45] 向达. 唐代长安与西域文明[M]. 北京:生活、读书、新知三联书店,1957.
[46] 邓文宽.敦煌吐鲁番天文历法研究[M].兰州:甘肃教育出版社,2002.
[47] 黄文弼. 吐鲁番考古记[M]. 北京:科学出版社,1954.
[48] 王森. 西藏佛教发展史略[M]. 北京:中国社会科学出版社,1997.
[49] 中国历史大辞典编纂委员会编. 中国历史大辞典·辽、夏、金、元史卷[M]. 上海:上海辞书出版社,1986.
[50] 罗常培,蔡美彪编. 八思巴字与元代汉语[M]. 北京:科学出版社,1959.
[51] 照那斯图,杨耐思. 蒙古字韵校本[M]. 北京:民族出版社,1987.
[52] 宿白. 藏传佛教寺院考古[M]. 北京:文物出版社,1992.
[53] 陈国灿. 斯坦因所获吐鲁番文书研究[M]. 武汉:武汉大学出版社,1994.
[54] 李正宇. 古本敦煌乡土志八种笺证[M]. 台北:新文丰出版公司,1998.
[55] 张泽咸. 唐五代赋役史草[M]. 北京:中华书局,1986.
[56] 李锦绣. 唐代财政史稿上卷第 2 分册[M]:北京:北京大学出版社,1995.
[57] 斯坦因著,中国社科学科院考古研究所译. 西域考古图记[M].南宁:广西师范大学出版社,1996.
[58] 伯希和著,耿升,唐健宾译. 伯希和敦煌石窟笔记[M]. 兰州:甘肃人民出版社,1993.
[59] 黄振华,聂鸿音,史金波整理拼配本.番汉合时掌中珠[M].银川:宁夏人民出版社,1989。
[60] 史金波. 西夏文化[M]. 吉林:吉林教育出版社,1986.
[61] 史金波,白滨,吴峰云. 西夏文物[M]. 北京:文物出版社,1988.
[62] 史金波.西夏佛教史略[M]. 银川:宁夏人民出版社,1988.

[63] 史金波、雅森·吾守尔. 中国活字印刷术的发明和早期传播[M]. 北京:社会科学文献出版社,2000.

[64] 李逸友. 黑城出土文书[M]. 北京:科学出版社,1991.

[65] 韩儒林. 突厥官号考释[C]// 穹庐集. 上海:上海人民出版社,1982.

[66] 蒙古秘史[M]. 呼和浩特:内蒙古人民出版社,1982.

[67] 耿世民. 维吾尔古代文献研究[M]. 北京:中央民族大学出版社,2003.

[68] 耿世民. 古代突厥文碑铭研究[M]. 北京:中央民族大学出版社,2005.

[69] 邓文宽. 敦煌天文历法文献辑校[M]. 南京:江苏古籍出版社,1996.

[70] 张培瑜. 三千五百年历日天象[M]. 郑州:河南教育出版社,1990.

[71] 牛汝极. 回鹘佛教文献——佛典总论及巴黎所藏敦煌回鹘文佛教文献[M]. 乌鲁木齐:新疆大学出版社, 2000.

[72] 内蒙古大学蒙古学研究院蒙古语文研究所. 蒙汉词典(Mong γ ol Kitad toli)(增订本)[M].呼和浩特:内蒙古大学出版社,1999.

[73] 刘景龙,杨超杰. 龙门石窟总录:第 4、7、8 卷[M]. 北京:中国大百科全书出版社,1999.

[74] 宁夏回族自治区文物管理委员会, 北京大学考古系. 须弥山石窟内容总录[M]. 北京:文物出版社,1997.

[75] 甘肃省文物考古研究所,戴春阳,张珑. 敦煌祁家湾——西晋十六国墓葬发掘报告[M]. 北京:文物出版社,1994.

[76] 柳洪亮.新出吐鲁番文书及其研究[M].乌鲁木齐:新疆人民出版社,1997.

[77] 罗福苕. 妙法莲华经宏传序[J]. 国立北平图书馆馆刊·四卷三号(西夏文专号),1932.

[78] 马雍. 吐鲁番的“白雀元年衣物券”[J]. 文物,1973,(10).

[79] 马雍. 略谈有关高昌史的几件新出文书[J]. 考古,1972,(4).

[80] 史树青. 晋周芳命妻潘氏衣物券考释[J]. 考古通讯,1956,(2)

[81] 侯灿. 吐鲁番晋—唐古墓出土随葬衣物疏综考[J]. 新疆文物,1988,(4).

[82] 陈国灿. 从葬仪看道教“天神”观在高昌国的流行[J]. 魏晋南北朝隋唐史资料: 9,10,1988.

[83] 陈国灿. 唐五代敦煌县乡里制的演变[J]. 敦煌研究,1989,(3).

[84] 陈国灿. 莫高窟北区第47窟新出土唐告身文书研究[J]. 敦煌研究, 2001,(3).
[85] 陈国灿.莫高窟北区第47窟新出土唐《贷钱折粮还纳账》的性质[J]. 敦煌研究,2001,(4).
[86] 陈国灿.莫高窟北区47窟新出《唐开元廿四年(736年)后丁租牒》的复原与研究[A]. 敦煌学史事新证[C]. 兰州:甘肃教育出版社,2002.
[87] 陈国灿. 莫高窟北窟新发现的两件唐敦煌户籍残片[A]. 敦煌学史事新证[A]. 兰州:甘肃教育出版社,2002.
[88] 荣新江. 敦煌藏经洞的性质及其封闭原因[J]. 敦煌吐鲁番研究:第2卷[C]. 北京:北京大学出版社,1997.
[89] 史金波,白滨.莫高窟、榆林窟西夏文题记研究[J].考古学报,1982,(3).
[90] 史金波.现存世界上最早的活字印刷品——西夏活字印本考[J].北京图书馆馆刊,1997,(1).
[91] 史金波,雅森·吾守尔. 西夏和回鹘对活字印刷的重要贡献[J]. 光明日报,1997,8,5.
[92] 史金波,白滨. 西安市文管处藏西夏文物考[J]. 文物,1982,(4).
[93] 史金波. 敦煌莫高窟北区出土西夏文文献初探[J]. 敦煌研究,2000,(3).
[94] 聂鸿音,史金波. 西夏文《三才杂字》考[J]. 中央民族大学学报,1995,(6).
[95] 聂鸿音,史金波. 西夏文本《碎金》研究[J]. 宁夏大学学报,1995,(2).
[96] 刘玉权. 敦煌莫高窟、安西榆林窟西夏洞窟分期[J]. 敦煌文物研究所:敦煌研究文集[C].兰州:甘肃人民出版社, 1982.
[97] 陈炳应. 金书西夏文《大方广佛华严经》[J]. 文物,1989,(5).
[98] 耿世民. 回鹘文亦都护高昌王世勋碑研究[J]. 考古学报,1980,(4).
[99] 耿世民. 回鹘文《玄奘传》及其译者胜光法师[J]. 中央民族大学学报,1990,(6).
[100] 施萍婷. 敦煌研究院藏土地庙写本源自藏经洞[J]. 敦煌研究,1999,(2).

[101] 卡哈尔·巴拉提. 回鹘文写本《慧远传》残页[J]. 文物,1987,(5).
[102] 张金铣. 元代路总管府的建立及其制度[J]. 中国史研究,2001,(3).
[103] 韩森(Valerie Hansen). 丝绸之路贸易对吐鲁番地方社会的影响:公元 500—800 年[A]. 荣新江,华兰,张志清:粟特人在中国[C]. 北京:中华书局,2005.
[104] 张铁山. 三叶回鹘文《中阿含经》残卷研究[J]. 民族语文,2000,(3).
[105] 张铁山. 叙利亚文文书中回鹘文部分的转写和翻译[J]. 敦煌莫高窟北区石窟·第一卷,2000.
[106] 张铁山. 敦煌莫高窟北区石窟出土的回鹘文《中阿含经》残叶研究[J]. 中央民族大学学报,2001,(4).
[107] 张铁山. 莫高窟北区 B53 窟出土的回鹘文《杂阿含经》残叶研究[J]. 敦煌研究, 2001,(2).
[108] 张铁山. 敦煌莫高窟北区 B52 窟出土回鹘文《阿毗达磨俱舍论实义疏》残叶研究[J]. 敦煌学辑刊,2002,(1).
[109] 张铁山. 莫高窟北区出土两件回鹘文佛经残片研究 [J]. 敦煌学辑刊,2003,(2).
[110] 张铁山. 莫高窟北区 B128 窟出土回鹘文《八十华严》残叶研究[J]. 中央民族大学学报, 2003,(4).
[111] 张铁山. 敦煌莫高窟北区 B159 窟出土回鹘文《别译杂阿含经》残卷研究[J]. 民族语文,2003,(1).
[112] 张铁山. 敦煌莫高窟北区出土三件回鹘文佛经残片研究 [J]. 民族语文,2003,(6).
[113] 阿依达尔·米尔卡马力. 敦煌莫高窟北区 B157 窟出土回鹘文《阿毗达磨俱舍论实义疏》残叶研究[J].京都大学语言学研究, 2005,(24).
[114] 阿依达尔·米尔卡马力 . 莫高窟北区出土回鹘文《佛祖历代通载》残叶研究[J]. 新疆大学学报,2008,(1).
[115] 阿依达尔·米尔卡马力. 莫高窟北区出土回鹘文《俱舍论颂疏论本》残卷研究[J]. 张定京,阿不都热西提·亚库甫. 突厥语文学研究:耿世民教授八十华诞纪念文集 [C]. 北京: 中央民族大学出版社, 2009.

[116] 嘎日迪. 敦煌莫高窟北区出土蒙古文和八思巴文文献标音释读(一、二)[J].敦煌莫高窟北区石窟:第二卷,第三卷,2004.
[117] 樊锦诗,彭金章. 敦煌莫高窟北区 B228 窟出土《河西大凉国安乐三年(619 年)郭方随葬衣物疏》初探[A]. 敦煌学:第 25 辑[C]. 台北:乐学书局,2004.
[118] 彭金章,沙武田. 敦煌莫高窟北区洞窟清理发掘简报[J]. 文物,1998,(10).
[119] 彭金章,沙武田. 敦煌莫高窟北区洞窟出土波斯银币与西夏钱币[J]. 文物,1998,(10).
[120] 彭金章,王建军. 敦煌莫高窟北区洞窟所出多种民族文字文献和回鹘文木活字综述[J]. 敦煌研究,2000,(2).
[121] 段晴. 敦煌新出土叙利亚文书释读报告[J]. 敦煌研究,2000,(4).
[122] 陈悦新.《敦煌莫高窟北区石窟》书评[J]. 上海龙华寺,北京大学东方学研究所,南开大学东方学研究所主办,湛如主编:华林·第 1卷.
[123] 张培瑜. 黑城新出天文历法文书残页的几点附记[J]. 文物,1988,(4).
[124] 徐殿魁. 试论唐开元通宝的分期[J]. 考古,1991,(6).
[125] 中国社会科学院考古研究所. 唐长安城郊隋唐墓[M]. 北京:文物出版社,1980.
[126] 张乃翥.龙门石窟唐代瘗窟的新发现及其文化意义的探讨[J]. 考古,1991,(2).
[127] 吕劲松,杨超杰. 龙门石窟新发现的两座唐代瘗窟[A]. 耕耘论丛(一)[C]. 北京:科学出版社,1999.
[128] 刘淑芬. 林葬——中古佛教露尸葬研究之一[J]. 大陆杂志,第 96 卷第 1 期.
[129] 刘淑芬. 石窟瘗葬——中古佛教露尸葬研究之二(上)[J]. 大陆杂志,第 98 卷,第 2 期。
[130] 傅熹年. 麦积山石窟中所反映出的北朝建筑[A]. 文物资料丛刊:第 4 辑[C].北京:文物出版社,1981.
[131] 柴俊林. 试论响堂石窟的初创年代[J]. 考古,1996,(6).
[132] 李文生,杨超杰. 龙门石窟佛教瘗葬形制的新发现——析龙门石窟之瘗穴[J]. 文物,1995,(9).

[133] 谢继胜. 关于敦煌莫高窟第 465 窟断代的几个问题[J]. 中国藏学, 2000(3) ,(4).
[134] 郑学檬. 吐鲁番出土文书随葬衣物疏初探[A]. 敦煌吐鲁番出土经济文书研究[C]. 厦门大学出版社,1988.
[135] 敖特根. 莫高窟北区出土 B119:13 号文书系回鹘文书 [J]. 敦煌学辑刊,2005,(1).
[136] 敖特根. 蒙元时代的敦煌西宁王速来蛮 [J]. 兰州大学学报,2004,(4).

统一为"黼哝"，等等）。特别需要说明的是，编者将所收录原文章中的参考文献统一编排在本书末尾，而对原文中出现的参考文献与注释不清晰的问题进行了修改，对个别纯粹属于参考文献性质的注释做了删改，对其中可以作为注释的参考文献统改为注释。由于本书收入的文章较多，其时间跨度又大，编者工作量较大，工作中难免有疏漏之处，在此我们恳请原作者和广大读者及时提出批评与指正。

本书的出版得到中国敦煌石窟保护研究基金会全额资助，在此表示衷心的感谢。最后要感谢读者出版集团、甘肃教育出版社，他们不但给本书的顺利出版提供了各种便利条件，而且他们以认真负责的态度保证了本书的出版质量。

2010年11月25日

［133］谢继胜. 关于敦煌莫高窟第 465 窟断代的几个问题[J]. 中国藏学, 2000(3),(4).
［134］郑学檬. 吐鲁番出土文书随葬衣物疏初探[A]. 敦煌吐鲁番出土经济文书研究[C]. 厦门大学出版社,1988.
［135］敖特根. 莫高窟北区出土 B119:13 号文书系回鹘文书 [J]. 敦煌学辑刊,2005,(1).
［136］敖特根. 蒙元时代的敦煌西宁王速来蛮 [J]. 兰州大学学报,2004,(4).

编后记

编辑出版《敦煌莫高窟北区石窟研究》是敦煌研究院学术出版计划之一，旨在集中展示近年来学术界有关莫高窟北区石窟考古发现及其出土文物、文献研究的丰硕成果，以进一步推动莫高窟北区石窟文物的研究，同时也是为了方便读者查阅。

在具体的编辑出版过程中，得到各位论文作者的鼎力支持——他们欣然答应把自己的论文编入本文集，并授权我们全权处理，在此谨致诚挚谢意！在这里要特别感谢德国科学院吐鲁番学中心阿不都热西提·亚库甫教授花费大量的时间亲自翻译自己的西文作品；新疆大学阿依达尔·米尔卡马力教授为了本次出版对已发表的文章又作了重要修订；北京大学段晴教授、日本弘前大学人文学部松井太教授亲自审定了译文。

在资料收集过程中，北京大学荣新江教授、中华书局柴剑虹编审、南京师范大学刘进宝教授给予了大力支持，在此表示感谢。

文集所刊洞窟考古照片由彭金章先生拍摄。部分石窟外景照片以及全部文物照片由敦煌研究院数字中心主任、研究员吴健先生拍摄。洞窟平、剖面图由彭金章先生、暨远志先生、王子林先生测绘。洞窟壁面图由王建军先生、何明阳先生、祁卫东先生、李铸先生、胡祯女士测绘，最后由胡祯女士、关晋英女士、赵蓉女士、祁卫东先生、李铸先生清绘。器物图、织物经纬组织图、织物纹样图、洞窟联合平面图均由胡祯女士绘制。拓片均为何明阳先生墨拓。以上资料由数字中心杜娟女士、路育成先生收集提供。研究敦煌院资料信息中心贺小平女士、王平先女士分别翻译文集收入的日文和英文文章。对于上述诸位给予的支持、帮助，我们深表谢意！

在本书的编辑过程中，编者对所收录的论文按本书的编写要求做了体例上的统一，全书统一将北区新编号洞窟以英文大写字母B开头（为原文检索方便，收入文章名称未改动，仍沿用旧名）；对个别早期所写论文中的不统一说法做了更正（例如："残叶"全部统一为"残页"，"籍帐"全部统一为“籍账”，等等）。特别需要说明的是，编者将所收录原文章中的参考文献统一编排在本书末尾，而对原文中出现的参考文献与注释不清晰的问题进行了修改，对个别纯粹属于参考文献性质的注释做了删改，对其中可以作为注释的参考文献统统改为注释。由于本书收入的文章较多，其时间跨度又大，编者工作量较大，工作中难免有疏漏之处，在此我们恳请原作者和广大读者及时提出批评与指正。

本书的出版得到中国敦煌石窟保护研究基金会全额资助，在此表示衷心的感谢。最后要感谢读者出版集团、甘肃教育出版社，他们不但给本书的顺利出版提积极供了各种便利条件，而且他们认真负责的态度保证了本书的出版质量。

2010 年 11 月 25 日